경찰간부·일반경찰 시험 대비

경찰
헌법집중

제4판 | 선동주·김강노 변호사 공저

초학자를 위한 친절한 기초법개념 설경

문제풀이에 직결되는 키워드 및 두문자 표시

각종 헌법시험 중요기출 반경

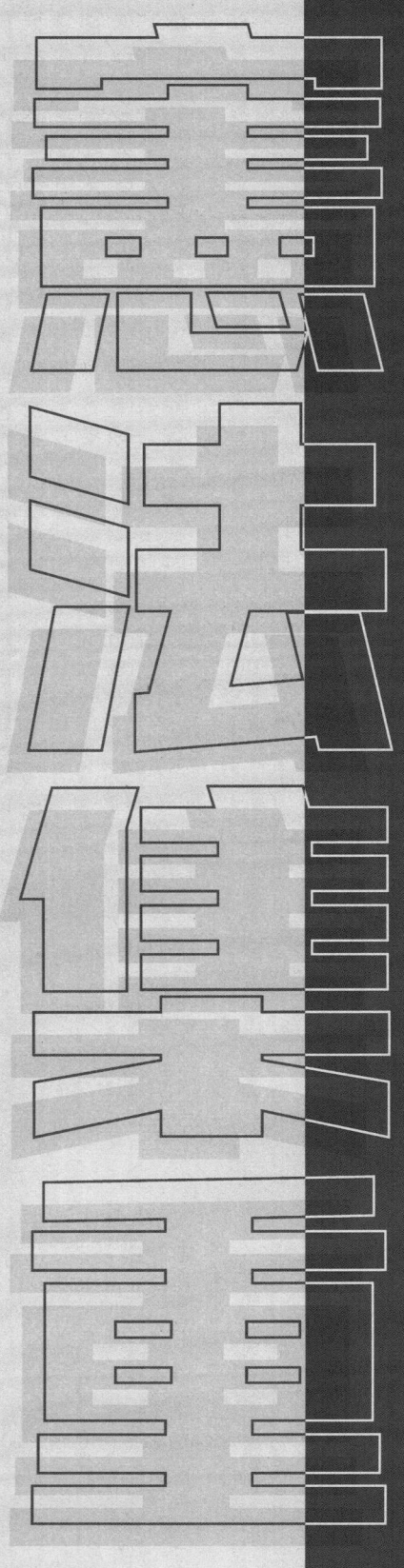

PREFACE

4th Edition

I. 본서의 제작의도

국가와 사회가 발전을 거듭하면서 헌법 및 국가에 대한 인식도 함께 강조되고 있습니다. 국민이 이 나라의 주인이라는 의식이 견고해지면서 법률가의 소양으로만 여겨졌던 **헌법감수성이 공직사회를 포함한 우리 사회 전반을 지배하는 기본소양으로 자리매김**하고 있습니다.

그런데 헌법은 사람들에게 친숙한 이름의 법이 아닙니다. 법치국가인 대한민국에 엄연히 존재하는 '법의 왕'이지만 일상적으로 체험할 기회가 많지 않을 뿐더러 모든 법과 원칙의 근본이 되는 국가 탄생의 원리를 규정한 까닭에 다른 법에 비해 친밀감이 약합니다. 그러나 헌법은 나라의 주인인 사람들이 나라가 올바르게 운영되기를 바라는 간절한 바람을 담은 것으로 **국가를 만든 사람들의 기본적인 정서를 담은 법**이므로 일반적인 상식과 정서로써 소통하고 공감할 수 있는 대상임을 인식해야 합니다.

헌법을 비롯하여 모든 법은 우리와 차원이 다른 세상에서 주어진 것이 아니라 우리 사회를 구성하는 사람들 중 대다수가 옳다고 생각하는 가치를 담은 것이기 때문에, 법 공부는 법학을 전공한 경험이 있든 없든 간에 **일반적인 상식과 정서를 갖춘 사람 모두에게 일정한 성과를 보장**합니다. 다시 말해 헌법 공부는 상식과 정서의 사고 틀 속에서 법적 논리를 분석하고 수용하는 순환적 사고 활동의 반복이며, 이를 꾸준히 수행한 사람에게 복합적인 법 논리까지 분석 가능한 종합사고력을 균등하게 보장합니다.

'헌법집중'은 이러한 헌법 공부의 특성을 바탕으로 실천적인 해결책을 제시한 수험서로서, **'이해와 정리'**, **'선택과 집중'**이라는 합격을 위한 두 가지 학습전략을 실천하여 **종합적인 사고**가 가능하도록 제작된 **실전형 기본서**입니다. 즉 개념과 원리에 충실한 이해과정을 거쳐 각인효과가 큰 정리결과에 도달하는 '이해와 정리'의 학습전략, 기본적인 지식을 굳건하게 다진 다음 확장적인 지식을 거두어들이는 '선택과 집중'의 학습전략을 실현하는 데 목표를 두고 제작되었습니다.

헌법을 처음 접하는 **수험생 여러분의 눈높이에서 시작**하여 헌법이라는 숲을 보기 위한 능력부터 문제풀이에 직접적인 도움이 되는 나무를 볼 수 있는 능력까지 기를 수 있는 내용을 담았으니 차분히 학습하시면 원하는 결실을 수확할 수 있을 것입니다.

II. 본서의 제작경위

본서는 일반경찰·경찰간부 채용시험, 경정승진시험, 변호사시험, 법원행정고시, 5급공채시험, 입법고시, 7급공채시험 등 각종 헌법시험을 준비하는 수험생들의 관심과 응원에 힘입어 완성도와 실용적 기능성이 매년 증강되어 왔습니다.

필자의 수험서제작 이념인 **'형식은 간결하게! 실질은 풍부하게!'** 라는 원칙은 개정판에서도 그대로 유지하였고, 구판과 비교할 때 목차구성이나 내용구성에 있어 근본적인 변경은 없었음을 밝힙니다. 개정판에서는 구판에서 미흡했던 부분들을 다듬어 완성도를 제고하였고 **개정된 헌법부속법률과 최신 헌법판례, 최신 기출사항 등을 반영**하였습니다.

특히 이번 개정에서는 논서가 '실용성의 극치'를 보여주는 기준으로 거듭나도록 책의 흐름을 해치지 않는 선에서 **필요 이상의 정보들을 간추리고** 원문을 최대한 유지하면서 **낯선 단어들을 익숙한 용어로 대체**하는 작업을 수행하였습니다.

III 본서의 구성체계

첫째, 헌법적 주제의 도입 부분에 직관적인 주제어와 코멘트를 첨가하였습니다.

본문 내용 학습에 앞서 해당 테마의 구성요소들을 직관할 수 있도록 '절'과 '항'의 제목 아래에 주제어(중심 사상 표현문구)를 명시하고, 각 제목 옆에 코멘트(간략한 논평)를 서술하였습니다. 이러한 장치들은 헌법적 논의의 출발점과 방향성을 직관적으로 인식하여 본문에 담긴 내용들의 대략적인 의미를 미리 개관할 수 있도록 하는 수단이며 본서의 제작 의도가 반영된 특징적인 요소이므로 꼭 한 번 읽어 두시기 바랍니다.

둘째, 헌법적 주제와 쟁점을 시험에 최적화된 내용으로 간략하게 서술하였습니다.

국가최고법의 속성상 헌법학의 지식체계는 방대한 영역을 형성하고 있지만, 각종 헌법 시험의 도입취지 및 운영상황을 종합하면 그 평가대상은 한정될 수밖에 없습니다. 헌법 시험의 기출문제를 분석해 보면 헌법이해의 기초가 되는 근본사항들로 시험대상이 한정되는 공통점을 확인할 수 있습니다. 본서는 실전형 기본서의 실용적인 기능성을 고려하여 **방대한 헌법학 지식들을 시험에 최적화된 내용으로 재구성**하고 헌법적 주제(주된 문제) 및 쟁점(논쟁 사항)들을 **최대한 간단하고 명쾌한 문장형태로** 서술하였습니다.

셋째, 본문 내용 중 중요한 내용에 밑줄, 키워드, 두문자를 표시하였습니다.

본문을 구성하는 문장들 중 **특히 중요한 문장과 부수적인 문장을 구별**하기 쉽게 밑줄을 부여하였고, 문장 내용 중 **키워드(핵심적인 단어나 문구)는 굵은 색 글자체로 표시**하였으며, 완벽한 암기가 필요한 내용은 **두문자(첫머리 글자)를 모아 의미를 갖춘 문구로 구성**하였습니다. 이러한 장치들은 각인된 정리 효과를 거두기 위한 수단으로 기능합니다. 암기되지 않은 지식은 실제로 적용할 수 없습니다. 이해와 정리는 병행되어야 할 학습전략이지만, 시험에서 가장 중요한 항목은 정리이고, 이해는 암기부담을 최대한 줄여 정리를 돕는 방법론입니다. 특히 **밑줄 또는 키워드가 표시된 내용은 익숙하게 아는 정도의 숙지를 요구하지만, 두문자 표시된 내용은 외워서 잊지 않을 정도의 암기까지 요구**된다는 점을 유념하시기 바랍니다.

넷째, 본문 내용 중 기초적인 법개념의 의미·내용을 각주로 구성하였습니다.

본문에 사용된 다양한 법적 개념들 중에는 그 자체로 시험대상은 아닐지라도 본문의 의미파악을 위해 꼭 알아야 할 개념들이 있습니다. 이에 **본문 내용의 완벽한 이해를 위해**

PREFACE

반드시 인식해야 할 기초법개념들의 의미·내용을 각주로 구성하였습니다. 법학 공부는 법개념의 이해로부터 출발합니다. 가장 기초적인 법개념을 제대로 알지 못한다면 고급 법개념을 안다고 하여도 완벽하게 이해했다고 보기 어렵습니다. '알고는 있었는데 활용을 못하였다'고 생각하는 대다수가 기초법개념의 인식 부족과 무관하지 않습니다. 시험에서 **직접 평가대상이 되는 다양한 법개념들을 지배하려면 그 기초가 되는 개념들의 이해가 선행되어야 합니다.**

다섯째, 본문 내용에 각종 헌법시험의 기출현황을 표시하였습니다.

기출문제는 수험에 적합한 학습방향을 제시할 뿐만 아니라 다시 출제되는 경향이 강하므로 학습의 효율을 높이기 위해 각종 헌법시험에서 출제된 중요한 기출항목들을 **본문의 해당 부분에 별표(★)로 표시하였습니다.** 4년간의 일반경찰·경찰간부 채용시험(2022년~2025년), 14년간의 변호사시험(2012년~2025년), 9년간의 5급공채시험(2017년~2025년) 및 9년간의 입법고시(2017년~2025년), 18년간의 국가직 7급공채시험(2007년~2024년) 등에서 출제된 중요 기출항목들을 반영하였고, **한두 번 정도 출제된 내용에는 별표 한 개, 서너 번 이상 빈번하게 출제된 내용에는 별표 두 개를 부여하였습니다.** 기출표시를 참고하여 기본서 학습의 강약을 조절하고 시험과 직결되는 항목을 선택·집중하여 학습하시기 바랍니다.

여섯째, 헌법조문, 헌법부속법률, 헌법판례를 최대한 반영하였습니다.

헌법조문과 그 구체화에 해당하는 헌법부속법률, 헌법판례를 경찰헌법시험 대비에 적합한 형태로 구성하여 최대한 반영하였습니다. 본서 출간일을 기준으로 제·개정된 헌법부속법률과 2024년 12월까지 선고된 최신 헌법판례를 반영하였고, 헌법판례에 비중을 둔 최근의 출제경향에 비추어 **헌법판례, 헌법조문, 헌법부속법률 간의 구성밀도를 차별화하고, 출제가능한 내용을 위주로 최대한 압축**하여 편성하였습니다. 헌법조문의 내용과 그에 관한 핵심 분석사항의 효율적 정리를 원하실 경우 헌법조문내용 및 관련 헌법이론, 헌법판례, 헌법부속법률을 선별하여 수록한 필자의 '**헌법집중 헌법조문정리**'를 참고하시기 바랍니다. 그리고 본서 출간 이후 선고된 최신 헌법재판소 판례에 관해서는 필자의 '**헌법집중 최근3개년 판례정리**'나 '**상하반기 최신판례정리**'를 참고하시면 됩니다.

IV 본서의 활용방법

본서의 제작의도에 따라 **이해와 정리, 선택과 집중의 학습전략에 기초한 반복 학습법**을 권합니다. 이러한 학습과정을 충실히 이행한 후에는 안정적이고 영속적인 지식기반이 구축되리라 확신합니다.

구체적으로, **최초 학습단계**에서는 밑줄과 기출표시가 부여된 사항들에 중점을 두고 정독하면서 키워드를 숙지하고 두문자를 암기하면 됩니다. 2번째 **반복단계**에서는 밑줄과 기출표시가 부여된 사항들을 중심으로 속독하면서 중요 항목과 취약 항목을 체크 표시 등의 식별표시로 구분해 두면 됩니다. 3번째 **반복단계**부터는 식별표시된 항목들을 중심으로 최종 정리 작업에 들어가면 됩니다.

헌법 과목은 종래 투자 대비 효용 가치가 가장 크다고 해서 효자 과목이라 불러왔습니다. 다른 과목에 비해 **이해하고 정리하는 과정은 다소 까다롭지만 정리된 공식을 적용하여 문제를 풀이하는 과정은 단순하기 때문입니다.** 본서의 활용방법에 따라 독학하거나 본서를 교재로 하는 강의를 수강하는 등 올바른 방법으로 학습에 임한다면 단기간에 목표 점수를 획득할 수 있는 역량을 확보할 것입니다.

V 감사의 말씀

본서가 출간되기까지 많은 분들의 도움이 있었습니다. 먼저 필자의 교재와 강의를 아껴주신 수험생들께 감사의 말씀을 전합니다. 그리고 본서가 출간되는 전 과정에서 아낌없는 지원을 해 주신 도서출판 윌비스의 원성일 수석님, 권윤주 차장님, (즈)윌비스 한림법학원의 송주호 사장님, 김지훈 원장님, 최인종 부원장님께 깊이 감사드립니다.

본서는 강경근 교수님, 계희열 교수님, 권영성 교수님, 김문현 교수님, 김선택 교수님, 김철수 교수님, 김학성 교수님, 성낙인 교수님, 장영수 교수님, 정종섭 교수님, 한수웅 교수님, 허영 교수님, 홍성방 교수님 등의 저서와 헌법학자들의 연구논문, 헌법재판소와 대법원의 판례 등을 참고하였고, 고시계사, 법률신문사 등 저명 출판사의 서적과 각종 수험교재들을 참고하였습니다. 본서의 제작에 영감을 주고 그 토대가 되어준 헌법연구가들의 노력과 성과에 깊은 감사와 존경을 표합니다.

본서를 통해 수험을 준비하는 독자 여러분께 합격의 영광이 함께하기를 기원하며, 열정을 담은 강의와 저술로 보답할 것을 약속드립니다.

2025년 7월
'선동주 헌법연구소'에서
대표저자 선동주

CONTENTS

/ 제1편 / 헌법총론

제1장 헌법과 헌법학 — 2

제1절 헌법의 의의 — 2
- Ⅰ. 헌법의 개념 _ 2
- Ⅱ. 헌법의 분류 _ 2

제2절 헌법의 해석 — 4
- Ⅰ. 헌법해석의 준칙 및 방법 _ 4
- Ⅱ. 합헌적 법률해석 _ 4

제3절 헌법의 제정 — 6
- Ⅰ. 헌법제정권력의 의의 _ 6
- Ⅱ. 헌법제정권력의 한계 _ 6
- Ⅲ. 헌법제정권력과 헌법개정권력의 관계 _ 6

제4절 헌법의 개정 — 7
- Ⅰ. 헌법개정의 의의 _ 7
- Ⅱ. 헌법개정의 한계 _ 7
- Ⅲ. 한국헌법상 헌법개정의 절차 _ 7

제5절 헌법의 변천 — 9
- Ⅰ. 헌법변천의 의의 _ 9
- Ⅱ. 헌법변천의 요건 및 한계 _ 9
- Ⅲ. 헌법변천의 예 _ 9

제6절 헌법의 수호 — 10
- Ⅰ. 저항권 _ 10
- Ⅱ. 방어적 민주주의 _ 11

제2장 대한민국헌법총설 — 12

제1절 대한민국헌정사 — 12
- Ⅰ. 제헌헌법(1948년) _ 12
- Ⅱ. 제1차 개헌(1952년, 발췌개헌) _ 12

Ⅲ. 제2차 개헌(1954년, 사사오입개헌) _ 12
　　　Ⅳ. 제3차 개헌(1960년 6월, 의원내각제개헌) _ 12
　　　Ⅴ. 제4차 개헌(1960년 11월, 부정선거관련자처벌개헌) _ 13
　　　Ⅵ. 제5차 개헌(1962년, 군정대통령제개헌) _ 13
　　　Ⅶ. 제6차 개헌(1969년, 공화당3선개헌) _ 13
　　　Ⅷ. 제7차 개헌(1972년, 유신개헌) _ 13
　　　Ⅸ. 8차 개헌(1980년, 국보위개헌) _ 13
　　　Ⅹ. 제9차 개헌(1987년, 대통령직선제개헌) _ 13

제2절 대한민국의 국가형태 ────── 16
　　　Ⅰ. 국가형태의 분류 _ 16
　　　Ⅱ. 대한민국의 국가형태 _ 16

제3절 대한민국의 구성요소 ────── 17
　　　Ⅰ. 국가권력 _ 17
　　　Ⅱ. 국 민 _ 17
　　　Ⅲ. 국가의 영역 _ 24

제4절 한국헌법의 기본원리 ────── 26

제1항 한국헌법의 전문 ────── 26
　　　Ⅰ. 헌법전문의 의의 _ 26
　　　Ⅱ. 헌법전문의 법적 성격 _ 26
　　　Ⅲ. 한국헌법전문의 내용 _ 27

제2항 국민주권의 원리 ────── 28

제3항 민주주의의 원리 ────── 28

제4항 법치주의의 원리 ────── 29
　　　Ⅰ. 법치주의원리의 의의 _ 29
　　　Ⅱ. 법치주의의 내용 _ 29
　　　Ⅲ. 소급입법과 신뢰의 보호 _ 31

CONTENTS

제5항 **사회국가의 원리** —— 34
    Ⅰ. 사회국가원리의 의의 _ 34
    Ⅱ. 사회국가원리의 내용 및 한계 _ 34
    Ⅲ. 한국헌법상 사회국가원리의 구현 _ 35

제6항 **문화국가의 원리** —— 38
    Ⅰ. 문화국가원리의 의의 및 내용 _ 38
    Ⅱ. 한국헌법상 문화국가원리의 구현 _ 38
    Ⅲ. 문화국가원리 관련 헌법재판소 판례 _ 39

제7항 **평화국가의 원리** —— 39
    Ⅰ. 평화적 통일의 지향 _ 40
    Ⅱ. 침략전쟁의 부인 _ 40
    Ⅲ. 국제법존중주의 _ 41
    Ⅳ. 외국인의 법적 지위의 보장 _ 44

제5절 **정당제도** —— 45
    Ⅰ. 정당제 민주주의 _ 45
    Ⅱ. 정당의 의의 _ 45
    Ⅲ. 정당의 설립 _ 46
    Ⅳ. 정당의 활동 _ 47
    Ⅴ. 당내민주화 _ 49
    Ⅵ. 정당의 소멸 _ 50

제6절 **선거제도** —— 53
    Ⅰ. 선거제도의 기본원칙 _ 53
    Ⅱ. 선거제도의 유형 _ 59
    Ⅲ. 선거제도의 내용 _ 60

제7절 **공무원제도** —— 67
    Ⅰ. 공무원의 헌법상 지위 _ 67
    Ⅱ. 직업공무원제도 _ 67

제8절 **지방자치제도** —— 69
    Ⅰ. 지방자치의 의의 _ 69
    Ⅱ. 지방자치의 본질 _ 69
    Ⅲ. 지방자치제도의 내용 _ 71

/ 제2편 / 기본권론

제1장 **기본권총론** —— 80

제1절 **기본권의 성격** —— 80
    Ⅰ. 기본권의 이중적 성격 _ 80
    Ⅱ. 기본권과 제도적 보장 _ 80
    Ⅲ. 기본권의 분류 _ 81

제2절 **기본권의 주체** —— 82
    Ⅰ. 기본권능력과 기본권행사능력 _ 82
    Ⅱ. 자연인 _ 82
    Ⅲ. 법인 등 단체 _ 83
    Ⅳ. 공적 주체 _ 84

제3절 **기본권의 효력** —— 85
    Ⅰ. 개 념 _ 85
    Ⅱ. 기본권의 대국가적 효력 _ 85
    Ⅲ. 기본권의 대사인적 효력 _ 86

제4절 **기본권의 보호의무** —— 87
    Ⅰ. 기본권보호의무의 의의 _ 87
    Ⅱ. 기본권보호의무의 헌법적 근거 _ 87
    Ⅲ. 보호의무의 통제 _ 87

CONTENTS

제5절 **기본권의 갈등** —— 91
 Ⅰ. 의 의 _ 91
 Ⅱ. 기본권의 경합 _ 91
 Ⅲ. 기본권의 충돌 _ 92

제6절 **기본권의 제한과 그 한계** —— 94
 Ⅰ. 기본권제한의 유형 _ 94
 Ⅱ. 기본권제한의 일반원칙 _ 94
 Ⅲ. 특수신분관계와 기본권제한 _ 102

제7절 **기본권의 보호** —— 103
 Ⅰ. 기본권의 보호유형 _ 103
 Ⅱ. 국가인권위원회에 의한 보호 _ 103

제2장 **인간의 존엄과 가치·행복추구권·평등권** —— 105

제1절 **인간의 존엄과 가치·행복추구권** —— 105
 Ⅰ. 인간의 존엄과 가치 _ 105
 Ⅱ. 행복추구권 _ 105
 Ⅲ. 인격권 _ 107
 Ⅳ. 자기결정권 _ 111
 Ⅴ. 일반적 행동자유권 _ 113

제2절 **평등권** —— 118
 Ⅰ. 평등조항의 의의 _ 118
 Ⅱ. 평등조항의 내용 _ 118
 Ⅲ. 평등권침해의 심사구조 _ 119
 Ⅳ. 적극적 평등실현조치 _ 121
 Ⅴ. 평등권 관련 헌법재판소 판례 _ 121

제3장 자유권적 기본권 —— 127

제1절 인신에 관한 자유 —— 127

제1항 생명권 —— 127

    Ⅰ. 생명권의 의의 _ 127
    Ⅱ. 생명권의 주체 _ 127
    Ⅲ. 생명권의 내용 _ 127
    Ⅳ. 생명권의 제한 _ 127

제2항 신체를 훼손당하지 않을 권리 —— 130

    Ⅰ. 신체를 훼손당하지 않을 권리의 의의 _ 130
    Ⅱ. 신체를 훼손당하지 않을 권리의 내용 _ 130

제3항 신체의 자유 —— 130

    Ⅰ. 신체의 자유의 의의 _ 131
    Ⅱ. 신체의 자유의 내용 _ 131
    Ⅲ. 신체의 자유의 실체적 보장 _ 133
    Ⅳ. 신체의 자유의 절차적 보장 _ 138
    Ⅴ. 형사피의자·피고인의 형사절차적 보장 _ 144

제2절 사생활영역의 자유 —— 151

제1항 사생활의 비밀과 자유 —— 151

    Ⅰ. 사생활의 비밀과 자유의 의의 _ 151
    Ⅱ. 사생활의 비밀과 자유의 내용 _ 151
    Ⅲ. 사생활의 비밀과 자유의 제한 _ 155

제2항 주거의 자유 —— 158

    Ⅰ. 주거의 자유의 의의 _ 158
    Ⅱ. 주거의 자유의 내용 _ 158

제3항 거주·이전의 자유 —— 159

    Ⅰ. 거주·이전의 자유의 의의 _ 159
    Ⅱ. 거주·이전의 자유의 내용 _ 159
    Ⅲ. 거주·이전의 자유의 제한 _ 160

CONTENTS

제4항 통신의 자유 — 160
- Ⅰ. 통신의 자유의 의의 _ 160
- Ⅱ. 통신의 자유의 내용 _ 160
- Ⅲ. 통신의 자유의 제한 _ 161

제3절 정신생활영역의 자유 — 164

제1항 양심의 자유 — 164
- Ⅰ. 양심의 자유의 의의 _ 164
- Ⅱ. 양심의 자유의 내용 _ 165
- Ⅲ. 양심의 자유의 제한 _ 167

제2항 종교의 자유 — 167
- Ⅰ. 종교의 자유 _ 167
- Ⅱ. 국교부인과 정교분리의 원칙 _ 169

제3항 언론·출판의 자유 — 169
- Ⅰ. 언론·출판의 자유의 의의 _ 170
- Ⅱ. 언론·출판의 자유의 보호영역 _ 170
- Ⅲ. 언론·출판의 자유의 내용 _ 172
- Ⅳ. 언론·출판의 자유의 제한 _ 176

제4항 집회·결사의 자유 — 181
- Ⅰ. 집회의 자유 _ 181
- Ⅱ. 결사의 자유 _ 186

제5항 학문과 예술의 자유 — 188
- Ⅰ. 학문의 자유 _ 188
- Ⅱ. 예술의 자유 _ 189

제4절 경제생활영역의 자유 — 190

제1항 재산권 — 190
- Ⅰ. 재산권의 보장 _ 190
- Ⅱ. 재산권의 내용과 한계 _ 192
- Ⅲ. 재산권의 공용침해 _ 198

제2항 직업의 자유 —— 200
  I. 직업의 자유의 의의 _ 200
  II. 직업의 자유의 주체 _ 200
  III. 직업의 자유의 내용 _ 201
  IV. 직업의 자유의 제한과 그 한계 _ 202

제3항 소비자의 권리 —— 207
  I. 소비자의 권리의 의의 _ 207
  II. 소비자의 권리의 근거 및 내용 _ 207

제4장 정치적 기본권 —— 208
제1절 정치적 기본권 일반론 —— 208
제2절 참정권 —— 209
  I. 참정권의 의의 _ 209
  II. 참정권의 내용 _ 209
  III. 참정권의 제한 _ 212

제5장 청구권적 기본권 —— 216
제1절 청구권적 기본권 일반론 —— 216
제2절 청원권 —— 216
  I. 청원권의 의의 _ 216
  II. 청원권의 내용 _ 216

제3절 재판청구권 —— 219
  I. 재판청구권의 의의 _ 219
  II. 재판청구권의 내용 _ 220
  III. 재판청구권의 제한 _ 226

제4절 국가배상청구권 —— 228
  I. 국가배상청구권의 의의 _ 228
  II. 국가배상청구권의 내용 _ 228
  III. 국가배상청구권의 제한 _ 230

CONTENTS

제5절 **형사보상청구권** ─── **232**
    Ⅰ. 형사보상청구권의 의의 _ 232
    Ⅱ. 형사보상청구권의 내용 _ 232

제6절 **범죄피해자구조청구권** ─── **234**
    Ⅰ. 범죄피해자구조청구권의 의의 _ 234
    Ⅱ. 범죄피해자구조청구권의 내용 _ 234

제6장 사회적 기본권 ─── **236**
제1절 **사회적 기본권 일반론** ─── **236**
제2절 **인간다운 생활을 할 권리** ─── **236**
    Ⅰ. 인간다운 생활을 할 권리의 의의 _ 237
    Ⅱ. 인간다운 생활을 할 권리의 내용 _ 237

제3절 **교육을 받을 권리** ─── **241**
    Ⅰ. 교육을 받을 권리의 의의 _ 241
    Ⅱ. 교육을 받을 권리의 내용 _ 241
    Ⅲ. 교육제도의 보장 _ 243
    Ⅳ. 교육할 권리 _ 244

제4절 **근로의 권리** ─── **246**
    Ⅰ. 근로기본권의 헌법적 보장 _ 246
    Ⅱ. 근로의 권리의 의의 _ 246
    Ⅲ. 근로의 권리의 내용 _ 247

제5절 **근로3권** ─── **250**
    Ⅰ. 근로3권의 의의 _ 250
    Ⅱ. 근로3권의 내용 _ 250
    Ⅲ. 근로3권의 제한 _ 252

제6절 환경권 —— 254
- Ⅰ. 환경권의 의의 _ 254
- Ⅱ. 환경권의 내용 _ 254

제7절 혼인과 가족생활의 보장 —— 255
- Ⅰ. 혼인과 가족생활보장의 의의 _ 255
- Ⅱ. 혼인과 가족생활보장의 내용 _ 255
- Ⅲ. 혼인과 가족생활보장 관련 헌법재판소 판례 _ 257

제8절 모성의 보호와 보건권 —— 259
- Ⅰ. 모성의 보호 _ 259
- Ⅱ. 보건권 _ 259

제7장 국민의 기본적 의무 —— 260
- Ⅰ. 기본적 의무의 의의 _ 260
- Ⅱ. 기본적 의무의 내용 _ 260

/ 제3편 / 색 인 _ 263

▶ 판례색인
▶ 용어색인

PART 01

헌법총론

제1장 · 헌법과 헌법학

제2장 · 대한민국헌법총설

CHAPTER 01 헌법과 헌법학

> **코멘트**
> 선하기도 하고 악하기도 한 큰 힘을 가진 국가라는 전쟁기계의 올바른 사용법을 담은 헌법, 수호천사가 괴물로 변하는 것을 막기 위한 처절한 노력의 과정들을 엿보다.

제1절 • 헌법의 의의

한 나라 최고의 상위법이 갖는 가치 및 중요성

I 헌법의 개념

헌법(憲法)이란 국가의 근본적 조직사항에 관한 최고규범 즉, 국가를 만들고 운영함에 있어 가장 근본이 되는 항목을 규율하는 최고법을 말한다.[1] 헌법은 **한 국가의 내부관계를 규율**하는 국내법이며, **공공적인 생활관계를 규율**하는 공법이다. 현행 한국헌법전은 전문, 본문 10개장 130개조, 부칙 6개조로 구성되어 있으며,[2] 제9차 헌법개정으로 탄생하였다.★★ ① 헌법은 발전과정에 따라, 최소한의 조직사항인 통치체제를 정하는 '고유한 의미의 헌법', 근대시민국가를 배경으로 개인적 자유의 보장을 정하는 '**근대 입헌주의적 헌법**', 현대사회국가를 배경으로 사회적 공존의 보장을 정하는 '**현대 사회복지적 헌법**'으로 구분되고, ② 존재형식에 따라, **헌법전의 형식으로 규정**된 법규범으로서 그 내용과 상관없이 헌법의 효력을 가지는 '**형식적 의미의 헌법**',★ **헌법사항(국가조직사항)을 규정**한 법규범으로서 그 규범형태에 따른 효력을 가지는 '**실질적 의미의 헌법**'으로 구분된다.

II 헌법의 분류

① 헌법은 존재형식에 따라 헌법전의 형태로 존재하는 '**성문헌법**', 헌법전 이외의 형태로 존재하는 '**불문헌법**'으로 분류된다.[3] 완벽한 실정법은 존재하지 않으므로 성문헌법국가에서도 헌법적 관습법이 인정된다(2004.10.21. 2004헌마554등).★★ ② 한편 헌법은 개정난도에 따라 **법률보다 엄격한 개정절차가 요구되는 '경성헌법'**, **법률과 동일한 개정절차가 요구되는 '연성헌법'**으로 분류되고, ③ 제정주체에 따라 군주가 제정한 흠정헌법[4], 국민이 제정한 민정헌법, 군주와 국민의 합의로 제정된 협약헌법, 국가 간의 합의로 제정된 국약헌법으로 분류된다.

---

1) '헌법'은 한자 '憲'(법 헌)과 '法'(법 법)의 합성어로 '법의 법'이란 뜻이며, 흔히 '법의 왕'이라고 불린다. 우리 헌법은 최고법 조항을 두지 않았지만 경성헌법원리(제10장 : 제128조, 제129조, 제130조), 규범통제제도(제107조, 제111조 제1항) 등을 채택함으로써 간접적으로 최고규범성을 인정하고 있다.★
2) '전문'은 헌법전의 머리글, '본문'은 헌법전의 주된 문장, '부칙'은 본문의 보완 규정을 말한다.
3) 불문법(관습법)은 입법기관에 의해 일정한 절차와 형식으로 저정된 제정법 또는 성문법과 달리 일상생활 속에서 생성된 관행이 반복되어 사회구성원의 법적 확신을 얻음으로써 법규범으로 승인된 것을 말한다.
4) '흠'(欽)은 '공경한다'는 뜻으로 천자(天子)인 군주의 행위에 붙여 쓰는 존칭어이다.

구 분	신행정수도법 사건 (2004.10.21. 2004헌마554등 : 위헌)	
수도이전 포함여부	수도란 **정치·행정의 중추적 기능**을 수행하는 국가기관(**국회, 대통령**)의 소재지로서 이 사건 법률은 수도이전의 의사결정을 포함하고 있음	
수도서울의 관습헌법성	관습헌법 인정여부	성문헌법에 모든 헌법사항을 완전히 규율하는 것은 불가능하므로 **불문헌법 내지 관습헌법을 인정**할 소지가 있음★★
	관습헌법 인정요건	기본적 헌법사항5)에 관한 관습으로서 관습법의 일반적 **성립요건**을 충족할 것 (**관**행의 존재 + **반**복·**계**속성 + **항**상성 + **명**료성 + **국**민적 합의)★★ / 성립요건은 동시에 **효력유지요건**이므로 관습헌법의 성립요건의 하나인 국민적 합의성이 상실되면 관습헌법의 법적 효력도 상실함
	관습헌법 해당여부·효력 및 개정	**수도서울은 관습헌법에 해당**하고, 관습헌법은 주권자의 헌법적 결단으로서 **성문헌법과 동등한 효력**을 가지며,★★ 성문헌법체제에서 관습헌법의 개정은 **헌법개정절차**에 의하여 하는바(상반조항의 첨가방식), 수도이전을 법률형태로 실현하는 것은 §130②의 **헌법개정 국민투표권 침해**함

관계국항명

구 분	행정도시법 사건 (2005.11.24. 2005헌마579등 : 각하 / 2009.2.26. 2007헌바41 : 합헌)
국민투표권 침해주장	행정중심복합도시가 수도의 지위를 획득하여 서울의 수도로서의 기능이 해체된다거나 **국무총리의 소재지에 대한 관습헌법**이 존재한다고 볼 수 없는바,★ 관습헌법개정의 문제는 발생하지 않으므로 §130②의 헌법개정 국민투표권의 침해가능성이 없음
	§72는 대통령에게 **임의적인 국민투표발의권**을 독점적으로 부여한 것으로 중요정책 국민투표권은 대통령이 부의한 경우에 비로소 행사가 가능한 기본권이라 할 것인바, **대통령의 부의가 없는 이상 국민투표권이 구체화되지 않았으므로** §72의 중요정책 국민투표권의 침해가능성이 없음
청문권 침해주장	법률의 제정에 대해 청문절차의 보장을 이유로 다투는 것은 의회주의와 대의민주주의의 기본취지에 부합되지 않으므로 **국회입법**에 대하여는 원칙적으로 적법절차에서 파생되는 **청문권은 부정**됨
기타 주장	헌법상 조세감독은 국회의 권한이므로 **재정사용의 합법성과 타당성을 감시**하는 **납세자의 권리**는 **기본권이 아니며**,★ 수도이전과 무관한 규율로서 신행정수도사건 결정의 기판력6) 또는 기속력7)에 반하지 않음

---

5) 관습헌법이 성립하기 위하여서는 관습이 성립하는 사항이 단지 법률로 정할 사항이 아니라 반드시 헌법에 의하여 규율되어 법률에 대하여 효력상 우위를 가져야 할 만큼 헌법적으로 중요한 기본적 사항이 되어야 한다. 관습헌법은 일반적인 헌법사항에 해당하는 내용 중에서도 특히 국가의 기본적이고 핵심적인 사항으로서 법률에 의하여 규율하는 것이 적합하지 아니한 사항을 대상으로 한다(2004.10.21. 2004헌마554등).★★
6) 기판력(旣判力)이란 확정된 재판의 판단 내용이 소송당사자와 재판기관을 구속하는 소송법상 효력을 말한다.
7) 기속력(羈束力)이란 확정된 재판의 판단 내용이 모든 관계 기관을 구속하는 일종의 실체법적 효력을 말한다.

제2절 • 헌법의 해석

헌법의 이치와 진리를 밝히는 작업

코멘트: 국가조직법을 제대로 읽어내려면 일정한 룰이 필요하다. 또 헌법정신에 어긋나는 내용의 법률을 어떻게 대할지 따져본다.

두문자: 통 통 헌 조 기

I 헌법해석의 준칙 및 방법

헌법의 해석이란 헌법조문의 진정한 의미와 내용을 밝히는 것을 말한다. ① '헌법해석의 준칙'으로는 헤세(K. Hesse)가 주장한 헌법의 **통**일성의 원칙, 실제적 **조**화의 원칙, **기**능적 적정성의 원칙, **통**합작용의 원칙, **헌**법의 규범력의 원칙 등이 있고, ② '헌법해석의 방법'에는 법률과 헌법의 해석방법을 동일시하는 고전적(전통적) 해석방법과 헌법과 법률의 구조적 차이를 인정하여 법률과 헌법의 해석방법을 달리하는 현대적(고유한) 해석방법이 있다.

II 합헌적 법률해석

두문자: 다 합 법

1. 합헌적 법률해석의 의의

합헌적 법률해석이란 법률의 개념이 **다**의적으로 해석될 수 있어 합헌적 해석과 위헌적 해석이 모두 가능한 경우 **헌**법을 최고규범으로 하는 법질서의 통일성 유지와 권력분립의 정신에 입각한 **입**법권존중의 관점에서 **합**헌적 해석을 택하는 **법**률해석기법을 말한다(1990.4.2. 89헌가13 등). ★★
미국연방대법원이 판례를 통해 확립한 합헌성추정원칙을 **독일**연방헌법재판소가 수용하여 합헌적 법률해석론으로 발전시켰고,★ 우리 헌법재판소와 대법원도 합헌적 법률해석을 채택하고 있다.

2. 합헌적 법률해석과 규범통제의 구별

합헌적 법률해석과 법률의 규범통제[8]는 헌법의 최고규범성을 공통의 근거로 하는 표리일체이나,[9] 전자는 입법권이 제정한 법률의 효력을 지속시키려는 사상인데 반해 후자는 최고규범인 헌법의 효력을 지키려는 사상이므로, 두 제도는 **상호제약**적 관계에 있다.★

두문자: 문 목 수

3. 합헌적 법률해석의 한계

합헌적 법률해석의 한계로는, 법조문의 자구가 갖는 가능한 문의를 넘어서까지 합헌적으로 해석할 수 없다는 '**문**의적 한계', 명백한 입법목적을 변경하는 법률해석은 허용될 수 없다는 '법**목**적 한계', 헌법의 합법률적 해석으로 주객이 전도되어서는 안된다는 '헌법**수**용적 한계'가 있다.★

---

8) 규범통제란 하위규범이 상위규범에 위반되는지 여부를 심사하여 그 효력을 통제하는 제도를 말한다.
9) 표리일체(表裏一體)는 겉과 속이 한 덩어리라는 뜻으로 두 사물의 관계가 밀접하여 뗄 수 없음을 이르는 말이다.

판례 실효된 법률조항의 적용 전문개정된 조세감면규제법의 시행에도 불구하고 구법 부칙조항이 실효되지 않은 것으로 해석하는 것이 위헌인지 여부(적극)
▶ 2012.5.31. 2009헌바123등; 2012.7.26. 2009헌바35등 [한정위헌]

기존에는 존재하였으나 실효되어 더 이상 존재한다고 볼 수 없는 법률조항을 여전히 '유효한' 것으로 해석한다면, 이는 법률해석의 한계를 벗어나는 일종의 '입법행위'로서 헌법상의 권력분립원칙, 죄형법정주의, 조세법률주의의 원칙에 반한다.★★ 또한 헌법정신에 맞도록 법률의 내용을 해석·보충하거나 정정하는 '헌법합치적 법률해석' 역시 '유효한' 법률조항의 의미나 문구를 대상으로 하는 것이지, 이를 넘어 이미 실효된 법률조항을 대상으로 하여 헌법합치적인 법률해석을 할 수는 없는 것이어서, 유효하지 않은 법률조항을 유효한 것으로 해석하는 결과에 이르는 것은 '헌법합치적 법률해석'을 이유로도 정당화될 수 없다.

판례 상호신용금고 임원·과점주주의 연대책임 상호신용금고의 임원 및 과점주주에게 법인의 채무에 대해 연대변제책임을 부과하는 상호신용금고법 조항이 위헌인지 여부(한정적극)
▶ 2002.8.29. 2000헌가5등 [한정위헌]

심판대상조항의 입법목적은 연대변제의 형태로써 금고의 부실경영에 대한 책임을 물음으로써 책임경영을 실현하고 부실경영을 방지하여 예금주 등 금고의 채권자를 보호하고자 하는 것으로, '무조건적인 채권자의 보호'가 아니라 '부실경영의 방지를 통한 채권자의 보호'에 있다고 할 것이므로, 심판대상조항은 '부실경영의 책임이 없는 임원'과 '금고의 경영에 영향력을 행사하여 부실의 결과를 초래한 자 이외의 과점주주'에 대해서도 연대채무를 부담하게 하는 범위 내에서 헌법에 위반된다.★

제3절 · 헌법의 제정

> 코멘트
> 헌법의 제작권을 힘을 가진 무리와 피땀 흘린 민초 중 누가 가지는 게 옳은지 따져보자.

헌법을 만들어 정한 배경과 힘의 탐구

I 헌법제정권력의 의의

헌법제정권력이란 헌법을 시원적[10]으로 창조하는 힘을 말하는데, 사실상의 권력인 동시에 헌법을 정당화시키는 권위라는 이중성을 가진다. 현행헌법에는 이를 직접 명시한 규정이 없으나, 헌법 제1조 제2항 전단의 "대한민국의 주권은 국민에게 있다"는 규정을 제헌권의 주체가 국민임을 선언한 규정으로 볼 수 있다.

II 헌법제정권력의 한계

★두문자
절 실 내 초

일반적인 견해는 헌법제정권력도 일정한 제약을 받는다고 한다. 즉 제헌권력은 시원성의 속성상 **절**차적 한계 및 **실**정법적 한계를 설정할 수 없으나, 법적 정의, 법적 안정성 등과 같은 법 내재적 원리에 따른 한계(**내**재적 한계), 초실정법적인 자연법상의 원리에 따른 한계(**초**헌법적 한계)가 인정된다고 본다.

III 헌법제정권력과 헌법개정권력의 관계

시원적 권력인 제헌권력과 그에 의해 **제도화된 권력**인 개헌권력은 의미상 구별된다. 제헌권·개헌권의 **효력상** 구별을 인정할 것인지와 관련하여, 헌법재판소는 "헌법개정을 국민투표로 확정하고 개헌한계조항이 없는 현행헌법상 제헌규범·개헌규범의 구분이나 헌법규정 간 효력상 차이를 인정할 수 없으므로 **제헌권·개헌권의 구별론**이나 개헌한계론은 헌법규정에 대한 위헌심사의 논거로 **원용할 수 없다**"(1995.12.28. 95헌바3)며 부정설을 취하고 있다.★★

---

[10] 시원(始原)은 사물이나 현상 따위가 비롯되는 처음을 뜻한다.

제4절 • 헌법의 개정

헌법을 새롭게 단장하기 위한 규칙

> **코멘트**
> 세상이 바뀌면 법도 바뀌어야 할 텐데.. 노후한 헌법을 번듯하게 인테리어 하자니 어떤 업체를 불러 어떠한 공정으로 시공하게 할지 고민인데 다행히 헌법에 써져있다네..

I 헌법개정의 의의

헌법개정이란 헌법이 정한 **절차**에 따라 헌법의 **기본적 동일성**을 유지하면서 **의식적**으로 헌법조항을 변경하는 것을 말한다.★ 현행헌법은 제128조 제2항 이하에서 법률과는 다른 엄격한 절차를 요구함으로써 **경성헌법원칙**에 의거한 헌법개정절차를 명시하고 있다.★

II 헌법개정의 한계

1. 헌법개정한계의 내용

일반적인 견해는 헌법개정의 한계를 긍정하여 '**절**차적 한계', '**실**정법적 한계', '헌법**내**재적 한계', '헌법**초**월적 한계'를 가진다고 본다. 우리나라는 제**2**차 개정헌법(1954년)부터 제**4**차 개정헌법(1960년)까지 국민주권, 민주공화국, 국가안위에 관한 국민투표를 개정의 **한**계로 규정한 바 있다.★★

> **두문자**
> 절 실 내 초
>
> **두문자**
> 한 이 사

2. 개정의 한계를 무시한 헌법개정의 효력

개정의 한계를 벗어난 헌법규범에 대해 위헌법률심판, 헌법소원심판에 의한 통제가 가능한지와 관련하여, 헌법재판소는 "헌법 제111조 및 헌법재판소법 제41조·제68조는 위헌심사의 대상인 규범을 '법률'로 명시하고 있고 하나의 통일된 가치체계 하에서 **이념적·논리적인** 가치우열을 인정할 수 있을 것이나 통일적 해석의 관점을 넘어 그것이 헌법규범 간에 효력을 부인할 정도의 **효력상**의 차등을 의미한다고는 볼 수 없으며, 헌법은 그 전체로서 주권자인 **국민의 결단** 내지 국민적 합의의 결과이므로 헌법소원의 대상인 **공권력 행사**의 결과라고 볼 수도 없다"(1995.12.28. 95헌바3; 1996.6.13. 94헌바20)며 부정설을 취하고 있다.11)★★

III 한국헌법상 헌법개정의 절차

> **헌 법**
> 제128조 ① 헌법개정은 국회재적의원 과반수 또는 대통령의 발의로 제안된다.★★
> ② 대통령의 임기연장 또는 중임변경을 위한 헌법개정은 그 헌법개정 제안 당시의 대통령에 대하여는 효력이 없다.12)★★

---

11) 현실적으로 그 한계를 무시한 개헌이 이루어지는 경우, 헌법재판소 판례에 따르면 위헌법률심판이나 헌법소원 어느 절차에 의하여도 그 헌법규정에 대한 위헌심사가 가능하지 않다.
12) 임기조항개정효력제한 조항은 제8차 개정헌법(1980년)에서 신설되었다.★ 중임(重任)은 같은 직위에 거듭 임명됨을 뜻하고, 연임(連任)은 같은 직위에 연이어 임명됨을 뜻하며, 단임(單任)은 같은 직위에 한 번만 임명됨을 뜻한다.

제129조 제안된 헌법개정안은 대통령이 20일 이상의 기간 이를 공고하여야 한다.★★
제130조 ① 국회는 헌법개정안이 공고된 날로부터 60일 이내에 의결하여야 하며, 국회의 의결은 재적의원 3분의 2 이상의 찬성을 얻어야 한다.★★
② 헌법개정안은 국회가 의결한 후 30일 이내에 국민투표에 붙여 국회의원선거권자 과반수의 투표와 투표자 과반수의 찬성을 얻어야 한다.★★
③ 헌법개정안이 제2항의 찬성을 얻은 때에는 헌법개정은 확정되며, 대통령은 즉시 이를 공포하여야 한다.★★

부 칙
제1조 이 헌법은 1988년 2월 25일부터 시행한다. 다만, 이 헌법을 시행하기 위하여 필요한 법률의 제정·개정과 이 헌법에 의한 대통령 및 국회의원의 선거 기타 이 헌법시행에 관한 준비는 이 헌법시행 전에 할 수 있다.

두문자
제공결투포효

구 분	헌법개정의 절차
제 안	국회재적의원 **과반수** 또는 **대통령**(§ 39 국무회의 심의)의 발의로 제안된다.
공 고	**대통령**은 제안된 헌법개정안을 **20일 이상** 공고하여야 한다.
국 회 의 결	• **공고된 날로부터 60일 이내**에 국회재적의원 **3분의 2 이상**의 찬성을 얻어야 한다. • 국회의 표결은 **기명투표**로 하고(국회법 §112④), 수정의결은 불허된다(공고제도 위반).
국 민 투 표	• **대통령**은 **국회의결** 후 **30일 이내**에 국민투표에 **부의하여야** 한다. • 국회의원선거권자 **과반수**의 투표와 투표자 **과반수**의 찬성으로 헌법개정은 **확정**된다.
공 포	• 대통령은 국민투표의 결과를 **즉시** 공포하여야 한다(공포는 대통령의 권한이자 의무임). • 공포문에는 대통령이 서명하고 국무총리와 각 국무위원이 부서한다(법령공포법 §4).
발 효	헌법개정의 **발효시기**에 대해서는 헌법상 명문규정이 없어서 공포시설과 20일경과시설이 대립하나, **현행 헌법**은 부칙 §1에서 "이 헌법은 1988년 2월 25일부터 시행한다."고 하여 발효시기를 직접 명시하였다.

현행 헌법의 개정절차는 국회재적의원 과반수 또는 국무회의 심의를 거친 대통령의 발의로 제안되고(제128조, 제89조), 대통령이 20일 이상 공고하며(제129조), 공고된 날로부터 60일 이내에 국회재적의원 3분의 2 이상의 기명투표에 의한 찬성으로 의결한 후(제130조 제1항, 국회법 제112조 제4항), 30일 이내에 부의되어 국민투표로 확정되면 대통령이 즉시 이를 공포한다(제130조 제2항·제3항).★★ 헌법개정의 발효시기에 대해서는 헌법상 명문규정이 없으나, 현행헌법(1987년)에 관해서는 부칙 제1조에서 발효시기를 직접 명시하였다.

제5절 · 헌법의 변천

헌법조문에 반하는 사회현상을 헌법개정 없이 정당화시키는 이론적 방법

> **코멘트**
> 세상이 바뀌었는데 법은 요지부동.. 인테리어 공사비가 워낙 비싸 걱정이었는데 인테리어 없이도 바뀐 세상을 누릴 수 있는 방법이 있다니 참 다행이야

I 헌법변천의 의의

헌법변천이란 헌법조항의 외형은 원상대로 존속하면서 그 의미·내용만이 실질적으로 변화하는 것으로서 위헌적인 국가현실이 정당화되는 경우를 말한다. 헌법변천은 **의식적 또는 무의식적**으로 발생하며,13)★ 성문헌법 뿐만 아니라 불문헌법에서도 발생한다.

II 헌법변천의 요건 및 한계

일반적인 견해는 원칙적으로 헌법변천을 부정하나 그 동기와 내용면에서 헌법을 존중하는 변천은 예외적으로 긍정한다. 예외적 긍정설에 따라 헌법변천이 인정되기 위해서는 헌법조항에 **모**순되는 헌법적 관행이 상당기간에 걸쳐 반복되어야 하고(물적 요소), 이 관행에 대하여 **국**민적 승인이 있어야 하며(심리적 요소), 그 동기와 내용이 헌법의 **기**본이념이나 역사적 발전법칙에 충실한 것이어야 한다(내용적 요소).

> **두둔자**
> 모 국 기

III 헌법변천의 예

우리나라의 경우 1952년 **제1차** 개정헌법과 1954년 **제2차** 개정헌법에서 **양원제를 규정**하였으나 **단원제로 운용**된 것,14)★★ 1962년 헌법 이래로 지방의회에 관한 헌법규정이 있었지만 1991년 상반기까지 지방의회가 구성됨이 없이 관치행정으로 운용되어온 것 등을 헌법변천으로 이해하는 것이 지배적이다.

---

13) 헌법변천은 특정한 절차에 따르는 것이 아니므로 헌법이 정한 절차에 따른 의식적 작용인 헌법개정과 구별된다.
14) 국회의 구성원리에는 국회를 두 개의 상호 독립된 합의체기관으로 구성하는 양원제, 국회를 하나의 합의체기관으로 구성하는 단원제가 존재한다.

제6절 · 헌법의 수호

헌법의 근본가치를 해치는 행위에 대한 궁극적 방어책

> [코멘트] 헌법을 무너뜨리는 불순세력으로부터 헌법을 지키는 극강의 비기를 구상해보자.

I 저항권

1. 저항권의 의의

저항권이란 국민이 국가권력의 **총체적 헌법침해**에 맞서 **헌법질서의 수호**를 위해 **실력으로 저항**할 수 있는 권리를 말한다(2014.12.19. 2013헌다1 등).[15] 우리 헌법에는 저항권에 관한 **명문의 규정이 없다**. 한편 이와 구별되는 시민불복종은 정의롭지 못한 개별 국가작용의 개선을 위해 복종을 거부하는 평화적인 저항을 뜻한다.

2. 저항권의 인정여부

① **대법원**은 민청학련 사건(1975.4.8. 74도3323)과 김재규 사건(1980.5.20. 80도306)에서 "저항권이 오직 자연법에만 근거하고 있는 한 이를 재판규범으로 원용할 수 없는바, 헌법전문의 4·19 의거는 저항권의 실정법적 근거규정으로 볼 수 없다"며 **저항권을 부정**하였으나, ② **헌법재판소**는 "저항권은 헌법의 본질과 기본권의 보장 및 국가의 본질에서 자연적으로 도출된다"(2014.12.19. 2013헌다1)고 하여 **저항권이 인정**됨을 전제로, "저항권의 중대명백성 및 보충성 요건상 법률안 변칙처리 등 **입법과정의 하자**는 저항권행사의 대상이 되지 않는다"고 하였고(1997.9.25. 97헌가4), "저항권은 소극적인 목적에 그쳐야 하며 **집권을 통한 체제개혁**이라는 적극적 목적으로 이용될 수 없다"고 하였다(2014.12.19. 2013헌다1).

3. 저항권의 요건 및 효과

> [두문자] 조 폭 보 수

저항권의 행사는 중대명백한 헌법침해로부터 헌법질서를 **수**호하려는 소극적인 목적으로, 유효한 구제수단이 없을 때 **보**충적인 최후수단으로 가능하고, 목적달성에 필요한 한도의 **폭**력적인 방법이 허용되며, 실정법 위반을 정당화하는 위법성**조**각사유가 된다.

구 분	저항권	시민불복종
행사목적	총체적 불법상태에서 헌법질서 수호 목적	부정의한 개별입법·정책의 개혁 목적
행사상황	보충적 최후수단으로 행사	보충성 제약 없이 행사
행사방법	폭력적 방법도 허용	비폭력적 방법만 허용
행사효과	위법성조각사유 긍정	위법성조각 부정되나 법적 관용 요청

---

[15] '혁명권'은 '새로운' 헌법질서의 수립을 목적으로 한다는 점에서 '기존' 헌법질서의 유지를 위한 저항권과 구별되고, '국가긴급권'은 '국가'의 자구행위라는 점에서 '국민'의 긴급구조행위인 저항권과 구별된다.

Ⅱ 방어적 민주주의

1. 방어적 민주주의의 의의

방어적 민주주의란 민주주의의 이름으로 민주주의를 부정하는 민주주의의 적을 방어하기 위한 **자기방어적 민주주의**를 말한다. 방어적 민주주의는 **가치구속적** 민주주의관의 산물로서 개인의 자유를 전제로 한 '**자유민주주의**'를 핵심요소로 한다.16)

2. 방어적 민주주의론의 전개

① 1949년 독일기본법은 바이마르공화국의 붕괴를 초래한 전체주의의 역사적 경험을 토대로 방어적 민주주의의 수단인 **위헌정당해산제와 기본권실효제**를 도입하였고, 독일연방헌법재판소는 두 차례의 해산결정을 선고한 바 있다. ② 우리 헌법은 전문에서 **자유민주적 기본질서**임을 천명하고, 제8조 제4항에서 **위헌정당해산**제도를 채택하였으며, 헌법재판소는 통합진보당 해산결정을 통해 방어적 민주주의를 재차 확인하였다(2014.12.19. 2013헌다1).

---

16) 즉 '자유주의'라는 입헌주의 근본가치에 구속되는 '민주주의'적 다양성의 보장으로 정리된다. 참고로 자유주의란 개인의 자유와 창의를 존중하고 다양성을 포용하는 근대시민국가의 근본이념을 말한다.

CHAPTER 02 대한민국헌법총설

> **코멘트**
> 현행 헌법은 선조들이 다듬고 또 다듬어 물려준 것이야. 선조들이 흘린 피땀의 의미를 알고 나면 미래가 보인다.

두문자
개헌년도
빨 리 쏴 빵 빵
이 구 이 땡 칠

두문자
개헌명칭
제 발 사

제1절 • 대한민국헌정사 17)

헌법에 의하여 다스려지는 정치의 역사적 흐름

I 제헌헌법(1948년)

제헌국회의 헌법기초위원회는 의원내각제와 양원제를 골자로 하는 유진오·권승열의 초안을 통과시켰으나 이승만과 미군정 당국의 반발로 인해 <u>대통령제와 국회단원제를 채택하는 대신에 의원내각제 요소인 국무총리제와 국무원제가 가미된</u> 형태의 헌법안을 통과시켰다.** 이 헌법안은 국민투표 없이 국회의결을 거쳐 국회의장 이승만의 서명·공포로 시행되었다.**

II 제1차 개헌(1952년, 발췌개헌)

1950년 5월 국회의원총선 결과 야당이 다수의석을 차지하여 국회간선을 통한 재선가능성이 낮아지자 이승만정부는 정·부통령직선제와 양원제를 골자로 하는 개헌안을 제출하였으나 부결되었고, 야당도 의원내각제를 골자로 하는 개헌안을 제출하였는데 이승만은 폭력과 불법수단을 동원하여 정부개헌안에 야당개헌안이 가미된 발췌개헌안을 강제로 통과시켰다. 헌법이 정한 공고절차와 국회의 토론절차가 생략된 점에서 위헌적인 헌법개정이었다.*

III 제2차 개헌(1954년, 사사오입개헌)

발췌개헌으로 다시 대통령이 된 이승만은 1954년 5월 국회의원총선 결과 여당이 다수의석을 차지하자 대통령의 3선제한 철폐를 골자로 하는 개헌안을 제출하였는데 표결결과 의결정족수에서 한 표가 부족하여 부결이 선포되었으나 사사오입의 수학적 계산방식을 동원하여 이를 번복하고 가결선포하였다. 개헌에 필요한 의결정족수를 무시한 위헌적인 개정이었다.

IV 제3차 개헌(1960년 6월, 의원내각제개헌)

1960년 3·15 실시된 정·부통령선거는 철저한 부정선거였고 이에 항거한 학생과 시민의 4·19의거로 자유당정권이 붕괴되었다. 허정 과도정부가 구성되면서 의원내각제를 골자로 한 개헌안이 국회에서 통과되었다.

---

17) 헌정사(憲政史)란 헌법에 의하여 다스려지는 정치의 역사 즉 입헌 정치의 역사를 말한다.

Ⓥ 제4차 개헌(1960년 11월, 부정선거관련자처벌개헌)

자유당정권하의 반민주행위자를 소급하여 처벌할 헌법적 근거를 마련하기 위한 부칙개정으로서 헌법의 본질적인 부분을 개정한 것은 아니었다.** 이 개헌에 근거하여 반민주행위자공민권제한법, 부정축재특별처리법 등 일련의 소급적인 특별법이 제정되었다.*

Ⓥ 제5차 개헌(1962년, 군정대통령제개헌)

의원내각제정부는 정쟁으로 초래된 사회적 무질서에 대처하지 못하고 1961년 박정희의 5·16 군부쿠데타에 의하여 단명하였다. 군사정부는 민정이양을 위한 개헌안을 국가재건최고회의의 의결을 거쳐 국민투표로 확정하였다.

Ⓥ 제6차 개헌(1969년, 공화당3선개헌)

1967년 6월 국회의원총선에서 여당인 민주공화당이 압도적인 다수의석을 차지하여 개헌의석을 확보하자 박정희의 3선허용을 골자로 하는 개헌안을 제출하였고, 개헌안은 국회의 의결을 거쳐 국민투표로 확정되었다.

Ⓥ 제7차 개헌(1972년, 유신개헌)

1972년 10월 17일 박정희는 대통령의 장기집권과 강력한 독재정치를 위한 헌법개정을 추진하고자 전국에 비상계엄을 선포하고 10·17비상조치를 단행하였다. 이러한 개헌안은 비상국무회의의 의결을 거쳐 국민투표로 확정되었다.

Ⓧ 제8차 개헌(1980년, 국보위개헌)

1979년 10월 26일 박정희가 중앙정보부장에 의해 암살되자(10·26사태), 전두환의 신군부세력이 1979년 12·12군부쿠데타와 1980년 5·17내란행위 등을 통하여 정권을 무력으로 장악한 후 국가보위비상대책위원회에서 작성된 개헌안이 국민투표로 확정되었다.

Ⓧ 제9차 개헌(1987년, 대통령직선제개헌)

장기간의 군부독재로 인해 증폭된 국민들의 민주화욕구는 대통령직선제* 개헌요구를 담은 1987년 6·10민주화운동(6월항쟁)으로 분출되었고, 헌정사상 최초로 여·야간의 합의로 마련된 개헌안은 국회의 의결을 거쳐 국민투표로 확정되었다.*

[대한민국헌정사 정리]★★

두문자
대통령 임기
포로사육시로

두문자
간 단 체 계

두문자
불 양 직 제

두문자
부 폐 군 자

두문자
전 문 고 쳐 팔 구

두문자
고 백 업 인 분

구 분		과 정	내 용
제1공화국	제헌헌법 (1948)	• 유진오·권승열안(의원내각제)+이승만안(대통령제) • 국회의 의결을 거쳐 국회의장 이승만의 서명·공포로 시행(국민투표×) • **체계**적합성 위반	• **통제경제**의 원칙 • **지방자치제도**의 도입 • 대통령제와 국회**단원제**를 채택하면서 의원내각제 요소인 국무총리제와 국무원제를 가미 • 정·부통령의 국회**간**선제(대통령 임기**4**년·1차중임제)
	제1차 개헌 (1952)	• 발췌개헌 • 공고절차 위반	• 정·부통령의 **직**선제, 국회**양**원제 • 국무원**불**신임제, 국무총리**제**청권
	제2차 개헌 (1954)	• 사사오입개헌 • 개헌정족수 위반	• 국민투표제 최초 도입(주권의 제약 또는 영토변경의 경우) • 헌법개정의 한계 규정(민주공화국가·국민주권·국민투표에 관한 규정) • **자**유시장경제체제로의 전환 • 초대대통령 중임제한(3선제한) 철폐 • 대통령유고시 **부**통령의 지위승계 • 국무총리제 **폐**지(국무위원 개별적 불신임제) • **군**법회의 헌법적 근거 신설
제2공화국	제3차 개헌 (1960)	• 의원내각제개헌 • 3·15부정선거 → 4·19혁명	• **정당제도**: 정당조항 신설, 위헌정당해산제 도입 • **선거제도**: 중앙선관위 신설, 선거권연령 헌법명문화 • **공무원제도**: 직업공무원제 도입 • **의원내각제 정부형태** 채택 • 대통령 임기**5**년·1차중임제 • 대법원장·대법관의 선거제 • 헌법재판소 신설
	제4차 개헌 (1960)	• 부정선거관련자처벌개헌 • 반민주행위자 소급처벌 근거 마련 위한 **부칙개정**(본질적 부분 개정×)	• 부정선거관련자처벌법, 반민주행위자공민권제한법, 부정축재특별처리법, 특별재판소및특별검찰부조직법 등 일련의 **소급특별법** 제정
제3공화국	제5차 개헌 (1962)	• 군정대통령제개헌 • 5·16쿠데타 • 제2공화국헌법의 개헌절차 비준수: 국가재건최고회의의 의결(국회의결×)을 거쳐 국민투표로 확정	• 헌법개정에 필수적 국민투표제 도입 • 헌법**전문**의 개정(4·19, 5·16의 이념의 명문화 cf. 전문개정: 제**5**·**7**·**8**·**9**차 개헌) • 극단적 정당국가지향 • **인**간의 존엄과 가치·**고**문금지와 자**백**제한·직**업**선택의 자유·**인**간다운 생활을 할 권리의 신설, 근로자의 이익**분**배균점권의 삭제 • 대통령제(대통령 임기**4**년·1차중임제) 및 국회단원제 채택 • 대법원장과 대법관의 임명에 법관추천회의의 제청절차 • 헌법재판소의 폐지
	제6차 개헌 (1969)	• 공화당3선개헌 • 국회의 의결을 거쳐 국민투표로 확정 cf. 제6·9차 개헌만 국회의결과 국민투표를 모두 거쳐 확정됨	• 대통령 3선연임 허용(4연임 금지) • 대통령에 대한 **탄핵소추요건** 강화 • 국회의원 **각료겸임** 허용

공화국	개헌	배경	주요 내용
제4공화국	제7차 개헌 (1972)	• 유신개헌 • 비상계엄의 선포와 10·17비상조치를 단행하여, 비상국무회의의 의결(국회의결×)을 거쳐 국민투표로 확정	• **개헌절차의 이원화**(**대통령제안**에 대한 **국민투표**, **국회제안**에 대한 통일주체국민회의 의결) • 본질적 내용침해금지조항 삭제, 적부심제도의 폐지, 언론·출판 등의 검열금지조항 삭제 • **통일주체국민회의 설치**(대통령 간선·국회의원 1/3 선출·국회제안 개헌안의 확정) • 긴급조치권, 국회해산권, 국회의원추천권, 대통령 임기 **6**년·중임제한철폐, 국정감사권의 부인, 대통령의 법관임명권 등 대통령에 대한 막강한 권력의 부여
제5공화국	제8차 개헌 (1980)	• 국보위개헌 • 10·26사태 → 12·12쿠데타	• 재외국민보호조항의 신설, 사회적 시장경제질서의 지향, 정당운영에 관한 국고보조**금**조항 및 **비**례대표제의 신설 • 행복**추**구권·사생활의 **비**밀과 자유·소**비**자보호운동권·**환**경권·적정임**금**조항·무죄**추**정조항의 신설, **적**부심제도의 부활 • 통일주체국민회의의 폐지, 대통령의 선거인단간선제, 대통령 임기 **7**년·단임제, 임기조항개정효력제한조항 신설 • 대통령의 **비**상조치권·국회해산권의 행사요건강화 • 국회의 국정**조**사권의 명문화 등 국회의 지위회복 • 대통령의 일반법관임명권 배제 등 사법권의 독립강화
제6공화국	제9차 개헌 (1987)	• 대통령직선제개헌 • 6월항쟁의 결과 헌정사상 최초로 여·야간 합의로 개정 • 국회의 의결을 거쳐 국민투표로 확정	• 헌법전문에 대한민국임시정부의 법통계승 추가 • 적법**절**차조항·구속이유 등의 **고**지제도·형사**피**해자의 재판절차진술권·범죄**피**해자의 구조청구권·**대**학자치조항·**최**저임금제·**노**인 등의 복지권·국가의 **재**해예방노력의무·**쾌**적한 주거생활권·**모**성보호조항의 신설, 형사**피**의자보상 확대, 언론·출판 등 **허**가·검열제 금지조항의 부활 • 대통령 임기 **5**년·단임제 • 대통령의 국회해산권의 폐지 • 국정**감**사권의 부활 • 포괄적 헌법재판권을 가진 헌법재판소의 설치

두문자

(두) 환 비
(자) 금 추 적 조

두문자

노 모 쾌 감 피 허
고 최 대 절 재

제1절 대한민국헌정사 015

제2절 · 대한민국의 국가형태

> 국가 구조, 정치 제도, 통치 형식을 통해 구분되는 특징적인 국가유형의 비교

> **코멘트**
> 전쟁기계들 중에는 마왕이 조종하는 것도 있고 분리·합체 기능이 탑재된 것도 있다고 하니 우리 기계가 어떤 유형인지 궁금하다.

I 국가형태의 분류

1. 군주국과 공화국[18]

국가형태는 우선 군주국과 공화국으로 분류할 수 있는데, '군주국'이란 명목상 내지 실질상의 군주제도가 있는 나라를 말하고, '공화국'이란 그러한 군주제도가 없는 나라를 말한다.

2. 단일국가·연방국가·국가연합[19]

국가형태는 다시 단일국가·연방국가·국가연합으로 분류할 수 있는데, '단일국가'란 국가의 구성이 단일하고 통일적인 국가를 말하고, '연방국가'란 각 주가 국가적 성격을 가지면서 전체 국가를 형성하는 국가를 말하며,★ '국가연합'이란 주권국가 상호간에 국제조약에 근거하여 성립된 연합체를 말한다. 연방국가는 **연방헌법에 의한 영속적인 결합체**로서 진정한 의미의 국가이나 국가연합은 **조약에 근거한 잠정적인 결합체**로서 진정한 의미의 국가가 아니며,★ 연방국가는 일반적으로 국제법적 주체성이 인정되고 연방이 병력을 보유하나 국가연합은 조약상의 특정 사항에 대해서만 국제법적 주체성이 인정되고 구성국이 병력을 보유한다.★

II 대한민국의 국가형태

> **헌 법**
> 제1조 ① 대한민국은 민주공화국이다.

헌법 제1조 제1항은 "대한민국은 민주공화국이다"라고 규정하여 우리나라의 국호와 국가형태를 선언하고 있는데, 일반적인 견해는 여기의 '공화국'은 국가형태를, '민주'는 공화국의 정치적 내용을 규정한 것으로 본다.[20] 그리고 이는 어떠한 형태의 군주국도 인정하지 않으며, 모든 형태의 전체주의적·독재적 국가형태가 부정된다는 의미로서 **비군주국, 반전체국**을 뜻한다.

---

18) 이는 군주제도의 유무에 따른 분류이다.
19) 이는 결속성 정도 차이에 따른 분류인데, 그 정도가 가장 강한 것이 단일국가 형태이고 가장 약한 것이 국가연합 형태이다.
20) '공화정'이란 주권이 공동의 합의로 행사되는 정치체제로서 왕정, 제정과 구별되고, '민주정'은 민의에 의거한 정치체제로서 절대주의 정치체제와 구별된다.

제3절 · 대한민국의 구성요소

한국헌법과 국가 성립의 3대 요소인 '주권, 국민, 영토'의 비교

국가란 일정한 영토에 거주하는 사람들과 주권에 의한 통치조직을 가진 집단을 말하며, 좁은 의미로는 통치조직을 말한다. 전통적 국가이론인 **국가3요소설**에 의하면, 국가는 권력적 구성요소인 **국가권력**(주권과 통치권), 인적 구성요소인 **국민**, 물적 구성요소인 **국가영역**을 기초로 한다(2000.8.31. 97헌가12). 우리 헌법은 제1조 제2항에서 국가권력을, 제2조에서 국민을, 제3조에서 영역을 규정하고 있다.

I 국가권력

헌 법
제1조 ② 대한민국의 주권은 국민에게 있고, 모든 권력은 국민으로부터 나온다.

국가권력이란 국가의 권력적 구성요소로서 주권(主權)과 통치권(統治權)을 말한다. 여기서 <u>주권은 국가의사[21]를 최종적으로 결정하는 권위로서 **대내적으로는 최고의 권력**을, **대외적으로는 독립된 권력**을 의미</u>하고, 통치권 또는 공권력은 국가의사를 실현하기 위한 국가 고유의 지배권을 의미한다. 헌법 제1조 제2항 후단의 '모든 권력'은 통치권을 의미한다.

II 국 민

헌 법
제2조 ① 대한민국의 국민이 되는 요건은 법률로 정한다.

1. 국 적

(1) 국적의 개념

국적(國籍)이란 국민으로서의 신분 또는 국민이 되는 자격을 말한다. ① 국적을 규율하는 방식에는 헌법에서 정하는 국적헌법주의, 민법에서 정하는 국적민법주의, 독자적인 법률로 정하는 국적단행법주의 등이 있는데, 헌법은 제2조 제1항에서 **국적법정주의와 국적단행법주의**를 채택하고 있다.[22] ② 국적제도 대신에 **시민권제도**를 채택한 국가에서 시민권은 정치적 특권을 지닌 국민의 신분으로서 국적개념과 거의 동일하다(1999.12.24. 99도3354). 그리고 **영주권제도**는 외국인이 특정한 국가에 영구적으로 거주할 수 있는 제도를 말하는데, 영주권의 취득·상실은 국적의 변경과는 무관하다(1981.10.13. 80다2435).

---

[21] 국가의사(意思)란 국가를 사람에 비유한 표현으로 국가가 국가기관을 통해 표현하는 단체 의사를 말한다.
[22] '법정주의'(法定主義)는 법률로써 규율하는 원칙의 줄임말이고, '단행법'(單行法)은 특정한 사항에 관해 만든 법이다.

> **판례** 국적의 성격   ▶ 2000.8.31. 97헌가12; 2014.6.26. 2011헌마502
>
> 국적은 국가와 그의 구성원 간의 법적 유대이고 보호와 복종관계를 뜻하므로 이를 분리하여 생각할 수 없다. 즉 국적은 국가의 생성과 더불어 발생하고 국가의 소멸은 바로 국적의 상실 사유인 것이다.★ 국적은 성문의 법령을 통해서가 아니라 국가의 생성과 더불어 존재하는 것이므로, 헌법의 위임에 따라 국적법이 제정되나 그 내용은 국가의 구성요소인 국민의 범위를 구체화, 현실화하는 헌법사항을 규율하고 있는 것이다(97헌가12).★ 국적에 관한 사항은 국가의 주권자의 범위를 확정하는 고도의 정치적 속성을 가지고 있어서 당해 국가가 역사적 전통과 제반사정을 고려하여 결정할 문제이다. 헌법 제2조 제1항은 국민에 관한 내용을 입법자가 형성하도록 하고 있는데, 이는 대한민국 국적의 '취득'뿐만 아니라 국적의 유지, 상실을 둘러싼 전반적인 법률관계를 법률에 규정하도록 위임하고 있는 것이다(2011헌마502).

(2) 국적의 취득

(가) 선천적 국적취득

선천적 국적취득이란 **출생**이라는 사실에 의하여 국적을 취득하는 것을 말한다. 국적법은 제2조에서 **부모양계혈통주의(속인주의)**를 원칙으로 하면서 **출생지주의(속지주의)를 가미**하고 있다.23) 헌법재판소는 "**부계혈통주의**를 채택한 구법조항은 모가 한국인인 자녀와 그 모에게 불리한 영향을 끼치므로 헌법 제11조 제1항의 **남녀평등원칙에 위배**된다"고 판시하였다(2000.8.31. 97헌가12).★★

두문자

인 귀 회 수

(나) 후천적 국적취득

후천적 국적취득이란 출생 이외의 사실에 의하여 국적을 취득하는 것으로 **인**지 · **귀**화 · 국적**회**복 · **수**반취득에 의한 국적취득 등이 있다.★

A. 인지에 의한 국적취득

인지(認知)란 법률상의 혼인관계 없는 남녀 사이에서 출생한 **혼인 외의 출생자**에 대하여 생부나 생모가 자신의 자녀로 인정하는 의사표시를 말한다. 인지는 대한민국의 민법상 **미성년인 자녀**24)를 대상으로 하며, 부 또는 모는 **인지시점만**이 아니라 그 자녀의 **출생 당시**에도 우리 국민이었어야 한다(국적법 제3조 제1항).25) 그리고 법무부장관에게 신고를 한 때에 국적을 취득하므로 국적법상 인지에는 소급효가 없다(동조 제2항).26)★

B. 귀화에 의한 국적취득

귀화(歸化)란 우리 국적을 취득한 사실이 없는 **순수 외국인**이 우리 국적을 취득하는 제도를 말한다(국적법 제4조 내지 제7조).★ 국적법상 귀화에는 한국과의 연관성 정도에 따라 일

---

23) '속인주의'(屬人主義)란 국적을 기준으로 모든 자국민에 대해 법을 적용하는 원칙을 말하고, '속지주의'(屬地主義)란 영역을 기준으로 자국영역 내의 모든 사람에게 법을 적용하는 원칙을 말한다.
24) 민법 제4조는 "사람은 19세로 성년에 이르게 된다"고 규정하고 있다.
25) 부모의 일방적 의사표시에 따르는 효과이므로 그 요건이 엄격하다.
26) 이는 국적충돌의 방지를 위한 것이다.

반귀화, 간이귀화(일반간이귀화와 혼인간이귀화), 특별귀화가 있다. ① **일반귀화를 위해서는 영주의 체류자격**27)**이 요구되**며(동법 제5조 제1의2호), 귀화허가를 받은 사람은 법무부장관 앞에서 **국민선서**를 하고 **귀화증서**를 수여받은 때에 대한민국 국적을 취득한다(동법 제4조 제3항).★ 귀화허가는 한국민의 법적 지위를 포괄적으로 설정하는 행위이므로, **법무부장관은 귀화 요건을 갖추었더라도 그 허가 여부에 관하여 재량권을 가진다**(2010.10.28. 2010두6496).★ 헌법재판소는 거짓이나 그 밖의 부정한 방법으로 귀화허가 등을 받은 자에 대해 이를 취소할 수 있도록 하면서 **취소권의 행사기간을 정하지 않은 국적법 조항**에 대하여 "**귀화허가신청자의 진실성을 담보**하려는 것으로 과잉하지 않다"며 합헌결정하였다(2015.9.24. 2015헌바26).★★ ② 한편 국적법은 위장국적취득을 방지하기 위해 혼인간이귀화의 요건으로 혼인상태요건을 요구하고 성년외국인입양을 특별귀화대상에서 제외하여 간이귀화대상으로 삼고 있다.

C. 국적회복에 의한 국적취득

국적회복(國籍回復)이란 과거 우리 국민이었던 **한국계 외국인**이 우리 국적을 재취득하는 제도를 말한다(국적법 제9조). **병역기피를 목적**으로 국적을 이탈하였던 자 등에 대하여는 국적회복을 허가하지 아니하며(동조 제2항),★ 국적회복허가를 받은 사람은 법무부장관 앞에서 **국민선서**를 하고 **국적회복증서**를 수여받은 때에 대한민국 국적을 취득한다(동조 제3항).★ 헌법재판소는 중국동포 국적회복 입법부작위 사건에서 "헌법이 중국동포와 같이 **특수한 국적상황에 처해 있는** 자들의 국적선택을 위한 **특별법 제정의무를 위임한 것으로 볼 수 없다**"며 각하결정하였고(2006.3.30. 2003헌마806),★★ 거짓이나 그 밖의 부정한 방법으로 국적회복허가를 받은 자에 대해 이를 취소할 수 있도록 한 국적법 조항에 대하여 "국적 취득에 있어 진실성을 담보하려는 것으로 과잉하지 않다"며 합헌결정하였다(2020.2.27. 2017헌바434).★★

D. 수반취득에 의한 국적취득

수반국적취득이란 타인의 국적취득에 수반되어 국적을 취득하는 것을 말한다. 대한민국의 민법상 **미성년인 자녀**로서 부 또는 모가 귀화·국적회복허가를 신청할 때 함께 **국적 취득을 신청**한 사람은 부 또는 모가 대한민국 국적을 취득한 때에 함께 국적을 취득한다(국적법 제8조·제9조).

(3) 복수국적의 제한적 허용

(가) 국적 취득자와 복수국적

우리 국적을 취득한 외국인은 국적취득일부터 **1년 내에 원국적을 포기**하지 아니하면 우리 국적을 상실한다(국적법 제10조 제1항·제3항).★ 그러나 혼인상태의 결혼이민자 등 대통령령으로 정하는 자는 외국 국적 불행사 서약 방식으로 우리 국적을 선택할 수 있다(동조 제2항).

---

27) 출입국관리법상 영주체류자격제도(F5)가 인정되고 있다.

한편 위 기간 내에 원국적포기의무나 서약의무를 불이행하여 우리 국적을 상실한 자가 **1년 내에 원국적을 포기**하면 **신고만으로** 우리 국적을 재취득할 수 있다(동법 제11조).28)★

> **판례** **외국인의 복수국적을 향유할 자유**   외국인이 대한민국 국적을 취득한 경우 일정 기간 내에 그 외국 국적을 포기하도록 한 국적법 조항과 관련하여 외국인의 참정권, 입국의 자유, 재산권, 행복추구권의 주체성 또는 침해가능성이 인정되는지 여부(소극)   ▶ 2014.6.26. 2011헌마502 [각하]
>
> 참정권과 입국의 자유에 대한 외국인의 기본권주체성이 인정되지 않고, 외국인이 대한민국 국적을 취득하면서 자신의 외국 국적을 포기한다 하더라도 이로 인하여 재산권 행사가 직접 제한되지 않으며, 외국인이 복수국적을 누릴 자유가 우리 헌법상 행복추구권에 의하여 보호되는 기본권이라고 보기 어려우므로, 외국인의 기본권주체성 내지 기본권침해가능성을 인정할 수 없다.★

(나) 국적선택제도와 복수국적

A. 국적선택방식의 개선

만 20세가 되기 전에 복수국적자가 된 자는 만 22세가 되기 전까지, 만 20세가 된 후에 복수국적자가 된 자는 그 때부터 2년 내에 국적을 선택하여야 하는데(국적법 제12조 제1항),★★ 이 경우 외국 국적을 포기하는 대신 외국 국적 불행사 **서약 방식**으로 우리 국적을 선택할 수 있다(제13조 제1항).★ 다만 국적선택기간 이후에 우리 국적을 선택하려는 자와 **해외 원정 출산자**는 외국 국적을 포기한 경우에단 우리 국적을 선택할 수 있고(동조 제2항·제3항), 외국에 주소가 있는 경우에만 국적이탈신고를 할 수 있다(제14조 제1항).

> **판례** **외국에 주소 없는 자 국적이탈제한**   ▶ 2023.2.23. 2020헌바603 [합헌]
>
> 심판대상조항의 입법취지 및 단어의 사전적 의미 등을 종합할 때, '외국에 주소가 있는 경우'라는 표현은 다른 나라에 생활근거가 있는 경우를 뜻하는 것으로, 외국에 거주지, 근무지 등 생활근거를 찾을 수 없는 경우에는 '외국에 주소가 있는 경우'가 아님을 일반인도 쉽게 이해할 수 있으므로, 심판대상조항은 명확성원칙에 위배되지 않는다.★ 심판대상조항은 복수국적자의 기회주의적 국적이탈을 방지하여 국민으로서 마땅히 부담해야 할 의무에 대한 악의적 면탈을 방지하려는 것으로, 주로 국내에서만 생활하며 대한민국과 유대관계를 형성한 자가, 외국에 아무런 생활근거 없이 단지 법률상 외국 국적을 선천적으로 지니고 있다는 사정을 빌미로 국적을 이탈하려는 행위를 심판대상조항에 의해 제한받는다고 하여, 어떤 과도한 불이익이 발생한다고 보기도 어렵다는 점 등을 고려하면, 과잉금지원칙에 위배되어 국적이탈의 자유를 침해한다고 볼 수 없다.★★

B. 병역의무와 국적선택의 제한

① 병역법 제8조에 따라 **병역준비역**29)에 편입된 복수국적자는 그 때부터 3개월 이내에 국적을 이탈하거나 병역의무가 해소된 때부터 2년 이내에 국적을 이탈할 수 있으나(국적법

---

28) 한국 국적 취득의 진정성이 추정되는 사안이므로 취득요건을 완화한 것이다.
29) 병역법 제5조는 병역의 종류를 현역, 예비역, 보충역, 병역준비역, 전시근로역, 대체역으로 구분하고 있는데, 여기서 '병역준비역'은 18세 이상의 국민인 남성으로서 징집대상자로 편성된 사람을 말한다.

제12조 제2항), 외국에서 출생하거나 6세 미만일 때 외국에 이주한 사람으로서 주된 생활의 근거를 계속하여 외국에 둔 복수국적자는 위 3개월 기간을 도과한 데 정당한 사유가 있는 경우 법무부장관에게 국적이탈 허가를 신청할 수 있다(동법 제14조의2 제1항). 헌법재판소는 "병역준비역에 편입된 복수국적자가 기간 내에 국적이탈을 신고하지 않은 경우 **그 사유를 불문하고** 병역의무가 해소될 때까지 국적이탈을 불허하는 규정은 국적이탈의 자유를 과도하게 침해한다"며 헌법불합치결정하였다(2020.9.24. 2016헌마889).★★
② 한편 외국에서 **영주할 목적 없이 체류한 상태에서 출생**한 복수국적자는 병역의무가 해소된 경우에 한하여 국적이탈이 가능하다(동법 제12조 제3항).★

> **판례** 병역준비역 편입 복수국적자 국적이탈제한 ▶ 2020.9.24. 2016헌마889 [헌법불합치]
>
> 심판대상 시행규칙조항은 국적이탈 신고자에게 신고서에 '가족관계기록사항에 관한 증명서'를 첨부하여 제출하도록 규정하는바, 국적이탈 신고자의 국적 취득 경위, 부모의 국적 등 그 신고 당시의 구체적 사정이 다양하여 첨부서류의 명칭을 직접 규정하는 것은 적절하지 않은 점을 고려하면, 명확성원칙에 위배되지 않는다.★★ 심판대상 법률조항은 기회주의적인 병역의무 면탈을 제한하려는 것이나,★ 복수국적자의 주된 생활근거지나 국내 체류·거주 경험 등 구체적 사정에 따라서는 사회통념상 법정기간 내의 신고를 기대하기 어려운 사유가 인정될 수 있는 점, 이러한 사정이 있는 경우 일률적으로 국적이탈을 부정할 것이 아니라 예외적으로 국적이탈을 허가하는 방안을 마련할 여지가 있는 점 등을 종합하면, 과잉금지원칙에 반하여 국적이탈의 자유를 침해한다.★★

> **판례** 직계존속의 영주목적 없는 국외출생자 국적이탈제한 ▶ 2023.2.23. 2019헌바462 [합헌]
>
> 심판대상조항은 병역의무의 공평한 분담과 그에 대한 국민적 신뢰를 확보하려는 것으로, '직계존속의 영주목적 없는 국외출생자'에게만 병역의무 해소를 요구함으로써, 부모가 외국이주를 결정하는 등 장차 대한민국과의 유대관계 형성이 어려울 것으로 예상되는 사람에게는 병역의무 해소 없는 국적이탈을 허용하고 있으므로, 과잉금지원칙에 반하여 국적이탈의 자유를 침해한다고 볼 수 없다.★

⑷ 국적선택명령제도

복수국적자가 **국적선택기간을 도과**하거나 **서약에 반하는 행위**를 한 경우 법무부장관의 국적선택명령 후 일정기간 내에 외국 국적을 포기하지 않으면 대한민국 국적을 상실한다(국적법 제14조의3).★

⑸ 복수국적자의 법적 지위

복수국적자는 국내법의 적용에서 **대한민국 국민으로만 처우**하며(국적법 제11조의2),30)★ 복수국적자가 국가안보, 외교관계 등에서 대한민국 국적을 보유함이 현저히 부적합하다고 인정되는 경우에는 출생에 의한 국적취득자를 제외하고 법무부장관이 대한민국 국적의 상실을 결정할 수 있다(제14조의4).★

---

30) 이는 서약 내용에 내재된 법적 효과를 구체적으로 확인한 것이다.

(4) 국적의 상실

국적법은 외국 국적 취득의 자발성 여부에 따라 취급을 달리하고 있다. 즉 외국 국적의 **자진취득자**에 대해서는 그 외국 국적을 취득한 때에 우리 **국적을 상실**토록 하면서,* 혼인·입양·인지·수반취득 등 국제적 신분행위에 기초한 **비자진취득자**에 대해서는 잠정적 **국적보유제도**를 채택하고 있다(제15조).* 헌법재판소는 외국국적 자진취득자 국적상실 규정에 대하여 복수국적의 악용을 방지하려는 것이라며 합헌결정하였다(2014.6.26. 2011헌마502).*

(5) 모계출생자에 대한 국적취득의 특례

헌법재판소는 국적법상 부모양계혈통주의 채택에 따른 모계출생자 국적취득특례 조항에서 신법 시행 당시 10세 미만인 모계출생자에게만 소급적용을 허용한 것에 대하여 부계혈통주의의 위헌적 차별을 해소함에 있어 불합리한 차별취급이라며 헌법불합치결정하였다(2000.8.31. 97헌가12).

[국적법 정리]

두문자
사 모 기 출

두문자
신 출 미 인

두문자
5 성 단 기 생
3 성 단 기 생
기 단 주

국적 취득	선천 취득	• 원칙적 속인주의(부모양계혈통주의) : 출생 당시 부 또는 모가 한국민인 자, 출생 전에 부가 사망한 경우 그 **사**망 당시 부가 한국민이었던 자는 출생과 동시에 국적을 취득* • 예외적 속지주의(출생지주의) : 부모가 **모**두 불분명하거나 무국적인 경우 한국에서 출생한 자는 출생과 동시에 국적을 취득[한국에서 발견된 **기**아(棄兒)는 한국에서 **출**생한 것으로 추정]**
	인지	• 혼외자 인지제도 : **출**생 당시 부 또는 모가 한국민이었던 **미**성년자로서 한국민인 부 또는 모에 의해 **인**지된 외국인은 법무부장관에게 **신**고한 때에 국적을 취득*
	귀화	• 일반귀화요건 : 한국에 **5**년간 계속 주소를 두고 영주자격을 보유한 한국 민법상 **성**년자로서 법무부령이 정한 품행**단**정요건, **생**계능력, **기**본소양을 갖추고 국가안보 등에 위해가 없다는 법무부장관의 인정을 받은 외국인 • 간이귀화요건 : '일반간이귀화'의 경우 부 또는 모가 한국민이었던 자·부 또는 모가 한국태생인 한국출생자·한국 민법상 한국민의 성년양자로서 한국에 **3**년간 계속 주소를 두고 **성**년연령, 품행**단**정요건, **생**계능력, **기**본소양, 법무부장관인정을 갖춘 외국인, '혼인간이귀화'의 경우 한국민과 혼인상태로 한국에 2년간 계속 주소를 두거나 혼인 후 3년이 경과하고 혼인상태로 한국에 1년간 계속 주소를 둔 자*·한국민과 혼인상태로 한국에 주소를 두고 있던 중 책임 없는 사유로 혼인생활이 중단되고 잔여기간을 충족한 자·한국민과의 혼인으로 출생한 미성년자녀의 양육자로 소정기간을 충족한 자로서 성년연령, 품행단정요건, 생계능력, 기본소양, 법무부장관인정을 갖춘 외국인 • 특별귀화요건 : 부 또는 모가 한국민인 자·특별공로자·우수외국인재로서 한국에 **주**소를 두고 품행**단**정요건, **기**본소양, 법무부장관인정을 갖춘 외국인
	국적 회복	• 국적회복 절대적 불허사유 명시 : 국가·사회에 위해를 끼친 자, 품행 단정하지 못한 자, 병역기피목적 국적이탈자, 국가안보 등을 위해 부적당한 자
	수반 취득	• 미성년자녀 수반취득 신청제도 : 미성년자녀는 부 또는 모의 귀화·국적회복허가 신청시 함께 국적 취득을 신청할 수 있고, 부 또는 모의 국적 취득시 함께 국적을 취득

복수국적	외국인	• 원국적포기의무 : 한국 국적을 취득한 외국인이 **1**년 내에 원국적을 포기하지 않으면 한국 국적 상실 • 복수국적 제한허용 : 혼인상태 결혼이민자, 특별공로자, 우수외국인재, 해외미성년입양자, 고령 영주귀국동포, 외국법상 포기의무이행 곤란한 자 등은 외국 국적 불행사 서약을 조건으로 복수국적 허용 • 국적재취득제도 : 원국적포기의무 등을 불이행하여 한국 국적을 상실한 자가 **1**년 내에 원국적을 포기하면 **신**고만으로 한국 국적을 재취득
	한국민	• 국적선택기간 : 만 20세 전에 복수국적된 자는 만 **22**세가 되기 전까지, 만 20세 후에 복수국적된 자는 그 때부터 **2**년 내에 국적을 선택하여야 함. 다만 만 18세가 되어 병역준비역에 편입된 자는 그 때부터 3개월 내 또는 병역의무가 해소된 때부터 2년 내에(외국에서 출생하거나 6세 미만의 아동일 때 이주한 사람 특례 인정), 직계존속이 외국에서 영주할 목적 없이 체류한 상태에서 출생한 자는 병역의무가 해소된 때부터 2년 내에 국적이탈 가능 • 복수국적 제한허용 : 복수국적자에게 외국 국적 불행사 서약을 조건으로 복수국적 유지. 다만 출생 당시 모가 자녀에게 외국 국적을 취득하게 할 목적으로 외국에서 체류한 상태에서 출생한 자는 복수국적 유지 불가능
국적상실	외국국적취득	• 자진취득 : 자진하여 외국 국적을 취득한 자는 그 외국 국적을 취득한 때에 한국 국적을 상실★ • 비자진취득 : 혼인・입양・인지・수반취득 등 국제적 신분행위에 의하여 외국 국적을 취득한 자는 6월 내에 국적보유신고를 하지 않으면 소급하여 한국 국적 상실한 것으로 봄
	권리변동	• 국민권리 향유금지 및 양도의무 : 국적을 상실한 때부터 한국민만이 누릴 수 있는 권리를 누릴 수 없고, 양도 가능한 권리를 3년 내에 한국민에게 양도하여야 함

일 일 신

똘 똘 이

2. 재외국민의 보호

헌 법
제2조 ② 국가는 법률이 정하는 바에 의하여 재외국민을 보호할 의무를 진다.

헌법 제2조 제2항은 재외국민보호의무를 규정하고 있다. ① 재외국민이란 대한민국 국민으로서 외국에 장기 거주하는 자를 말하는데, **제5공화국**헌법(1980년)에서는 "재외국민은 국가의 보호를 받는다"고 하여 **소극적으로 규정**하였으나,★★ **현행헌법**(1987년)은 "국가는 재외국민을 보호할 의무를 진다"고 하여 보다 **적극적으로 규정**하고 있다. ② 헌법상 재외국민보호는 국제법규와 거류국의 법령에 의하여 누릴 수 있는 모든 분야에서의 정당한 대우를 받도록 **거류국과의 관계에서 국가가 하는 외교적 보호**와 국외거주 국민에 대하여 **정치적인 고려**에서 특별히 법률로써 정하여 베푸는 각종 지원을 뜻하는 것이다(1993.12.23. 89헌마189). 헌법재판소는 헌법 제2조 제2항의 규정이 국가로 하여금 **특정한 협약**에 가입하거나 조약을 체결할 입법위임을 한 것으로 볼 수 없다고 하였다(1998.5.28. 97헌마282).★★

III 국가의 영역

> **헌 법**
> 제3조 대한민국의 영토는 한반도와 그 부속도서로 한다.

1. 영역의 의의

국가의 영역이란 국가의 물적·공간적 구성요소를 말하며, 보통 **영토·영해·영공**으로 구성된다. 국가의 그 영역에 대한 배타적 지배권을 영토고권(領土高權)31)이라고 한다. ① '영토'란 국가영역의 기초가 되는 육지를 말하는데, 우리 헌법 **제3조**는 "대한민국의 영토는 한반도와 그 부속도서로 한다"고 하여 영역 중에서 **영토만 규정**하고 있다. ② '영해'란 영토에 인접하여 주권이 미치는 해역으로서 대한해협을 제외하고 연안으로부터 12해리까지의 수역을 말한다(영해및접속수역법 제1조, 영해및접속수역법시행령 제3조).★ ③ '영공'이란 영토와 영해의 수직상공을 말하는데, 영토와 영해의 지배가능한 상공에 한정된다는 실효적 지배설이 다수설이다.

2. 영토의 변경

헌법재판소는 "**영토변경**은 우리나라의 공간적인 존립기반과 국가의 법질서에 변동을 가져옴으로써, 필연적으로 국민의 주관적 **기본권에도 영향**을 미치므로, 기본권보장의 실질화를 위해서는, **영토조항만을 근거로** 하여 독자적으로는 헌법소원을 청구할 수 없다할지라도, 국민의 **기본권침해의 구제를 위한 전제조건**으로서 영토에 관한 권리를 영토권이라 구성하여, 이를 헌법소원의 대상인 기본권으로 간주하는 것은 **가능하다**"고 판시하였다(2001.3.21. 99헌마139등).★★

> **판례** 한일어업협정과 영토권침해 독도 등을 중간수역으로 정한 한일어업협정이 영해 및 배타적경제수역에 대한 국민의 영토권을 침해하는지 여부(소극) ▶ 2001.3.21. 99헌마139등 [기각, 각하]
>
> 이 사건 한일어업협정은 '어업에 관한' 협정으로서 배타적경제수역을 규정한 것이 아닐 뿐만 아니라 배타적경제수역이 설정되더라도 영해를 제외한 수역을 의미하므로, 독도가 중간수역에 속해 있다 할지라도 독도의 영유권문제나 영해문제와는 직접적인 관련을 가지지 아니한다. 따라서 이 사건 협정으로 인하여 독도의 영해와 배타적경제수역에 대한 영토권이 침해되었다는 주장은 이유없다.★★

3. 영토조항과 통일조항의 관계

헌법 제3조의 영토조항은 제헌헌법(1948년)부터 규정되었으나, 통일조항은 유신헌법(1972년)에서 처음 규정되었다. 헌법 **제3조의 영토조항**은 대한민국이 **완성국가**임을 전제로 하는 반면, **제4조의 통일조항**은 대한민국이 **분단국가**임을 전제로 하므로 헌법규범의 충돌이 발생한다. 헌법재판소(1993.7.29. 92헌바48)와 대법원(2004.8.30. 2004도3212)은 "현 단계에 있어서의 북한은 조국의 평화적 통일을 위한 대화와 협력의 **동반자**임과 동시에 대남적화노선을 고수하면서 우리

---

31) 고권(高權)이란 국가가 자국의 영역이나 국민에 대하여 갖는 최고 권력을 말한다.

자유민주체제의 전복을 획책하고 있는 **반국가단체**라는 성격도 함께 갖고 있다"고 판시하여 **남북한 특수관계론**을 취하고 있다.*

4. 영토조항의 해석과 관련한 제문제

(1) 남북한 UN동시가입의 문제

국제연합헌장 제4조는 그 가입자격을 국가로 규정하는바, 헌법재판소는 "**가맹국이 UN이라는 국제기구**에 의하여 국가로 승인받는 효과가 발생하는 것은 별론으로 하고, **다른 가맹국과의 관계에서도 당연히 상호간에 국가승인이 있었다고 볼 수 없다**"고 하여 국가승인상대설을 취하였다(1996.10.4. 95헌가2; 1997.1.16. 92헌바6등).**

(2) 남북기본합의서 체결의 문제32)

헌법재판소(1997.1.16. 92헌바6등; 2000.7.20. 98헌바63)와 대법원(1999.7.23. 98두14525)은 남북기본합의서의 성격에 관해 "남북관계가 '나라와 나라 사이의 관계가 아닌 통일을 지향하는 과정에서 잠정적으로 형성되는 특수관계'(전문 참조)임을 전제로 남북당국의 성의 있는 이행을 약속하는 일종의 **공동성명 또는 신사협정**으로서 법적 구속력이 없는 비공식의 국제적 합의인바, 이를 **국가 간의 조약이나 이에 준하는 것으로 볼 수 없다**"고 판시하였다.**

(3) 국가보안법과 남북교류법의 문제

국가보안법과 남북교류법의 관계에 대해서는 별개의 법체계로 보는 견해와 일반법·특별법의 관계로 보는 견해가 대립하는데,33) 헌법재판소는 "국가보안법은 반국가활동을 규제하려는 법률이고 남북교류법은 남북한협력을 촉진하려는 법률로서 **입법취지와 규제대상을 달리하고 있다**"고 하여 별개의 법체계로 보고 있다(1993.7.29. 92헌바48).*

(4) 북한주민의 법적 지위의 문제

헌법재판소(2000.8.31. 97헌가12)와 대법원(1996.11.12. 96누1221)은 영토조항을 근거로 하여 북한지역도 대한민국의 영토에 속하고 **북한주민도 대한민국 국적을 보유**하는데 아무런 영향이 없다고 하여 **별도의 국적취득절차 없이** 당연히 한국 국적이 인정되는 것으로 본다.*

(5) 남북한 간 물자교역의 문제

남북한 특수관계론에 의하면 남북교역은 순수한 국내거래도, 국가 간의 국제거래도 아닌 민족 내부의 거래로 볼 수 있다. 현재 남북교류법과 남북관계발전법에서는 남한과 북한 간의 거래를 **국가 간의 거래가 아닌 민족 내부의 거래**로 보도록 규정하고 있다.

---

32) 남북 간의 합의서에 법적 실효성을 부여하기 위해 제정된 '남북관계 발전에 관한 법률'에 따르면, '남북합의서'란 대한민국 정부와 북한 당국 간에 문서의 형식으로 체결된 모든 합의를 말한다(제4조 제3호).
33) 일반법과 특별법은 적용범위의 광협에 따른 상대적인 구별이다. 특별법은 정의와 형평의 관점에서 일반법 중 특수한 사항을 추출하여 특별히 취급하려는 것이므로 일반법에 우선하여 적용된다.

제4절 · 한국헌법의 기본원리

우리 헌법이 추구하는 이데올로기 분석

> **코멘트**
> 영화 '변호인'에서 주인공 변호사가 '국가는 국민입니다'라고 외치는 장면이 나온다. 고급진 표현이긴 한데 대체 어디서 따온 말인지 먹히기나 하는 소린지 궁금하다.

헌법의 기본원리란 헌법의 이념적 기초로서 헌법의 **전영역**에 관철되는 **지도원리**를 말한다.34) 이는 헌법전문을 비롯하여 헌법전 중에 추상적으로 반영되어 있는데, 최고의 가치규범으로서 모든 국가구성원의 **행동지침**이 되고, 헌법재판기관의 **재판기준**이 되며, **헌법개정의 한계**가 된다(1996.4.25. 92헌바47 참조).35)** 다만 헌법재판소는 헌법의 기본원리가 구체적 **기본권**을 도출하는 근거로 될 수는 **없다**고 판시한 바 있다(1996.4.25. 92헌바47).**

| 제1항 | 한국헌법의 전문

국가의 탄생과정을 서술한 문장의 가치

> **코멘트**
> 책을 펼치면 작가 머리말이 있는데 힘들게 썼단 말을 주저리주저리 늘어놓은 것 같아도 그걸 읽고 책을 보면 내용이 더 선명해져서 가치를 무시할 수 없더라구.

❶ 헌법전문의 의의

헌법전문(前文)이란 헌법의 본문 앞에 위치한 서문(序文) 즉 헌법전의 머리글을 말한다. 현행헌법(1987년)은 전문, 본문, 부칙으로 구성되어 있는데,36) 헌법전문은 헌법의 기본원리의 주된 내용으로 담고 있다. 헌법전문은 성문헌법에서만 찾아볼 수 있지만 헌법전문이 성문헌법의 필수적인 구성요소는 아니다.

❷ 헌법전문의 법적 성격

한국헌법전문(기본원리규범)은 헌법전을 비롯한 모든 법령해석의 기준이 되는 최고의 가치규범으로서 **규범적 효력**을 가지며(1989.9.8. 88헌가6), 국가와 국민이 준수해야 할 **행위규범**으로 작용하고 국가의 재판과정을 기속하는 **재판규범**으로도 작용한다(2006.3.30. 2003헌마806 등).* 다만 헌법재판소는 "헌법전문에 기재된 3·1정신은 우리나라 헌법의 이념적 기초로서 모든 법령해석의 기준이 된다고 할 수 있지만, 그에 기하여 곧바로 국민의 개별적 **기본권성**을 도출해낼 수는 **없다**"(2001.3.21. 99헌마139등)고 하여 권리보장규범성은 부정하고 있다.**

---

34) '원리'란 이상적인 신념을 말하고, '권리'란 개인적인 삶의 기준을 말하며, '제도'란 조직운영의 기준을 말한다. 한편 '주관'이란 개인적 관점을 말하고, '객관'이란 탈개인적 관점을 말한다.
35) 국가의 법질서는 각기 그 논리적 성격을 달리하는 조직규범·행위규범·재판규범으로 구성된다. 즉 법규범은 조직규범을 기초로 행위규범·재판규범이 복합적으로 결합되어 국가의 조직을 세우는 기초가 된다.
36) '전문'은 헌법의 목적, 기본원칙 등을 밝히는 머리글, '본문'은 헌법전의 주가 되는 문장, '부칙'은 본문의 내용을 보충하기 위해 덧붙인 규정을 말한다.

> **판례** 국가보훈처장의 서훈추천부작위 ▶ 2005.6.30. 2004헌마859 [각하]
>
> 헌법은 전문에서 "3·1운동으로 건립된 대한민국임시정부의 법통을 계승"한다고 하여 대한민국이 독립운동가의 공헌과 희생을 바탕으로 이룩된 것임을 선언하고 있으므로, 국가는 일제로부터 조국의 자주독립을 위하여 공헌한 독립유공자와 그 유족에 대하여는 응분의 예우를 하여야 할 헌법적 의무를 지닌다.** 다만 그러한 의무는 국가가 그 인정절차를 합리적으로 마련하고 기본적 예우를 해주어야 한다는 것일 뿐 당사자가 주장하는 특정인을 반드시 독립유공자로 인정하여야 하는 것을 뜻할 수는 없다.* 상훈법상 서훈추천 등 독립유공자의 구체적 인정절차는 입법재량의 영역에 해당하므로 국가보훈처장이 서훈추천 신청자에 대한 서훈추천을 해주어야 할 헌법적 작위의무가 있다고 할 수 없다.*

III 한국헌법전문의 내용

> **헌법전문**
>
> 유구한 역사와 전통에 빛나는 우리 대한국민은 3·1운동으로 건립된 대한민국임시정부의 법통과 불의에 항거한 4·19민주이념을 계승하고 조국의 민주개혁과 평화적 통일의 사명에 입각하여* 정의·인도와 동포애로써 민족의 단결을 공고히 하고, 모든 사회적 폐습과 불의를 타파하며,* 자율과 조화를 바탕으로 자유민주적 기본질서를 더욱 확고히 하여* 정치·경제·사회·문화의 모든 영역에 있어서 각인의 기회를 균등히 하고,* 능력을 최고도로 발휘하게 하며, 자유와 권리에 따르는 책임과 의무를 완수하게 하여, 안으로는 국민생활의 균등한 향상을 기하고 밖으로는 항구적인 세계평화와 인류공영에 이바지함으로써 우리들과 우리들의 자손의 안전과 자유와 행복을 영원히 확보할 것을 다짐하면서 1948년 7월 12일에 제정되고 8차에 걸쳐 개정된 헌법을 이제 국회의 의결을 거쳐 국민투표에 의하여 개정한다.

건국이념		3·1운동(제헌)으로 건립된 대한민국임시정부의 법통[37](현행)과 불의에 항거한 4·19민주이념(현행)을 계승*
기본원리	국민주권원리 (개헌권력과 제헌·개헌절차)	우리 대한국민은 … 1948년 7월 12일에 제정되고 8차에 걸쳐 개정된 헌법을 이제 국회의결을 거쳐 국민투표에 의해 개정한다.*
	국제평화주의	항구적 세계평화와 인류공영에 이바지
	평화통일원칙	평화적 통일의 사명에 입각*
	자유민주주의	자유민주적 기본질서를 확고히*
	문화국가원리	유구한 역사와 전통, 문화의 영역에서 각인의 기회균등*
	사회국가원리	경제·사회의 영역에서 각인의 기회균등, 국민생활의 균등한 향상*
국민과제		우리들과 우리들의 자손의 안전과 자유와 행복을 영원히 확보할 것을 다짐

- 헌법상 **법**치주의원리, **사**회국가원리, **문**화국가원리를 직접 명시한 규정은 없으나 헌법체계상 구현되고 있음*
- 헌법**전**문에 전통문화의 계승·발전과 민족문화의 **창**달(제9조, 제69조), 개인의 자유와 **창**의의 존중(제19조 제1항)은 명시규정이 **없음**

🔵 두문자
사 문 법

🔵 두문자
창 없 는 전 문

---

37) 법통(法統)이란 법의 전통의 뜻한다.

| 제2항 | **국민주권의 원리**
국민이 주인인 세상의 탄생 비하인드

> **코멘트**
> 우리 전쟁기계는 애초 하늘이 내린 재력가 윌포드에 의해 제작되었다. 하지만 지금 우리는 탑승자 전원이 이 기계의 주인이라고 생각한다. 우리가 없었다면 이 거대한 기계를 만들 수도 움직일 수도 없었기 때문이다.

> **헌 법**
> 제1조 ② 대한민국의 주권은 국민에게 있고, 모든 권력은 국민으로부터 나온다.

국민주권의 원리란 국가의사를 결정할 수 있는 원동력인 주권을 국민이 가진다는 것과 모든 국가권력의 정당성의 근거가 국민에게 있다는 원리이다. **헌법 제1조 제2항**은 "대한민국의 주권은 국민에게 있고, 모든 권력은 국민으로부터 나온다"고 하여 국민주권원리를 규정하고 있다. ① 주권이론은 **보댕**(J. Bodin)의 왕권신수설에 근거한* 군주주권론에서 출발하여 **루소**(J.J. Rousseau)의 사회계약론 등에 근거한 국민주권론으로 발전하였다. ② 국민주권론은 근대 초기에는 자본가인 시민계급의 정치적 주도를 정당화하는 형식논리였지만, 현대에 이르러서는 국민의 정치참여가 실질적으로 보장되는 이념으로 변화하였다. 헌법재판소는 국민주권주의를 **형식적**이고 명목적인 정치용 국민주권주의와 **실질적**이고 능동적인 국민용 국민주권주의로 구분하면서(1989.9.8. 88헌가6), 국민주권원리는 일반적으로 어떤 실천적인 의미보다는 국가권력 내지 통치권을 정당화하는 원리로 이해된다고 판시하였다(2009.3.26. 2007헌마843).

| 제3항 | **민주주의의 원리**
국민이 주인인 세상의 정치방식

> **코멘트**
> 민주, 친구 이름?? 주의, 조심하라?? 아냐 민초가 주인이니 국가운영도 그 뜻에 복종하라는 좋은 사상을 뜻하는 거야.

민주주의원리란 **국민적 합의(민의)에 의한 통치**의 원리로서 국가권력의 정당성이 주권자인 국민에게 귀속되어야 한다는 정치원리를 말한다. ① 민주주의는 **다원주의**를 전제로 사회 내의 다양한 의견과 이해를 조정하여 단일한 정치적 의사를 결정함으로써(2001.7.19. 2000헌마91등), 서로를 관용하는 **가치상대주의**에 기초하고 있다.38) 다만 민주주의는 가치절대적인 것에 대해서 상대적일 수 없는바, 이러한 **가치구속적** 민주주의의 산물이 바로 **자유민주주의**로 표현되는 **방어적 민주주의** 관념이다. ② 한편 민주주의적 의사결정방법은 다수의 선택이 옳을 확률이 높다는 경험칙에 기초한 **다수결원칙**을 전제로 하는데, 이는 전원의 의사합치가 없더라도 국가의사를 결정할 수 있게 하는 정당화원리를 말한다.

---

38) 다원주의(상대주의)란 민주주의의 다양성 보장이념 즉 다양한 가치의 포용성을 말하는 것이다.

제4항 | 법치주의의 원리
법률에 따르는 권력행사 '대표 없는 통치 없다'

> **코멘트**
> 고위 관리들은 종종 '법과 원칙에 따르겠다'는 말로 곤란한 질문들을 회피한다. 우리 의사를 모아 대표들이 미리 룰을 세워놨으니 그에 복종하는 건 당연한 순리인데, 과연 믿어도 될까?

I 법치주의원리의 의의

법치주의원리란 **법에 의한 통치**의 원리를 말한다. 오늘날의 법치주의는 법이라는 형식에 의한 통치가 내용적으로 정당한 법을 통하여 이루어질 것을 요청한다. 현행 헌법상 법치주의를 선언하고 있는 명문의 규정은 없으나 법치주의는 헌법의 기본원리로 인정된다.★

II 법치주의의 내용

법치주의는 실질적 내용으로서 '인권의 보장', 제도적 내용으로서 '권력분립제', 형식적 내용으로서 '법우선의 원칙'을 포괄하며(2014.12.19. 2013헌다1 참조),★ 법우선의 원칙은 국가작용의 **법적 기속**(입법작용의 헌법기속, 법률에 의한 행정, 법률에 의한 재판), **법적 안정**의 확보와 **법적 정의**의 실현 등을 내용으로 한다.39)

1. 입법작용의 헌법기속

정당한 법에 의한 통치를 의미하는 실질적 법치주의 체계하에서 법치주의는 단순한 법률의 우위가 아닌 헌법의 우위로 이해된다.

2. 법률에 의한 행정

법률에 의한 행정(법치행정)이란 행정이 법률을 전제로 행해져야 함을 말하는 것으로, 법률유보의 원칙, 법률우위의 원칙, 포괄위임금지의 원칙을 주된 요소로 한다.40)★ ① '법률유보원칙'은 행정작용은 **법률에 근거하여** 행해져야 한다는 것으로, 오늘날 국민의 기본권실현 등 중요한 규범영역의 본질적 사항은 의회가 직접 규율해야 한다는 **의회유보**(본질성유보)원칙까지 내포하고(1999.5.27. 98헌바70),★★ ② '법률우위원칙'은 행정작용은 **법률에 적합하게** 행해져야 한다는 것을 말하며, ③ '포괄위임금지원칙'은 행정작용에 대한 법률의 위임은 **구체적인 범위를 정하여** 행해져야 한다는 것을 말한다.

> **판례** 텔레비전방송수신료의 금액결정 텔레비전방송수신료의 금액에 대하여 국회가 스스로 결정하거나 결정에 관여함이 없이 한국방송공사로 하여금 결정하도록 한 한국방송공사법 제36조 제1항이 법률유보원칙에 위반되는지 여부(적극)   ▶ 1999.5.27. 98헌바70 [헌법불합치]
>
> 오늘날 법률유보원칙은 단순히 행정작용이 법률에 근거를 두기만 하면 충분한 것이 아니라, 국가공동체와 그 구성원에게 기본적이고도 중요한 의미를 갖는 영역, 특히 국민의 기본권실현과 관련된 영역

---

39) '법적 안정'은 법의 형식적 측면으로 법에 의한 사회질서의 안정을 말하고, '법적 정의'는 법의 내용적 측면으로 법에 의한 사회정의의 실현을 말한다.
40) '법률유보(留保)원칙'은 국가작용의 근거를 구속하는 원칙이고, '법률우위원칙'은 국가작용의 내용을 구속하는 원칙이며, '포괄위임금지원칙'은 국가작용의 위임정도를 구속하는 원칙이다.

에 있어서는 국민의 대표자인 입법자가 그 본질적 사항에 대해서 스스로 결정하여야 한다는 요구까지 내포하고 있다(의회유보원칙).** 텔레비전방송수신료는 국민의 재산권 보장의 측면이나 한국방송공사의 방송자유 보장 측면에서 국민의 기본권실현에 관련된 영역에 속하고, 수신료금액의 결정은 납부의무자의 범위 등과 함께 수신료에 관한 본질적인 중요한 사항이므로 국회가 스스로 행하여야 하는 사항에 속하는 것임에도 불구하고 국회의 결정이나 관여를 배제한 채 한국방송공사로 하여금 수신료금액을 결정하도록 한 것은 법률유보원칙(의회유보원칙)에 위반된다.

> **판례** **텔레비전방송수신료의 금액결정** 수신료의 금액은 한국방송공사의 이사회가 심의·의결한 후 방송위원회를 거쳐 국회의 승인을 얻어 확정되도록 한 방송법 제65조가 법률유보원칙에 위배되는지 여부(소극)　▶ 2008.2.28. 2006헌바70 [합헌]
>
> 현행 방송법은 헌법재판소의 헌법불합치 결정(98헌바70)의 취지에 따라 수신료의 금액은 방송위원회를 거쳐 국회의 승인을 얻도록 규정하고 있으며(제65조), 수신료 납부의무자의 범위를 '텔레비전방송을 수신하기 위하여 수상기를 소지한 자'로 규정하고(제64조 제1항), 징수절차와 관련하여 상세하게 규정하고 있으므로(제66조), 수신료의 부과·징수에 관한 본질적인 요소들은 방송법에 모두 규정되어 있다고 할 것이다. 따라서 이 사건 법률조항들은 법률유보원칙에 위반되지 아니한다.

> **판례** **고용보험법상 부정행위 제재조항** 거짓이나 그 밖의 부정한 방법으로 고용안정·직업능력개발 사업의 지원을 받은 자 등에 대하여 '대통령령으로 정하는 바에 따라 그 지원을 제한'하거나 '대통령령으로 정하는 바에 따라 거짓이나 그 밖의 부정한 방법으로 지원받은 금액의 반환을 명령'할 수 있도록 한 구 고용보험법 조항이 위헌인지 여부(일부적극)　▶ 2016.3.31. 2014헌가2등 [위헌, 합헌]
>
> (1) 심판대상조항 중 '지원 제한' 부분은 제한의 범위나 기간 등에 관하여 기본적 사항도 법률에 규정하지 아니한 채 이를 대통령령에 포괄적으로 위임하고 있어 구 고용보험법의 목적과 규정내용 등을 체계적·유기적으로 종합하여 살펴보아도 지급제한의 대강의 내용을 법률에서 전혀 예측할 수 없도록 하고 있으므로 포괄위임금지원칙에 위배된다.
> (2) 심판대상조항 중 '반환명령' 부분은 반환할 금액을 '거짓이나 그 밖의 부정한 방법으로 지원받은 금액'으로 한정하여 반환의 범위를 구체적으로 정하고 있으므로, 누구라도 대통령령에 규정될 내용을 쉽게 예측할 수 있어 포괄위임금지원칙에 위배되지 않는다.

3. 법률에 의한 재판

법치주의는 법집행작용인 사법도 법률을 전제로 행해질 것을 요청한다. 그러므로 법치주의는 국민의 자유와 권리가 침해될 때 이에 대한 효과적인 권리구제제도가 완비될 것을 요구한다.

4. 법적 안정의 확보와 법적 정의의 실현

법치주의는 법적 안정의 확보와 법적 정의의 실현을 요구한다(1995.10.26. 94헌바12). 체계정당성의 원리는 법적 안정을 확보하기 위한 헌법원리로서 체계부정합의 사유가 현저히 불합리할 경우에는 헌법에 위반된다(2005.6.30. 2004헌바40등).** 자의금지 및 과잉금지의 원칙은 법적 정의의 실현을 위한 헌법원리로서 실질적 법치주의원리의 한 요소이다(1992.4.28. 90헌바24).

> **판례** **체계정당성의 원리** 명의신탁이 증여세 이외의 다른 조세 회피를 목적으로 이용되는 경우에도 증여세를 부과하는 상증세법 조항이 체계정당성에 위반되어 위헌인지 여부(소극)
>
> ▶ 2005.6.30. 2004헌바40등 [합헌]
>
> 체계정당성(Systemgerechtigkeit)의 원리는 규범 상호간의 구조와 내용 등이 모순됨이 없이 체계와 균형을 유지하도록 입법자를 기속하는 헌법적 원리로서 국가공권력에 대한 통제와 이를 통한 국민의 자유와 권리의 보장을 이념으로 하는 법치주의원리로부터 도출된다.** 일반적으로 일정한 공권력작용이 체계정당성에 위반한다고 해서 곧 위헌이 되는 것은 아니고 이는 비례의 원칙이나 평등원칙 위반 등의 위헌성을 시사하는 하나의 징후일 뿐이므로, 체계정당성 위반은 비례의 원칙이나 평등의 원칙 등 일정한 헌법의 규정이나 원칙을 위반하여야만 비로소 위헌이 된다.** 나아가 다양한 입법의 수단 가운데에서 어느 것을 선택할 것인가 하는 것은 원래 입법의 재량에 속하는 것으로 체계정당성의 위반을 정당화할 합리적인 사유의 존재에 대하여는 입법의 재량이 인정된다. 명의신탁의 방법으로 조세를 회피하는 것을 방지하고 제재하여야 할 필요성을 고려할 때, 심판대상조항에 관한 입법의 선택에는 합리적인 이유가 존재하므로 체계부정합으로 인한 위헌의 문제는 발생하지 않는다.*

III 소급입법과 신뢰의 보호

1. 소급입법금지의 원칙

(1) 소급입법금지 일반론

법치주의의 이념인 법적 안정은 **행위시법원칙** 또는 소급입법[41]금지원칙을 요구한다(2003.4.24. 99헌바10등). 이는 법은 시행 이후의 행위에만 적용된다는 것으로, 법적 정의와의 조화가 요청된다. ① 소급입법은 과거에 **이미 완성**된 사안에 적용되는 '**진정소급입법**'과 과거에 시작하였으나 **아직 완성되지 않은** 사안에 적용되는 '**부진정소급입법**'으로 나뉘는데,[42] 전자는 신뢰를 현저히 침해하는 것이어서 **원칙적으로 금지**되나, 개인의 신뢰보호에 우선하는 특단의 사정이 있는 경우에는 **예외적으로 허용**될 수 있는 반면에,** 후자는 변화하는 사회현실에의 적응을 위하여 **원칙적으로 허용**되나, 공익달성과 신뢰보호의 교량과정에서 **입법형성권이 제한**된다(1996.2.16. 96헌가2 등).** ② 소급입법금지는 신뢰보호의 관점에서 국민에게 불리한 소급을 금지하는 것이므로 유리한 내용의 **시혜적 소급입법**은 원칙적으로 허용되는 **입법재량**의 문제에 속한다(2002.2.28. 2000헌바69).**

> **판례** **진정소급입법의 예외적 허용요건** ▶ 1998.9.30. 97헌바38; 2014.7.24. 2012헌바105
>
> 진정소급입법이 예외적으로 허용되기 위해서는 일반적으로 국민이 소급입법을 예상할 수 있었거나 법적상태가 불확실하고 혼란스러웠거나 하여 보호할만한 신뢰의 이익이 적은 경우, 소급입법에 의한 당사자의 손실이 없거나 아주 경미한 경우, 신뢰보호의 요청에 우선하는 심히 중대한 공익상의 사유가 소급입법을 정당화하는 경우 등 '소급입법을 허용할 수밖에 없는 공익상 이유'가 인정되어야 한다.*

---

41) 소급입법(遡及立法)은 과거의 사안에까지 적용되는 입법을 말한다.
42) '진정'이란 본래적 의미에 부합하는 것을 말하고 '부진정'이란 유사하게 취급되나 본질이 다른 것을 말한다.

> **판례** 공무원 퇴직급여제한의 소급적용 공무원의 '신분이나 직무상 의무'와 관련이 없는 범죄에 대해서도 퇴직급여의 감액사유로 삼는 것에 대한 헌법불합치결정 이후 잠정적용시한을 도과하여 개정된 감액조항을 소급하여 적용하도록 규정한 공무원연금법 부칙조항이 소급입법금지원칙에 위배되는지 여부(적극)   ▶ 2013.8.29. 2010헌바354등 [위헌]
>
> 이 사건 부칙조항은 이미 이행기가 도래하여 청구인들이 수령한 퇴직연금 부분까지 사후적으로 소급하여 적용되는 것으로서 헌법 제13조 제2항에 의하여 원칙적으로 금지되는 진정소급입법에 해당한다. 청구인들이 잠정적용시한 도과시부터 개정법 시행시까지 퇴직연금을 전부 지급받은 것은 국회가 개선입법을 하지 않은 것에 기인한 것임에도 이미 받은 퇴직연금 등을 환수하는 것은 국가기관의 잘못으로 인한 법집행의 책임을 퇴직공무원들에게 전가시키는 것이며, 이 사건 부칙조항으로 달성하려는 공무원의 성실 근무 유도 등은 범죄를 저지른 공무원을 당연퇴직시키거나 장래 지급될 퇴직연금을 감액하는 방법으로 충분히 달성할 수 있다. 이 사건 부칙조항은 헌법 제13조 제2항에서 금지하는 소급입법에 해당하며 예외적으로 허용되는 경우에도 해당하지 아니하므로 청구인들의 재산권을 침해한다.★

(2) 소급입법에 관한 헌법규정

헌법 제13조 제1항 전단은 "모든 국민은 행위시의 법률에 의하여 범죄를 구성하지 아니하는 행위로 소추되지 아니한다"고 하고, 동조 제2항은 "모든 국민은 소급입법에 의하여 참정권의 제한을 받거나 재산권을 박탈당하지 아니한다"고 하여 형벌법규불소급과 참정권·재산권제약법규불소급을 규정하는바,★ 일반적인 견해는 ① **형벌**법규불소급원칙은 가벌성조건의 사후적 변경에 관하여 예외를 불허하는 **절대적 소급효의 금지**를 의미한다고 보나(1996.2.16. 96헌가2등),★ ② **참정권·재산권제약**법규불소급원칙은 소급입법금지 일반론을 선언한 것으로 **진정소급입법**에 대한 금지이며(1999.4.29. 94헌바37등), 예외를 허용하는 **원칙적 금지**를 의미한다고 본다(1996.2.16. 96헌가2등 참조).★ 헌법재판소도 **친일반민족행위자 재산의 국가귀속** 사건에서 일반론에 따라 친일재산 소급환수가 **진정소급입법의 예외**로서 허용된다고 판시하였다(2011.3.31. 2008헌바141등).★

2. 신뢰보호의 원칙

(1) 의의 및 적용범위

법치주의의 이념인 법적 안정은 그 **주관적 측면**으로서 신뢰보호원칙을 요구한다(2021.6.24. 2018헌바457).[43]★★ 이는 국가작용에 대한 정당한 신뢰는 보호된다는 것으로, 법적 정의와의 조화가 문제된다. 진정소급입법은 지극히 예외적인 경우에만 적용되므로 신뢰보호는 주로 부진정소급입법에서 문제되며(1995.6.29. 94헌바39), 국가에 대한 국민의 신뢰행동을 보호하는 것이므로 교육부 입시**제도운영지침**의 개폐 등 **모든 국가작용에 적용**된다(1997.7.16. 97헌마38).★

---

[43] 법적 안정성은 객관적 요소로서 법질서의 신뢰성·항구성·법적 투명성과 법적 평화를 의미하고, 이와 내적인 상호연관관계에 있는 법적 안정성의 주관적 측면은 개인의 신뢰보호원칙이다(헌재 2021.6.24. 2018헌바457).★

(2) 신뢰보호원칙 위배의 판단기준

신뢰보호원칙의 위배여부는 보호가치 있는 **신**뢰이익의 존재여부, 후행행위로 달성하려는 **공**익의 존재여부, 그들 간의 **비**교형량44) 순으로 판단하며(1998.11.26. 97헌바58), 이때 양 법익의 조화수단으로 경과규정45)이 고려된다.** ① 우선 개인의 신뢰가 보호되려면 <u>보호가치</u> 있는 정당한 신뢰가 존재해야 하는데,** 위헌결정의 장래효원칙46)을 선언한 헌법재판소법 제47조를 고려할 때 <u>위헌결정된 법률</u>에 대한 신뢰도 인정되지만 <u>합헌적인 법률</u>에 기초한 신뢰와 동일한 정도로 보호되기는 어렵다(2006.3.30. 2005헌마598). ② 다음 법익의 비교형량에 관해서는, 조세우대조치와 같이 잠정성이 예정됨으로써 <u>후행행위의 예견성</u>이 내재된 경우(1995.3.23. 93헌바18등), 국가가 <u>반사적으로 부여하는 기회를 활용</u>47)한 것에 불과한 경우(2000.7.20. 99헌마152)에는 보호 정도가 약화되나,** ② 자동자격부여제, 시험규정 등을 통해 적극적으로 <u>유도된 신뢰</u>의 행사에 있어서는 그 근거제공의 위험부담으로 인해 보호 정도가 강화된다(2002.11.28. 2002헌바45 등).**

> **판례** **자동자격부여제도의 폐지** 국세 관련 경력공무원에 대하여 세무사자격을 부여하지 않도록 개정된 세무사법 제3조가 직업의 자유를 침해하는지 여부(소극) 및 기존 국세관련 경력공무원 중 일부에게만 구법 규정을 적용하여 세무사자격이 부여되도록 규정한 위 세무사법 부칙 제3항이 신뢰이익을 침해하는지 여부(적극)　▶ 2001.9.27. 2000헌마152 [기각, 헌법불합치]
>
> 이 사건 법률조항에 의하여 세무사자격 부여제도를 폐지한 것은 특례시비를 완화하고 일반응시자들과의 형평을 도모하려는 것으로서 그 목적의 정당성이 인정되고 그 내용이나 방법에 있어서 합리성을 결여한 것도 아니므로, 직업선택의 자유를 침해하는 것이 아니다. 청구인들이 급여나 대우 등의 면에서 보다 유리한 직장이나 부서를 마다하고 국세관서에서 5급 이상 공무원으로 장기간 종사하기로 결정한 데에는 세무사자격 부여에 대한 강한 기대 내지 신뢰가 중요한 바탕이 되었을 것이고, 세무사자격 부여조치는 오랫동안 존속해온 제도로서 신뢰이익을 침해하면서까지 시급하게 폐지해야 할 급박한 사정이 없으므로, 이 사건 부칙규정은 신뢰이익을 과도하게 침해하여 헌법에 위반된다.**

3. 신뢰보호원칙 관련 헌법재판소 판례

> **판례** **판사즉시임용제도의 폐지** 판사임용자격에 10년 이상의 법조경력을 요구하는 개정 법원조직법 조항을 개정법 시행 당시의 사법연수원생들에게도 적용하는 것이 위헌인지 여부(적극)　▶ 2012.11.29. 2011헌마786등 [한정위헌]
>
> 사법시험 합격과 사법연수원 수료만으로 판사임용자격을 부여하는 제도가 40여 년간 유지되어 온 점, 사법시험 합격과 사법연수원 수료에는 통상 상당한 정도의 노력과 시간이 소요되는 점 등을 고려

---

44) '비교형량(衡量)', '이익형량', '법익교량(較量)'이란 충돌하는 이익들을 비교하여 헤아림을 뜻한다.
45) 경과규정(經過規定)이란 법률 상태의 변화 과정을 원활하게 하기 위하여 필요한 조치를 정하는 규정을 말한다.
46) '장래효'란 법적 효력이 장래를 향하여 발생하는 것을 말하고, '소급효'란 법적 효력이 과거로 돌아가 발생하는 것을 말한다. 헌법재판소법 제47조는 위헌결정의 장래효원칙을 선언하면서, 형벌조항에 한하여 소급효를 인정하고 있다.
47) '법적 이익'은 법에 의해 직접 부여된 이익을, 반사이익 등 사실상 이익은 법이 의도하지 않은 결과적 이익을 말한다.

할 때, 개정 전 법원조직법 조항에 대한 청구인들의 신뢰이익은 결코 작다고 보기 어렵다. 심판대상조항을 이 사건 법원조직법 개정 당시 이미 사법연수원에 입소한 사람들에게도 반드시 시급히 적용해야 할 정도로 긴요하다고는 보기 어려우므로, 심판대상조항이 개정법 제42조 제2항을 법 개정 당시 이미 사법연수원에 입소한 사람들에게 적용되도록 한 것은 신뢰보호원칙에 반한다고 할 것이다.

판례 산재법상 최고보상제도의 소급적용 최고보상제도를 도입하면서 법 시행 전에 장해사유가 발생하여 장해보상연금을 수령하고 있던 수급권자에게도 2년 6월의 유예기간 후부터 적용하는 것이 위헌인지 여부(적극) ▶ 2009.5.28. 2005헌바20등 [위헌]

심판대상조은 한정된 재원으로 보다 많은 재해근로자에게 적정한 사회보장 급여를 실시하려는 것으로, 이러한 목적으로 최고보상제를 도입하는 것 자체는 입법자의 재량권의 범위 내에 있다고 보더라도, 제도 시행 이전에 이미 재해를 입고 산재보상수급권이 확정적으로 발생한 사람들에 대하여 그 수급권의 내용을 일시에 급격히 변경하여 가면서까지 적용할 수 있는 것은 아니라고 보아야 할 것이다. 따라서 심판대상조항은 신뢰보호원칙에 반하여 재산권을 침해하는 것이다.★

│제5항│ 사회국가의 원리

사회적 양극화의 모순 해결

> **코멘트**
> 기계 앞칸 사람들은 호사를 누리는데 꼬리칸 사람들은 단백질블록도 부족하다. 다 같이 살자고 모였는데 세상이 왜이래 테스 형, 꼬리칸 사람들이 혁명으로 새판을 짜려하는데 그 전에 원만한 타협점을 찾을 순 없을까. 빈익빈 부익부의 모순과 복지국가의 탄생을 알아보자.

❶ 사회국가원리의 의의

사회국가원리란 **실질적인 자유와 평등의 실현**을 위한 통치의 원리를 말한다. '사회국가'는 자본주의의 모순을 개혁을 통해 극복하려는 것으로, 자본주의질서를 부정하고 혁명을 통해 극복하려는 '사회주의국가'와 구별된다(2001.9.27. 2000헌마238등 참조). 우리 헌법에는 사회국가원리에 관한 명문규정이 없으나, 헌법의 전문과 사회적 기본권의 보장 등을 통해 **간접적으로 수용**하고 있다(2002.12.18. 2002헌마52).

❷ 사회국가원리의 내용 및 한계

① 사회국가원리는 자유와 평등의 실질적 조건의 보장을 요청하는바, '자동차손해배상 보장법'이 자동차사고에서 과실책임원칙을 수정하여 위험책임법리로서 **자동차운행자의 무과실책임**을 도입한 것은 사회국가원리에 근거한 것이다(1998.5.28. 96헌가4등).48)★ ② 사회국가원리는 자유민주질서의 보완이라는 내재적 한계로 인해(2001.9.27. 2000헌마238등),★ 경제적·사회적 문

---

48) '자동차손해배상 보장법'상 '운행자'란 '운전자'와 구별되는 개념으로 자동차의 운행을 통해 발생하는 이익을 지배하는 자를 말하는데, 동법에 따르면 택시기사 등 자동차 '운전자'의 과실로 승객이 손해를 입은 경우 택시회사 등 자동차 '운행자'도 자신의 과실 유무와 상관없이 함께 배상할 책임을 지게 된다.

제의 해결은 **원칙적으로 개인적 차원**에서 이뤄지도록 하고 그것이 불가능한 경우에 비로소 국가가 개입해야 한다는 '**보충성의 원리에 의한 한계**'가 적용된다.49)★

Ⅲ 한국헌법상 사회국가원리의 구현

1. 한국헌법상 경제질서의 성격

헌법재판소는 "우리 헌법상의 경제질서는 사유재산제를 바탕으로 자유경쟁을 존중하는 **자유시장경제질서를 기본**으로 하면서 이에 수반되는 모순을 제거하고 사회복지·사회정의를 실현하기 위해 **국가적 규제·조정을 용인하는 사회적 시장경제질서의 성격을 띠고 있다**"고 판시하였고 (1996.4.25. 92헌바47),★★ "헌법 제119조는 경제질서에 관한 일반조항으로서 국가의 경제정책에 대한 헌법적 지침일 뿐 그 자체가 기본권의 성질을 가진다거나 독자적인 위헌심사의 기준이 된다고 할 수 없고, 직업의 자유, 재산권, 근로3권과 같은 경제적 기본권 및 비례의 원칙과 같은 법치국가원리에 의하여 비로소 헌법적으로 구체화된다"고 판시하였다(2017.7.27. 2015헌바278등).★★

2. 국가의 경제간섭의 근거 및 한계

> **헌 법**
> 제119조 ① 대한민국의 경제질서는 개인과 기업의 경제상의 자유와 창의를 존중함을 기본으로 한다.
> ② 국가는 **균**형있는 국민경제의 성장 및 안정과 적정한 소득의 **분**배를 유지하고, 시장의 지배와 경제력의 **남**용을 방지하며, 경제주체간의 조화를 통한 경제의 **민**주화를 위하여 경제에 관한 규제와 조정을 할 수 있다.★★
> 제120조 ① 광물 기타 중요한 지하자원·수산자원·수력과 경제상 이용할 수 있는 자연력은 법률이 정하는 바에 의하여 일정한 기간 그 채취·개발 또는 이용을 특허할 수 있다.★★
> ② 국토와 자원은 국가의 보호를 받으며, 국가는 그 균형있는 개발과 이용을 위하여 필요한 계획을 수립한다.
> 제121조 ① 국가는 농지에 관하여 경자유전의 원칙이 달성될 수 있도록 노력하여야 하며, 농지의 소작제도는 금지된다.50)★★
> ② 농업생산성의 제고와 농지의 합리적인 이용을 위하거나 불가피한 사정으로 발생하는 농지의 임대차와 위탁경영은 법률이 정하는 바에 의하여 인정된다.★★
> 제122조 국가는 국민 모두의 생산 및 생활의 기반이 되는 국토의 효율적이고 균형있는 이용·개발과 보전을 위하여 법률이 정하는 바에 의하여 그에 관한 필요한 제한과 의무를 과할 수 있다.★★
> 제123조 ① 국가는 농업 및 어업을 보호·육성하기 위하여 농·어촌종합개발과 그 지원 등 필요한 계획을 수립·시행하여야 한다.
> ② 국가는 지역간의 균형있는 발전을 위하여 지역경제를 육성할 의무를 진다.★
> ③ 국가는 중소기업을 보호·육성하여야 한다.★

🌟 두문자
균 분 남 민

---

49) 법학상 보충성원리란 권리행사나 권력행사의 최후수단성을 의미한다.
50) '경자유전(耕者有田)원칙'은 농지의 경작자와 소유자를 일치시키는 자작농주의를 말하고, '소작(小作)제도'는 지주가 토지를 대여하여 지대(地代)를 받는 경작제도를 말한다. 농지소작제도의 금지는 피지배층에 대한 경제적 착취수단으로 악용된 봉건적 소작제도를 철폐하여 경자유전원칙을 확립한다는 의미를 가진다.

④ 국가는 농수산물의 수급균형과 유통구조의 개선에 노력하여 가격안정을 도모함으로써 농·어민의 이익을 보호한다.★
⑤ 국가는 농·어민과 중소기업의 자조조직을 육성하여야 하며, 그 자율적 활동과 발전을 보장한다.★
제124조 국가는 건전한 소비행위를 계도하고 생산품의 품질향상을 촉구하기 위한 소비자보호운동을 법률이 정하는 바에 의하여 보장한다.★★
제125조 국가는 대외무역을 육성하며, 이를 규제·조정할 수 있다.
제126조 국방상 또는 국민경제상 긴절한 필요로 인하여 법률이 정하는 경우를 제외하고는, 사영기업을 국유 또는 공유로 이전하거나 그 경영을 통제 또는 관리할 수 없다.★★
제127조 ① 국가는 과학기술의 혁신과 정보 및 인력의 개발을 통하여 국민경제의 발전에 노력하여야 한다.
② 국가는 국가표준제도를 확립한다.
③ 대통령은 제1항의 목적을 달성하기 위하여 필요한 자문기구를 둘 수 있다.

우리 헌법은 제119조 제1항에서 자유주의 원칙을 선언하고, 동조 제2항 이하의 규정에서 예외적인 국가개입을 허용함으로써, 성장 및 공존 즉 동반성장의 이념을 구현하고 있다.

판례 경제민주화 조항의 의미 ▶ 2003.11.27. 2001헌바35

우리 헌법은 헌법 제119조 이하의 경제에 관한 장에서 국가가 경제정책을 통하여 달성하여야 할 '공익'을 구체화하고, 동시에 헌법 제37조 제2항의 기본권제한을 위한 법률유보에서의 '공공복리'를 구체화하고 있다. 따라서 헌법 제119조 제2항에 규정된 '경제주체간의 조화를 통한 경제민주화'의 이념도 경제영역에서 정의로운 사회질서를 형성하기 위하여 추구할 수 있는 국가목표로서 개인의 기본권을 제한하는 국가행위를 정당화하는 헌법규범이다.★★

판례 소득재분배 조항의 의미 ▶ 1999.11.25. 98헌마55 [기각]

헌법 제119조 제2항은 국가가 경제영역에서 실현하여야 할 목표의 하나로서 "적정한 소득의 분배"를 들고 있지만, 이로부터 반드시 소득에 대하여 누진세율에 따른 종합과세를 시행하여야 할 구체적인 헌법적 의무가 조세입법자에게 부과되는 것이라고 할 수 없다.★ 입법자는 "균형있는 국민경제의 성장 및 안정", "고용의 안정" 등 사회·경제정책을 시행함에 있어서 서로 경쟁하고 충돌하는 여러 목표를 서로 조화시켜야 하므로, "적정한 소득의 분배"를 무조건적으로 실현할 것을 요구한다거나 정책적으로 항상 최우선적인 배려를 하도록 요구하는 것은 아니라 할 것이다.

3. 경제질서 관련 헌법재판소 판례

(1) 경제질서 위반을 긍정한 사례

판례 의료인의 의료광고금지 ▶ 2005.10.27. 2003헌가3 [위헌]

이 사건 조항이 보호하고자 하는 공익의 달성 여부는 불분명한 것인 반면, 이 사건 조항은 의료인에게 자신의 기능과 진료방법에 관한 광고와 선전을 할 기회를 박탈함으로써 표현의 자유를 제한하고, 다른 의료인과의 영업상 경쟁을 효율적으로 수행하는 것을 방해함으로써 직업수행의 자유를 제한하고 있고, 소비자의 의료정보에 대한 알 권리를 제약하게 된다. 따라서 보호하고자 하는 공익보다 제한되는 사익이 더 중하다고 볼 것이므로 이 사건 조항은 비례의 원칙에 위배하여 표현의 자유와 직업수행의 자유를 침해하는 것이다.★

판례 자도소주구입명령제도 소주판매업자에게 자도소주 50%의 구입의무를 부과하는 주세법 조항이 위헌인지 여부(적극) ▶ 1996.12.26. 96헌가18 [위헌]

독과점규제의 목적이 경쟁의 회복에 있다면 이 목적을 실현하는 수단 또한 자유롭고 공정한 경쟁을 가능하게 하는 방법이어야 하는데, 구입명령제도는 전국적으로 자유경쟁을 배제한 채 지역할거주의로 자리잡게 되어 지역 독과점현상의 고착화를 초래하므로, 독과점규제란 공익을 달성하기에 적정한 조치로 보기 어렵다.★ 중소기업의 보호는 넓은 의미의 경쟁정책의 한 측면을 의미하므로 중소기업의 보호는 원칙적으로 경쟁질서의 범주내에서 경쟁질서의 확립을 통하여 이루어져야 하는데, 구입명령제도는 이러한 공익의 실현에 적합한 수단으로 보기 어렵다. 따라서 구입명령제도는 소주판매업자 및 소주제조업자의 직업의 자유와 소비자의 자기결정권을 지나치게 침해하는 위헌적인 규정이다.★

(2) 경제질서 위반을 부정한 사례

판례 비의료인의 의료광고금지 ▶ 2016.9.29. 2015헌바325 [합헌]

비의료인에게 의료에 관한 광고를 허용할 경우에는 비의료인에 의하여 의료에 관한 부정확한 광고가 양산되고, 그에 의하여 일반인들이 올바른 의료선택을 하지 못하게 되며, 무면허 의료행위가 조장·확산될 위험이 있다. 이 사건 법률조항은 이러한 결과를 방지하여 국민의 생명권과 건강권을 보호하고 국민의 보건에 관한 국가의 보호의무를 이행하기 위하여 필요한 최소한도 내의 제한이라고 할 것이므로, 비의료인인 청구인의 표현의 자유, 직업수행의 자유를 침해한다고 볼 수 없다.★

판례 탁주공급구역제한제도 탁주의 공급구역을 주류제조장 소재지의 시·군의 행정구역으로 제한하는 주세법 조항이 위헌인지 여부(소극) ▶ 1999.7.22. 98헌가5 [합헌]

국민보건에 직접적인 영향을 미치는 주류의 특성상 주류제조·판매와 관련되는 직업의 자유 내지 영업의 자유에 대하여는 폭넓은 국가적 규제가 가능하다. 주세법의 탁주의 공급구역제한제도는 국민보건위생을 보호하고, 탁주제조업체간의 과당경쟁을 방지함으로써 중소기업보호·지역경제육성이라는 헌법상의 경제목표를 실현한다는 정당한 입법목적을 가진 것으로서 그 입법목적을 달성하기에 부적합한 것이라고 단정할 수 없고, 탁주의 공급구역제한제도에 의한 직업의 자유 내지 영업의 자유의 제한 정도가 지나치게 과도하여 입법형성권의 범위를 현저히 일탈한 것이라고 볼 수는 없다.★

| 제6항 | 문화국가의 원리

문화적 양극화의 모순 해결

> **코멘트**
> 앞칸, 꼬리칸의 양극화는 단지 먹고 사는 문제로 끝나지 않았다. 꼬리칸은 배부르게 먹고 따뜻하게 자는 것 이상의 가치를 알지 못하는 슬럼독으로 채워져 빈민굴이 되어 있었다. 다양한 생활양식을 고르게 누리는 시대를 그려본다.

헌 법
前文 "문화의 … 영역에 있어서 각인의 기회를 균등히 하고"
제9조 국가는 전통문화의 계승·발전과 민족문화의 창달에 노력하여야 한다.
제69조 대통령은 취임에 즈음하여 다음의 선서를 한다.
"나는 헌법을 준수하고 국가를 보위하며 조국의 평화적 통일과 국민의 자유와 복리의 증진 및 <u>민족문화의 창달</u>에 노력하여 대통령으로서의 직책을 성실히 수행할 것을 국민 앞에 엄숙히 선서합니다."

Ⅰ 문화국가원리의 의의 및 내용

문화국가원리란 문화적 자율성의 존중과 건전한 문화육성을 통하여 문화적 평등을 실현하는 헌법원리를 말한다. 문화국가는 ① **문화정책적 중립성**과 관용을 통해 **문화의 자율성**을 보장해야 하고, ② 공동체구성원 **모두를 위한 문화정책**을 추진함으로써 **문화적 평등성**을 보장해야 한다.

> **판례** 문화국가에서의 문화정책 ▶ 2004.5.27. 2003헌가1등
>
> 과거 국가절대주의사상의 국가관이 지배하던 시대에는 국가의 적극적인 문화간섭정책이 당연한 것으로 여겨졌다. 그러나 오늘날에 와서는 국가가 어떤 문화현상에 대하여도 이를 선호하거나, 우대하는 경향을 보이지 않는 불편부당(不偏不黨)의 원칙이 가장 바람직한 정책으로 평가받고 있다.★★ 오늘날 문화국가에서의 문화정책은 그 초점이 문화 그 자체에 있는 것이 아니라 문화가 생겨날 수 있는 문화풍토를 조성하는 데 두어야 한다.★★ 문화국가원리의 이러한 특성은 문화의 개방성 내지 다원성의 표지와 연결되는데, 국가의 문화육성의 대상에는 원칙적으로 모든 사람에게 문화창조의 기회를 부여한다는 의미에서 모든 문화가 포함된다. 따라서 엘리트문화뿐만 아니라 서민문화, 대중문화도 그 가치를 인정하고 정책적인 배려의 대상으로 하여야 한다.★★

Ⅱ 한국헌법상 문화국가원리의 구현

우리 헌법에는 문화국가원리에 관한 명문규정이 없으나, 문화국가이념의 선언과 문화적 기본권의 보장을 통해 **간접적으로 수용**하고 있다. 그런데 헌법 제9조는 "국가는 전통문화의 계승·발전과 민족문화의 창달에 노력하여야 한다"고 규정하고 있으나, 이는 **전통문화와 민족문화를 특별히 강조한 것에 불과한 예시규정**으로서 국가의 문화육성의 대상에는 원칙적으로 모든 문화가 포함된다. 헌법재판소는 **동성동본금혼제** 사건(1997.7.16. 95헌가6등)과 **호주제** 사건(2005.2.3. 2001헌가9등)에서 <u>우리가 진정으로 계승·발전시켜야 할 전통문화는 오늘날에 있어서도 **보편타당한 문화**</u>라며 두 제도에 대해 헌법불합치결정하였다.★★

Ⅲ 문화국가원리 관련 헌법재판소 판례

판례 **전통사찰경내지의 보존** 다른 소유권변동원인과 달리 전통사찰경내지의 '공용수용'에 대하여 아무런 규제조항을 두지 아니한 전통사찰보존법 조항이 위헌인지 여부(적극)
▶ 2003.1.30. 2001헌바64 [헌법불합치]

헌법 제9조의 규정취지와 민족문화유산의 본질에 비추어 볼 때, 국가가 민족문화유산을 보호하고자 하는 경우 이에 관한 헌법적 보호법익은 '민족문화유산의 존속' 그 자체를 보장하는 것이고, 원칙적으로 민족문화유산의 훼손등에 관한 가치보상이 있는지 여부는 이러한 헌법적 보호법익과 직접적인 관련이 없다.★ 헌법상 명령에 근거하여 민족문화유산으로 지정된 전통사찰을 보존하겠다는 입법자의 의사가 표명된 이상, 그 경내지 등의 소유권변동으로 인한 전통사찰의 훼손이 불가피한 것인지 여부가 가장 본질적인 문제이고, 전통사찰을 훼손할 수 있는 경내지 등에 대한 소유권변동을 시도한 주체가 사인인지 아니면 건설부장관과 같은 제3자적 국가기관인지 여부, 또는 그 형식이 양도(혹은 강제집행)인지 아니면 공용수용인지 여부는 본질적인 문제가 될 수 없다. 결국 이 사건 법률조항은 평등의 원칙에 어긋나는 위헌적인 법률이다.★

판례 **과외의 원칙적 금지** 대학(원)생과외, 학원수강 등을 제외하고 과외를 원칙적으로 금지하는 학원법 조항이 위헌인지 여부(적극)
▶ 2000.4.27. 98헌가16등 [위헌]

법 제3조는 원칙적으로 허용되고 기본권적으로 보장되는 행위에 대하여 '원칙과 예외'가 전도된 규율형식을 취하고 있다는 점에서, 입법목적의 달성을 위한 최소한의 불가피한 수단이라고 볼 수 없다. 그리고 단지 일부 지나친 고액과외교습을 방지하기 위하여 모든 학생으로 하여금 오로지 학원에서만 사적으로 배울 수 있도록 규율한다는 것은 자기결정과 자기책임을 생활의 기본원칙으로 하는 헌법의 인간상이나 개성과 창의성, 다양성을 지향하는 문화국가원리에도 위반되는 것이다.★★

제7항 평화국가의 원리
세계평화를 위한 작은 염원

> **코멘트** 토마스 홉스는 인간세상을 '만인의 만인에 대한 투쟁' 상황으로 묘사했다. 너무 비관적인 인간상 같지만 실상 우리는 참혹한 전쟁의 역사를 겪었다. 모두가 평화로울 수 있다면 이쪽의 전쟁기계도 필요 없을 텐데.

헌 법
前文 "항구적인 세계평화와 인류공영에 이바지함으로써 …"

평화국가원리란 국제평화주의를 국가목적으로 하는 헌법원리를 말한다. 헌법은 전문에서 "항구적인 세계평화와 인류공영에 이바지함으로써"라고 하여 국제평화주의 이념을 선언하고, 구체적 실현방법으로서 제4조의 평화적 통일의 지향, **제5조 제1항**의 침략전쟁의 부인, **제6조 제1항**의 국제법존중주의, **제6조 제2항**의 외국인의 법적 지위의 보장을 규정하여 평화국가원리를 수용하고 있다.

I 평화적 통일의 지향

> **헌 법**
> 前文 "조국의 … 평화적 통일의 사명에 입각하여"*
> 제4조 대한민국은 통일을 지향하며, 자유민주적 기본질서에 입각한 평화적 통일 정책을 수립하고 이를 추진한다.*
> 제66조 ③ 대통령은 조국의 평화적 통일을 위한 성실한 의무를 진다.
> 제69조 대통령은 취임에 즈음하여 다음의 선서를 한다.
> "나는 헌법을 준수하고 국가를 보위하며 조국의 평화적 통일과 국민의 자유와 복리의 증진 및 민족문화의 창달에 노력하여 대통령으로서의 직책을 성실히 수행할 것을 국민 앞에 엄숙히 선서합니다."
> 제92조 ① 평화통일정책의 수립에 관한 대통령의 자문에 응하기 위하여 민주평화통일자문회의를 둘 수 있다.

헌법 제4조는 "대한민국은 통일을 지향하며, 자유민주적 기본질서에 입각한 평화적 통일 정책을 수립하고 이를 추진한다"고 규정하여 통일의 수단은 반드시 **평화적인** 방법이어야 하고 통일의 결과도 **자유민주적 기본질서에 입각**해야 한다고 선언하므로(2000.7.20. 98헌바63),* 무력에 의한 통일과 사회주의(공산주의)에 입각한 통일은 허락될 수 없다. **제7차** 개정헌법(1972년)은 평화통일의 사명, 대통령의 평화통일의무를 규정하여 **평화통일조항**을 신설하였으나,** '**자유민주적 기본질서에 입각한**' 평화통일 규정은 **현행헌법**(1987년)에서 비로소 규정되었다.*

> **판례** 통일조항과 통일에 대한 기본권 남한주민이 북한주민과 접촉하고자 할 때 통일부장관의 승인을 받도록 규정한 남북교류협력법 조항이 위헌인지 여부(소극) ▶ 2000.7.20. 98헌바63 [합헌]
>
> 북한주민과의 접촉이 그 과정에서 불필요한 마찰과 오해를 유발하여 긴장이 조성되거나, 무절제한 경쟁적 접촉으로 남북한간의 원만한 협력관계에 나쁜 영향을 미칠 수도 있으며, 북한의 정치적 목적에 이용되거나 국가의 안전보장이나 자유민주적 기본질서에 부정적인 영향을 미치는 통로로 이용될 가능성도 완전히 배제할 수 없으므로 헌법상의 통일조항에 위배된다고 볼 수 없다. 또한 헌법상의 여러 통일관련 조항들은 국가의 통일의무를 선언한 것이기는 하지만, 그로부터 국민 개개인의 통일에 대한 기본권, 특히 국가기관에 대하여 통일과 관련된 구체적인 행동을 요구하거나 일정한 행동을 할 수 있는 권리가 도출된다고 볼 수 없다.**

II 침략전쟁의 부인

> **헌 법**
> 제5조 ① 대한민국은 국제평화의 유지에 노력하고 침략적 전쟁을 부인한다.
> ② 국군은 국가의 안전보장과 국토방위의 신성한 의무를 수행함을 사명으로 하며, 그 정치적 중립성은 준수된다.*
> 제60조 ② 국회는 선전포고, 국군의 외국에의 파견 또는 외국군대의 대한민국 영역안에서의 주류에 대한 동의권을 가진다.**

헌법은 제5조 제1항에서 "대한민국은 침략적 전쟁을 부인한다"고 규정하여 제국주의적 발상의 침략전쟁을 부인하고 있으나, 동조 제2항 전단은 '국군의 사명'을 규정하여 **자위전쟁**(방위전쟁)까지 금지하고 있지는 않으며, 제60조 제2항에 의한 국군의 해외파병 또는 외국군대의 국내주류는 집단적 자위권에 의거한 것이다. 헌법재판소는 대통령과 국회의 **이**라크전쟁 파병결정과 관련하여, 기본권침해의 **자**기관련성51)을 부정하거나(2003.12.18. 2003헌마255등), **통**치행위52)를 이유로 사법심사를 자제하여(2004.4.29. 2003헌마814) **각하**결정하였다.★★

> 두문자
> 자 이 통 각 하

III 국제법존중주의

> **헌 법**
> 제6조 ① 헌법에 의하여 체결·공포된 조약과 일반적으로 승인된 국제법규는 국내법과 같은 효력을 가진다.★★

1. 조약의 국내법수용

(1) 조약의 의의

우리 헌법상 조약의 개념에 관한 명문의 규정은 없으나(2019.12.27. 2016헌마253), 조약이란 명칭을 불문하고 **국제법률관계의** 설정을 목적으로 하는 국제법주체 상호간의 합의를 말한다고 할 것이다(2008.3.27. 2006헌라4 등).53)★★

> **판례** 전략적 유연성 합의 대통령이 외교통상부장관에게 위임하여 2006. 1. 19.경 워싱턴에서 미합중국 국무장관과 발표한 '동맹 동반자 관계를 위한 전략대화 출범에 관한 공동성명'이 조약에 해당하는지 여부(소극) ▶ 2008.3.27. 2006헌라4
>
> 이 사건 공동성명은 한국과 미합중국이 상대방의 입장을 존중한다는 내용만 담고 있을 뿐, 구체적인 법적 권리·의무를 창설하는 내용을 전혀 포함하고 있지 아니하므로, 조약에 해당된다고 볼 수 없다.★ 따라서 그 내용이 헌법 제60조 제1항의 조약에 해당되는지 여부를 따질 필요도 없이 이 사건 공동성명에 대하여 국회가 동의권을 가진다거나 국회의원인 청구인이 심의·표결권을 가진다고 볼 수 없다.

> **판례** 한일어업협정 합의의사록 ▶ 2001.3.21. 99헌마139등
>
> 이 사건 한일어업협정은 우리나라 정부가 일본 정부와의 사이에서 어업에 관해 체결·공포한 조약(조약 제1477호)으로서 헌법 제6조 제1항에 의하여 국내법과 같은 효력을 가지므로, 그 체결행위는 고권

---

51) 헌법소원심판은 공권력작용으로 자신의 기본권이 침해된 경우 헌법재판소를 통해 구제받는 제도이다.
52) 통치행위(統治行爲)란 이라크전쟁파병 결정, 대통령의 국가긴급권행사, 남북정상회담개최 등 고도의 정치적 성격을 띤 국정행위로서 사법심사가 곤란한 행위를 말한다. 대법원과 헌법재판소는 통치행위에 대한 사법심사가능성을 제한적으로 긍정하고 있다(2010.12.16. 2010도5986; 2004.10.21. 2004헌마554 등).
53) 국제법적으로, 조약은 국제법 주체들이 일정한 법률효과의 발생을 위해 체결한 국제적 합의를 말하며 서면에 의한 경우가 대부분이지만 예외적으로 구두합의도 조약의 성격을 가질 수 있다(2019.12.27. 2016헌마253).★

적 행위로서 헌법소원심판의 대상이 되는 '공권력의 행사'에 해당한다.★ 이 사건 협정의 합의의사록은 한일 양국 정부의 어업질서에 관한 양국의 협력과 협의 의향을 선언한 것으로서, 이러한 것들이 곧바로 구체적인 법률관계의 발생을 목적으로 한 것으로는 보기 어렵다할 것이므로, 합의의사록은 조약에 해당하지 아니하고, 이를 국회에 상정하지 아니한 것이 국회의 의결권과 국민의 정치적 평등권을 침해하였다고 볼 수 없다.

(2) 조약의 수용절차

🌟 두문자
재 국 동 맹 우
주 전 쟁 (들) 입

헌 법
제60조 ① 국회는 상호원조 또는 안전보장에 관한 조약(**동맹**), 중요한 **국**제조직에 관한 조약, **우**호통상항해조약, **주**권의 제약에 관한 조약, 강화조약(**전쟁**), 국가나 국민에게 중대한 **재**정적 부담을 지우는 조약 또는 **입**법사항에 관한 조약의 체결·비준에 대한 동의권을 가진다.54)★★
② 국회는 선전포고(**전쟁**), 국군의 외국에의 파견 또는 외국군대의 대한민국 영역안에서의 주류(**전쟁**)에 대한 동의권을 가진다.55)★★
제73조 대통령은 조약을 체결·비준하고, 외교사절을 신임·접수 또는 파견하며, 선전포고와 강화를 한다.★

(가) 조약의 체결·비준

조약이 국내법적 효력을 가지려면 우선 국무회의의 심의를 거쳐(헌법 제89조 제3호) **대통령이 체결·비준**하여야 한다(헌법 제73조). 조약의 체결은 비준을 포함하는 넓은 의미로도 쓰이는데, 좁은 의미의 '체결'이란 전권대표의 지명·파견, 조약내용에 대한 기본방침지시 등을 말하고, '비준'이란 조약체결권자인 국가원수56)가 전권대표가 서명한 조약이 국제법상 유효함을 확인하는 행위를 말한다.

(나) 국회의 동의

헌법 제60조 제1항의 성격에 관해서는 국가의 중요한 조약이 아닌 단순한 집행적 사항에까지 국회의 동의를 요한다고 보기 어렵다는 **열거설**이 지배적이다(2008.3.27. 2006헌라4).57)

🌟 두문자
비 행 문 화 무 어

열거설을 취하면 국가간의 단순한 행정협조적·기술적 사항에 관한 조약(**Vi**sa협정·**문화**교류협정 등 **행**정협정),★★ 단기간의 무역관계를 규율하는 **무**역조약은 국회의 동의를 요하지 않으며,58)59) **어**업조약은 그 내용의 유동적 성격 때문에 국제적 관례에 따라 제5공화국헌법(1980년)부터 삭제되었다.

---

54) 강화(講和)란 전쟁을 종결하고 평화를 회복하기 위한 교전당사국 간의 합의를 말한다.
55) 선전포고(宣戰布告)란 상대국과의 전쟁 개시를 공식적으로 선언하는 것을 말한다.
56) 국가원수(國家元首)란 밖으로는 국가를 대표하고 안으로는 국민을 대표할 자격을 가진 국가기관을 말한다.
57) 대통령의 외교권의 존중 관점에서 볼 때 모든 조약체결에 국회의 동의를 요한다는 예시설보다 열거설이 타당하다.
58) 행정협정은 기본조약의 실행을 위해 보충적으로 체결되는 부속협정으로서 정부의 관할권 범주에 속하기 때문이다.
59) 우호통상항해조약이란 체약국 상호간에 내국민대우를 부여하는 내용의 조약을 말한다.

(3) 조약의 효력 및 규범통제

헌법 제6조 제1항의 "헌법에 의하여 체결·공포된 조약은 **국내법과 같은 효력**을 가진다"는 규정과 관련하여 국내법규범과의 효력관계가 문제되는데,60) ① 헌법재판소는 "우리 헌법은 조약에 대한 **헌법의 우위**를 전제하여 이른바 **헌법적 조약**을 인정하지 아니한다"고 하여 조약에 대한 위헌심사를 인정하였고(2013.11.28. 2012헌마166 등),** ② 헌법 제60조 제1항에 관한 열거설에 따르면, 헌법 제60조 제1항에 해당하여 **국회동의를 요하는** 조약은 **국내법률**과 같은 효력을 가지고, 동조항에 해당하지 않아 **국회동의를 요하지 않는** 조약은 **대통령령**과 같은 효력을 가진다.**

> **판례 조약에 의한 성문헌법의 개정가능성** ▶ 2013.11.28. 2012헌마166 [각하]
>
> 우리 헌법의 개정 절차에 의하면, 성문헌법의 개정은 헌법의 조문이나 문구의 명시적이고 직접적인 변경을 내용으로 하는 헌법개정안의 제출에 의하여야 하고, 하위규범인 법률의 형식으로, 일반적인 입법절차에 의하여 개정될 수는 없다.★ 헌법 제6조 제1항은 "헌법에 의하여 체결·공포된 조약과 일반적으로 승인된 국제법규는 국내법과 같은 효력을 가진다"고 규정하고, 헌법 부칙 제5조는 "이 헌법 시행 당시의 법령과 조약은 이 헌법에 위배되지 않는 한 그 효력을 지속한다"고 규정하는바, 우리 헌법은 조약에 대한 헌법의 우위를 전제하고 있으며, 헌법과 동일한 효력을 가지는 이른바 헌법적 조약을 인정하지 아니한다고 볼 것이다. 한·미투자협정의 경우, 국회의 동의를 필요로 하는 조약의 하나로서 법률적 효력이 인정되므로, 그에 의하여 성문헌법이 개정될 수는 없으며,★ 따라서 위 협정으로 인하여 헌법 제130조 제2항에 따른 헌법 개정절차에서의 국민투표권이 침해될 가능성은 인정되지 아니한다.

2. 일반적으로 승인된 국제법규의 국내법수용

일반적으로 승인된 국제법규란 세계 다수 국가가 승인하는 **국제사회의 보편적 규범**을 말한다. 따라서 그 해당성 판단에 **우리나라의 승인여부는 기준이 아니다**. ① 헌법재판소는 국제연합인권선언(1991.7.22. 89헌가106)과 강제노동폐지에 관한 **국제노동기구**(ILO)의 제105호 조약(1998.7.16. 97헌바23)은 이에 포함되지 않는다고 판시하였다.** ② 일반적으로 승인된 국제법규의 효력은 헌법보다 하위라고 할 것이나, 헌법 규정상 특별한 **수용절차없이** 편입된다는 점에서 다른 국내법과의 관계는 그 성질에 따라 **개별화**할 수밖에 없다.

3. 국제법존중주의 관련 헌법재판소 판례

> **판례 조약에 의한 가중처벌** 조약(마라케쉬협정)에 의하여 관세법위반자에 대한 처벌을 가중하는 것이 죄형법정주의에 반하는지 여부(소극) ▶ 1998.11.26. 97헌바65 [합헌]
>
> 마라케쉬협정도 적법하게 체결되어 공포된 조약이므로 헌법 제6조 제1항에 따라 국내법과 같은 효력을 갖는 것이어서 그로 인하여 새로운 범죄를 구성하거나 범죄자에 대한 처벌이 가중된다고 하더라도 이것은 국내법에 의하여 형사처벌을 가중한 것과 같은 효력을 갖게 되는 것이다. 따라서 마라케쉬협

---

60) 헌법조문에는 '국내법규범'의 준말인 '국내법'만 명시되어 있고, 구체적인 법규범 유형이 확정되어 있지 않다.

정에 의하여 관세법위반자의 처벌이 가중된다고 하더라도 이를 들어 법률에 의하지 아니한 형사처벌이라거나 행위시의 법률에 의하지 아니한 형사처벌이라고 할 수 없다.★★

판례 비엔나협약상 집행면책과 국가책임 　외교관계에관한비엔나협약에 의하여 외국 대사관저에 대한 강제집행이 불가능하게 된 경우 국가가 그 손실을 보상할 입법의무가 있는지 여부(소극)
▶ 1998.5.28. 96헌마44 [각하]

강제집행권은 국가가 보유하는 통치권의 한 작용으로서 민사사법권에 속하는 것이고, 위 협약 제32조에 의하여 외교관 등을 파견한 국가는 판결의 집행으로부터의 면제의 특권을 포기할 수도 있는 것이므로 위 협약에 가입하는 것이 바로 헌법 제23조 제3항 소정의 '공공필요에 의한 재산권의 제한'에 해당하는 것은 아니다. 집달관이 청구인들의 강제집행의 신청의 접수를 거부하여 강제집행이 불가능하게 된 경우 국가가 청구인들에게 손실을 보상하는 법률을 제정하여야 할 헌법상의 명시적인 입법위임은 인정되지 아니하고, 헌법의 해석으로도 그러한 의무가 발생하였다고 볼 수 없다.★ 그렇다면 입법자의 입법의무의 존재를 전제로 한 이 사건 심판청구는 부적법하다.

Ⅳ 외국인의 법적 지위의 보장

헌 법
제6조 ② 외국인은 국제법과 조약이 정하는 바에 의하여 그 지위가 보장된다.

헌법 제6조 제2항은 외국인의 **국제법과 조약**이 정한 법적 지위의 보장을 규정하고 있는데, 여기의 외국인이란 대한민국 국적이 없는 자로서 외국국적자와 무국적자를 포괄하며(2000.8.31. 97헌가12), 동 조항은 내외국인 평등주의가 아닌 **상호주의**를 선언하고 있다.61)★

---

61) 상호주의란 서로 혜택을 주고받는 상호의존성원칙으로 국제사회의 보편적 행동원리이다. 헌법은 국제적 수준에 상응하는 범위 내에서만 외국인의 지위가 보장됨을 선언한 것이다.

제5절 · 정당제도

국민의 실용적인 정치 참여 도구

> **헌법**
> 제8조 ① 정당의 설립은 자유이며, 복수정당제는 보장된다.
> ② 정당은 그 목적·조직과 활동이 민주적이어야 하며, 국민의 정치적 의사형성에 참여하는데 필요한 조직을 가져야 한다.★
> ③ 정당은 법률이 정하는 바에 의하여 국가의 보호를 받으며, 국가는 법률이 정하는 바에 의하여 정당운영에 필요한 자금을 보조할 수 있다.★★
> ④ 정당의 목적이나 활동이 민주적 기본질서에 위배될 때에는 정부는 헌법재판소에 그 해산을 제소할 수 있고, 정당은 헌법재판소의 심판에 의하여 해산된다.★★

> **코멘트**
> 방향성 모르는 기계, 실력 없는 조종사. 한마디 해주고 싶어도 조종실은 통제구역이라 함부로 들어갈 수 없다. 여럿이 한 목소리를 내면 세상도 바꿀 수 있다는거 의외로 사람들 생각이 다양하네.

I 정당제 민주주의

정당제 민주주의(정당민주제)란 정당의 정치적 역할이 증대된 현대적 민주주의를 의미한다. ① 투표권의 확대로 현대 민주주의가 **대중민주주의**로 변모하면서 **국민의 참정욕구를 매개**하는 정당의 역할이 긍정되어 정당민주제가 수용되었다(2003.10.30. 2002헌라1). ② 제헌헌법(1948년)에는 정당에 관한 헌법규정이 없었으나, **제2공화국**헌법(1960년)은 **정당보호규정과 위헌정당해산제도를 신설**하였으며,★★ 제3공화국헌법(1962년)은 무소속의 국회의원·대통령 출마를 금지하고 탈당·정당해산시 국회의원자격을 상실하도록 하여 **극단적 정당국가**를 지향하였고,★★ 제4공화국헌법(1972년)은 무소속의 입후보를 허용하여 다소 완화하였으며, 제5공화국헌법(1980년)은 정당운영자금의 국고보조금조항을 신설하였다.★★

II 정당의 의의

1. 정당의 개념

정당이란 정권획득을 목적으로 하는 국민의 **정치적 결사**를 말한다. ① 정당의 개념에 형식적인 조직적 요소 외에 **실질적인 내용적 요소**가 포함되는지에 관하여,[62] 헌법재판소는 "현행법상 정당의 개념적 징표[63]로는 국가와 자유민주주의 또는 **헌법질서를 긍정할 것**, 선거에 참여할 것, 공고한 조직을 구비할 것 등을 들 수 있는바, 독일 정당법(제2조)의 규정과 마찬가지로 **'상당한 기간 또는 계속해서', '상당한 지역에서'** 국민의 정치적 의사형성에 참여해야 한다는 개념표지가 요청된다"(2006.3.30. 2004헌마246)고 하여 실질설을 취하고 있다.★

---

[62] 정당에 대한 국가의 간섭을 최소화하는 형식적인 정당개념만이 헌법이념에 부합한다는 '형식설', 자유민주주의 등 헌법질서를 부정하는 헌법적대적 정당에까지 관용을 베풀 수 없다는 '실질설'이 대립한다.
[63] '징표'(徵表) 또는 '표지'(標識)는 어떤 사물을 나타내는 특징적인 요소를 말한다.

2. 정당의 지위 및 성격

① 정당의 헌법상 지위와 관련하여,64) 헌법재판소는 "정당은 자발적 조직이지만 무질서적인 **개개인의 정치적 의사를 집약**하여 **공권력으로까지 매개**하는 **공적 기능**을 수행한다"(1991.3.11. 91헌마21)고 하여 중개체설을 취하는데, 이에 따르면 정당은 이중의 지위, 즉 조직적 측면의 '**자유의 지위**'와 기능적 측면의 '**공공의 지위**'가 함께 강조된다(1999.11.25. 99헌바28). ② 정당의 법적 성격은 법적 분쟁이 발생한 경우 공·사법적 절차 중 어느 절차로 해결할 것인지와 관련되는데,65) 헌법재판소는 "정당은 적어도 재산의 귀속관계에 있어서는 **법인격 없는 사단**66)으로 보아야 하고, **정당의 지구당**67)**은 역시** 법인격 없는 사단에 해당한다"고 판시하거나(1993.7.29. 92헌마262),★★ "**정당은 일반적으로 사적·정치적 결사 내지 법인격 없는 사단으로 파악되므로 공권력의 주체가 아니다**"라고 판시하였다(2020.1.21. 2020헌마60 등).★★

Ⅲ 정당의 설립

1. 정당의 물적·인적 조직

두문자
5 천 주 소

① 정당은 중개자로서의 기능을 수행하는데 필요한 조직을 가져야 하는바(헌법 제8조 제2항 후문), 정당법상 정당은 **5** 이상의 시·도당을 가져야 하고(제17조), 각 시·도당은 그 관할구역 안에 **주소**를 둔 1**천**명 이상의 당원을 가져야 한다(제18조). 헌법재판소는 정당법상 정당등록요건에 대하여 "**지역정당 및 군소정당** 배제취지68)에 적합하다"며 합헌결정하였다(2023.9.26. 2021헌가23등).★★ ② 정당의 창당준비위원회는 중앙당의 경우에는 **200명 이상**의, 시·도당의 경우에는 **100명 이상**의 발기인으로 구성한다(정당법 제6조).★ **16세 이상의 국민**은 정당의 발기인이나 당원이 될 수 있으나(동법 제22조 제1항 본문), 선거권이 없는 사람, 정치적 공무원과 대학교원 등을 제외한 **공무원 및 교원**은 정당원이 될 수 없고(동조항 단서),69)★ **외국인도 정당원이 될 수 없다**(동조 제2항).70)★★ 그리고 **누구든지 2 이상의 정당의 당원이 되지 못한다**(동법 제42조 제2항).★ 헌법재판소는 복수당적 금지조항에 대해 정당의 정체성을 보존하려는 것이라며 합헌결정하였다(2022.3.31. 2020헌마1729).★

---

64) 이에 관해서는 '국가기관설(헌법기관설)', '사적 결사설', '중개체설(제도보장설)'이 대립한다.
65) 이에 관해서는 '사법상의 법인격 없는 사단설', '헌법제도·결사 혼성체설' 등이 대립한다. 후자의 견해는 소유재산 귀속관계 등 비정치적 성격의 분쟁과 지도부, 대의원 구성문제 등 정치적 성격의 분쟁을 구별하여 접근한다.
66) 정당에 관해서는 법인설립절차 규정이 없어 판례는 비법인 사단으로 보고 있다. 정당법상 정당등록은 별개의 문제로서 일반 사회단체와의 구별을 위한 확인절차에 불과하다. '자연인'은 생물학적 사람, '법인'은 법에 의한 사람, '법인격 없는 단체'는 법인에 준하는 실체를 가진 법인 아닌 단체를 말한다.
67) 구 정당법은 국회의원지역선거구 단위로 지구당을 두도록 하였으나 개정으로 폐지되었다.
68) '지역정당'은 특정 지역에 뿌리 깊은 지지 기반을 갖는 정당을 말하고, '군소(群小)정당'은 의회에 의석이 없거나 의석수가 적은 소규모 정당을 말한다.
69) 헌법 제7조 제2항 공무원의 정치적 중립성, 제31조 제4항의 교육의 정치적 중립성 조항을 구현한 결과이다.
70) 정당의 개념이 정치공동체인 국민의 결사를 의미하기 때문이다.

2. 중앙당의 등록과 선관위의 형식심사

정당은 **중앙당**[71]이 **중앙선거관리위원회에 등록함으로써 성립**하고(정당법 제4조 제1항), 등록신청을 받은 선거관리위원회는 **형식적 요건**을 구비하는 한 이를 거부하지 못한다(동법 제15조). 정당설립에 있어서 **허가제를 채택하는 것은 헌법에 위반**되나, 단순한 법적 확인절차로서 등록제를 채택하는 것은 법적 안정성의 관점에서 허용된다(2003.3.30. 2004헌마246 등).* 헌법재판소는 "정당등록조항은 어떤 정치결사가 정당법상 정당임을 확인하여 법적 안정에 기여하고 정당이념 등은 등록기준이 아니라는 점에서, 정당명칭사용금지조항은 등록제도의 실효성을 담보하고 국민의 혼란을 방지한다는 점에서 정당의 자유를 과도하게 침해하지 않는다"며 합헌결정하였다(2023.9.26. 2021헌가23등).

Ⅳ 정당의 활동

1. 정당활동의 제한

2004. 3. 개정 정당법은 국회의원지역선거구 단위로 두던 지구당제도를 폐지하고, 정당의 구성은 중앙당과 시·도당으로 하도록 하면서, 지구당을 대신하여 지역단위 임의조직인 당원협의회제도를 채택하였는데, 헌법재판소는 **지구당·당연락소**[72]**의 폐지**에 대하여 고비용 저효율의 정당구조를 개선하려는 것이라며 합헌결정하였고(2004.12.16. 2004헌마456),* 시·도당 하부조직의 운영을 위한 **당원협의회의 (상설)사무소 설치제한**에 대하여 지구당 제도의 폐해가 되풀이되는 것을 방지하려는 것이라며 합헌결정하였다(2016.3.31. 2013헌가22).*

2. 정당재정의 구조

(1) 정치자금의 수입원

(가) 당 비

'당비'란 정당의 당헌·당규 등에 의하여 정당의 당원이 부담하는 재화를 말하는데(정치자금법 제3조 제3호), 정당은 소속당원에게 **당비를 받을 수 있다**(동법 제4조 제1항).

(나) 후원금

'후원금'이란 정치자금법에 따라 후원회에 기부하는 재화를 말한다(정치자금법 제3조 제4호).[73]
① 헌법재판소는 국회의원과 달리 **지방의회의원**을 후원회지정권자에서 제외한 것에 대하여 평등권을 침해한다고 판시하였고(2022.11.24. 2019헌마528),* 구 정치자금법상 **광역자치단체장선거 예비후보자**의 후원회지정 금지조항에 대하여 평등권을 침해한다고 하면서도,**

---

71) 정당법상 정당은 수도에 소재하는 중앙당과 특별시·광역시·도에 소재하는 시·도당으로 구성한다(제3조).
72) 구 정당법상 당연락소는 정당이 필요한 경우 구·시·군에 둘 수 있는 임의조직이었다.
73) 현행 정치자금법상 정당의 중앙당(중앙당창당준비위원회를 포함), 국회의원(국회의원선거의 당선인을 포함), 지방의원(지방의원선거의 당선인을 포함), 대통령선거 (예비)후보자, 지역구국회의원선거 (예비)후보자, 지역구지방의회의원선거 (예비)후보자, 지방자치단체장선거 (예비)후보자, 대통령선거경선후보자, 당대표경선후보자등이 후원회지정권을 가진다(정치자금법 제6조).

자치구의회의원선거 예비후보자의 후원회지정 금지조항에 대해서는 평등권을 침해하지 않는다고 판시하였으며(2019.12.27. 2018헌마301등), 종래 허용되어온 **정당의 후원회지정**을 금지한 것에 대하여 정치자금의 투명성확보를 위한 수단으로 부적합하다고 판시하였다(2015.12.23. 2013헌바168).* ② 누구든지 하나 또는 둘 이상의 **후원회의 회원이 될 수 있으나**, 외국인, 단체 등 정치자금을 기부할 수 없는 자와 정당의 당원이 될 수 없는 자는 그러하지 아니하다(동법 제8조 제1항).

판례 지방의원의 후원회지정 금지   국회의원을 후원회지정권자로 정하면서 지방의회의원을 제외하고 있는 정치자금법 조항이 위헌인지 여부(적극)   ▶ 2022.11.24. 2019헌마528 [헌법불합치]

후원회 제도는 유권자의 정치에 대한 신뢰감을 높이고 후원회 또는 후원회원이 지향하는 정책적 의지가 효율적으로 구현되도록 하며 정치자금의 투명성을 확보하기 위한 제도이다. 지방의회제도가 발전함에 따라 주민들의 다양한 의사를 통합하여 지방자치단체의 의사를 형성하는 지방의회의원의 역할도 증대되었으므로 이들에게 후원회를 허용하는 것은 후원회 제도의 입법목적에 부합하고, 국회의원과 소요되는 정치자금의 차이는 후원 한도를 제한하는 등의 방법으로 규제할 수 있음에도 후원회 지정 자체를 금지하는 것은 오히려 지방의회의원의 정치자금 모금을 음성화시킬 우려가 있으며, 현재 지방자치법에 따라 지급되는 의정활동비 등은 의정활동에 전념하기에 충분하지 않다는 점 등을 종합하면, 심판대상조항은 불합리한 차별로서 청구인들의 평등권을 침해한다.*

판례 광역자치단체장·자치구의회의원 예비후보자의 후원회지정 금지   광역자치단체장·자치구의회의원선거의 예비후보자에 대하여 후원회를 금지한 정치자금법 조항이 위헌인지 여부(일부 적극)
▶ 2019.12.27. 2018헌마301등 [헌법불합치, 기각]

선거비용제한액, 후원회 모금한도 등을 고려해 볼 때, 광역자치단체장선거의 경우 국회의원선거보다 지출하는 선거비용의 규모가 크고, 후원회를 통해 선거자금을 마련할 필요성 역시 매우 크므로, 국회의원선거의 예비후보자와 달리 광역자치단체장선거의 예비후보자에게 후원회를 통한 정치자금의 조달을 불허하는 것은 불합리한 차별로서 평등권을 침해한다.** 대통령, 국회의원과 달리 자치구의회의원의 활동범위는 해당 자치구의 지역 사무에 국한되므로 그에 수반하는 정치자금의 필요성이 크지 않고, 선거운동 기간이 비교적 단기여서 상대적으로 선거비용이 적게 들고 있으므로, 국회의원선거의 예비후보자와 달리 자치구의회의원선거의 예비후보자에게 후원회를 통한 정치자금의 조달을 불허하는 것은 합리적인 차별로서 평등권을 침해하지 않는다.

판례 정당의 후원회지정 금지   ▶ 2015.12.23. 2013헌바168 [헌법불합치]

심판대상조항은 정당운영의 투명성과 도덕성을 제고하려는 것이나, 정경유착의 문제는 일부 재벌기업과 부패한 정치세력에 국한된 것이고 대다수 유권자들과는 직접적인 관련이 없으므로 일반 국민의 정당에 대한 정치자금 기부를 원천적으로 봉쇄할 필요는 없고, 기부 및 모금한도액의 제한, 기부내역 공개 등의 방법으로 공익을 충분히 확보할 수 있다는 점, 현행 기탁금 제도는 중앙선거관리위원회가 국고보조금의 배분비율에 따라 각 정당에 배분·지급하며, 기부자가 자신의 정치적 선호에 따라 특정 정당에 재정적 후원을 하는 것과는 전혀 다른 제도이므로, 당비나 기탁금 제도로는 정당 후원회를 대체할 수 있다고 보기 어렵다는 점 등을 종합하건, 수단의 적합성과 침해최소성 원칙에 위배되어 정당의 정당활동의 자유와 국민의 정치적 표현의 자유를 침해한다.*

> **판례** **대선경선후보자 경선불참시 후원금 총액 국고귀속** 대통령선거경선후보자가 당내경선 과정에서 탈퇴하여 후원회설치 자격을 상실한 경우 후원받은 후원금 총액을 국고에 귀속하는 구 정치자금법 조항이 평등권을 침해하는지 여부(적극) ▸ 2009.12.29. 2007헌마1412 [위헌]
>
> 대통령선거경선후보자가 후보자가 될 의사를 갖고 당내경선 후보자로 등록을 하고 선거운동을 한 경우라고 한다면, 비록 경선에 참여하지 아니하고 포기하였다고 하여도 대의민주주의의 실현에 중요한 의미를 가지는 정치과정이라는 점을 부인할 수 없다. 따라서 경선을 포기한 대통령선거경선후보자에 대하여 후원회로부터 지원받은 후원금 총액을 회수함으로써 경선에 참여한 대통령선거경선후보자와 차별하는 것은 합리적인 이유가 있는 차별이라고 하기 어렵다.★ 대통령선거경선후보자로서는 다양한 상황변화를 이유로 하여 후보자가 되는 것을 포기할 수 있는 것이며, 그와 같은 불가피한 상황변화에도 반드시 경선에 참여할 것을 요구하거나, 애초에 반드시 경선에 참여할 사람의 경우에만 대통령선거경선후보자가 되어야 한다고 요구하기는 어렵다.

⒟ 기탁금

기탁금이란 정당에 기부하고자 하는 개인이 선거관리위원회에 기탁하는 재화를 말하는데(정치자금법 제3조 제5호). 현행 기탁금제도는 기부자가 정당이나 배분율을 지정할 수 있는 지정기탁금제도가 아니라 중앙선거관리위원회가 국고보조금 배분율에 따라 지급하는 **일반기탁금제도로서 정당발전기금**의 성격을 가진다(2015.12.23. 2013헌바168).

⒠ 국고보조금

국고보조금은 정치자금법상 경상(經常)보조금[74], 선거보조금, 여성추천보조금, 장애인추천보조금, 청년추천보조금을 내용으로 한다. 헌법재판소는 정치자금법상 정당의 의석수・득표수비율 등에 기초한 국고보조금 배분기준에 더하여 정당에 대한 국민의 지지도를 반영한 합리적인 차별이라며 합헌결정하였다(2006.7.27. 2004헌마655).★

(2) 정치자금의 통제

외국인과 법인 등 단체는 정치자금을 기부할 수 없고, 누구든지 **법인 등 단체와 관련된 자금으로 정치자금을 기부할 수 없다**(정치자금법 제31조).★ 헌법재판소는 정치자금법이 **노동단체에게만 정치자금기부를 금지**한 것에 대하여 노동단체의 정치학・재정부실의 방지는 정당한 공익이 아니라며 위헌결정하였고(1999.11.25. 95헌마154), **단체와 관련된 정치자금기부를 금지**한 것에 대하여 필요한도의 탈법규제라며 합헌결정하였다(2014.4.24. 2011헌바254 등).★

Ⅴ 당내민주화

헌법 제8조 제2항은 "정당은 그 목적・조직과 활동이 민주적이어야 한다"고 하여 당내민주화를 요청하고 있다. ① 정당조직의 자유는 헌법 제8조 제1항의 도괄적인 정당의 자유 보장규정에 이미 포괄되어 있으므로, 동조 제2항은 정당의 자유의 **한계규범**으로 기능할 뿐 그 **근거규범**

---

74) 경상보조금은 정당의 일상운영비 보조금 말한다.

으로 기능한다고 할 수 없다(2004.12.16. 2004헌마456).★ ② 현행 정당법은 **정당소속 국회의원의 제명에 소속 국회의원 2분의 1 이상의 찬성**을 요구하는 것과는 달리 **당원의 제명에 관한 사항을 당헌에 일임**하고 있어 문제가 있다.★★

Ⅵ 정당의 소멸

1. 위헌정당의 해산

> **헌 법**
> 제8조 ④ 정당의 **목적이나 활동이 민주적 기본질서에 위배**될 때에는 정부는 헌법재판소에 그 해산을 제소할 수 있고, 정당은 **헌법재판소의 심판에 의하여 해산된다**.★★

(1) 위헌정당해산제도의 의의

헌법 제8조 제4항의 위헌정당해산제도란 정당의 목적이나 활동이 민주적 기본질서에 위배될 경우 정부의 제소로 헌법재판소가 정당을 강제로 해산하는 제도를 말한다. 헌법 제8조 제4항은 우리 헌법상의 민주주의가 **방어적 민주주의**임을 표방함으로써 정당존립의 특권을 보장함과 동시에 정당자유의 한계를 설정하고 있다(2014.12.19. 2013헌다1).★

(2) 위헌정당해산의 실질적 요건

① 강제해산의 대상인 '정당'은 원칙적으로 **등록을 필한 기성정당**을 말하는데, 정당으로서의 실질을 갖춘 창당준비위원회도 이에 준하는 것으로 본다. ② '목적이나 활동'과 관련하여, 정당의 목적은 정당의 당헌, 강령 등으로 인식되는 정치적 지향성을 통칭하고, 정당의 활동은 정당 기관, 당원 등의 행위로서 **정당에게 귀속가능**한 활동 일반을 의미하는데, 특히 국회의원, 평당원 등의 활동은 당명이나 전당적 지지의 여부 등 구체적인 사정을 살펴서 판단해야 하며,★★ 규정형식상 정당의 **목적이나 활동 중 어느 하나라도** 민주적 기본질서에 위배되면 해산사유가 된다(2014.12.19. 2013헌다1). ③ '민주적 기본질서'는 정당의 중요성, 제도의 남용방지를 고려할 때, 현행헌법이 채택한 민주주의의 구체적 모습이 아니라 최대한 **엄격하고 협소한 의미**로 이해해야 하고(2014.12.19. 2013헌다1),75)★★ ④ '민주적 기본질서 위배'란 단순한 위반・저촉을 의미하는 것이 아니라 **실질적 해악을 끼칠 구체적 위험성**을 초래하는 경우를 말한다(2014.12.19. 2013헌다1).★★ ⑤ 위헌정당해산은 정당의 자유에 대한 근본적 제한으로서 헌법 제37조 제2항의 **비례의 원칙을 준수**해야 하므로, 해산결정은 다른 대안이 없는 경우에만 정당화된다(2014.12.19. 2013헌다1).76)★★

---

75) 위헌정당해산제도의 기원인 독일기본법 제21조 제2항이 "자유민주적 기본질서 위배"를 규정한 것과 달리 우리 헌법 제8조 제4항은 "민주적 기본질서 위배"를 규정하고 있어 논란이 되고 있다.
76) 일반적으로 비례원칙은 헌법재판소가 법률이나 기타 공권력 행사의 위헌 여부를 판단할 때 사용하는 위헌심사 척도의 하나이나, 정당해산심판에서는 헌법재판소의 정당해산결정이 정당의 자유를 침해할 수 있는 국가권력에 해당하므로 헌법재판소가 정당해산결정을 내리려면 그 결정이 비례원칙에 부합하는지를 숙고해야 하는바, 이 경우의 비례원칙 준수 여부는 그것이 통상

(3) 위헌정당해산의 절차적 요건

정부는 국무회의의 심의를 거쳐(헌법 제89조 제14호), 헌법재판소에 그 해산을 제소할 수 있고(헌법 제8조 제4항),** 헌법재판소는 재판관 6인 이상의 찬성으로 해산결정을 할 수 있으며(헌법 제113조 제1항),** 헌법재판소가 해산결정을 한 경우 중앙선관위는 그 정당의 등록을 말소하고 그 뜻을 지체없이 공고하여야 한다(정당법 제47조).** 헌법재판소는 "**대통령이 해외 순방 중인 경우는 '사고'에 해당**되므로,77) 국무회의 의장인 대통령의 해외 순방 중 국무총리가 주재한 국무회의에서 이루어진 정당해산심판청구서 제출안의 의결은 적법하다"고 판시하였다(2014.12.19. 2013헌다1).78)★★

(4) 위헌정당해산의 효과

헌법재판소법 제59조의 "정당의 해산을 명하는 결정이 선고된 때에는 그 정당은 해산된다"는 규정에 따라 **정당해산결정**은 그 선고와 동시에 해산의 효과가 발생하는 **창설적 효력**을 가지므로 중앙선관위의 등록말소 등 사후적 집행(정당법 제47조)은 확인적 의미에 불과하고,* **유사 강령을 가진 대체정당의 창설과 해산정당과 같은 명칭의 사용이 금지되며**(정당법 제40조, 제41조 제2항), 정당의 잔여재산은 **국고에 귀속**한다(동법 제48조 제2항).** 그런데 현행법상 강제해산정당 소속의원의 자격상실에 관한 규정이 없어 문제되는데, 헌법재판소는 통합진보당 해산 사건에서 "소속 국회의원의 의원직 상실은 **명문의 규정과 상관없이** 제도의 본질에 근거한 기본적 효력이므로, 지역구·비례대표 **선출방식을 불문하고 국회의원직은 상실되어야 한다**"고 판시하였다(2014.12.19. 2013헌다1).**

2. 정당의 등록취소

① 정당법 제44조에 의하면, 선거관리위원회는 정당법 제17조 및 제18조의 법정시·도당요건 중 어느 하나를 구비하지 못하게 된 때, 최근 4년간 임기만료에 의한 국회의원선거, 지방자치단체장선거, 시·도의회의원선거에 참여하지 아니한 때에는 정당의 등록을 취소한다.79)* 헌법재판소는 임기만료에 의한 국회의원선거에 참여하여 의석을 얻지 못하고 유효투표총수의 100분의 2 이상을 득표하지 못한 정당의 등록을 취소하도록 한 정당법 조항에 대하여 **국회의원총선거를 유일한 기준으로 설정**한 것은 정당설립의 자유를 침해한다며 위헌결정하였다(2014.1.28. 2012헌가19등).** ② 정당의 잔여재산은 **당헌이 정하는 바에 따라** 처분하고, 이에 따라 처분되지 아니한 잔여재산은 **국고에 귀속**되며(정당법 제48조),* 같은 **명칭**은 등록취소된 날부터 최초로 실시하는 **국회의원 총선거일까지** 정당의 명칭으로 사용할 수 없다(동법 제41조 제4항).

적으로 기능하는 위헌심사의 척도가 아니라 헌법재판소의 정당해산결정이 충족해야 할 일종의 헌법적 요건 혹은 헌법적 정당화 사유에 해당한다(2014.12.19. 2013헌다1).*

77) 직무대행사유인 '유고'(有故)는 기관이 정상 업무를 볼 수 없는 경우를 말하며, 기관이 재직하고 있지 아니한 경우인 '궐위'와 기관이 재직하면서도 직무수행이 어려운 경우인 '사고'를 포괄한다.

78) 통합진보당 해산 사건에서는 박근혜 대통령이 직무상 해외 순방 중이던 2013. 11. 5. 황교안 국무총리가 주재한 국무회의에서 통합진보당에 대한 정당해산심판청구서 제출안을 의결한 것이 위법한지 여부가 쟁점이 되었다.

79) 정당법상 정당등록취소제도는 정당의 개념요소를 제대로 갖추지 못한 정당을 일반 사회단체로 전환시키는 제도이다.

> **판례** **선거참여와 등록취소** 임기만료에 의한 국회의원선거에 참여하여 의석을 얻지 못하고 유효투표총수의 100분의 2 이상을 득표하지 못한 정당의 등록을 취소하고, 그 정당의 명칭과 같은 명칭을 일정 기간 사용할 수 없도록 한 정당법 조항이 위헌인지 여부(적극) ▶ 2014.1.28. 2012헌가19등 [위헌]
>
> 헌법 제8조 제1항은 국민이 정당을 설립할 권리를 기본권으로 보장함과 아울러 복수정당제를 제도적으로 보장하고 있으므로,* 입법자는 정당설립의 자유를 최대한 보장하는 방향으로 입법하여야 하고, 헌법재판소는 이를 제한하는 법률의 합헌성을 심사할 때 헌법 제37조 제2항에 따라 엄격한 비례심사를 하여야 한다.* 정당등록취소조항은 국민의 정치적 의사형성에 참여할 의사나 능력이 없는 정당을 배제하여 정당민주제 발전에 기여하려는 것이나, 일정기간 동안 선거참여기회를 수 회 부여하고 그 결과에 따라 등록취소 여부를 정하는 등 대안이 상정되는 점, 국회의원선거에서 일정 수준의 지지를 얻지 못하면 그 밖의 선거에서 아무리 좋은 성과를 올려도 등록이 취소될 수밖에 없어 불합리하고, 신생·군소정당으로 하여금 국회의원선거에의 참여 자체를 포기하게 할 우려도 있다는 점 등을 종합하면, 과잉금지원칙에 반하여 정당설립의 자유를 침해한다(2012헌가19).** 정당명칭사용금지조항은 정당등록취소조항을 전제로 하고 있으므로, 위와 같은 이유에서 정당설립의 자유를 침해한다(2012헌마431).

3. 정당의 자진해산

정당은 그 대의기관의 결의로써 자유롭게 해산할 수 있으며(정당법 제45조), 정당의 잔여재산은 **당헌이 정하는 바에 따라 처분**하고, 이에 따라 처분되지 아니한 잔여재산은 **국고에 귀속**된다(동법 제48조).*

제6절 · 선거제도

국민을 대신할 국가운영진 선출

코멘트
월포드- 선택한 실*도 없는 조종사 탓에 우리 기계는 이산 저산을 수없이 헤매야 했다. 새 조종사는 우리가 직접 뽑아야 할 것 같은데, 너도 나도 하겠다고 덤비니 아주 빡센 선발규칙을 만들어야겠어.

I 선거제도의 기본원칙

> **헌 법**
> 제41조 ① 국회는 국민의 보통·평등·직접·비밀선거에 의하여 선출된 국회의원으로 구성한다.
> 제67조 ① 대통령은 국민의 보통·평등·직접·비밀선거에 의하여 선출한다.

선거란 유권자들이 통치권력에 정당성을 부여하는 대의기관 선임행위를 말한다. **민주국가 선거제도의 5대원칙**으로는 보통·평등·직접·비밀·자유선거의 원칙이 있다. 현행헌법은 **국회의원선거 및 대통령선거**에 관하여 **자유선거원칙을 제외**한 4대원칙을 명시하고 있다.

1. 보통선거의 원칙

(1) 보통선거원칙의 의의

보통선거란 **선거권의 부여** 또는 귀속에 있어서 차별을 금지하는 평등원칙의 선거법상의 실현원리로서 제한선거에 대응하는 개념이다(헌법 제41조 제1항, 제67조 제1항, 제11조 제1항). 헌법재판소는 "보통선거원칙은 선거권자의 능력, 재산, 사회적 지위 등의 실질적인 요소를 배제하고 일정한 연령에 도달한 사람이면 누구라도 선거권을 갖는 것을 요구하며 **그 전제로서 연령에 의한 선거권제한을 인정**한다"(2013.7.25. 2012헌마174)고 하여 선거 연령의 제한을 보통선거제도의 당연한 취지로 본다. ★

(2) 선거권의 제한

헌법 제24조에 따라 모든 국민은 법률이 정하는 바에 의하여 대표자를 선임할 수 있는 선거권을 가진다.

(가) 국적·거주지·연령에 의한 선거권제한

대통령선거	국회의원선거	지자체장선거	지방의원선거
18세 이상의 **국민**에게 국정선거권 인정하면서 지역구국회의원선거권은 선거구에 주민등록된 내국민 또는 주민등록표에 3개월 이상 계속 등재되고 선거구에 주민등록된 재외국민에 한정★★		18세 이상으로서 관할구역에 주민등록된 **내국민**, 주민등록표에 3개월 이상 계속 등재되고 관할구역에 주민등록된 **재외국민**, 영주자격 취득 후 3년 경과하고 외국인등록대장에 등재된 **외국인**에게 지방선거권 인정★★	

① 원칙적으로 대한민국의 국적을 보유한 **18세 이상의 국민**만이 선거권을 향유하나(공직선거법 제15조), 공직선거법은 영주의 조건을 갖춘 **18세 이상의 외국인에게 지방선거권**을 인정하

고 있다(동조 제2항).80)★★ ② 헌법재판소는 주권자인 국민 또는 국민인 주민의 지위와 무관한 주민등록을 기준으로 **법령상 주민등록이 곤란한 재외국민의 선거권을 부정**한 구 공직선거법 조항에 대하여 과도한 제한이라며 헌법불합치결정하였다(2007.6.28. 2004헌마644등).81)★★
③ 헌법재판소는 구 공선법상 선거권연령을 '**20세 이상**'으로 정한 것(1997.6.26. 96헌마89), '**19세 이상**'으로 정한 것(2013.7.25. 2012헌마174)에 대하여 정치적 판단능력의 고려라며 합헌결정하였으나,★ 2020. 1. 개정 공직선거법은 선거권 및 선거운동권 연령을 선거일 현재 '**18세 이상**'으로 하향조정하였다(제15조).

(나) 금치산자의 선거권제한

선거권은 속성상 최소한의 정치적 판단능력이 요구되는바, 법원에 의해 심신상실로 금치산선고(禁治産宣告)를 받은 자82)는 선거권이 없다(공직선거법 제18조 제1항 제1호).

(다) 수형자·전과자의 선거권제한

수형자·전과자의 경우 선거의 공정성과 형집행의 실효성을 위해 선거권제한이 고려된다(공직선거법 제18조 제1항 제2호 내지 제4호). 헌법재판소는 구 공직선거법상 일정한 **선거범죄자**의 선거권을 제한한 것에 대하여 합헌결정하였으나(2022.3.31. 2019헌마986 등),★ **금고 이상의 형의 수형자**에 대하여 일률적으로 선거권을 제한한 것에 대해서는 위헌결정하였다(2014.1.28. 2012헌마409등).★

> **판례** 선거범의 선거참여권 제한   선거범죄로 100만 원 이상의 벌금형이 확정된 자의 (피)선거권, 선거운동을 제한하는 공직선거법 조항이 위헌인지 여부(소극)   ▶ 2018.1.25. 2015헌마821 [기각]
>
> '선거권제한조항', '피선거권제한조항', '선거운동제한조항'은 선거의 공정성을 확보하기 위한 것으로서, 제한의 대상과 요건, 기간이 제한적인 점, 선거의 공정성을 해친 바 있는 선거범으로부터 부정선거의 소지를 차단하여 공정한 선거가 이루어지도록 하기 위하여는 이들을 제한하는 것이 효과적인 방법인 점 등을 종합하면, 청구인의 선거권, 피선거권, 선거운동의 자유를 침해한다고 볼 수 없다.★

> **판례** 금고 이상 형선고자의 선거권제한   금고 이상의 형의 선고를 받고 그 집행이 완료되지 아니한 자의 선거권을 제한하는 공직선거법 제18조 제1항 제2호가 위헌인지 여부(적극)
>   ▶ 2014.1.28. 2012헌마409등 [위헌, 헌법불합치]
>
> 심판대상조항은 중대 범죄자의 제재 및 일반시민의 법치주의 존중의식 제고를 위한 것으로 목적이 정당하고 수단도 적절하다. 그런데 심판대상조항은 집행유예자와 수형자에 대하여 전면적·획일적으로 선거권을 제한하고 있는바, 범죄의 경중을 전혀 고려하지 않고 수형자와 집행유예자 모두의 선거권을 제한하는 것은 침해의 최소성 및 법익의 균형성에 어긋난다. 특히 집행유예자는 교정시설에 구금되지

---

80) 공직선거법상 외국인에게 인정되는 지방선거권은 입법자의 결단에 의한 것으로 법률상 권리에 불과하다.
81) 구 주민등록법상 "해외이주자는 해외이주를 포기한 후가 아니면 등록할 수 없다"(제6조 제3항)는 규정에 따라 '외국의 영주권을 취득한 재외국민'과 같이 국내에 오랜 기간 거주하면서도 주민등록이 사실상 불가능한 경우가 있었다. 현행 공선법은 재외국민용 주민등록증을 발급하도록 주민등록법이 개정됨에 따라 관련 규정을 정비하였다.
82) 금치산(禁治産)은 구 민법상 가정법원이 경제적 판단능력 없는 사람에게 자주적 관리를 금지하는 제도를 말한다.

않고 일반인과 동일한 사회생활을 하고 있으므로 그들의 선거권을 제한해야 할 필요성이 크지 않다. 그렇다면 심판대상조항은 헌법 제37조 제2항에 위반하여 청구인들의 선거권을 침해하고, 헌법 제41조 제1항 및 제67조 제1항이 규정한 보통선거원칙에 위반하여 집행유예자와 수형자를 차별취급하는 것이므로 평등의 원칙에도 어긋난다.★ 심판대상조항 중 '집행유예자'에 관한 부분은 위헌선언을 통하여 선거권에 대한 침해를 제거함으로써 합헌성이 회복될 수 있다. 하지만 심판대상조항 중 수형자에 관한 부분의 위헌성은 지나치게 전면적·획일적으로 수형자의 선거권을 제한한다는 데 있는바, 그 위헌성을 제거하는 것은 입법자의 형성재량에 속하므로, '수형자'에 관한 부분에 대하여 헌법불합치 결정을 선고하되 개선입법이 있을 때까지 계속적용을 명하기로 한다.

판례 **1년 이상 징역형 수형자의 선거권 제한** 1년 이상의 징역형의 선고를 받고 그 집행이 종료되지 아니한 사람의 선거권을 제한하는 공직선거법 제18조 제1항 제2호가 위헌인지 여부(소극)
▶ 2017.5.25. 2016헌마292등 [기각]

심판대상조항은 공동체 구성원으로서 기본적 의무를 저버린 수형자에 대하여 사회적·형사적 제재를 부과하고, 수형자와 일반국민의 준법의식을 제고하려는 것으로, 법원의 양형관행을 고려할 때 1년 이상의 징역형을 선고받았다면 범죄의 중대성이 작지 아니하므로, 심판대상조항이 과실범, 고의범 등 범죄의 종류, 침해된 법익의 내용 등을 불문하더라도 불필요한 제한을 부과한다고 할 수 없는 점 등을 종합하면, 과잉금지원칙에 반하여 선거권을 침해하지 아니한다.★★

(3) 피선거권의 제한

헌 법
제67조 ④ 대통령으로 선거될 수 있는 자는 국회의원의 피선거권이 있고 선거일 현재 40세에 달하여야 한다.★★

헌법 제25조에 따라 모든 국민은 법률이 정하는 바에 의하여 임기직·선거직 공직에 취임하여 공적 업무를 담당할 수 있는 공무담임권을 가진다.

(가) 국적·거주지·연령에 의한 피선거권제한

대통령선거	국회의원선거	지자체장선거	지방의원선거
국회의원피선거권 있는 **4**0세 이상의 국민(헌법)으로서 **5**년 이상 국내 **거**주하는 사람★★	18세 이상의 국민★	18세 이상의 국민으로서 **계**속하여 60일(**2**개월) 이상 관할구역에 주민**등**록된 주민	

🔑 **두문자**
계 이 등 국 사
오 거

① 대한민국 국민만 피선거권을 보유하며 외국인은 주체가 되지 못한다(공직선거법 제16조).
② '대통령의 피선거권'은 국회의원피선거권이 있는 **40세 이상의 국민**으로서 선거일 현재 **5년 이상 국내에 거주**하고 있는 사람에게 인정되고(헌법 제67조 제4항, 공직선거법 제16조 제1항),[83]★★
'국회의원의 피선거권'은 국내거주나 주민등록 여부를 불문하고 **18세 이상의 국민**에게 인정

---
83) 통산하여 5년 이상의 국내거주만 요구되고, 계속적인 거주나 주민등록의 구비는 요구되지 않는다.

되며(동법 제16조 제2항),★ '지방의원·지자체장의 피선거권'은 지역적 연고를 갖춘 **18세 이상의 국민**인 주민에게 인정된다(동조 제3항). ③ 헌법재판소는 국회의원·지방의회의원의 **피선거권연령을 25세 이상**으로 정한 공직선거법 조항에 대하여 입법재량을 준수했다며 합헌결정하였고(2013.8.29. 2012헌마288). 국민인 주민의 지위와 무관한 주민등록을 기준으로 **법령상 주민등록이 곤란한 국내거주 재외국민의 피선거권을 부정**한 구 공직선거법 조항에 대하여 과도한 제한이라며 헌법불합치결정하였다(2007.6.28. 2004헌마644등).★★

⑷ 수형자·전과자의 피선거권제한

선거권의 제한과 유사하나 일반범죄로서 금고 이상 형선고를 받고 그 '형이 실효'되지 아니한 자에게 피선거권이 인정되지 않는다는 점에서 차이가 있다(공직선거법 제19조).★

⑸ 기탁금에 의한 피선거권제한

구 분	대통령선거	국회의원선거	지자체장선거	지방의원선거
현행법	3억원	지역구 1천5백만원 비례대표 5백만원	광역단체장 5천만원 기초단체장 1천만원	광역의원 3백만원 기초의원 2백만원
기탁금액	**3억원** 합헌 (92헌마269) **5억원** 헌법불합치 (2007헌마1024)★	**정당추천후보 1천만원·무소속후보 2천만원** 헌법불합치(88헌가6)★ 국회의원선거 2천만원 위헌 (2000헌마91) **국회의원선거 1천5백만원** 비례대표선거 헌법불합치, 지역구선거 합헌(2016.12.29. 2015헌마1160)★	시·도지사선거 5천만원 합헌(2018헌마28)	시·도의원선거 7백만원 헌법불합치 (91헌마21)
기 타	기탁금반환 유효투표총수 1/3 득표 기준 헌법불합치(88헌가6), 유효투표총수 20% 득표 기준 위헌(2000헌마91), 유효투표총수 15% 득표 기준 합헌(2001헌마687) / 예비후보자 기탁금 해당 선거 기탁금 20% 해당 금액 합헌(2010헌마79; 2012헌마402)★			

① 기탁금제도는 선거의 공정성 담보를 위한 것으로 공직선거법상 기탁금의 내용은 **대통령선거 3억원, 지역구국회의원선거 1천5백만원, 비례대표국회의원선거 500만원** 등이고(제56조 제1항),★ 예비후보자등록의 경우 해당 선거 기탁금의 20%에 해당하는 금액이다(제60조의2 제2항). ② 헌법재판소는 기탁금제도는 민주적 정당성의 확보 및 정국의 안정을 위해 필요불가결하다며 합헌결정하였다(2003.8.21. 2001헌마687등).

판례 **국회의원선거 1천5백만원 기탁금액수** 국회의원선거에서 지역구·비례대표후보자 모두에게 1천5백만원의 기탁금을 요구하는 공직선거법 조항이 위헌인지 여부(일부적극)

▶ 2016.12.29. 2015헌마1160등 [헌법불합치, 기각]

'지역구 기탁금조항'은 후보자의 진지성을 담보하려는 것으로, 기탁금제도의 목적, 근로자 월평균 소득 등을 종합하면 지나치게 과다하다고 할 수 없으므로, 공무담임권을 침해하지 아니한다. '비례대표

기탁금조항'은 정당의 무분별한 후보자추천으로 인한 선거관리비용의 증가를 방지하려는 것이나, 정당에 대한 선거의 성격을 가지는 비례대표선거는 인물에 대한 선거의 성격을 가지는 지역구선거와 성격이 다르고, 선거의 혼탁·과열을 초래할 여지가 지역구선거보다 훨씬 적다고 볼 수 있음에도 동일한 고액의 기탁금을 설정하고 있으므로, 과잉금지원칙에 반하여 공무담임권 등을 침해한다.★

판례 당내경선 컷오프 예비후보자 기탁금반환 배제 예비후보자의 기탁금 반환 사유를 예비후보자의 사망, 당내경선 탈락으로 한정하여 정당의 공천심사에서 탈락한 후 후보자등록을 하지 않은 경우를 기탁금 반환 사유로 규정하지 않은 공직선거법 조항이 위헌인지 여부(적극)
▶ 2018.1.25. 2016헌마541; 2020.9.24. 2018헌가15 [헌법불합치]

심판대상조항은 예비후보자의 무분별한 난립을 방지하고 성실성을 담보하기 위한 것이나, 정당의 추천을 받고자 공천신청을 하였음에도 정당의 후보자로 추천받지 못한 예비후보자는 소속 정당에 대한 신뢰·소속감 또는 당선가능성 때문에 본선거의 후보자로 등록을 하지 아니할 수 있는데, 이를 두고 처음부터 진정성이 없었다거나 선거운동에서 불성실하다고 단정할 수 없는 점 등을 종합하면, 과잉금지원칙을 위반하여 청구인의 재산권을 침해한다.★

2. 평등선거의 원칙

(1) 평등선거원칙의 의의

평등선거란 **선거권의 내용** 또는 가치에 있어서 차별을 금지하는 평등원칙의 선거법상 실현원리로서 차등선거에 대응하는 개념이다(헌법 제41조 제1항, 제67조 제1항, 제11조 제1항). 평등선거는 투표의 표면가치의 평등(1人1票制)과 성과가치의 평등(1票1價制), 게리맨더링(gerrymandering)의 부정을 의미한다(1998.11.26. 96헌마54 등).★★

(2) 투표가치의 평등

(가) 사표의 발생과 평등선거

사표(死票)란 당선자 결정에 기여하지 못한 표를 말하는데, 특히 1선거구에서 1인을 선출하는 소선거구 다수대표제에서 많이 발생한다. 헌법재판소는 별도의 정당투표 없이 지역구후보자에 대한 투표를 정당에 대한 투표로 의제하는 **1인1표방식의 비례대표제**에 대하여 합리적 이유없이 **무소속 후보자에게 투표하는 유권자를 차별**하는 것으로서 평등선거의 원칙에 위배된다고 판시하였다(2001.7.19. 2000헌마91등).84)★

(나) 선거구획정과 평등선거

구 분	국회의원 선거구획정	지방의원 선거구획정
사법심사가부	국회의 선거구획정권한에도 **평등선거원칙상의 한계**가 존재하므로 사법심사 가능★	

---

84) 헌법재판소는 1인1표방식 비례대표제에 대하여 **직**접선거원칙, **자**유선거원칙, **평**등선거원칙에 반한다며 위헌결정하였고,★★ 개정법에서는 지역구후보투표와 정당투표를 별도로 실시하는 1인2표방식 비례대표제로 전환하였다.

🔖 두둔자
평 직 자

사법심사유형	선거구구역표는 별표의 형식이나 **법규범**의 실질을 가지므로 위헌법률심판, 위헌심사형 헌법소원, 법령헌법소원에 의해 통제 가능★
위헌선언범위	선거구구역표는 전체적으로 불가분 일체를 이루므로 선거구획정 일부에 하자가 있는 경우에도 구역표 전부에 대해 위헌선언하는 **불가분설** 채택★
선거구획정요소	**인구비례**를 중심으로 행정구역, 지세, 교통사정, 생활권 내지 역사적·전통적 일체감 등 여타의 조건들을 **종합하여** 참작★★
인구편차한계	현재 인구편차 상하 **33⅓%**(인구비례 2 : 1) 기준 채택★★	현재 기초·광역선거 공히 인구편차 상하 **50%**(인구비례 3 : 1) 기준 채택★★

공직선거법은 선거구의 공정한 획정을 위하여 **중앙선거관리위원회**에 **국회의원선거구획정위원회**를(제24조 제2항),★ 시·도에 자치구·시·군의원선거구획정위원회를(제24조의3 제1항) 설치하도록 하고 있는데, 국회의원·지방의회의원 및 정당의 당원은 선거구획정위원회의 위원이 될 수 없다(제24조 제7항, 제24조의3 제3항).★

(3) 선거참여자의 기회균등

자의적인 선거구획정의 일례로서 게리맨더링(gerrymandering)[85]은 평등선거원칙에 위배되는데, 헌법재판소는 **비인접 지역**을 1개 선거구로 구성할 경우 **특별한 사정이 없는 한** 자의적인 선거구획정으로서 헌법에 위반된다고 하였다(1995.12.27. 95헌마224등).

3. 직접선거의 원칙

직접선거란 선거인 스스로가 대표자를 직접 선출하는 것으로서 간접선거에 대응하는 개념이다(헌법 제41조 제1항, 제67조 제1항). 이는 **유권자가 대표자선출의 최종적인 결정권**을 가져야 한다는 요청이다(2001.7.19. 2000헌마91등 참조). ① 헌법재판소는 **고정명부방식의 비례대표제**에 대하여 "투표 후 명부의 순위를 변경하는 것과 같은 **사후개입이 금지**되므로 **유권자가 종국적인 결정권**을 가지는 것이어서 직접선거원칙에 위반되지 않는다"고 판시하였고(2001.7.19. 2000헌마91등), ② **1인1표방식의 비례대표제**에 대하여 "비례대표제 하에서 **직접선거원칙은 의원의 선출뿐만 아니라 정당의 비례적인 의석확보도 선거권자의 직접 결정을 요구**하는바,★★ 1인1표제 하에서는 비례의원의 선출에 유권자의 투표가 아니라 **정당의 명부작성행위가 최종적·결정적인 의의**를 지니게 되어 직접선거원칙에 위배된다"고 판시하였다(2001.7.19. 2000헌마91등).

4. 비밀선거의 원칙

비밀선거란 선거인의 의사결정이 타인에게 알려지지 않도록 하는 선거로서 공개선거에 대응하는 개념이다(헌법 제41조 제1항, 제67조 제1항). 비밀선거의 원칙은 구체적으로 무기명투표, 투표내용에 대한 진술거부 등을 의미한다. 공직선거법상 선거인은 투표한 또는 투표하려는 후보자성

---

[85] 게리맨더링(gerrymandering)이란 미국의 매사추세츠 주지사 게리(Gerry, E.)가 1812년 자기 정당인 공화당에 유리하게 만든 상원선거구의 모양이 샐러맨더(Salamander)라는 전설상의 괴물과 비슷해서 생긴 합성어이다.

명·정당명을 진술할 의무가 없으며, 누구든지 투표마감시각까지 이를 질문하거나 요구할 수 없다(제167조 제2항). 선거인은 자신이 기표한 투표지를 공개해서는 아니되고, 공개된 투표지는 무효로 한다(동조 제3항).

> **판례** **신체장애자 투표보조인제도** 신체에 장애가 있는 선거인에 대해 투표보조인이 가족이 아닌 경우 반드시 2인을 동반하도록 한 공직선거법 조항이 위헌인지 여부(소극)
> ▶ 2020.5.27. 2017헌마867 [기각]
>
> 비밀선거의 원칙은 자유선거의 원칙을 보장하는 전제조건이고, 선거권은 국민주권과 대표민주제의 실현수단이므로, 심판대상조항과 같이 비밀선거원칙의 예외를 정하는 것은 필요하고 불가피한 예외적인 경우에만 허용될 수 있다.* 심판대상조항은 신체의 장애로 인하여 자신이 기표할 수 없는 선거인의 선거권을 실질적으로 보장하고, 투표보조인이 장애인의 선거권 행사에 부당한 영향력을 미치는 것을 방지하여 선거의 공정성을 확보하기 위한 것으로, 이와 동일한 수준으로 입법목적을 달성할 수 있는 대안이 존재하지 않는 점 등을 종합하면, 과잉금지원칙에 반하여 선거권을 침해하지 않는다.*

5. 자유선거의 원칙

자유선거란 선거인이 외부적 강제나 압력 없이 자유롭게 선거권을 행사할 수 있는 선거로서 강제선거에 대응하는 개념이다. 자유선거의 원칙은 **헌법에 명시되지는 않았지만** 민주국가의 선거제도에 내재하는 법원리로서 당연시되고 있다(2004.5.14. 2004헌나1 등). 자유선거의 원칙은 선거권자의 의사형성 및 의사실현의 자유를 말하고, 투표의 자유, 입후보의 자유, 선거운동의 자유를 포함한다(1994.7.29. 93헌가4등).** 헌법재판소는 **1인1표방식의 비례대표제**에 대하여 "유권자로서는 1회의 투표를 통해 후보자와 정당에 대한 선호를 한꺼번에 나타낼 수밖에 없으므로, 후보자든, 정당이든, **절반의 선택권을 박탈**당할 수밖에 없는바, 국민의 자유로운 선택권을 보장하는 민주주의원리에 위배된다"고 판시하였다(2001.7.19. 2000헌마91등).

Ⅱ 선거제도의 유형

우리나라는 **다수대표제**를 중심으로 **비례대표제**를 결합한 **혼합대표제** 및 **소선거구제**를 중심으로 **중·대선거구제**를 결합한 **혼합선거구제**를 채택하고 있다. ① '대통령선거 및 지방자치단체장선거'는 원칙적으로 직선제와 다수대표제를 채택하고 있고(헌법 제67조 제1항 및 공직선거법 제187조 제1항, 헌법 제118조 제2항 및 지방자치법 제107조), ② '지역구의원선거'는 소선거구 다수대표제를 원칙으로 하면서(공직선거법 제21조·제188조, 제26조 제1항·제190조),* **지역구 자치구·시·군의원선거**에서는 2인 이상 4인 이하를 선출하는 **중·대선**거구 다수대표제를 채택하고 있으며(동법 제26조 제2항, 제190조), ③ '비례대표의원선거'는 **고정명부제·1인2표제·봉쇄조항(저지조항)**을 채택하고 있다. 비례대표제는 제5공화국헌법에서 신설되었는데, 공직선거법은 모든 의원선거에 확대 도입하였다(제146조 제2항).* 봉쇄조항은 **군소정당 난립 대책**으로, 비례대표국회의원총선거에서 **3% 이상**을 득표하거나 지역구국회의원총선거에서 **5석 이상**을 차지한 정당에 의석을 할당하고(제189조 제1항), 비례대표지방의원선거에서는 **5% 이상**을 득표한 정당에 할당한다(제190조의2 제1항).**

🔑 **두문자**

사 모 곡

III 선거제도의 내용

1. 선거구와 의원정수

헌법 제41조 제2항은 "국회의원의 수는 **법률**로 정하되, **200인 이상**으로 한다"고 규정하고 있고,** 이를 구체화한 공직선거법 제21조 제1항에서는 "국회의 의원정수는 지역구국회의원 254명과 비례대표국회의원 46명을 합하여 **300명**으로 한다"고 규정하고 있다.*

2. 선거일과 선거기간

공직선거법상 선거일은 **수요일**로 법정되어 있다(제34조 및 제35조). 선거별 선거기간은 **대통령선거는 23일, 기타 선거는 14일**이며(공직선거법 제33조 제1항), 선거기간은 대통령선거의 경우 후보자등록마감일의 다음 날부터 선거일까지, 기타 선거의 경우 후보자등록마감일 후 6일부터 선거일까지의 기간을 말한다(동조 제3항).

3. 후보자

(1) 후보자추천 및 후보자등록

① 정당은 소속당원을 **교육감선거를 제외**한[86] 공직선거의 후보자로 추천할 수 있다(공직선거법 제47조 제1항, 지방교육자치법 제46조 제1항). 정당은 **비례대표의원**선거 후보자추천시 **50%** 이상을 여성으로 **추천**하되 후보자명부 순위의 **매 홀수**에 여성을 추천해야 하고(공직선거법 제47조 제3항),** 임기만료에 따른 **지역구의원**선거 후보자추천시 **30%** 이상을 여성으로 추천하도록 **노력**해야 하는데(동조 제4항),** **지역구의원**총선거에서 여성후보자를 추천한 정당에게는 **여성추천보조금**을 지급한다(정치자금법 제26조). 한편 무소속후보자가 되려면 일정수 유권자의 서면추천을 받아야 한다(공직선거법 제48조). ② 후보자등록을 신청하는 자는 후보자정보공개자료를 제출해야 하는데(동법 제49조 제4항), 헌법재판소는 "후보자등록 요건으로 **실효된 형을 포함**한 전과기록의 제출을 요구하는 것은 국민의 알권리를 충족하고 정당한 선거권 행사를 보장하려는 것이다"라며 합헌결정하였다(2013.12.26. 2013헌마385 등).*

> **판례** **정당의 재량적 당내경선 실시** 정당이 공직선거 후보자를 추천하기 위하여 당내경선을 실시할 수 있다고 규정한 공직선거법 조항이 위헌인지 여부(소극) ▶ 2014.11.27. 2013헌마814 [각하]
>
> 정당은 국민의 정치적 의사형성에 참여함을 목적으로 하는 국민의 자발적 조직으로서, 정당의 공직선거 후보자 선출은 자발적 조직 내부의 의사결정에 지나지 아니한다. 따라서 청구인이 정당의 내부경선에 참여할 권리는 헌법이 보장하는 공무담임권의 내용에 포함된다고 보기 어렵고,* 청구인의 소속 정당이 당내경선을 실시하지 않는다고 하여 청구인이 공직선거의 후보자로 출마할 수 없는 것이 아니므로, 심판대상조항으로 인하여 청구인의 공무담임권이 침해될 여지는 없다.

---

86) 이는 교육감 선거의 정치적 중립성을 도모하려는 것이다.

(2) 예비후보자

공직선거법상 예비후보자제도란 **정치신인에게도** 일정한 사전홍보기회를 보장하여 기회균등을 실현하는 제도인데,[87] 관할선거관리위원회에 예비후보자정보공개자료를 제출하고 **예비후보자기탁금**(해당 선거 기탁금의 20% 해당 금액)을 납부하여 **예비후보자로 등록**한 자(비례대표의원선거는 제외)는 **선거운동기간 전**에도 명함을 직접 주거나 지지를 호소하는 등 **부분적인 선거운동이** 허용된다(제60조의2 내지 제60조의4 등).

4. 선거운동

(1) 선거운동의 개념

공직선거법상 선거운동이란 당선 또는 낙선을 위한 행위로서, 단순한 의견개진 등은 제외된다(공직선거법 제58조 제1항). 헌법재판소는 "선거운동이란 특정 후보자에 관한 당락의 목적의사가 **객관적으로 인정되는 능동적·계획적** 행위를 말한다"고 하였고(2001.8.30. 2000헌마121 등), "아직 **후보자가 특정**되지 않은 상태에서 대통령이 특정 정당 지지발언을 한 것은 선거운동에 해당하지 않는다"고 하였다(2004.5.14. 2004헌나1).

(2) 선거운동의 자유

> **헌 법**
> 제116조 ① 선거운동은 각급 선거관리위원회의 관리하에 법률이 정하는 범위안에서 하되, 균등한 기회가 보장되어야 한다.★
> ② 선거에 관한 경비는 법률이 정하는 경우를 제외하고는 정당 또는 후보자에게 부담시킬 수 없다.★★

선거운동자유의 헌법적 근거는 헌법 제21조의 **표현의 자유**와 제24조의 **선거권** 및 **자유선거의 원칙**에서 찾을 수 있다(1994.7.29. 93헌가4등).★★ 헌법은 제116조에서 선거의 공정성 확보를 위해 **선거공영제**를 규정하고 있는데, 선거의 공정을 위해 선거운동의 제한이 필요하더라도 이는 헌법상 보장이 강화되는 표현의 자유의 제한에 해당하므로, 그 **제한입법의 위헌심사에는 엄격한 기준**이 적용된다(1994.7.29. 93헌가4등).★★

(3) 선거운동의 제한

(개) 시간적 제한

① 선거운동기간이란 "선거기간개시일부터 선거일 전일까지"를 말하는데(공직선거법 제59조), **예비후보자로 등록한 자**는 부분적인 사전선거운동이 허용되고(동조 제1호), 유권자도 **선거일을 포함**하여 인터넷 등 **정보통신망**을 이용한 선거운동이 허용된다(동조 제2호·제3호).[88] ② 헌법재판소는 구 공선법이 예비후보자 선거운동의 주체를 **예비후보자 본인**

---

[87] 예비후보자제도는 의정활동보고 등 직무활동을 통하여 사실상 선거운동기간 전에도 선거운동의 효과를 누리는 현역 의원에 비해 정치신인의 선거운동기회가 불균등하다는 문제점을 시정하고자 하는 제도이다.
[88] 구법에서는 선거일을 제외하고 정보통신망 선거운동을 허용하였으나, 2017. 2. 개정법은 선거 당일 투표참여 독려 문자메시지와 선거운동행위 간 구별이 모호하여 선거일에도 정보통신망 선거운동을 할 수 있도록 하였다.

에 **한정**한 것에 대해 제도 취지에 부합한다며 합헌결정하였고(2005.9.29. 2004헌바52). 개정 공직선거법에서 그 **배우자 및 직계존비속으로 확대**한 것 대해 동일성 범주 내라며 합헌결정하였으나(2011.8.30. 2010헌마259등),* 그 **배우자가 지정한 자로 확대**한 것에 대해서는 배우자 유무라는 우연한 사정에 의한 불합리한 차별이라며 위헌결정하였다(2013.11.28. 2011헌마267 등).* ③ 한편 헌법재판소는 예비후보자제도 비례대표선거 배제에 대해 "정당의 정책은 통상적인 정당활동을 통해 충분히 알려지므로 **비례후보까지 인정할 필요는 없다**"며 합헌결정하였다(2011.3.31. 2010헌마314 등).

판례 **포괄적 선거운동기간 제한**   선거운동기간 전에 개별적으로 대면하여 말로 하는 선거운동까지 금지한 구 공직선거법 조항이 위헌인지 여부(적극)   ▶ 2022.2.24. 2018헌바146 [위헌]

심판대상조항은 선거의 과열경쟁으로 인한 사회·경제적 손실을 방지하고 후보자 간의 실질적인 기회균등을 보장하려는 것이나, 입법목적을 달성하는 데 지장이 없는 선거운동방법, 즉 돈이 들지 않는 방법으로서 후보자 간 경제력 차이에 따른 불균형 문제나 사회·경제적 손실을 초래할 위험성이 낮은, 개별적으로 대면하여 말로 지지를 호소하는 선거운동까지 과도하게 제한하고 있으므로, 심판대상 조항 중 선거운동기간 전에 개별적으로 대면하여 말로 하는 선거운동을 금지하는 부분은 과잉금지원 칙에 반하여 정치적 표현의 자유를 침해한다.*

(나) 인적 제한

① 공직선거법은 제3자운동[89]이 금지되는 자로 **외국인**(지방선거권이 보장되는 일정한 영주외국인은 제외), **미성년자**(18세 미만의 자), 선거권이 없는 자·**일반직공무원** 등을 열거하고 있다(제60조).* ② 공직선거법 제9조의 '공무원의 선거중립의무' 규정에 관해 헌법재판소는 정당대표자로서 선거중립성이 요구될 수 없는 **국회의원과 지방의회의원을 제외**하고 모든 공무원이 여기에 포함된다고 판시하였다(2004.5.14. 2004헌나1 등).** ③ 한편 헌법재판소는 **공무원의 선거운동기획행위 금지**조항에 대하여 지위이용행위를 규제하는 것으로 충분하다며 한정위헌결정하였고(2008.5.29. 2006헌마1096),** **대통령령으로 정하는 언론인의 선거운동 금지**조항에 대하여 포괄적이고 과도한 규제라며 위헌결정하였다(2016.6.30. 2013헌가1).

판례 **대통령의 지위와 선거중립의무의 관계**   ▶ 2008.1.17. 2007헌마700 [기각]

국정의 책임자인 대통령에게는 공명선거의 책무가 있으므로, 대통령의 정치활동의 자유와 <u>선거중립 의무가 충돌하는 경우 후자가 강조되고 우선되어야 하는바, 선거중립조항은 과잉금지원칙에 반하여 표현의 자유를 침해하지 않으며,</u>* 행정부 수반으로서 공무원 지휘감독권을 갖는 대통령에 비하여 의원은 공무원의 선거관리에 영향을 미칠 가능성이 높지 않은바, <u>국회의원과 지방의회의원이 대통령과 달리 선거중립조항의 적용에서 배제되는 것은 합리적인 차별로서 평등원칙에 반하지 아니한다.</u>*

---

89) 선거운동은 후보자 측에서 벌이는 '후보자운동', 후보자편 이외의 제3자가 벌이는 '제3자운동'으로 구분된다.

판례 지방공사 상근직원 선거운동 금지 지방공사 상근직원의 선거운동을 금지하고 이를 위반한 자를 처벌하는 공직선거법 조항이 위헌인지 여부(적극) ▸ 2024.1.25. 2021헌가14 [위헌]

심판대상조항은 선거의 공정성을 확보하려는 것이나, 지방공사의 상근임원인 사장, 감사, 이사와 달리 지방공사의 경영에 관여하거나 실질적인 영향력을 미칠 권한이 없는 상근직원의 선거운동으로 인한 폐해가 사기업 직원의 경우보다 크다고 보기 어렵다는 점, 업무 내용과 직무 성격을 고려하여 제한의 범위를 최소화하거나, '그 지위를 이용하여' 또는 '그 직무 범위 내에서' 하는 선거운동을 금지하는 방법으로도 공익이 담보될 수 있다는 점, 일률적 금지로써 자유를 중대하게 제한하는 정도에 비해 공익에 기여하는 바가 적다는 점 등을 종합하면, 과잉금지원칙에 반하여 선거운동의 자유를 침해한다.

판례 종교단체 내 직무이용 선거운동 제한 누구든지 종교적인 기관·단체 등의 조직내에서의 직무상 행위를 이용하여 그 구성원에 대하여 선거운동을 하거나 하게 할 수 없도록 한 공직선거법 조항이 위헌인지 여부(소극) ▸ 2024.1.25. 2021헌바233등 [합헌]

선거와 관련하여 정당·후보자에 대한 지지·반대의 의사를 표시하는 것은 정치적 표현의 자유의 보호영역에 속하므로, 직무이용 제한조항은 선거운동 등 정치적 표현의 자유를 제한하나, 종교적 신념 자체 또는 종교의식, 종교교육, 종교적 집회·결사의 자유 등을 제한하는 것이 아니므로, 종교의 자유가 직접적으로 제한된다고 보기 어렵다. 위 조항은 선거의 공정성 확보를 위한 것으로, 성직자, 신도 조직의 대표자나 간부 등이 종교적 신념을 공유하는 신도에게 자신의 지도력, 영향력 등을 기초로 공직선거에서 맹목적 지지·반대를 끌어내리려 하는 경우 대상이 되는 구성원은 그 영향력에 이끌려 왜곡된 정치적 의사를 형성할 가능성이 크다는 점, 이러한 특성상 달성되는 공익이 더 크다는 점 등을 종합하면, 과잉금지원칙에 반하여 선거운동 등 정치적 표현의 자유를 침해하지 않는다.

판례 대통령령으로 정하는 언론인의 선거운동 금지 대통령령으로 정하는 언론인의 선거운동을 금지한 구 공직선거법 조항이 위헌인지 여부(적극) ▸ 2016.6.30. 2013헌가1 [위헌]

금지조항은 '언론인'이라는 단어 외에 대통령령에서 정할 내용의 한계를 설정하지 않았는데, 관련조항을 종합하여 보아도 방송, 신문, 뉴스통신 등 다양한 언론매체 중에서 어떤 업무에 어느 정도 관여하는 자까지 포함될지 예측할 수 없으므로 포괄위임금지원칙에 위반된다. 심판대상조항들은 언론이 공직선거에 미치는 영향력, 언론인의 높은 사회적 책임성에 근거하여 선거의 공정성을 확보하려는 것이나, 언론인의 선거 개입으로 인한 문제는 언론매체를 통한 활동 즉, 언론인의 지위를 이용하거나 그 지위에 기초한 활동으로 인해 발생 가능한 것이므로, 언론매체를 이용하지 아니한 언론인 개인의 선거운동까지 전면적으로 금지할 필요는 없다는 점을 고려하면, 선거운동의 자유를 침해한다.

⑷ 방법적 제한

공직선거법은 각종 선거운동의 방법에 개별적인 제한을 규정하면서 탈법방법에 의한 선거운동을 금지하고 있는데, 헌법재판소는 선거에 영향을 미치게 하기 위한 시설물 설치 등 금지 및 집회·모임 개최 금지조항(2022.7.21. 2017헌바100 등), 표시물 사용 금지조항(2022.7.21. 2018헌바164), 탈법방법 금지조항 중 '광고, 벽보, 문서·도화, 인쇄물 배부 등 금지' 부분(2022.7.21. 2018헌바357 등) 및 '기타 이와 유사한 것의 배부 등 금지' 부분(2011.12.29. 2007헌마1001등)에 대하여 기회균등 보장 취지를 넘는 과도한 규제라며 위헌결정하였다.

판례 공선법상 허위사실공표죄 및 후보자비방죄 당선되지 못하게 할 목적으로 후보자가 되고자 하는 자에 관하여 허위의 사실을 공표한 자를 처벌하고, 당선되거나 되게 하거나 되지 못하게 할 목적으로 공연히 사실을 적시하여 후보자가 되고자 하는 자를 비방한 자를 처벌하는 공직선거법 조항이 위헌인지 여부(일부 적극) ▶ 2024.6.27. 2023헌바78 [위헌, 합헌]

(1) 이 사건 '허위사실공표금지' 조항은 선거인들에게 후보자가 되고자 하는 자의 능력, 자질 등을 올바르게 판단할 수 있는 기회를 제공함으로써 선거의 공정성을 보장하려는 것으로, 위 조항의 문언, 입법취지 등에 의해 금지되는 행위의 유형이 제한된다는 점, 그 입법목적을 효과적으로 달성하면서도 예상되는 부작용을 실효적으로 방지할 수 있는 대안을 상정하기 어려운 점, 자유의 제한 정도가 달성하려는 공익에 비하여 중하다고 볼 수 없다는 점 등을 종합하면, 과잉금지원칙에 반하여 정치적 표현의 자유를 침해하지 않는다.

(2) 이 사건 '비방금지' 조항은 후보자가 되고자 하는 자의 인격과 명예를 보호하고 선거의 공정을 보장하려는 것이나, 비방행위가 허위사실에 해당할 경우에는 허위사실공표금지 조항으로 처벌하면 족하고, 허위가 아닌 사실에 대한 경우 후보자가 되고자 하는 자는 스스로 반박함으로써 유권자들이 그의 능력과 자질 등을 올바르게 판단할 수 있는 자료를 얻을 수 있게 하여야 한다는 점, 사실을 적시한 명예훼손은 형법 제307조 제1항에 따라 가벌성을 확보할 수 있다는 점, 후보자가 되고자 하는 자는 자발적으로 공론의 장에 뛰어든 사람이므로, 자신에 대한 부정적인 표현을 어느 정도 감수하여야 한다는 점 등을 종합하면, 과잉금지원칙에 반하여 정치적 표현의 자유를 침해한다.

판례 인터넷언론사 후보자 명의 칼럼 등 게재 보도 제한 인터넷언론사에 대해 선거일 전 90일부터 선거일까지 후보자 명의의 칼럼 등을 게재하는 보도를 제한하는 '인터넷선거보도 심의기준 등에 관한 규정' 조항이 위헌인지 여부(적극) ▶ 2019.11.28. 2016헌마90 [위헌]

이 사건 시기제한조항은 선거일 전 90일부터 선거일까지 후보자 명의의 칼럼 등을 게재하는 인터넷선거보도가 불공정하다고 볼 수 있는지에 대해 구체적으로 판단하지 않고 이를 불공정한 선거보도로 간주하여 선거의 공정성을 해치지 않는 보도까지 광범위하게 제한한다. 인터넷언론의 언론시장에서의 영향력 확대를 고려할 때, 인터넷언론에 대하여는 자율성을 최대한 보장하는 것이 바람직하다. 따라서 이 사건 시기제한조항은 과잉금지원칙에 반하여 표현의 자유를 침해한다.★★

판례 조합장선거 참여권의 성격 지역농협의 조합장 선거와 관련하여 금전제공행위를 금지하는 농업협동조합법 조항이 위헌인지 여부(소극) ▶ 2012.2.23. 2011헌바154 [합헌]

지역농협은 조합원의 경제적·사회적·문화적 지위의 향상을 목적으로 하는 농업인의 자주적 협동조직으로 기본적으로 사법인적 성격을 지니고 있다 할 것이다. 이처럼 사법인적 성격을 지니는 농협의 조합장선거에서 조합장을 선출하거나 조합장으로 선출될 권리, 조합장선거에서 선거운동을 하는 것은 헌법에 의하여 보호되는 선거권의 범위에 포함되지 않는다.★★ 한편 이 사건 금전제공 금지조항은 지역농협 조합장 선거에 출마한 후보자의 일반적 행동의 자유를 제한한다고 볼 수 있는데, 지역농협의 조합장선거의 공정성을 담보하기 위해서는 조합원을 매수하는 행위를 금지할 필요가 있으므로, 청구인의 일반적 행동의 자유를 지나치게 제한하는 것이라 할 수 없다.

5. 투표

선거는 기표방법에 의한 투표로 하며(공직선거법 제146조), 투표소는 오전 6시에 열고 오후 6시(보궐선거 등의 경우 오후 8시)에 닫는다(동법 제155조 제1항 본문). 헌법재판소는 선거인명부에 오를 자격이 있는 **국내거주자에게만 부재자투표를 허용**한 구 공직선거법 조항에 대하여 과도한 제한이라며 헌법불합치결정하였으나(2007.6.28. 2004헌마644등),* **한정된 범위에서 재외투표를 허용**하는 개정 공직선거법 조항에 대해서는 "지역구국회의원선거는 '해당 지역과의 관련성'이 요구되고, 재·보궐선거는 저조한 투표율이 예상되는 점에 비추어 불합리하지 않다"며 합헌결정하였다(2014.7.24. 2009헌마256등).**

> **판례** **재외선거인등 귀국투표 제한** 재외투표기간 개시일 전에 귀국한 재외선거인등에게 국내에서 선거일에 투표할 수 있도록 한 공직선거법 조항이 위헌인지 여부(적극)
> ▶ 2022.1.27. 2020헌마895 [헌법불합치]
>
> 심판대상조항은 재외투표소에서 선거권을 행사한 자가 국내에서 다시 선거권을 행사하는 중복투표를 방지하여 선거의 공정성을 확보하려는 것이나, 심판대상조항과 달리 재외투표기간이 종료된 후 선거일이 도래하기 전까지의 기간 내에 재외투표관리관이 재외선거인등 중 실제로 재외투표를 한 사람들의 명단을 선거관리위원회에 보내어 선거일 전까지 투표 여부에 관한 정보를 확인하는 방법을 상정할 수 있다는 점, 재외투표기간 개시일에 임박하여 또는 재외투표기간 중에 재외선거사무 중지결정이 있었고 그에 대한 재개결정이 없었던 예외적인 상황에서 재외투표기간 개시일 이후에 귀국한 재외선거인등이 국내에서 선거일에 투표할 수 있도록 하는 절차를 마련하지 아니한 불충분·불완전한 입법으로 인한 선거권 제한은 결코 가볍지 않다는 점을 종합하면, 과잉금지원칙에 위배되어 선거권을 침해한다.

> **판례** **부재자투표시간조항** 부재자투표시간을 오전 10시부터 오후 4시까지로 정한 구 공직선거법 조항이 위헌인지 여부(일부적극)
> ▶ 2012.2.23. 2010헌마601 [헌법불합치, 기각]
>
> 이 사건 투표시간조항이 투표종료시간을 오후 4시까지로 정한 것은 투표당일 부재자투표의 인계·발송 절차를 밟을 수 있도록 함으로써 투표관리의 효율성을 제고하고 투표함의 관리위험을 경감하기 위한 것이므로, 투표종료시간 부분은 청구인의 선거권이나 평등권을 침해하지 않는다. 그러나 이 사건 투표시간조항이 투표개시시간을 일과시간 이내인 오전 10시부터로 정한 것은 투표시간을 줄인 만큼 투표관리의 효율성을 도모하고 행정부담을 줄이려는 것인데, 이로 인해 일과시간에 학업이나 직장업무를 하여야 하는 부재자투표자로서는 일과시간 이전에 투표소에 가서 투표할 수 없게 되어 사실상 선거권을 행사할 수 없게 되는 중대한 제한을 받게 된다는 점에서 수단의 적정성, 법익균형성을 갖추지 못하므로, 투표개시시간 부분은 과잉금지원칙에 반하여 청구인의 선거권과 평등권을 침해하는 것이다.**

> **판례** **공해상 선원들의 부재자투표 배제** 해상에 장기 기거하는 선원들을 부재자투표 대상자로 규정하지 않은 구 공직선거법 조항이 위헌인지 여부(적극)
> ▶ 2007.6.28. 2005헌마772 [헌법불합치]
>
> 오늘날에는 발달된 위성설비를 이용하여 원양어업이나 해상운송에 종사하는 선박들의 위치를 쉽게 추적할 수 있고, 탑승한 선원들의 신분에 대한 확인도 가능하다. 또한 국외의 구역을 항해하는 원양어선이나 외항상선 등은 대부분 인공위성장치를 이용한 모사전송(Facsimile, 팩스) 시스템 등의 전자통신 장비를 갖추고 있으므로, 선장의 엄정한 관리 아래 이러한 현대적인 과학기술 장비를 효율적으로 활용한다면 선원들의 투표권 행사는 얼마든지 가능하다. 그러므로 이 사건 조항은 과잉금지의 원칙에 위배하여 청구인들의 선거권을 침해하는 것이다.**

6. 당선인의 결정

두문자
3 선 과 다 연
장 마 감

대통령선거	국회의원선거	지자체장선거	지방의원선거
동점자경합 : 국회 재적의원 **과**반수 출석+**다**수득표★★ 1인출마 : **선**거권자 총수 1/**3** 이상 득표★★	동점자경합 : **연장**자 1인출마 : 후보자등록마감시각부터 투표**마감**시각까지 무투표당선 / 투표**마감**시각 후 당선인결정 전까지 다수득표당선		

모든 선거유형에서 원칙적으로 <u>유효투표수의 다수득표자</u>를 당선인으로 결정한다. 다만 <u>후보자가 1인이거나 최고득표자가 2인 이상인 경우에는 당선인결정방식을 별도로 규정하고 있다.</u> 헌법재판소는 지방자치단체장선거 1인출마 규정에 대하여 <u>선거제도의 효율성을 제고하기 위한 것</u>이라며 합헌결정하였다(2016.10.27. 2014헌마797).

7. 선거에 관한 쟁송

공직선거법상 선거에 관한 쟁송에는 선거소청, 선거소송 및 당선소송이 있다. ① '선거소청'은 **지방선거소송의 필수적** 전심절차로서 **상급 선거관리위원회**에 제기하는 행정심판을 말하고(제219조),★ ② '선거소송'은 **선거의 효력**에 이의가 있는 선거인·후보자추천 정당·후보자가 법원에 제기하는 소송을 말하며(제222조), '당선소송'은 **당선의 효력**에 이의가 있는 후보자추천 정당·후보자가 법원에 제기하는 소송을 말한다(제223조).★ **당선무효소청 및 당선소송의 경우 선거인에게는 원고적격이 인정되지 않는다**(제219조 제2항 및 제223조 제1항; 1981.7.8. 81수5).[90]★

---

90) '선거소송'은 선거 자체의 효력을 다투는 소송이나, '당선소송'은 선거가 유효함을 전제로 당선인결정의 효력만 다투는 소송이므로(2016.9.8. 2016수33 등), 선거인의 경우 선거소송에서는 투표행위가 무효화되는 법적 불이익이 존재하지만, 당선소송에서는 그러한 불이익이 존재하지 않아 원고적격이 없다.

제7절 · 공무원제도

창의인재 발굴로 일 잘하는 공공의 심복 양성

❶ 공무원의 헌법상 지위

> **헌 법**
> 제7조 ① 공무원은 국민전체에 대한 봉사자이며, 국민에 대하여 책임을 진다.
> ② 공무원의 신분과 정치적 중립성은 법률이 정하는 바에 의하여 보장된다.
> 제78조 대통령은 헌법과 법률이 정하는 바에 의하여 공무원을 임면한다.

공무원이란 국가나 공공단체의 공공업무에 종사하는 자를 말한다(1992.4.23. 90헌바27). ① 헌법 제7조 제1항 전단의 '**국민전체에 대한 봉사자**' 규정은 국민주권주의에 기초한 공무원의 **공익실현의무**를 천명한 것으로(2017.3.10. 2016헌나1),★ 제3공화국헌법(1962년)부터 규정되었는데, 여기의 '공무원'은 공무수탁사인91)까지 포괄하는 **(최)광의의 공무원**을 의미한다. ② 동조항 후단의 '국민에 대한 책임' 규정에서 '책임'은 국민소환제가 없는 현행 헌법상 **이념적·정치적·도의적 책임**을 뜻하며, 법적 책임을 지는 경우는 예외적이다(2011.12.29. 2010헌바368).92)

❷ 직업공무원제도

헌법 제7조 제2항의 직업공무원제도란 정권교체와 무관하게 공무를 생업으로 전담하는 공무원에 의하여 안정적·효율적인 공무수행을 보장하는 공직구조제도로서 **제2공화국헌법**(1960년)부터 규정되었다.93) ① 여기의 '공무원'은 **협의의 공무원**으로서 1급 공무원94)을 제외한 경력직공무원을 의미하며(국가공무원법 제68조),★★ 정치적·임시적 공무원은 포함되지 않는다(1989.12.18. 89헌마32등).95)★ ② '공무원의 신분보장'과 관련하여, 헌법재판소는 폐직·과원시 **직권면직** 조항에 대하여 "공무원의 **국민봉사자** 지위에 비추어 행정의 효율성 제고 차원에서 불가피한 선택에 해당한다"며 합헌결정하였다(2004.11.25. 2002헌바8).★ ③ '공무원의 정치적 중립성'과 관련하여, 헌법재판소는 공무원 및 초·중등교원의 **정당가입** 제한에 대하여 직무의 특수성을 들어 합헌결정하였으나,★★ **기타 정치단체가입** 제한에 대해서는 입법목적과 무관한 단체활동까지 과도하게 제한한다며 위헌결정하였다(2020.4.23. 2018헌마551 등).★★

---

91) 공무수탁사인은 토지수용시 사업시행자 등 공적인 사무를 위탁받아 공권력을 행사하는 개인을 말한다.
92) 정치적 책임은 선거, 해임건의 등에 의한 책임을 법적 책임은 탄핵, 손해배상, 형벌 등에 의한 책임을 뜻한다.
93) 참고로 국군의 정치적 중립성 조항(헌법 제5조 제2항)은 1987년 제9차 개정헌법에서 신설되었다.★★
94) 공무원의 직급 중 부처의 차관보, 광역시부시장, 부지사, 치안정감 등 고위관으로 임명하는 직위를 말한다.
95) '경력직 공무원'은 실적과 자격에 의해 임용되고 일생토록 근무할 것이 예정된 공무원으로서 일반직·특정직으로 세분되며, '특수경력직 공무원'은 그 외 나머지 공무원으로서 정무직·별정직으로 세분된다.

판례 초·중등교원 정당 기타 정치단체 결성제한 초·중등학교 교육공무원의 정당 결성 관여행위 및 가입행위를 금지한 정당법·국가공무원법 조항이 위헌인지 여부(소극) 및 초·중등학교 교육공무원의 정치단체 결성 관여행위 및 가입행위를 금지한 국가공무원법 조항이 위헌인지 여부(적극)
▶ 2020.4.23. 2018헌마551 [기각, 위헌]

정당법 및 국가공무원법 중 '정당'에 관한 부분은 공무원의 정치적 중립성 및 교육의 정치적 중립성을 보장하기 위한 것으로, 공무원의 행위는 근무시간 내외를 불문하고 국민에게 중대한 영향을 미치므로 직무 내의 정당 활동에 대한 규제만으로는 입법목적을 달성하기 어렵다는 점 등을 종합하면, 과잉금지원칙에 위배되지 않는다.★★ 국가공무원법조항 중 '그 밖의 정치단체'에 관한 부분은 민주주의 국가에서 국가 구성원의 모든 사회적 활동은 정치와 관련된다는 점을 고려할 때 정치적 표현 및 결사의 자유를 규제하고 형벌의 구성요건을 규정하는 법률조항에 요구되는 명확성원칙의 엄격한 기준을 충족하지 못하였고,★★ 입법목적과 아무런 관련이 없는 단체의 결성행위까지 금지한다는 점에서 수단의 적합성을 인정할 수 없으므로, 명확성원칙과 과잉금지원칙에 반하여 정치적 표현의 자유 및 결사의 자유를 침해한다.★★

판례 사회복무요원 정당 기타 정치단체 가입 등 정치적 행위 제한 사회복무요원이 정당이나 그 밖의 정치단체에 가입하는 등 정치적 목적을 지닌 행위를 금지한 병역법 조항이 위헌인지 여부(일부 적극)
▶ 2021.11.25. 2019헌마534 [기각, 위헌]

이 사건 조항 중 '정당'에 관한 부분은 사회복무요원의 정치적 중립성 및 업무전념성을 보장하려는 것으로 과잉금지원칙에 위배되지 않으나, '그 밖의 정치단체에 가입하는 등 정치적 목적을 지닌 행위'에 관한 부분은 정치적 표현 및 결사의 제한, 형벌을 규정하는 법률조항에 요구되는 엄격한 명확성 기준을 충족하지 못하였고,★ 입법목적과 아무런 관련이 없는 단체의 결성행위까지 금지한다는 점에서 수단의 적합성을 인정할 수 없으므로, 정치적 표현의 자유 및 결사의 자유를 침해한다.★

판례 공무원의 집단행위 금지 공무원의 '공무 외의 일을 위한 집단행위'를 금지하는 공무원법 조항이 위헌인지 여부(소극)
▶ 2014.8.28. 2011헌바32등; 2020.4.23. 2018헌마550 [기각]

심판대상조항은 표현의 자유 보장규정의 취지 등을 고려할 때, 공무에 속하지 아니하는 어떤 일을 위하여 공무원들이 하는 모든 집단적 행위를 의미하는 것이 아니라 '공익에 반하는 목적을 위하여 직무전념의무를 해태하는 등의 영향을 가져오는 집단적 행위'를 말하는 것으로 한정 해석되므로 명확성원칙에 위반되지 아니한다.★★ 공무원의 집단적인 정치적 의사표현은 공무원의 집단적 이익을 대변하기 위한 것으로 비춰질 수 있고, 정치적 중립성의 훼손으로 공무의 공정성과 객관성에 대한 신뢰를 저하시킬 수 있으므로, 정치적 표현행위를 포함하여 공무원의 집단행위를 제한하더라도 표현의 자유의 과도한 제한이라고 볼 수 없다. 따라서 심판대상조항은 표현의 자유를 침해하지 아니한다.★

제8절 • 지방자치제도

권력의 분할과 민초들의 풀뿌리 민주주의 실현

> 코멘트
> 엔진킨의 절대 권력지 윌포드, 모두를 위한다며 객실에서 총질까지 해대는 그를 통제하려면 객실을 봉쇄하고 칸마다 자기 목소리를 낼 수 있도록 존재감을 키워야 한다.

I 지방자치의 의의

지방자치제도란 일정한 지역에 기초한 단체나 주민이 지방적 사무를 자주적으로 처리하는 제도를 말한다. 헌법재판소는 **지방자치단체**의 **폐치분합**은 단체의 **자치권 침해문제**와 더불어 그 주민의 **기본권 침해문제**도 초래한다고 판시하였다(1995.3.23. 94헌마175).96)★★

> **판례** 지자체 폐치분합의 기본권관련성   ▶ 1994.12.29. 94헌마201; 1995.3.23. 94헌마175
>
> 헌법 제117조·제118조는 지방자치단체의 자치권을 제도적으로 보장하고 있고, 지방자치법 제4조 제1항은 지방자치단체의 폐치분합은 법률로써 하도록 하였다. 지방자치단체의 폐치분합은 지방자치단체의 자치권의 침해문제와 더불어 그 주민의 헌법상 보장된 기본권의 침해문제도 발생시킬 수 있다.★★ 즉, 자치단체의 폐치분합으로 인하여 주민들은 헌법 제11조의 평등권, 헌법 제12조의 적법절차보장에서 파생되는 청문권, 헌법 제24조·제25조에 보장된 주민의 참정권 등이 침해될 수 있다. 따라서 지방자치단체의 폐치분합에 관한 것은 기본권과도 관련이 있어 헌법소원의 대상이 될 수 있다.★★

II 지방자치의 본질

① 지방자치권의 성격에 관해서는 **천부적**97) 자연권이라는 기본권설, 통치권의 위임이라는 제도보장설이 대립하는데, 헌법재판소는 **제도적 보장**으로 이해한다(2006.2.23. 2005헌마403).★ ② 제도적 보장으로서 지방자치는 자치**단체**보장, 자치**기능**보장, 자치**사무**보장을 침해해서는 안 될 본질내용으로 하는데(1994.12.29. 94헌마201; 2014.6.26. 2013헌바122),★ '자치단체보장'은 자치단체의 **제도적 존속**의 보장을 의미하고,★ '자치기능보장'은 **독립한 과제수행**의 보장을 의미하며, '자치사무보장'은 **고유한 행정사무**의 보장을 의미한다.

> 두문자
> 사 기 단

> **판례** 지방자치권의 성격   ▶ 2006.2.23. 2005헌마403; 2006.3.30. 2003헌마837
>
> 지방자치제도는 제도적 보장의 하나로서 주관적 권리가 아닌 객관적 법규범이라는 점에서 기본권과 구별된다. 한편 제도적 보장으로서 주민의 자치권 또는 주민권은 헌법에 의하여 직접 보장된 개인의 주관적 공권이 아니어서 그 침해만을 이유로 헌법소원심판을 청구할 수 없으며,★★ 청구인들의 주장을 주민들의 지역에 관한 의사결정에 참여 내지 주민투표에 관한 권리침해로 이해하더라도 이러한 권리를 헌법이 보장하는 기본권인 참정권이라고 할 수 없는 것이다.

---

96) 폐치분합이란 폐지·설치·분리·합체의 줄임말이다.
97) 천부적(天賦的) 또는 생래적(生來的)이란 태어나면서부터 이미 주어진 것을 말한다.

판례 지방자치권침해의 심사기준 ▶ 2010.10.28. 2007헌라4

법령에 의하여 지방자치단체의 지방자치권을 제한하는 것이 가능하다고 하더라도, 지방자치단체의 존재 자체를 부인하거나 각종 권한을 말살하는 것과 같이 지방자치권의 본질적인 내용을 침해하여서는 아니된다.★ 따라서 국회의 입법에 의하여 지방자치권이 침해되었는지 여부를 심사함에 있어서는 지방자치권의 본질적 내용이 침해되었는지 여부만을 심사하면 족하고, 기본권침해를 심사하는 데 적용되는 과잉금지원칙이나 평등원칙 등을 적용할 것은 아니다.★

판례 지자체 폐치분합의 자유 ▶ 1995.3.23. 94헌마175; 2006.4.27. 2005헌마1190 [기각]

자치제도의 보장은 지방자치단체에 의한 자치행정을 일반적으로 보장한다는 것뿐이고 특정자치단체의 존속을 보장한다는 것은 아니며 지방자치단체의 폐치·분합에 있어 지방자치권의 존중은 법정절차의 준수로 족하다.★★ 그러므로 현행법에 따른 지방자치단체의 중층구조 또는 지방자치단체로서 광역단체와 함께 기초단체를 존속하게 할지 여부, 일정 지역 내의 지방자치단체인 시·군을 모두 폐지하여 중층구조를 단층화할지 여부는 입법자의 선택범위에 들어가는 것이다.★★

판례 지방자치단체의 관할구역 ▶ 2015.7.30. 2010헌라2 등; 2019.4.11. 2016헌라8등

우리 헌법 제117조 제1항에서 보장하고 있는 지방자치단체의 지방자치권에는 자신의 구역 내에서 자신의 자치권을 행사할 수 있는 권한이 포함된다. 지방자치단체의 구역은 주민·자치권과 함께 지방자치단체의 구성요소이고, 자치권을 행사할 수 있는 장소적 범위를 말하며, 다른 지방자치단체와의 관할범위를 명확하게 구분해 준다. 자치권이 미치는 관할 구역의 범위에는 육지는 물론 바다도 포함되므로, 공유수면에 대한 지방자치단체의 자치권한이 존재한다고 할 것이다(2000헌라2·2010헌라2).★★ 공유수면에 대한 지방자치단체 관할구역의 경계획정은 등거리 중간선 원칙, 행정권한의 행사연혁 등을 고려하여 형평의 원칙에 따라서 획정하여야 할 것인바, 국토지리정보원이 실지측량 없이 임의로 표시한 것에 불과한 국가기본도상의 해상경계선을 불문법상 해상경계로 인정해 온 종전의 결정은 변경한다(2010헌라2). 공유수면의 경계획정은 명시적인 법령상의 규정이 있다면 그에 따르고, 그러한 규정이 없다면 불문법상 해상경계에 따라야 하며, 불문법마저 존재하지 않는다면 권한쟁의심판권을 가지고 있는 헌법재판소가 형평의 원칙에 따라 합리적이고 공평하게 해상경계선을 획정할 수밖에 없다(2016헌라8등).★★

판례 불문법상 해상경계의 성립 기준 ▶ 2021.2.25. 2015헌라7

지방자치단체 사이의 불문법상 해상경계가 성립하기 위해서는 관계 지방자치단체·주민들 사이에 해상경계에 관한 일정한 관행이 존재하고, 그 관행이 장기간 반복되어야 하며, 그 해상경계에 관한 관행을 법규범이라고 인식하는 관계 지방자치단체·주민들의 법적 확신이 있어야 한다. 헌법재판소는 2010헌라2 결정에서 국가기본도상의 해상경계선을 불문법상 해상경계의 기초로 이해해 온 종전의 결정을 변경하였는바, 국가기본도에 표시된 해상경계선은 그 자체로 불문법상 해상경계선으로 인정되는 것은 아니나, 관할 행정청이 국가기본도에 표시된 해상경계선을 기준으로 하여 과거부터 현재에 이르기까지 반복적으로 처분을 내리고, 지방자치단체가 허가, 면허 및 단속 등의 업무를 지속적으로 수행하여 왔다면 국가기본도상의 해상경계선은 여전히 지방자치단체 관할 경계에 관하여 불문법으로서 그 기준이 될 수 있다.★★

> **판례** 공유수면 매립지와 자치권 ▶ 2020.7.16. 2015헌라3 [각하]
>
> 지방자치법 제4조 제3항(현 제5조 제4항)은 <u>공유수면 매립지가 속할 지방자치단체를 행정안전부장관이 결정하도록 하고 있다</u>. 한편 공유수면의 매립은 막대한 사업비와 장기간의 시간 등이 투입되고 환경의 파괴를 동반하는 등 국가 전체적으로 중대한 영향을 미치는 사업이고, 일반적으로 인근 어민의 어업활동에 이용되는 공유수면과 달리 매립지는 주체와 목적이 특정되어 있어 그 이용도 상당히 다르므로, 공유수면의 경계를 그대로 매립지의 '종전' 경계로 인정하기는 어렵다. 이러한 점들을 종합하면, 신생 매립지는 종전의 관할구역과의 연관성이 단절되고, 행정안전부장관의 결정이 확정됨으로써 비로소 관할 지방자치단체가 정해지며, 그 전까지 해당 매립지는 어느 지방자치단체에도 속하지 않는다 할 것이다.★★ 그렇다면 이 사건 매립지의 매립 전 공유수면에 대한 관할권을 가졌을 뿐인 청구인들의 자치권한이 침해될 위험이 있다고 보기 어렵다.

III 지방자치제도의 내용

1. 지방자치제의 연혁

우리나라의 지방자치제는 ① **제헌헌법**(1948년)에서 분권 국가를 목표로 처음 **도입**되었으나★ 정치적·사회적 제약으로 명목상 지방자치에 머물렀고, 제2공화국(1960년)에 이르러 실질적 민선 지방자치가 실시되지만 박정희군사정권에 의해 정지되었으며(도입기), ② **제3공화국**(1962년)부터 제5공화국(1980년)까지 지방자치가 **중단**되었다가(중단기),★ ③ **제6공화국**헌법(1987년)에서 유예규정이 철폐되고 지방자치법이 개정되면서 **부활**되었다(부활·발전기).

2. 지방자치단체의 종류

지방자치단체의 종류는 법률로 정한다(헌법 제117조 제2항). 지방자치법상 일반적으로 광역지방자치단체인 '특별시, 광역시, 특별자치시, 도, 특별자치도'와 기초지방자치단체인 '시, 군, 구'[98]로 구분된다(제2조 제1항). 지방자치법은 "<u>지방자치단체는 법인으로 한다</u>"(제3조 제1항)고 규정하여 지방자치단체를 단순한 행정단위가 아니라 독자적인 행정주체로 인정하고 있다.★★

3. 지방자치단체의 기관

(1) 지방의회

> **헌 법**
> 제118조 ① 지방자치단체에 <u>의회를 둔다</u>.
> ② 지방의회의 조직·권한·의원선거와 지방자치단체의 장의 선임방법 기타 지방자치단체의 조직과 운영에 관한 사항은 법률로 정한다.★★

지방의회는 주민에 의해 선출된 임기 4년의 지방의회의원으로 구성되는 합의제기관이다(지방자치법 제38조, 제3조조). 지방의회는 **의장·부의장**의 법령위반행위나 부당한 직무태만에 대하여 재적의원 4분의 1 이상의 발의와 재적의원 과반수의 찬성으로 **불신임을 의결**할 수

---

[98] 지방자치단체인 구("자치구"라 약칭)는 특별시, 광역시 관할 구역의 구만을 말한다(지방자치법 제2조 제2항 전문).

있다(동법 제62조).** 헌법재판소는 세종특별자치시의 시장·교육감 선거와 달리 지방의원 선거는 실시하지 않도록 한 세종시법 부칙조항에 대하여 "세종시에 편입되는 **종전 행정구역의 일부를 대표하는 단체장 중 1인을 임의로 정하여** 세종시의 단체장으로 인정하는 것은 민주적 정당성의 흠결로 불가능한 반면, 세종시에 편입되는 선거구에서 이미 선출된 지방의회의원에게 세종시의회의원의 자격을 부여하더라도 민주적 정당성에 문제가 없다"며 합헌결정하였다(2013.2.28. 2012헌마131).*

(2) 지방자치단체의 장

(가) 지방자치단체장의 선임

> **헌 법**
> 제118조 ② 지방의회의 조직·권한·의원선거와 지방자치단체의 장의 선임방법 기타 지방자치단체의 조직과 운영에 관한 사항은 법률로 정한다.**

헌법 제118조 제2항은 **지방의원의 '선거'**와는 달리 **지방자치단체장의 '선임방법'**을 법률로 정하도록 규정하고 있고, 지방자치법은 지방자치단체장을 선거하도록 하면서 임기는 4년, 계속 재임은 3기로 한정하였다(제107조, 제108조). 헌법재판소는 "**지방자치단체장 선거권도 헌법 제24조에 의해 보호되는 헌법상 기본권에 해당한다**"고 판시하였고(2016.10.27. 2014헌마797),** **지자체장 4기 연임 금지** 조항에 대하여 장기집권에 의한 지역발전저해 방지를 위한 것이라며 합헌결정하였다(2006.2.23. 2005헌마403).*

> **판례 지자체장 선출참여권** ▶ 2016.10.27. 2014헌마797
>
> 헌법에서 지방자치제를 제도적으로 보장하고 있고, 지방자치는 지방자치단체가 독자적인 자치기구를 설치해서 그 고유사무를 국가기관의 간섭 없이 스스로의 책임 아래 처리하는 것을 의미한다는 점에서 지방자치단체의 대표인 단체장은 지방의회의원과 마찬가지로 주민의 자발적 지지에 기초를 둔 선거를 통해 선출되어야 한다는 것은 지방자치제도의 본질에서 당연히 도출되는 원리이다. 그러므로 지방자치단체의 장 선거권 역시 다른 선거권과 마찬가지로 헌법 제24조에 의해 보호되는 기본권으로 인정하여야 한다.**

> **판례 지자체장 4기 연임 금지** ▶ 2006.2.23. 2005헌마403 [기각]
>
> 지방자치단체장의 계속 재임을 3기로 제한한 취지는 장기집권으로 인한 지역발전저해 방지와 유능한 인사의 자치단체장 진출확대를 위한 것으로, 지역 내 유력인사가 자치단체장에 당선되면 지방자치단체 내 공무원 및 지역 지지세력을 이용하거나 인사권을 무기로 다른 후보자에 비하여 선거에서 절대적인 우위를 확보할 수 있고, 장기집권 과정에서 형성된 사조직이나 파벌 등은 자치행정기능을 사실상 마비시키는 사태까지 초래할 가능성도 있다는 점, 공무담임의 기회를 처음부터 박탈하는 것이 아니라 3기까지는 연속하여 재임할 수 있다는 점 등을 고려하면 과잉금지원칙에 반하여 공무담임권을 침해하지 않는다.*

(나) 지방자치단체장의 권한대행

> **지방자치법**
> 제124조(지방자치단체의 장의 권한대행 등) ① 지방자치단체의 장이 다음 각 호의 어느 하나에 해당되면 부지사·부시장·부군수·부구청장(이하 이 조에서 "부단체장"이라 한다)이 그 권한을 대행한다.
> 1. 궐위된 경우
> 2. 공소 제기된 후 구금상태에 있는 경우
> 3. 「의료법」에 따른 의료기관에 60일 이상 계속하여 입원한 경우

지방자치단체의 장이 **궐위**되거**나 공소제기 후 구금**되거나 60일 이상 **장기 입원**한 경우(지방자치법 제124조 제1항) 등에는 부단체장이 그 권한을 대행한다. 헌법재판소는 **금고 이상 형선고** 시 권한대행에 대하여 **무죄추정원칙** 등에 위반된다며 헌법불합치결정하였으나(2010.9.2. 2010헌마418), ★★ **구금상태 기소시** 권한대행에 대해서는 원활한 자치행정을 위한 것이라며 합헌결정하였다(2011.4.28. 2010헌마474). ★★

> **판례** **금고형선고시 지자체장권한대행** 자치단체장이 금고이상의 형의 선고를 받고 그 형이 확정되지 않은 경우 부단체장이 권한을 대행하도록 한 구 지방자치법 제111조 제1항 제3호가 위헌인지 여부(적극)
> ▶ 2010.9.2. 2010헌마418 [헌법불합치]
>
> 심판대상조항은 금고 이상의 형을 선고받은 자치단체장을 그 형이 확정되기도 전에 유죄임을 전제로 필요최소한의 범위를 넘은 불이익을 가함으로써 헌법상 **무죄추정의 원칙**에 반하여 공무담임권을 제한하고 있다. 한편 다른 권한대행사유들과 달리 심판대상조항의 적용사안은 자치단체장의 '물리적 부재상태'가 아니므로 권한대행의 직접적인 필요가 없음에도 불구하고, 자치행정의 원활한 운영을 저해하여 직무정지의 필요성이 인정되는 성격의 범죄 유형이나 내용 등으로 그 적용대상을 한정하지 않은 채 무한정 확대하고 있으므로 과도한 기본권제한이라고 할 것이다. ★★

> **판례** **구속기소시 지자체장권한대행** 자치단체장이 공소 제기 후 구금상태에 있는 경우 부단체장이 권한을 대행하도록 한 구 지방자치법 제111조 제1항 제2호가 위헌인지 여부(소극)
> ▶ 2011.4.28. 2010헌마474 [기각]
>
> 심판대상조항은 공소 제기된 자로서 구금되었다는 사실 자체에 사회적 비난의 의미를 부여한다거나 그 유죄의 개연성에 근거하여 직무를 정지시키는 것이 아니라, 구금의 효과 즉 구속되어 있는 자치단체장의 물리적 부재상태로 말미암아 자치단체행정의 원활한 운영에 위험이 발생할 것이 명백하여 이를 미연에 방지하기 위하여 직무를 정지시키는 것이므로 무죄추정의 원칙에 위반되지 않는다. ★ 한편 자치단체장이 '공소 제기 후 구금상태'에 있는 경우 주민의 복리와 자치단체행정의 원활한 운영에 초래될 것으로 예상되는 위험을 미연에 방지하려는 목적달성을 위해서 해당 자치단체장을 직무에서 배제시키는 방법 외에 특별한 대안을 찾을 수 없으므로 과잉금지원칙에 위반되지 않는다. ★★

(3) 지방교육자치기구

지방교육자치법상 교육·학예에 관한 자치는 **시(특별시·광역시)·도**의 사무로 하며(제2조), 그 집행기관으로 시·도에 **교육감**을 둔다(제18조). **교육감후보자**가 되려면 과거 1년 동안 **정당**

의 당원이 아닌 사람이어야 하고, **교육(행정)경력**이 3년 이상 있는 사람이어야 한다(제24조). 헌법재판소는 교육감후보자 자격조항에 대해 교육의 자주성·전문성·정치적 중립성 요청에 부합한다며 합헌결정하였다(2009.9.24. 2007헌마117 등).

4. 지방자치단체의 권능99)

(1) 지방자치단체의 권한과 사무

> **헌 법**
> 제117조 ① 지방자치단체는 주민의 복리에 관한 사무를 처리하고 재산을 관리하며, 법령의 범위안에서 자치에 관한 규정을 제정할 수 있다.★★
>
> **지방자치법**
> 제13조(지방자치단체의 사무 범위) ① 지방자치단체는 관할 구역의 자치사무와 법령에 따라 지방자치단체에 속하는 사무를 처리한다.
> 제190조(지방자치단체의 자치사무에 대한 감사) ① 행정안전부장관이나 시·도지사는 지방자치단체의 자치사무에 관하여 보고를 받거나 서류·장부 또는 회계를 감사할 수 있다. 이 경우 감사는 법령 위반 사항에 대해서만 한다.★
> ② 행정안전부장관 또는 시·도지사는 제1항에 따라 감사를 하기 전에 해당 사무의 처리가 법령에 위반되는지 등을 확인하여야 한다.

① 지방자치단체는 지방자치법상 조직, 사무 등에 관한 포괄적 자치권한을 가지나(제13조 등), **영토고권**은 인정되지 않는다(2006.3.30. 2003헌라2).★★ ② 지방자치단체의 사무는 일반적으로 지방적 복리사무인 고유사무(자치사무), 자치단체에게 위임된 단체위임사무, 자치단체의 집행기관에 위임된 기관위임사무로 구분되는데,100) 법학적 관점에서는 **고유사무**(자치사무)와 단체위임사무만 의미하고 **기관위임사무는 제외**되며,101) 헌법 제117조 제1항은 이들 중 고유사무(자치사무) 처리권한만 명시하고 있다.★ ③ 헌법재판소는 **감사원의 자치사무**에 대한 **합목적성** 감사의 근거가 되는 감사원법 조항에 대하여 지방자치권의 본질을 침해하지 않는다며 합헌결정하였으나(2008.5.29. 2005헌라3),★★ **중앙행정기관 및 상급자치단체의 자치사무**에 대한 **사전적·포괄적** 합동감사에 대하여는 지방자치권을 침해한다며 위헌결정하였다(2009.5.28. 2006헌라6; 2023.3.23. 2020헌라5).★★

> **판례** **영토고권의 자치권성** 건설교통부장관이 천안·아산 지역에 세워진 경부고속철도역의 명칭을 "천안아산역(온양온천)"으로 결정한 것이 아산시의 자치권을 침해하는지 여부(소극)
> ▶ 2006.3.30. 2003헌라2 [각하]

---

99) 권능(權能)이란 '권세와 능력'을 아우르는 말로서 권리를 주장하고 행사할 수 있는 능력을 말한다.
100) '고유사무(자치사무)'란 지방자치단체의 존립 목적인 지방적 복리사무를 말하고(헌법 제117조 제1항), '단체위임사무'란 국가 등으로부터 자치단체에게 위임된 사무를 말하며(지방자치법 제13조), '기관위임사무'란 국가 등으로부터 자치단체의 소속기관에게 위임된 사무를 말한다(동법 제116조·제117조).
101) 위임사무는 위임의 대상이 자치행정권의 주체인지 여부에 따라 사무주체의 변경여부에 차이가 있다. '단체'위임사무의 경우 사무주체가 변동됨으로써 자치단체 자신의 사무로 전환되는 효과가 발생하나, '기관'위임사무는 사무주체가 변동되지 않는 결과 여전히 위임주체의 사무로 유지된다.

지방자치법 제11조 제6호는 지방자치단체가 처리할 수 없는 국가사무로 "우편, 철도 등 전국적 규모 또는 이와 비슷한 규모의 사무"를 열거하고 있으므로, 고속철도의 건설이나 고속철도역의 명칭 결정과 같은 일은 국가의 사무이다. 한편 지방자치제도의 보장은 지방자치단체에 의한 자치행정을 일반적으로 보장한다는 것뿐이고, 마치 국가가 영토고권을 가지는 것처럼 지방자치단체에게 자신의 관할구역에 속하는 영토·영해·영공을 자유로이 관리하고 관할구역 내의 사람과 물건을 독점적·배타적으로 지배할 수 있는 권리가 부여되어 있다고 할 수는 없으므로, 청구인이 주장하는 지방자치단체의 영토고권은 우리나라 헌법과 법률상 인정되지 아니한다.★★

판례 감사원의 자치사무감사 지방자치단체의 자치사무에 대한 합목적성 감사의 근거가 되는 감사원법 제24조 제1항 제2호 등 관련규정이 지방자치권의 본질을 침해하는지 여부(소극)
▶ 2008.5.29. 2005헌라3 [기각]

헌법상 제도적으로 보장된 자치권 가운데에는 자치사무의 수행에 있어 국가 등 다른 행정주체로부터 합목적성에 관하여 명령·지시를 받지 않는 권한도 포함된다.★★ 다만 지방자치도 국가적 법질서의 테두리 안에서만 인정되는 것이고, 지방행정도 중앙행정과 마찬가지로 국가행정의 일부이므로, 지방자치단체가 어느 정도 국가적 감독, 통제를 받는 것은 불가피하다.★★ 헌법이 감사원을 독립된 외부감사기관으로 정하고 있는 취지, 중앙정부와 지방자치단체는 서로 행정기능과 행정책임을 분담하면서 중앙행정의 효율성과 지방행정의 자주성을 조화시켜 국민과 주민의 복리증진이라는 공동목표를 추구하는 협력관계에 있다는 점을 고려하면 이 사건 관련규정은 합리성이 있으므로 지방자치권의 본질적 내용을 침해하였다고 볼 수 없다.★★

판례 중앙행정기관의 자치사무감사 서울특별시의 거의 모든 자치사무를 감사대상으로 하고 구체적으로 어떠한 자치사무가 어떤 법령에 위반되는지 여부를 밝히지 아니한 채 개시한 행정안전부장관 등의 합동감사가 지방자치권을 침해하는지 여부(적극)
▶ 2009.5.28. 2006헌라6 [인용]

국가감독권 행사로서 지방자치단체의 자치사무에 대한 감사원의 사전적·포괄적 합목적성 감사가 인정되므로 국가의 중복감사의 필요성이 없는 점을 고려하면, 중앙행정기관의 지방자치단체의 자치사무에 대한 감사권은 사전적·일반적인 포괄감사권이 아니라 그 대상과 범위가 한정적인 제한된 감사권이라 해석함이 마땅하다.★★ 중앙행정기관이 위와 같은 감사에 착수하기 위해서는 자치사무에 관하여 특정한 법령위반행위가 확인되었거나 위법행위가 있었으리라는 합리적 의심이 가능한 경우이어야 하고 그 감사대상을 특정하여야 하며, 포괄적·사전적 일반감사나 위법사항을 특정하지 않고 개시하는 감사 또는 법령위반사항을 적발하기 위한 감사는 모두 허용될 수 없다.★ 그렇다면 행정안전부장관 등의 위 합동감사는 감사개시요건을 충족하지 못한 것으로 서울특별시의 지방자치권을 침해한 것이다.★

판례 상급자치단체의 자치사무감사 경기도가 남양주시에 대하여 실시한 감사 중 감사대상이 특정되지 않거나 당초 특정된 감사대상과 관련성이 인정되지 않은 항목에 대한 감사가 남양주시의 지방자치권을 침해하는지 여부(적극)
▶ 2023.3.23. 2020헌라5 [인용]

헌법재판소 2006헌라6 결정의 취지를 반영하여 지방자치법이 개정되면서 자치사무에 대한 감사 실시 전에 해당 사무의 처리가 법령에 위반되는지 여부 등을 확인하여야 한다는 점을 명시한 조항이 신설되었다. 지방자치단체의 자치사무에 관한 한 기초지방자치단체는 광역지방자치단체와 대등하고 상이한 권리주체에 해당하므로, 중앙행정기관에 의한 통제나 상급지방자치단체에 의한 통제는 그 내용에 있어서 차이가 있다고 할 수 없다. 따라서 헌법재판소 2006헌라6 결정의 내용은 광역지방자치단체의 기초지방자치단체의 자치사무에 대한 감사에 대해서도 그대로 적용되어야 한다. 연간 감사계획에 포함되지 아니하고 사전조사가 수행되지 아니한 감사의 경우 '지방자치단체에 대한 행정감사규정' 등 관련 법령에서 감사대상이나 내용을 통보할 것을 요구하는 규정이 없으므로, 광역지방자치단체가 자치사무에 대한 감사에 착수하기 위해서는 감사대상을 특정하여야 하나, 특정된 감사대상을 사전에 통보할 것까지 요구된다고 볼 수는 없다.★★ 감사 과정에서 사전에 감사대상으로 특정되지 아니한 사항에 관하여 위법사실이 발견되었다고 하더라도 감사대상을 확장하거나 추가하는 것은 허용되지 않으나, 당초 특정된 감사대상과 관련성이 인정되는 것으로서 당해 절차에서 함께 감사를 진행하더라도 감사대상 지방자치단체가 절차적인 불이익을 받을 우려가 없고, 해당 감사대상을 적발하기 위한 목적으로 감사가 진행된 것으로 볼 수 없는 사항에 대하여는 감사대상의 확장 내지 추가가 허용된다.★★ 이 사건 감사 중 [별지 1] 목록 순번 9 내지 14 기재 각 항목에 대한 감사는 감사대상이 특정되지 않거나 당초 특정된 감사대상과의 관련성이 인정되지 않아 감사의 개시요건을 갖추지 못하였다.

(2) 조례제정권

헌 법
제117조 ① 지방자치단체는 주민의 복리에 관한 사무를 처리하고 재산을 관리하며, 법령의 범위 안에서 자치에 관한 규정을 제정할 수 있다.★★

지방자치법
제28조(조례) ① 지방자치단체는 법령의 범위에서 그 사무에 관하여 조례를 제정할 수 있다. 다만, 주민의 권리 제한 또는 의무 부과에 관한 사항이나 벌칙을 정할 때에는 법률의 위임이 있어야 한다.★★
② 법령에서 조례로 정하도록 위임한 사항은 그 법령의 하위 법령에서 그 위임의 내용과 범위를 제한하거나 직접 규정할 수 없다.★

조례란 지방의회가 정립한 자치법규를 말하는데, 현행법상 조례제정은 '**법령의 범위 안에서**', '**그 사무에 관하여**' 할 수 있고, 권리제한 등 '**침익적 조례**'는 '**법률의 위임**'을 요한다는 '사항적·법치적 한계'가 있는데, 자주법의 속성상 **포괄위임은 허용**된다.

㈎ 사항적 한계

지방자치단체가 **자치조례**를 제정할 수 있는 사항은 지방자치단체의 **고유사무인 자치사무**와 법령에 의하여 자치단체에 속하게 된 **단체위임사무**에 한하고, 지방자치단체의 장에게 위임된 **기관위임사무**는 자치조례의 제정범위에 속하지 않는다. 다만 기관위임사무에 있어서도 그에 관한 법령에서 일정한 사항을 **조례로 정하도록 위임**하고 있는 경우에는 법령의 취지에 부합하는 범위 내에서 자치조례 제정권과 무관하게 이른바 **위임조례**를 정할 수 있다(1992.7.28. 92추31 등).★★

㈏ 법치적 한계

A. 법률유보의 원칙

"지방자치단체는 **법령의 범위 안**에서 자치에 관한 규정을 제정할 수 있다"고 규정한 헌법 제117조 제1항과 달리 지방자치법 제28조 제1항 단서가 "**주민의 권리 제한** 또는 의무

부과에 관한 사항이나 벌칙을 정할 때에는 **법률의 위임**이 있어야 한다"고 규정한 것이 문제되는데, 대법원은 지방자치법이 **침익적 조례의 경우 법률의 수권**을 요구한 것은 기본권제한에 관하여 법률유보원칙을 선언한 **헌법 제37조 제2항에 부합**한다고 판시하였다 (1995.5.12. 94추28).

B. 법령우위의 원칙

헌법 제117조 제1항의 '법령'의 의미에 관해, 헌법재판소는 "법률 이외에 헌법 제75조 및 제95조 등에 의거한 법규명령이 포함되고, **상위법령의 위임에 따라 그와 결합하여 대외적 구속력을 갖는 법규명령으로 기능하는 행정규칙이 포함된다**"고 하여 광의로 인식하고 있다(이른바 법령보충적 행정규칙; 2002.10.31. 2001헌라1).[102]★★

C. 포괄위임의 허용

지방자치법 제28조 제1항 단서에 따라 **침익적 조례**를 제정하는 경우 법령의 위임이 필요한데, 헌법재판소는 그 **위임의 정도**에 관해 "헌법이 지방자치단체에 **포괄적인 자치권을 보장하는 취지**를 고려할 때, 조례에 대한 법률의 위임은 법규명령에 대한 법률의 위임과 같이 반드시 구체적으로 범위를 정하여 할 필요가 없으며 **포괄적인 것으로 족하다**"고 판시하였다(1995.4.20. 92헌마264등).★★

5. 주민의 권리

(1) 주민투표권

지방자치법 제18조의 주민투표권은 주민이 지역의 안건을 직접 결정하는 직접민주제적 권리를 말한다. 주민투표권은 헌법상 지방자치제도 등에 의하여 요청되는 것이 아니므로 지방자치**제도의 본질적인 내용**이나 헌법상 보장된 **기본권**이 아니라 단순한 **법률상 권리에 불과**하다(2001.6.28. 2000헌마735).★★

> **판례 주민투표권의 성격** ▶ 2001.6.28. 2000헌마735 [각하]
>
> 우리 헌법은 '선거권'과 '공무담임권' 및 일정한 '국민투표권'만을 참정권으로 보장하고 있으므로, 지방자치법상의 주민투표권은 그 성질상 선거권, 공무담임권, 국민투표권과 전혀 다른 것으로서 헌법이 보장하는 참정권이라고 할 수는 없다.★★ 헌법 제117조 및 제118조는 대의제 또는 대표제 지방자치를 보장하고 있을 뿐이므로, 지방자치법이 비록 주민에게 주민투표권, 조례의 제정·개폐청구권, 감사청구권을 부여함으로써 주민이 지방자치사무에 직접 참여할 수 있는 길을 열어 놓고 있다 하더라도 헌법이 이러한 제도의 도입을 보장하고 있는 것은 아니다. 따라서 지방자치법이 주민투표의 법률적 근거를 마련하면서 그 구체적 사항에 관하여 따로 법률로 정하도록 하였더라도 그러한 사항을 입법하여야 할 헌법상 의무가 국회에게 발생하였다고 할 수는 없다.

---

102) 학문상 '행정명령 또는 행정규칙'은 조직내부규범을 말하고, '법규명령'은 대외적 또는 대국민적 규범을 말한다.

(2) 조례의 제정·개폐청구권

지방자치법 제19조의 조례제정·개폐청구권은 주민이 자치단체의 조례입법을 직접 제안하는 직접민주제적 권리를 말한다. 조례제정·개폐청구권은 입법자의 결단에 의하여 채택된 것일 뿐 지방자치**제도의 본질**이나 헌법상 **기본권**이 아니다(2009.7.30. 2007헌바75 등).★★

(3) 주민감사청구권

지방자치법 제21조의 주민감사청구권은 주민이 행정적 방법에 의하여 자치행정을 직접 감독하는 직접민주제적 권리를 말한다. 주민감사청구권은 입법자의 결단에 의하여 채택된 것일 뿐 지방자치**제도의 본질**이나 헌법상 **기본권**이 아니다(2001.6.28. 2000헌마735).★ 지방자치법은 주민참여형 공개감사제의 실효성 확보를 위해 **주민소송까지 도입**하고 있다.

(4) 주민소송권

지방자치법 제22조의 주민소송권은 주민이 사법적 방법에 의하여 자치행정을 직접 감독하는 직접민주제적 권리를 말한다. 주민소송은 행정소송법상의 민중소송으로서 지방자치단체의 **재정운영**에 관한 분쟁을 **집단적**으로 해결하는 **공익적** 소송의 성격을 가진다.

(5) 주민소환권

지방자치법 제25조의 주민소환권은 주민이 선출직 공직자를 재임 중에 직접 해임하는 직접민주제적 권리를 말한다. 주민소환권은 입법자의 결단에 의하여 채택된 것일 뿐 지방자치**제도의 본질**이나 헌법상 **기본권**이 아니다(2011.12.29. 2010헌바368).★★

PART 02

기본권

- 제1장 · **기본권총론**
- 제2장 · **인간의 존엄과 가치 · 행복추구권 · 평등권**
- 제3장 · **자유권적 기본권**
- 제4장 · **정치적 기본권**
- 제5장 · **청구권적 기본권**
- 제6장 · **사회적 기본권**
- 제7장 · **국민의 기본적 의무**

CHAPTER 01 기본권총론

> 인권을 억압하는 거대한 힘은 국가만이 아니었다. 세월이 흐른 뒤 무리 속 누군가가 나머지를 착취하고 차별하고 있음을 깨달았으니 그들에게도 인권의 가치를 일깨워 줘야 한다.

제1절 • 기본권의 성격

국가 근본가치로 승격된 인권

헌 법
제10조 모든 국민은 인간으로서의 존엄과 가치를 가지며, 행복을 추구할 권리를 가진다. 국가는 개인이 가지는 불가침의 기본적 인권을 확인하고 이를 보장할 의무를 진다.[1)2)]
제37조 ① 국민의 자유와 권리는 헌법에 열거되지 아니한 이유로 경시되지 아니한다.

I. 기본권의 이중적 성격

기본권의 이중성이란 기본권은 개인을 위한 **주관적 권리**인 동시에 헌법질서의 기본원칙으로서 **객관적 질서**의 성격을 지닌다는 것을 말한다(1996.8.29. 94헌마113 등). 이중적 성격론은 오늘날 사회 내부 세력에 의하여 국민의 권리가 침해당하는 경우가 빈발함에 따라 인권의 효력을 확장해야 할 현실적 필요성에서 논의되었다. 기본권의 객관적 성격을 인정하면, ① 공·사법의 모든 영역에서 사인을 포함한 모든 국가조직이 기본권에 구속되는 '**공동체의 객관적 규범성**', ② 기본권의 파급효로 인해 그 수범자[3)]에 사인까지 포함되는 '**기본권의 대사인적 효력**', ③ 타인의 침해로부터 기본권을 보호해야 하는 '**국가의 적극적 기본권보호의무**'를 도출할 수 있게 된다(1995.6.29. 93헌마45).

II. 기본권과 제도적 보장

제도적 보장이란 기존의 객관적 제도를 헌법에 규정하여 당해 제도의 본질을 보장하는 것을 말한다(1997.4.24. 95헌바48). 제도적 보장은 제도의 존속을 헌법의 수준에서 보장하여 입법자를

---

1) 인권(人權) 또는 인간의 권리는 인간이라면 당연히 누리는 생래적·천부적 권리를 말하고, 기본권(基本權)은 헌법이 보장하는 국민의 기본적 권리를 말한다. 전자는 천부적 인권론이 주장된 18세기에 등장한 개념이고, 후자는 법치국가와 함께 독일에서 생성된 개념이다. 기본권은 자연법이 아닌 실정법상 개념이고 인권 외에 국가에 의해 주어진 권리도 포함한다는 점에서 인권과 구별되지만, 모든 기본권이 인간의 권리와 보완관계를 이룬다는 점에서 구별의 실익은 크지 않다(권영성, 헌법학원론 개정판, 287면 / 김학성, 헌법학원론 제3판, 267면 이하 / 한수웅, 헌법학 제4판, 363면 이하).
2) 헌법학에서 기본권을 인권으로 표현한다면 인권은 이중적인 의미로 사용되는데, 기본권의 생성 기원과 관련하여 국가 이전에 존재하는 선국가적 권리로 이해되기도 하고, 기본권의 주체성과 관련하여 국적과 관계없이 인간이면 누구에게나 인정되는 권리로 이해되기도 한다(한수웅, 헌법학 제4판, 364면).
3) 수범자 또는 수규자는 규범에 복종하는 존재를 의미한다.

구속하는 데 의의가 있다. ① 기본권 보장은 인간의 본성에서 유래하지만, 제도적 보장은 국가법질서에 의해 부여되는 것이므로, **기본권보장**에는 '**최대보장의 원칙**'이 적용되나, **제도적 보장**은 **법률로써 그 자체를 폐지할 수 없다**는 '**최소보장의 원칙**'이 적용된다(1997.4.24. 95헌바48).★ ② 본질적으로 주관적 권리인 기본권과 달리 **제도적 보장은 객관적 법규범**이기 때문에 그 침해를 이유로 헌법소원 등의 **권리구제절차**를 제기할 수는 없으나, **재판규범**으로서는 기능한다.★

III 기본권의 분류

① 헌법에서 보장하는 기본권은, 생성 기원을 기준으로 인간존엄 및 행복추구권, 평등권, 자유권 등 인간 속성에서 기원하는 '자연법상의 권리(천부적 인권)'와 참정권, 청구권, 사회권 등 실정 법규에서 비롯된 '실정법상의 권리', 주체를 기준으로 모든 인간이 누리는 '인간의 권리'와 국적보유자만 누리는 '국민의 권리', 효력을 기준으로 헌법 자체로 직접 구속력을 가지는 '구체적 권리'와 법률의 형성을 매개로 현실화되는 '추상적 권리' 등으로 분류된다. ② 한편 기본권은 그 내용을 기준으로 할 때, 인간으로서의 존엄과 가치를 인정받고 행복을 느낄 권리인 '인간존엄 및 행복추구권', 국가로부터 불합리한 차별을 받지 않을 권리인 '평등권', 개인의 삶을 자율적으로 형성할 권리인 '자유권',4)5) 국민이 국가의 정치에 참여할 권리인 '참정권', 침해된 권리의 실현방법을 요구할 권리인 '청구권', 인간다운 삶에 필요한 사회적 보장책을 요구할 권리인 '사회권'으로 분류된다.

구 분		내 용
자유권	인신의 자유	생명권, 신체의 자유
	사생활 자유	사생활의 비밀과 자유, 주거의 자유, 거주·이전의 자유, 통신의 자유
	정신적 자유	양심의 자유, 종교의 자유, 언론·출판의 자유, 집회·결사의 자유, 학문과 예술의 자유
	경제적 자유	재산권, 직업의 자유, 소비자의 권리
참정권	직접참정권	국민투표권
	간접참정권	선거권, 공무담임권
청구권		청원권, 재판청구권, 국가배상청구권, 형사보상청구권, 범죄피해자구조청구권
사회권		인간다운 생활을 할 권리, 교육을 받을 권리, 근로의 권리, 근로3권, 환경권, 혼인과 가족생활의 보장, 모성의 보호와 보건권

---

4) 자유권은 자유를 적극적으로 행사할 '적극적 자유'와 자유를 행사하지 아니할 '소극적 자유'를 함께 보호한다(한수웅, 헌법학 제4판, 373면 이하).
5) 자유권은 입법자의 구체적 형성 없이 직접 실현될 수 있는 '자연적 자유'와 입법자에 의한 입법을 통해 비로소 실현되는 '법적으로 형성되는 자유'로 구분된다. 대부분의 자유권은 전자에 해당하며 후자의 예로는 법질서에 의하여 재산의 보유가 비로소 '재산권'이 되고, 여성과 남성의 생활공동체가 '혼인'이 되는 것이 대표적이다. 자연적 자유와 관련된 입법은 자유권의 제한(기본권제한적 법률유보)을 의미하나, 법형성적 자유와 관련된 입법은 자유권의 확대·가방(기본권형성적 법률유보)을 의미한다(한수웅, 헌법학 제4판, 376면).

제2절 · 기본권의 주체

인권을 누리는 존재의 범위

> 코멘트
> 인권은 인간이 누리는 권리다. 사노라면 더러는 우리처럼 숨쉬는 생명체가 아니어도 인간미가 느껴지는 존재와 마주치곤 한다. 인간의 의미가 자연생물체를 말하는지 그 이상을 의미하는지 고민해보자.

I 기본권능력과 기본권행사능력

'기본권능력'이란 기본권을 일반적으로 보유할 수 있는 능력을 말하고, '기본권행사능력'이란 기본권주체가 기본권을 구체적으로 행사할 수 있는 능력을 말한다. 이와 관련하여 <u>미성년자와 친권의 행사 등</u> **정신적·육체적 능력이 미숙한 자**의 기본권 제약이 문제되는데, 이는 **기본권주체가 아닌 기본권제한의 영역**에서 논의될 사안이다. 헌법재판소도 아동·청소년의 일반적 행동자유권(2015.3.26. 2013헌마517), 인격의 자유발현권(2000.4.27. 98헌가16등), 문화향유권(2004.5.27. 2003헌가1등), 학교선택권(2012.11.29. 2011헌마827) 등 기본권주체성을 인정하고 있다.★★

II 자연인

1. 국 민

우리 헌법상 자연생명체인 국민은 누구나 기본권의 주체가 될 수 있다.6) 다만 형성 중이거나 사망한 존재의 보호와 관련하여 기본권주체성이 문제된다.

(1) 태아·초기배아의 기본권주체성

태아(胎兒)나 초기배아(胚芽)는 정신적·육체적 활동이 불가능하여 일반적인 주체성이 인정되기는 어려우나 성질상 허용되는 범주에서 주체성이 논의된다. 헌법재판소는 ① '태아'에 대하여 "모든 인간은 헌법상 생명권의 주체가 되며, <u>형성 중의 생명인 **태아에게도 생명권주체성이 인정**되어야 한다</u>"(2008.7.31. 2004헌바81)며 생명권에 한해 기본권주체성을 인정하였으나,★★ ② '초기배아'에 대해서는 "아직 인간과 배아 간의 개체적 연속성을 확정하기 어려운 점에서 **초기배아의 기본권주체성**을 인정하기 **어렵지만**, 인간으로 발전할 잠재성을 갖는 원시생명체에 대하여도 인간존엄의 가치에 기초한 <u>**국가의 보호의무**가 있음</u>을 부인할 수 없다"(2010.5.27. 2005헌마346)고 하여 기본권주체가 아닌 국가보호대상임을 인정하였다.★★

(2) 사자의 기본권주체성

사자(死者)의 경우에도 인격권 등의 주체성이 논의된다. 헌법재판소는 "**<u>사자도 인격적 가치의 중대한 왜곡으로부터 보호</u>**되어야 하고, 사자의 명예 등에 대한 훼손은 사자와의 관계를 통해 스스로의 인격상을 형성해온 그들 <u>**후손의 인격권을 제한**</u>한다"(2010.10.28. 2007헌가23)고 하여 기본권주체성 판단을 유보한 채 국가보호대상임을 인정하였다.★★

---

6) 기본권 보장 규정인 헌법 제2장은 그 제목을 '국민의 권리와 의무'로 하고 있다(2013.9.26. 2012헌마271).

2. 외국인

외국인의 기본권주체성과 관련하여, 헌법재판소는 **국민과 유사한 지위**에 있는 외국인의 기본권주체성을 인정하면서(1994.12.29. 93헌마120), **인간의 존엄과 가치** 및 **행복추구권** 등과 같이 단순히 '국민의 권리'가 아닌 '인간의 권리'로서의 **성질을 가진 기본권**에 대해서는 외국인도 주체가 될 수 있고, **평등권**도 인간의 권리로서 참정권 등에 대한 **성질상**의 제한 및 **상호주의**에 따른 제한이 있을 뿐이라고 판시하였다(2001.11.29. 99헌마494; 2011.9.29. 2007헌마1083등).★

> **판례** 외국인의 기본권주체성 ▶ 2012.8.23. 2008헌마430
>
> 불법체류 중인 외국인들이라 하더라도 불법체류라는 것은 관련 법령에 의하여 체류자격이 인정되지 않는다는 것일 뿐이므로, '인간의 권리'로서 외국인에게도 주체성이 인정되는 일정한 기본권에 관하여 불법체류 여부에 따라 그 인정 여부가 달라지는 것은 아니다.★★ 청구인들이 침해받았다고 주장하고 있는 신체의 자유, 주거의 자유, 변호인의 조력을 받을 권리, 재판청구권 등은 성질상 인간의 권리에 해당하므로 청구인들의 기본권 주체성이 인정된다. 그러나 '국가인권위원회의 공정한 조사를 받을 권리'는 헌법상 인정되는 기본권이라고 하기 어렵고, 이 사건 출입국관리법상 긴급보호 및 강제퇴거가 청구인들의 노동3권을 직접 제한하거나 침해한 바 없음이 명백하다.

III. 법인 등 단체

1. 법 인

법인이란 법에 의해 권리능력이 인정된 단체를 말한다. 헌법재판소는 "우리 헌법은 법인의 기본권주체성에 관한 **명문**의 규정을 두고 있지 않지만, **성질상** 법인이 누릴 수 있는 기본권은 당연히 법인에게도 적용하여야 한다고 판시하였고(1991.6.3. 90헌마56),[7]★★사죄광고 사건에서는 법인의 인격권주체성을 인정하였다(1991.4.1. 89헌마160).★★

2. 법인격 없는 단체

① **법인과 유사한 사회적 실체**를 갖고 있지만 아직 법인격 취득요건을 갖추지 못한 단체도 **법인에 준하는 실질**을 보유하는 이상 법인에 관한 이론이 그대로 적용될 수 있다. 헌법재판소도 "**법인 아닌 단체라고 하더라도 대표자의 정함이 있고 독립된 사회적 조직체로서 활동하는 때에는 성질상 법인이 누릴 수 있는 기본권을 침해당하게 되면 그의 이름으로 헌법소원을 청구할 수 있다**"고 판시하였다(1991.6.3. 90헌마56).★ ② 정당은 일반적으로 사법상의 법인격 없는 사단으로 파악되므로 **정당도 기본권주체성이 인정**된다(1993.7.29. 92헌마262 등).★★ 헌법재판소는 등록이 취소된 정당이라도 등록정당에 준하는 **권리능력 없는 사단으로서의 실질**을 유지하고 있는 경우에는 기본권주체성을 인정하였다(2006.3.30. 2004헌마246).★★

---

7) 참고로 독일기본법 제19조 제3항에서는 "기본권은 그 본질상 적용이 인정되는 한도 내에서 법인에게도 효력을 가진다"고 규정하고 있다(정종섭, 헌법학원론 제7판, 319면).

Ⅳ 공적 주체

① 국가(기관), 지방자치단체(기관), 공법인 등 공적 기능을 담당하는 주체는 원칙적으로 '**기본권의 수범자(受範者)**'이지 '기본권의 소지자(所持者)'가 아니므로 기본권주체성이 인정되지 않는다 (1994.12.29. 93헌마120 등).★★ ② 다만 공적 기능의 담당자라도 그가 **개인의 지위**를 겸하는 경우 (2008.1.17. 2007헌마700 등), **기본권에 의하여 보호되는 생활영역**에 속하여 개인의 **기본권을 실현하는 데 기여**하고 국가로부터 **독립된 실체**를 가지는 경우(1992.10.1. 92헌마68 등) 등에는 기본권주체성이 인정된다.8)★★ ③ 헌법재판소도 **대통령**과 지방자치단체장을 정치적 기본권의 주체로(2008.1.17. 2007헌마700; 2009.3.26. 2007헌마843), **국립대학**인 서울대학교와 세무대학을 학문의 자유 및 대학자율권의 주체로(1992.10.1. 92헌마68등; 2001.2.22. 99헌마613), **공영방송**인 한국방송공사와 문화방송을 언론의 자유 및 직업의 자유의 주체로(1999.5.27. 98헌바70; 2013.9.26. 2012헌마271) 인정한 바 있다.★★

> **판례 대통령의 정치적 기본권 주체성** 대통령이 중앙선관위의 '선거중립의무 준수요청' 조치에 대해 헌법소원을 제기할 적격이 있는지 여부(적극) ▶ 2008.1.17. 2007헌마700 [기각]
>
> 원칙적으로 국가나 국가기관 또는 국가조직의 일부나 공법인은 기본권의 '수범자'이지 기본권의 '소지자'가 아니므로 헌법소원을 제기할 수 없다. 그러나 국가기관의 직무를 담당하는 자연인이 제기한 헌법소원이 언제나 부적법하다고 볼 수는 없다. 만일 공권력작용이 넓은 의미의 국가 조직영역 내에서 공적 과제를 수행하는 주체의 권한을 제약하는 성격이 강한 경우에는 그 기본권주체성이 부정될 것이지만, 그것이 일반 국민으로서 국가에 대하여 가지는 헌법상의 기본권을 제약하는 성격이 강한 경우에는 기본권주체성을 인정할 수 있다.★ 대통령도 국민의 한사람으로서 제한적으로나마 기본권의 주체가 될 수 있는바, 대통령은 소속 정당을 위하여 정당활동을 할 수 있는 사인으로서의 지위와 국민 모두에 대한 봉사자로서 공익실현의 의무가 있는 헌법기관으로서의 지위를 동시에 갖는데 최소한 전자의 지위와 관련하여는 기본권주체성을 갖는다고 할 수 있다.★★

> **판례 지자체장의 공무담임권 주체성** 지자체장이 주민소환법의 관련규정에 대해 헌법소원을 제기할 적격이 있는지 여부(적극) ▶ 2009.3.26. 2007헌마843 [기각]
>
> 국가 및 그 기관 또는 조직의 일부나 공법인은 원칙적으로는 기본권의 '수범자'로서 기본권의 주체가 되지 못하므로, 공직자가 국가기관의 지위에서 **순수한 직무상의 권한행사**와 관련하여 기본권침해를 주장하는 경우에는 기본권주체성을 인정하기 어렵지만, 그 외의 사적인 영역에 있어서는 기본권의 주체가 될 수 있다.★ 청구인은 하남시장으로서 이 사건 조항으로 인해 공무담임권 등이 침해된다고 주장하여, 순수하게 직무상의 권한행사와 관련된 것이라기보다는 공직의 상실이라는 개인적인 불이익과 연관된 공무담임권을 다투고 있으므로, 이 사건에서 기본권주체성이 인정된다 할 것이다.

---

8) 공권력의 행사자인 국가조직이나 공법인 등은 국민의 기본권을 보장해야 할 '책임'과 '의무'를 지는 주체로서 헌법소원을 청구할 수 없다. 다만 공법인이나 이에 준하는 자 라 하더라도 공무를 수행하거나 고권적 행위를 하는 경우가 아닌 사경제 주체로서 활동하는 경우나 조직법상 국가로부터 독립한 고유 업무를 수행하는 경우, 그리고 다른 공권력 주체와의 관계에서 지배복종관계가 성립되어 일반 사인처럼 그 지배하에 있는 경우 등에는 기본권 주체가 될 수 있다. 이러한 경우에는 이들이 기본권을 보호해야 하는 국가적 기능을 담당하고 있다고 볼 수 없기 때문이다(2013.9.26. 2012헌마271).★

제3절 • 기본권의 효력

인권이 담고 있는 힘

> **헌 법**
> 제10조 모든 국민은 인간으로서의 존엄과 가치를 가지며, 행복을 추구할 권리를 가진다. 국가는 개인이 가지는 불가침의 기본적 인권을 확인하고 이를 보장할 의무를 진다.

I 개 념

기본권의 효력이란 기본권이 그 의미·내용대로 실현될 수 있는 힘, 즉 기본권의 구속력을 말하는데, 누가 기본권의 구속을 받는지의 관점에서는 기본권의 수범자의 문제이기도 하다.★

II 기본권의 대국가적 효력

1. 국고작용에 대한 효력

헌법은 제10조 후문에서 "국가는 기본적 인권을 보장할 의무를 진다"고 하여 국가의 기본권보장의무를 규정하고 있으므로, 기본권은 입법권·행정권·사법권을 포괄하는 모든 국가권력을 직접 구속한다. 국가작용은 공권력 활동인 권력작용, 공행정 작용인 관리작용, 사경제 활동인 국고(國庫)작용으로 구분되는데, 일반적인 견해는 헌법상 포괄적 보장조항의 취지상 기본권은 국고작용을 포함한 모든 국가작용에 대하여 효력을 미친다고 본다.

2. 국고작용에 대한 구제방법

(1) 헌법소원심판

국고작용은 공권력의 실질을 갖고 있지 않으므로 헌법재판소법상 헌법소원의 대상으로 명시된 '공권력의 행사 또는 불행사'에 해당한다고 보기 어렵다. 헌법재판소도 "사법상 매매계약의 성질을 갖는 토지의 협의취득 등 행정청이 **사경제의 주체**로서 행하는 사법상의 법률행위는 헌법소원의 대상이 되는 **공권력의 행사에 해당하지 않는다**"고 판시하였다(1992.11.12. 90헌마160; 1992.12.24. 90헌마182).

(2) 국가배상청구

헌법상 국가배상청구의 요건인 공무원의 '직무상 행위'의 범위에 관해서 대법원은 "국가 또는 지방자치단체라 할지라도 공권력의 행사가 아니고 **단순한 사경제의 주체**로 활동하였을 경우에는 그 손해배상의 책임에 **국가배상법의 규정이 적용될 수 없고** 민법상의 손해배상책임이 있다"고 판시하였다(1970.11.24. 70다1148; 1997.7.22. 95다6991).

III 기본권의 대사인적 효력

1. 기본권의 효력확장론의 배경

전통적으로 기본권은 대국가적 공권으로 인식되었으나, 오늘날 국가와 유사한 기능을 하는 **사회적 세력**에 대해서도 기본권의 효력을 확장할 필요성이 인정되고, 이론적으로 기본권의 파급효과를 인정하는 **이중적 성격론**이 등장하면서 대사인적 효력이 논의되기 시작하였다.

2. 미국의 이론

미국의 경우 사인 간의 인종차별을 중심으로 **기본권수범자인 국가의 개념을 확장**하는 미국연방대법원의 **국가행위의제이론**(state action theory)이 등장하게 되었다. 이 이론은 **사인이나 사적 단체**가 국가의 재정적 원조를 받거나 국가시설을 임차하는 경우 또는 실질적으로 행정적 기능을 수행하는 경우 등 **국가와의 밀접한 관련성이 인정**될 때, 그 행위를 **국가행위와 동일시**하여 기본권의 구속을 받게 하는 것으로,* 국가권력만이 기본권의 수범자라는 전통적인 관념 속에서 기본권의 대사인적 효력을 인정하는 이론구성이다.

3. 독일의 이론

① **직접효력설**(직접적용설)은 **헌법의 최고규범성을 강조**하여 사인 상호간의 관계에 직접 적용될 수 있는 기본권은 **사법조항과 같은 매개물 없이** 직접 사인 간의 관계에 적용된다고 한다.
② **간접효력설**(간접적용설)은 **헌법의 최고규범성과 사법의 독자성을 동시에 고려**하여 사인 간의 법률관계를 규율하는 것은 우선 사법이기 때문에, 원칙적으로 헌법상의 기본권규정은 **사법조항을 매개물로** 하여 사법조항의 해석에 관해 법관을 구속하는 기준이 됨으로써 간접적으로 사인 간의 관계에 적용된다고 한다.

4. 한국헌법과 기본권의 대사인적 효력

우리 헌법에는 기본권의 대사인적 효력에 관한 **명문의 규정이 없으나**, 대법원은 "기본권 규정은 그 성질상 사인 간의 관계에 **적용될 수 없는 기본권**, 명문규정 또는 성질상 사인 간의 관계에 **직접 적용될 수 있는 기본권**을 제외하고는 사법상의 일반원칙을 규정한 민법 제2조 등의 내용을 형성하고 그 해석 기준이 되어 **간접적으로 적용**된다"고 하여 간접적용설을 취하였다(2010.4.22. 2008다38288; 2011.1.27. 2009다19864).9)*

---

9) 사인 간에 적용될 수 없는 기본권으로는 사법절차적 기본권, 참정권, 청구권, 사회권 등 성질상 사인이 관여할 수 없는 기본권이 있고, 사인 간에 직접 적용되는 기본권으로는 근로3권, 언론·출판의 자유, 인간의 존엄과 가치·행복추구권, 환경권 등이 논해지고 있으나, 판례상 사인 간에 직접 적용될 수 있는 기본권으로 인정된 사례는 없다.

제4절 • 기본권의 보호의무

방관을 넘어 참여로 실천하는 국가

> **헌 법**
> 제10조 모든 국민은 인간으로서의 존엄과 가치를 가지며, 행복을 추구할 권리를 가진다. 국가는 개인이 가지는 불가침의 기본적 인권을 확인하고 이를 보장할 의무를 진다.

I 기본권보호의무의 의의

기본권보호의무란 기본권적 법익에 대한 **사인의 위법한 침해**로부터 기본권을 보호해야 할 **국가의 적극적 의무**를 말한다.10)★★ 독일에서 전개되는 기본권보호의무는 기본권의 대사인효에 관한 간접효력설의 불충분성을 극복하려는 것으로 그 적용범위를 사적 영역에 한정한다.11)

II 기본권보호의무의 헌법적 근거

① 전통적인 방어권개념에서 국가의 사적 영역에의 개입은 부정적이었으나, 오늘날 **사회적 세력**에 의한 기본권침해가 증대한 현실에서 국가개입의 필요성이 인정되고, 이론적으로 기본권의 파급효과를 인정하는 **기본권의 이중적 성격론**이 등장하면서 적극적 보호의무가 논의되기 시작하였다. ② 헌법 **제10조 후문**은 "국가는 개인이 가지는 불가침의 기본적 인권을 확인하고 이를 보장할 의무를 진다"고 하여 국가의 **포괄적 기본권보장의무**를 규정하고 있는데, 이 규정을 적극적 보호의무의 근거규정으로 볼 수 있다(2003.1.30. 2002헌가358).★

III 보호의무의 통제

1. 과소(보호)금지의 원칙

헌법은 단지 국가에게 **보호과제**만을 부과할 뿐 **보호방법**까지 제시하지 않았으므로, 보호의무를 이행하는 방법은 국가 특히 **광범위한 형성권**을 가진 입법자의 책임범위에 속한다.★★ 그렇다면 권력분립의 관점에서 **보호의무 이행여부**의 **통제기준**으로는 국가가 적어도 법익의 보호에 필요한 **최소한의 보호조치**를 제공해야 한다는 '**과소(보호)금지의 원칙**'이 적용된다(1997.1.16. 90헌마110등).12)★★

---

10) 기본권보호의무에는 국가 스스로 기본권을 침해해선 안 될 소극적 보호의무와 타인의 침해로부터 기본권을 보호할 적극적 보호의무가 있는데, 헌법적 논증의 필요성은 자유영역의 예외적 개입에 관한 적극적 보호의무로 국한된다.
11) 사인인 제3자의 침해를 요하므로 국가권력의 침해나 자초위해는 포함되지 않는다.★★
12) 과소금지원칙은 입법형성권의 존중과 수범자에 따른 보호의무의 기능상 구분에 기초하여, 행위규범으로서 입법자 등에게 최적의 실현을 요구하나, 통제규범으로서 헌법재판소에게 최소한의 통제를 요구하는 것으로(1997.5.29. 94헌마33 참조), 기본권제한의 일반적 통제기준인 '과잉금지원칙·비례원칙'과 구별된다.

2. 최소한의 보호수준

① 헌법상 보호수단의 선택에는 형성의 여지가 있으므로 최소한의 보호수준은 소극적으로 판단할 수밖에 없다. 헌법재판소도 "국가가 아무런 보호조치를 취하지 않았든지 아니면 취한 조치가 법익을 보호하기에 **전적으로 부적합하거나 매우 불충분한 것임이 명백한 경우**에 한하여 국가의 보호의무 위반을 확인하여야 한다"고 판시하였다(2009.2.26. 2005헌마764 등).★★ ② 헌법재판소는 일본군위안부·원폭피해자들의 배상분쟁을 **한일청구권협정이 정한 절차**에 따라 해결하지 않는 국가의 부작위에 대해 작위의무를 인정하여 위헌결정하였으나(2011.8.30. 2006헌마788; 2011.8.30. 2008헌마648),★★ 재일한국인 피징용부상자들의 보상분쟁을 **중재회부**를 통해 해결하지 않는 국가의 부작위에 대해서는 작위의무를 부정하여 각하결정하였고(2000.3.30. 98헌마206), 업무상과실 또는 중과실에 의한 교통사고로 피해자가 중상해를 입은 경우에도 가해차량이 종합보험이나 공제에 가입된 경우 공소를 제기할 수 없도록 한 **교통사고처리특례법** 조항에 대하여는 **중상해피해자**의 평등권 및 **재판절차진술권 침해를 인정**하면서도 **신체의 자유**에 관한 **기본권보호의무 위반은 부정**하였다(2009.2.26. 2005헌마764등).★★

3. 통제의 한계

보호의무이행에는 정치적 형성권이 있으므로 헌법재판소가 과소금지위반을 확인하는 경우에도 헌법재판소는 국가에게 **특정의 보호조치를 취할 의무를 부과할 수는 없고**, 기본권침해만을 확인함으로써 보호의무위반을 강조할 수 있을 뿐이다(1997.1.16. 90헌마110등).13)★★

> **판례** 기후위기 대응을 위한 국가 온실가스 감축목표 2030년 온실가스 감축목표를 설정한 탄소중립기본법 조항 및 재정투자 계획, 부문별 및 연도별 감축목표를 규정한 '제1차 국가 탄소중립 녹색성장 기본계획'이 위헌인지 여부(일부 적극) ▶ 2024.8.29. 2020헌마389등 [헌법불합치, 기각, 각하]
>
> (1) 정부가 2023. 4. 11. 수립한 이 사건 기본계획 중 이 사건 재정계획은 정부가 편성하고 국회가 의결하는 규범인 예산에 관한 중장기적인 계획을 정한 것일 뿐, 국민의 기본권에 직접적 영향을 미치는 공권력행사라고 보기 어려우므로, 헌법소원심판의 대상이 되지 않는다.
> (2) 이 사건 탄소중립기본법 제8조 제1항은 같은 법 제7조 제1항의 '2050년 탄소중립'이라는 목표를 전제로 그 중간 시점인 2030년까지의 중장기 감축목표를 설정하였으나, 위 조항에서 2031년부터 2049년까지의 감축목표에 관하여 어떤 형태의 정량적 기준도 제시하지 않은 것은 2050년 탄소중립의 목표 시점에 이르기까지 점진적이고 지속적인 감축을 실효적으로 담보할 수 없으므로, 기후위기라는 위험상황에 상응하는 보호조치로서 필요한 최소한의 성격을 갖추지 못하여 과소보호금지원칙을 위반하였다. 한편 중장기적인 온실가스 감축목표 계획에는 매우 높은 수준의 사회적 합의가 필요하다는 점, 미래세대는 민주적 정치과정에 참여하는 것이 제약되어 있다는 점과 관련하여 입법자에게 더욱 구체적인 입법의무가 있음을 고려할 때, 2031년부터 2049년까지의 감축목표에 관하여 대강의 정량적 수준도 규정하지 않은 것은 의회유보원칙을 포함하는 법률유보원칙을 위반한 것이다. 결국 심판대상 법률조항은 기본권 보호의무를 위반하여 청구인들의 환경권을 침해한다.

---

13) 헌법재판소는 대통령(박근혜) 탄핵 사건에서 "피청구인은 행정부의 수반으로서 국가가 국민의 생명과 신체의 안전 보호의무를 충실하게 이행할 수 있도록 권한을 행사하고 직책을 수행하여야 하는 의무를 부담하지만, 국민의 생명이 위협받는 재난상황이 발생하였다고 하여 피청구인이 직접 구조 활동에 참여하여야 하는 등 구체적이고 특정한 행위의무까지 바로 발생한다고 보기는 어렵다"고 판시하였다(2017.3.10. 2016헌나1).★★

(3) 이 사건 부문별 및 연도별 감축목표는 감축경로 및 감축수단에 관한 계획을 수립하는 관점에서는, 탄소중립기본법령이 설정한 중장기 감축목표를 달성할 수 없도록 설계되었다고 단정할 수 없고, 기후위기라는 위험상황에 상응하는 보호조치로서 필요한 최소한의 성격을 갖추지 못하였다고 보기 어려우므로, 상위 법령이나 과소보호금지원칙을 위반하였다고 할 수 없다.

판례 학교 마사토 운동장 유해물질 유지·관리 기준 부재 학교시설에서의 유해중금속 등 유해물질의 예방 및 관리 기준을 규정한 학교보건법 시행규칙 조항에 마사토 운동장에 대한 규정을 두지 아니한 것이 위헌인지 여부(소극) ▶ 2024.4.25. 2020헌마107 [기각]

학교보건법 시행규칙과 관련 고시의 내용을 전체적으로 보면, 심판대상조항은 인조잔디 및 탄성포장재에 대해서만 유해중금속 등의 예방 및 관리 기준을 두고 있으나 이를 그 밖의 다른 운동장 바닥재에 대한 점검과 관리를 차단하려는 취지로 보기는 어려우므로, 필요한 경우 학교의 장이 마사토 운동장에 대한 유해중금속 등의 점검을 실시하는 것이 가능하다는 점, 지속적으로 유해중금속 등의 검출 문제가 제기되었던 인조잔디 및 탄성포장재와 천연소재인 마사토가 반드시 동일한 수준의 유해물질 관리 기준으로써 규율되어야 한다고 보기는 어렵다는 점 등을 종합하면, 심판대상조항에 마사토 운동장에 대한 기준이 도입되지 않았다는 사정만으로 국민의 환경권을 보호하기 위한 국가의 의무가 과소하게 이행되었다고 평가할 수는 없으므로 청구인의 환경권을 침해하지 아니한다.

판례 교특법상 불처벌특례 업무상과실 또는 중대한 과실로 인한 교통사고로 말미암아 피해자가 중상해를 입은 경우에도 가해차량이 종합보험이나 공제에 가입된 경우 공소를 제기할 수 없도록 한 교통사고처리특례법 조항이 위헌인지 여부(적극) ▶ 2009.2.26. 2005헌마764등 [위헌]

(1) 재판절차진술권 및 평등권의 침해여부 : 특례법은 자동차수 증가에 즈음하여 운전자들의 종합보험가입을 유도하고 전과자 양산을 방지하려는 것이나, 피해자가 중상해를 입은 경우, 사고발생경위·피해자의 과실정도 등을 살펴 정식기소 외에 약식기소나 기소유예 등 다양한 처분이 가능함에도, 가해차량이 종합보험 등에 가입했다는 이유만으로 면책되도록 함으로써 중상해피해자의 재판절차진술권 행사를 근본적으로 봉쇄하고 있으므로, 과잉금지원칙에 반하여 '중상해'피해자의 재판절차진술권을 침해하는 것이다. ★ 단서조항(10대 중과실범 또는 보험·공제금 지급면책)에 해당하거나 사망사고가 발생한 경우 기소가 허용되는 것과의 차별문제는 기소여부에 따라 피해자의 재판절차진술권 행사여부가 결정되는 기본권행사의 중대한 제한을 구성하므로 엄격한 심사기준에 따라 판단한다.★ 단서조항에 해당하지 않는 중상해피해자는 교통사고유형에 따른 우연한 사정으로 재판절차진술권을 행사하지 못하게 되므로, 단서조항에 해당하지 않는 교통사고의 '중상해'피해자를 재판절차진술권의 행사에 있어서 달리 취급한 것은 평등권을 침해하는 것이다.★

(2) 기본권보호의무의 위반여부 : 국가의 생명·신체에 대한 보호의무는 교통사범에 대한 사후처벌뿐 아니라, 우선적으로 운전면허취득 등 전반적인 교통관련법규의 정비, 교통안전에 관한 시설의 유지·확충, 교통사고피해자에 대한 보상제도 등 여러 가지 사전적·사후적 조치를 함께 취함으로써 이행된다 할 것이므로, 형벌은 국가가 취할 수 있는 유효적절한 수많은 수단 중의 하나일 뿐이지, 결코 형벌까지 동원해야만 보호법익을 유효적절하게 보호할 수 있다는 의미의 최종적인 유일한 수단이 될 수는 없다 할 것이다. 따라서 이 사건 법률조항은 국가의 기본권보호의무의 위반여부에 관한 심사기준인 과소보호금지의 원칙에 위반한 것이라고 볼 수 없다.★★

판례 **미국산 쇠고기수입의 위생조건에 관한 고시**　미국산 쇠고기 수입위생조건을 완화한 농림부고시가 위헌인지 여부(소극)　　▶ 2008.12.26. 2008헌마419등 [기각]

이 사건 고시가 개정 전 고시에 비하여 완화된 수입위생조건을 정한 측면이 있다 하더라도, 미국산 쇠고기의 수입과 관련한 위험상황 등과 관련하여 개정 전 고시 이후에 달라진 여러 요인들을 고려하고 지금까지의 관련 과학기술 지식과 국제수역사무국(Office International des Epizooties, OIE) 국제기준 등에 근거하여 보호조치를 취한 것이라면, 이 사건 고시상의 보호조치가 체감적으로 완벽한 것은 아니라 할지라도, 쇠고기 소비자인 국민의 생명·신체의 안전을 보호하기에 전적으로 부적합하거나 매우 부족하여 그 보호의무를 명백히 위반한 것이라고 단정하기는 어렵다 할 것이다.★

판례 **공직선거의 확성장치사용기준**　전국동시지방선거의 선거운동 과정에서 후보자들이 확성장치를 사용할 수 있도록 허용하면서도 그로 인한 소음의 규제기준을 정하지 아니한 공직선거법 조항이 위헌인지 여부(적극)　　▶ 2019.12.27. 2018헌마730 [헌법불합치]

헌법 제35조 제1항은 국민의 환경권을 보장함과 동시에 국가에게 환경보전의무를 부여하고 있다. 환경권의 보호대상인 환경에는 자연환경뿐만 아니라 인공적 환경과 같은 생활환경도 포함되므로(환경정책기본법 제3조), 일상생활에서 소음을 제거·방지하여 '정온한 환경에서 생활할 권리'는 환경권의 한 내용을 구성한다.★ 국가가 국민의 건강하고 쾌적한 환경에서 생활할 권리에 대한 보호의무를 다하지 않았는지 여부를 헌법재판소가 심사할 때에는 이른바 '과소보호금지원칙'의 위반 여부를 기준으로 삼아야 한다.★★ 선거운동의 자유를 감안하여 선거운동을 위한 확성장치를 허용할 공익적 필요성이 인정된다고 하더라도 심판대상조항이 정온한 생활환경이 보장되어야 할 주거지역에서 출근 또는 등교 이전 및 퇴근 또는 하교 이후 시간대에 확성장치의 최고출력 내지 소음을 제한하는 등 사용시간과 사용지역에 따른 수인한도 내에서 확성장치의 최고출력 내지 소음 규제기준에 관한 규정을 두지 아니한 것은 국가의 기본권 보호의무를 과소하게 이행한 것으로서 청구인의 건강하고 쾌적한 환경에서 생활할 권리를 침해한다.★★

제5절 · 기본권의 갈등

칡과 등나무처럼 복잡하게 얽힌 권리주장의 정돈

> **코멘트**
> 모두가 자유인, 너나 할 것 없이 눈만 마주치면 서로의 권리를 외쳐댄다. 어떤 이는 좀 깨웠는지 수십 개 권리를 동시에 읊조린다. 귀에서 피가 난다.

I 의 의

헌법규범들은 한 국가공동체의 질서체계로서 서로 경합하거나 충돌할 수 있는데 이를 헌법규범의 갈등이라고 한다. 특히 기본권의 갈등이란 헌법규범 중 기본권규범이 경합하거나 충돌할 경우 어느 기본권의 효력이 우선하느냐의 문제로서 '**기본권의 해석**'에 관한 문제인 동시에 '**기본권의 효력**'에 관한 문제이며, 나아가 '**기본권의 제한**'에 관한 문제이기도 하다.**

II 기본권의 경합

1. 기본권경합의 의의

기본권의 경합(경쟁)이란 <u>**단일한 기본권주체**가 **동일한 사안**에서 **상이한 기본권**의 적용을 주장하는 경우에 기본권 상호간의 관계를 말하는데</u>,14)** 이는 기본권의 효력에 관한 전통적인 논의이다.

2. 기본권의 유사경합

기본권의 유사경합이란 외견상 기본권의 경합처럼 보이지만 실제로는 하나의 기본권 구성요건만 충족하는 것을 말한다. 기본권의 적용을 주장하는 자의 행위가 당해 **기본권의 보호영역을 벗어난 것**인 때에는 진정한 의미의 기본권경합이 아니라 기본권의 유사경합에 불과하다.

3. 기본권경합의 해결방법

기본권경합의 해결에 있어서는, 일반규범과 특수규범의 관계에 있는 기본권들이 경합하는 경우 '특별법우선원칙'15)이나 '기본법우선원칙'16)에 따라 **특수규범을 우선적으로 적용**하고, 그 밖의 기본권들이 경합하는 경우 당해 사안과 가장 밀접하고 **직접적인 관계**에 있는 기본권을 중심으로 해결하며,* 그 확정이 곤란한 경우 <u>관련되는 **모든 기본권**을 적용</u>하여야 할 것이다. 특히 특수규범우선원칙과 관련하여 ① '특별관계'의 예로는 **일반평등규정과 개별평등규정**의 경합(1999.12.23. 98헌마363), **사생활의 자유와 통신의 자유**의 경합(2010.12.28. 2009헌가30), **결사의 자유와 정당의 자유**의 경합(1999.12.23. 99헌마135), **직업선택의 자유와 공무담임권**의 경합(1999.12.23. 99헌마135) 등을 들 수 있고,** ② '보충관계'의 예로는 **행복추구권과 개별기본권**의 경합(2000.12.14. 99헌마112 등),* **일반적 행동의 자유와 직업행사의 자유**의 경합(2002.10.31. 99헌바76등) 등을 들 수 있다.

---

14) 학술집회 참여자가 국가 규제에 대하여 학문의 자유와 집회의 자유를 함께 주장하는 경우를 들 수 있다.
15) 특별법은 일반법 중에서 특수한 사항을 추출하여 특별히 취급하려는 것이므로 특별법이 일반법에 우선 적용된다.
16) 기본법은 근본사항을 규정한 것이고 보충법은 결함보충을 위한 것이므로 기본법이 보충법에 우선하여 적용된다.

III 기본권의 충돌

1. 기본권충돌의 의의

기본권의 충돌(상충)이란 **상이한 기본권주체가 동일한 사안**에서 **상충하는 기본권**의 적용을 주장하는 경우에 기본권 상호간의 관계를 말하는데,17)** 이는 기본권의 대사인적 효력이 승인됨에 따라 등장한 새로운 논의이다.

2. 기본권의 유사충돌

기본권의 유사충돌이란 외견상 기본권의 충돌처럼 보이지만 실제로는 상충하는 이해관계가 성립하지 않는 것을 말한다. 기본권의 적용을 주장하는 자의 행위가 당해 **기본권의 보호영역을 벗어난 것인 때**에는 진정한 의미의 기본권충돌이 아니라 기본권의 유사충돌에 불과하다.

3. 기본권충돌의 해결방법

기본권충돌의 해결방법으로는 ① **이익형량**에 의한 방법(기본권 서열이론)과 ② **규범조화**적 해석에 의한 방법(실제적 조화이론)이 있다.* 전자는 기본권 상호간에 일정한 위계질서가 있음을 전제로 하여 보다 우월한 이익을 우선적으로 보장하는 해결방식이고, 후자는 상충하는 규범 모두가 최대한의 기능과 효력을 나타낼 수 있는 조화의 방법을 찾으려는 해결방식이다.18) 헌법재판소는 "충돌하는 기본권의 성격과 태양에 따라 **그때그때마다** 적절한 해결방법을 **선택, 종합하여 해결**"함으로써 다양한 접근방법을 제시하고 있다(2005.11.24. 2002헌바95등).

4. 기본권충돌해결에 관한 헌법재판소 판례

헌법재판소는 반론보도청구권과 언론의 자유가 충돌하는 사건(1999.9.16. 89헌마165)* 등 대부분의 사건에 관하여 규범조화적 해석에 의한 방법을 적용하였고, **수업권과 수학권이 충돌하는 사건**(1992.11.12. 89헌마88), **흡연권과 혐연권이 충돌하는 사건**(2004.8.26. 2003헌마457)에서는 이익형량에 의한 방법을 적용하였으며,** 유니언 샵(Union Shop)19) 협정 사건에서는, 근로자의 **단결하지 아니할 자유**와 노동조합의 적극적 단결권의 충돌에 관하여 이익형량에 의한 방법을, 근로자의 개인적 단결권(단결선택권)과 노동조합의 집단적 단결권의 충돌에 관하여는 규범조화적 해석에 의한 방법을 적용하였다(2005.11.24. 2002헌바95등).**

---

17) 복수의 기본권주체가 상이한 기본권뿐만 아니라 동일한 기본권을 서로 주장하는 경우, 예컨대 집회와 반대집회의 경우에도 기본권충돌이 발생한다(한수웅, 헌법학 제4판, 502면).

18) ① 이익형량법의 예로는 인간존엄성, 생명권 같은 근본적 기본권이 다른 기본권보다 우위라는 '상위기본권우선의 원칙', 인격적 가치를 위한 기본권이 재산적 가치를 위한 기본권보다 우위라는 '인격적가치우선의 원칙', 자유 실현을 위한 기본권이 평등 실현을 위한 기본권보다 우위라는 '자유우선의 원칙'이 있고, ② 규범조화법의 예로는 상충하는 기본권 모두에 필요최소한의 제약을 가하는 '과잉금지의 방법', 상충하는 기본권을 제약하는 대신 대안을 모색하는 '대안식 해결방법', 가능하고 필요한 수단 중 최후의 수단을 회피하는 '최후수단의 억제방법'이 있다.

19) 단결권을 제한하는 단결강제의 대표적 유형으로 단체협약상의 샵(Shop)조항을 들 수 있다. 샵(Shop)조항이란 조합자격의 취득(Closed Shop조항) 또는 유지(Union Shop조항)를 근로자의 고용조건으로 하는 단체협약상의 조항을 말한다.

판례 공중시설 흡연금지 공중이용시설에서 원칙적으로 흡연을 금지하는 국민건강증진법시행규칙이 위헌인지 여부(소극)
▶ 2004.8.26. 2003헌마457 [기각]

흡연자들이 자유롭게 흡연할 권리인 흡연권은 인간의 존엄과 행복추구권을 규정한 헌법 제10조와 사생활의 자유를 규정한 헌법 제17조에 의하여 뒷받침된다.★★ 한편 비흡연자들이 흡연을 하지 않거나 흡연으로부터 자유로울 권리인 혐연권은 헌법 제17조, 헌법 제10조에서뿐만 아니라 건강권과 생명권에 기하여서도 인정된다. 흡연권은 위와 같이 사생활의 자유를 실질적 핵으로 하는 것이고 혐연권은 사생활의 자유뿐만 아니라 생명권에까지 연결되는 것이므로 혐연권이 흡연권보다 상위의 기본권이라 할 수 있다.★ 이처럼 상하의 위계질서가 있는 기본권끼리 충돌하는 경우에는 상위기본권우선의 원칙에 따라 하위기본권이 제한될 수 있으므로, 결국 흡연권은 혐연권을 침해하지 않는 한에서 인정되어야 한다.★

판례 유니언 샵 협정체결 당해 사업장 근로자의 3분의 2 이상을 대표하는 지배적 노동조합에게 단체협약을 매개로 한 조직강제[이른바 유니언 샵(Union Shop) 협정의 체결]를 허용하는 노동조합법 조항이 위헌인지 여부(소극)
▶ 2005.11.24. 2002헌바95등 [합헌]

(1) 단결하지 아니할 자유와 적극적 단결권의 충돌 : 심판대상조항으로 인해 근로자의 단결하지 아니할 자유와 노동조합의 적극적 단결권(조직강제권)이 충돌하게 되나, 노동조합의 조직강제권은 생존권(사회권)적 성격을 함께 가지고 있어 근로자 개인의 자유권에 비해 보다 특별한 가치로 보장되는 점을 고려하면, 노동조합의 적극적 단결권은 근로자 개인의 단결하지 않을 자유보다 중시된다고 할 것이어서 노동조합에게 이러한 조직강제권을 부여한다고 하여 근로자의 자유의 본질적인 내용을 침해하는 것이라고 할 수 없다.★★

(2) 단결선택권과 집단적 단결권의 충돌 : 심판대상조항으로 인해 근로자의 개인적 단결권(단결선택권)과 노동조합의 집단적 단결권(조직강제권)이 충돌한다. 개인적 단결권과 집단적 단결권이 충돌하는 경우 기본권 서열이론이나 법익형량의 원리에 입각하여 어느 기본권이 더 상위기본권이라고 단정할 수는 없으며,★ 헌법의 통일성 유지를 위해 상충하는 기본권 모두가 최대한의 기능과 효력을 발휘할 수 있도록 조화로운 방법을 모색하되(규범조화적 해석), 법익형량의 원리, 입법에 의한 선택적 재량 등을 종합적으로 참작하여야 한다. 이러한 조직강제를 할 수 있는 노동조합의 범위를 엄격하게 제한하는 등 전체적으로 상충되는 기본권 사이에 균형을 도모하고 적정한 비례관계를 유지하고 있으므로 헌법 제33조 제1항에 위반되지 않는다.

> 코멘트
> 모두가 자유인, 세상은 무절제한 자기주장으로 만인이 투쟁하는 전쟁상태가 되었다. 자유인이여, 조금만 절제하면 평화를 되찾을 것이니 자중하라.

제6절 · 기본권의 제한과 그 한계

방종이 아닌 자유를 위한 절제의 미덕

I 기본권제한의 유형

1. 헌법유보에 의한 제한(헌법직접적 제한)

헌법유보(憲法留保)에 의한 제한이란 **헌법이 직접 명시적으로 기본권제한을 규정**한 것을 말한다. 여기에는 기본권 전반에 대하여 일괄적으로 제약을 두는 일반적 헌법유보 방식과 특정 기본권에 한하여 제약을 두는 개별적 헌법유보 방식이 있다. 우리 헌법에는 **일반적 헌법유보조항이 없고 개별적 헌법유보조항만**[20] 존재한다.

2. 법률유보에 의한 제한(헌법간접적 제한)

법률유보(法律留保)란 헌법이 기본권의 제한이나 구체화를 **법률에 위임**하고 있는 경우를 말하는데, 위임 내용에 따라 **기본권제한적 법률유보**와 **기본권형성적 법률유보**로 나뉜다.[21] 법률유보에 의한 제한(기본권제한적 법률유보)과 관련하여 우리 헌법은 **일반적 법률유보** 방식을 채택하면서 **개별적 법률유보**조항을 가미하고 있다.[22]

II 기본권제한의 일반원칙

> **헌 법**
> 제37조 ② 국민의 모든 자유와 권리는 국가안전보장·질서유지 또는 공공복리를 위하여 필요한 경우에 한하여 법률로써 제한할 수 있으며, 제한하는 경우에도 자유와 권리의 본질적인 내용을 침해할 수 없다.★

1. 헌법 제37조 제2항의 의의

기본권제한의 일반적 법률유보조항인 헌법 제37조 제2항은 법률로써 기본권을 제한하는 경우에 준수되어야 할 일반준칙을 규정한 조항으로서 **기본권제한의 수권규정**이면서 **기본권제한의 한계규정**이다(1989.12.22. 88헌가13). 동 조항은 기본권제한의 목적상의 한계, 형식상의 한계(법률유보원칙), 방법상의 한계(과잉금지원칙), 내용상의 한계(본질적 내용침해금지원칙)를 규정하고 있다.

---

[20] 개별적 헌법유보조항의 예로는 당내민주화 요청(제8조 제2항), 정당해산제도(동조 제4항), 언론·출판의 사회적 책임(제21조 제4항), 재산권행사의 공공복리적합성(제23조 제2항), 군인 등 이중배상제한(제29조 제2항), 공무원 근로3권 제한(제33조 제2항), 주요방위산업체 근로자 단체행동권 제한(동조 제3항) 등을 들 수 있다.

[21] 일반적으로 자유권은 법률의 매개 없이 직접 실현되므로 그에 관한 법률유보는 기본권제한적 법률유보이고, 청구권·사회권은 법률의 형성을 매개로 실현되므로 그에 관한 법률유보는 기본권형성적 법률유보인데, 제23조 제1항의 "재산권의 내용과 한계는 법률로 정한다"는 조항처럼 자유권에 관해서도 기본권형성적 법률유보가 존재할 수 있다.

[22] 일반적 법률유보조항의 예로는 헌법 제37조 제2항을 들 수 있고, 개별적 법률유보조항의 예로는 신체의 자유에 관한 헌법 제12조 제1항과 재산권의 공용침해에 관한 헌법 제23조 제3항 등을 들 수 있다.

2. 목적상의 한계

헌법 제37조 제2항은 기본권제한의 목적상의 한계로서 "국가안전보장·질서유지 또는 공공복리"를 들고 있는데,* **제4공화국헌법**(1972년)에서 처음으로 '**국가안전보장**'의 요건이 추가되어 현행헌법(1987년)에 이르고 있다.

3. 형식상의 한계

(1) 법률유보의 원칙

㈎ 형식적 및 실질적 의미의 법률[23]

헌법 제37조 제2항에 따라 기본권의 제한은 법률로써만 가능하다. 여기의 법률이란 원칙적으로 국회가 제정한 형식적 의미의 법률을 의미하나(2000.12.14. 2000헌마659), 헌법 제6조 제1항의 해석상 법률의 효력이 인정되는 조약 등 **중요국제법규**, 헌법 제76조의 명문규정에 따라 법률의 효력이 인정되는 긴급명령·긴급재정경제명령 등 **긴급입법**은 법률에 준한다.

> **판례** **최루액 혼합살수행위** 서울종로경찰서장이 2015. 5. 1. 22 : 13경부터 23 : 20경까지 사이에 최루액을 물에 혼합한 용액을 살수차를 이용하여 집회참가자들에게 살수한 행위가 위헌인지 여부(적극) ▶ 2018.5.31. 2015헌마476 [위헌확인]
>
> 집회·시위의 해산 또는 저지를 위해 최루액을 혼합한 용액을 살수하는 행위는 집회의 자유 뿐만 아니라 신체의 자유로부터 도출되는 신체를 훼손당하지 아니할 권리에 대한 직접적 제한을 초래한다. 살수차는 사용방법에 따라서는 국민의 생명·신체에 중대한 위해를 가할 수 있는 장비에 해당하므로 살수차 사용요건이나 기준은 법률에 근거를 두어야 한다. 살수차와 같은 위해성 경찰장비는 본래의 사용방법에 따라 지정된 용도로 사용되어야 하며 다른 용도나 방법으로 사용하기 위해서는 반드시 법령에 근거가 있어야 한다. 살수차로 최루액을 분사하여 살상능력을 증가시키는 혼합살수방법은 법령에 열거되지 않은 '새로운 위해성 경찰장비'에 해당하는바, 이 사건 '살수차 운용지침'에 혼합살수의 근거 규정을 둘 수 있도록 위임하고 있는 법령이 없으므로, 이 사건 지침은 법률유보원칙에 위배되고 이 사건 지침만을 근거로 한 이 사건 혼합살수행위 역시 법률유보원칙에 위배된다. 따라서 이 사건 혼합살수행위는 청구인들의 신체의 자유와 집회의 자유를 침해한다.*

> **판례** **중복되는 집회신고서의 반려** 서울남대문경찰서장이 시간·장소가 중복되는 옥외집회신고서를 동시에 접수한 후 모두 반려한 행위가 위헌인지 여부(적극) ▶ 2008.5.29. 2007헌마712 [위헌확인]
>
> 피청구인은 옥외집회를 관리하는 행정기관으로서 이미 접수된 옥외집회신고서를 법률상 근거 없이 반려하였는바, 청구인들의 입장에서는 이를 신고의 접수거부 또는 집회의 금지통고로 보고 집회 개최를 포기할 수밖에 없었다고 할 것이므로, 이 사건 반려행위는 헌법소원의 대상인 공권력 행사에 해당한다.* 이 사건 반려행위에 대하여는 법원에서의 권리구제절차 허용 여부가 불확실하므로 이 사건 심판청구는 보충성의 예외에 해당하여 적법하다. 피청구인은 신고서의 접수순서를 정하는 과정에서 폭력사태 발생이 우려된다는 이유로 동시에 접수하고 이후 상호 양립될 수 없는 신고서 모두를 반려하

---

23) '형식적 의미의 법률'이란 의회에서 정해진 절차와 형식으로 제정된 법률을 말하고, '실질적 의미의 법률'이란 법률에 준하여 취급되는 기타 규범을 말한다.

였는바, 법의 집행을 책임지고 있는 국가기관은 법에 규정된 방식에 따라야 할 책무가 있으므로, 적법한 절차에 따라 접수순위를 확정하려는 최선의 노력을 한 후, 집시법 제8조 제2항에 따라 후순위로 접수된 집회의 금지 또는 제한을 통고하였어야 한다. 그렇다면 이 사건 반려행위는 법률유보원칙에 반하여 청구인들의 집회의 자유를 침해한 것이다.**

(나) 법규명령

헌법 제37조 제2항의 "법률로써 제한"할 수 있다는 의미는 '법률에 의한 제한'만을 뜻하는 것이 아니라 **법률에 근거한 제한**'을 요청하는 것이므로 법률뿐만 아니라 **법률에 근거한 하위규범을 통해서도 기본권을 제한**할 수 있다(2005.2.24. 2003헌마289).** ① 따라서 법률에 근거가 있는 한 하위명령, 즉 **대통령령·총리령·부령**(제75조, 제95조)에 의해서도 기본권을 제한할 수 있고(2003.11.27. 2002헌마193), ② 나아가 상위법령의 위임에 따라 그 법령의 시행에 필요한 구체적 사항을 정한 '**법령보충적 행정규칙**'에 의해서도 기본권을 제한할 수 있다(2004.10.28. 99헌바91).

> **판례** 법령보충규칙에 의한 기본권제한 ▶ 2004.10.28. 99헌바91; 2008.11.27. 2005헌마161등
>
> 오늘날 의회의 입법독점주의에서 입법중심주의로 전환하여 일정한 범위 내에서 행정입법을 허용하게 된 동기가 사회적 변화에 대응한 입법수요의 급증과 기능적 권력분립론에 있다는 점 등을 감안하여 헌법 제40조와 헌법 제75조, 제95조의 의미를 살펴보면,* 국회입법에 의한 수권이 입법기관이 아닌 행정기관에게 법률 등으로 구체적인 범위를 정하여 위임한 사항에 관하여는 당해 행정기관에게 법정립의 권한을 갖게 되고, 입법자가 규율의 형식도 선택할 수도 있다 할 것이므로, 헌법이 인정하고 있는 위임입법의 형식은 예시적인 것으로 보아야 할 것이고, 그것은 법률이 행정규칙에 위임하더라도 그 행정규칙은 위임된 사항만을 규율할 수 있으므로, 국회입법의 원칙과 상치되지도 않는다.** 다만, 형식의 선택에 있어서 규율의 밀도와 규율영역의 특성이 개별적으로 고찰되어야 할 것이고, 그에 따라 입법자에게 상세한 규율이 불가능한 것으로 보이는 영역이거나 극히 전문적인 식견에 좌우되는 영역에서는 행정규칙에 대한 위임입법이 제한적으로 인정될 수 있다.**

(2) 법률의 일반적 요건

(가) 법률의 일반성

법률은 **권력분립원칙과 평등원칙**에 따라 일반성을 속성으로 한다.24)* 규범의 형식을 취하면서도 행정처분·사법처분적 내용을 규율하는 소위 '**처분적 법률**'의 허용여부가 문제되는데, 헌법에는 이에 관한 **규정이 없다**(2008.1.10. 2007헌마1468).* 행정이나 사법의 매개 없이 직접 구체적 권리관계를 규율하는 '**집행적 법률**'은 **권력분립원칙**에 위배될 소지가 있고, 특정인이나 특정사안에 적용되는 '**개별적 법률**'은 **평등원칙**에 위배될 소지가 있으나, 국가기능의 통일성, 상대적 평등성 이념에 비추어 **극단적인 집행처우**25)나 **불합리한 차별취급**이 아닌 한 허용된다고 볼 것이다.**

---

24) 이는 불특정 다수를 규율대상으로 삼아야 함을 의미한다.
25) '金모를 총리로 임명한다'거나 '朴모를 사형에 처한다'는 내용의 법률을 들 수 있다.

> **판례** **대선후보이명박특검법** 특별검사의 수사대상을 특정인에 대한 특정사건으로 한정한 특검법 조항이 위헌인지 여부(소극)
> ▶ 2008.1.10. 2007헌마1468 [기각]
>
> 특정한 규범이 개인대상 또는 개별사건법률에 해당한다고 하여 그것만으로 바로 헌법에 위반되는 것은 아니고, 그 차별적 규율이 합리적인 이유로 정당화되는 경우에는 허용된다고 할 것이다. 특별검사 제도의 연혁 등에 비추어 볼 때 특별검사제도의 규율에는 본질적으로 국회의 폭넓은 재량이 인정된다고 보아야 할 것인바, 국회가 여러 사정을 고려하여 이 사건 법률 제2조가 규정한 사안들에 대하여 특별검사에 의한 수사를 실시하도록 한 것이 명백히 자의적이거나 현저히 부당한 것이라고 단정하기 어려우므로, 청구인들의 평등권이 침해된 것으로 볼 수 없다. ★

(나) 법률의 명확성

법률은 법치국가원리에 따라 명확성을 속성으로 한다(2003.12.18. 2001헌바91등). ① 그러나 명확성의 원칙은 최대한이 아닌 **최소한의 명확성**을 요청하는 것이므로 **불확정개념**을 사용했더라도 법률해석을 통해 자의적인 적용을 배제할 수 있다면 헌법에 위반되지 않는다(2009.12.29. 2008헌바15 등). ★★ ② 그리고 명확성의 원칙은 모든 법률에 있어서 동일한 정도로 요구되는 것은 아니고, **침익적 법률**이 수익적 법률에 비하여, **형사법률**이 일반법률에 비하여 보다 엄격하게 요구되며(2004.2.26. 2003헌바4 등), ★★ 침익적 법률이라 하더라도 규율대상이 **지극히 다양**하거나 **수시로 변화**하는 성질의 것이어서 입법기술상 일의적으로 규정할 수 없는 경우에는 명확성의 요건이 완화된다(2008.12.26. 2007헌바124). ★★

4. 방법상의 한계

(1) 과잉금지원칙의 의의

과잉금지의 원칙(비례의 원칙)이란 국민의 기본권을 제한하는 국가작용의 한계를 명시한 것으로서 **목**적의 정당성·**수**단의 적합성·피**해**의 최소성·**법**익의 균형성을 의미하며 그 어느 하나에라도 저촉이 되면 위헌이 된다는 헌법상의 원칙을 말한다(1997.3.27. 95헌가17 등). [26)27)] 과잉금지원칙은 **실질적 법치주의** 원리의 정의의 이념과 헌법 제37조 제2항의 **"필요한 경우에 한하여"** 라는 문언에서 근거를 찾을 수 있다(1992.12.24. 92헌가8).

🔵 두문자
목 수 해 법

---

26) 헌법재판소는 '과잉금지의 원칙'과 '비례의 원칙'을 동일한 의미로 사용하고 있다. 비례의 원칙이란 법익충돌의 경우 상충하는 법익의 최적화를 위해 비례적 조화를 요청하는 일반적 헌법원리를 말한다.
27) 독일연방헌법재판소가 발전시킨 과잉금지원칙은 '적합성의 원칙(수단의 적합성)', '필요성의 원칙(피해의 최소성)', '협의의 비례성 또는 상당성의 원칙(법익의 균형성)'만을 부분원칙으로 하는데, 과잉금지원칙은 목적과 수단의 상관관계에 관한 것이므로 목적 자체의 정당성 여부는 내용에 속한다고 보기 어렵다(김학성, 헌법학원론 제3판, 356면 / 한수웅, 헌법학 제4판, 468면). 우리 헌법재판소가 목적의 정당성을 부분원칙으로 삼는 것은 우리 헌법 제37조 제2항이 목적상의 한계를 규정한 것에서 기인하는 것으로 보는 견해가 있으며(홍성방, 헌법학 제2판(上), 426면), 헌법재판소 판례 중에는 목적의 정당성과 과잉금지원칙을 별도로 검토한 사례도 있다(2003.10.30. 2000헌바67등; 2004.10.28. 2003헌가18).

(2) 과잉금지원칙의 적용밀도

과잉금지원칙의 적용에 있어서는 **입법형성의 범위**에 따라 **심사밀도가 차등화**될 수 있는데, **근본적인 인권영역**에 대한 제한은 보다 엄격한 심사를 요하고, **부수적인 인권영역**에 대한 제한은 보다 완화된 심사가 요청된다. 헌법재판소는 **직업의 선택여부**에 대한 제한은 개인의 핵심적 자유영역에 대한 침해를 의미하지만, **직업의 행사방법**에 대한 제한은 핵심적 자유영역에 대한 침해가 아니라고 하였고(2002.10.31. 99헌바76등), **표현의 내용**에 대한 규제는 엄격한 요건 하에서 허용되는 반면, 표현내용과 무관하게 **표현의 방법**을 규제하는 것은 폭넓은 제한이 가능하다고 판시하였다(2002.12.18. 2000헌마764).★

(3) 과잉금지원칙의 내용

(가) 목적의 정당성

목적의 정당성이란 기본권제한의 목적이 헌법의 가치체계에 부합해야 함을 의미한다. 헌법상 입법자는 그 과제에 상응하는 광범한 목표설정권한을 가지므로 <u>입법목적 자체의 정당성이 부인되는 경우는 극히 드물다</u>. 헌법재판소는 피의자 조사과정 촬영허용행위(2014.3.27. 2012헌마652),★★ 혼인빙자간음죄(2009.11.26. 2008헌바58등),★ 자도소주구입명령제(1996.12.26. 96헌가18) 등에 대하여 목적의 정당성을 부인한 바 있다.

(나) 수단의 적합성

수단의 적합성이란 기본권제한수단이 그 목적달성에 기여하는 유효적절한 조치여야 함을 의미한다. 수단의 적합성의 정도는 **부분적 적합성**으로도 충분하고 **완전한 적합성**까지 요구되는 것은 아니고, 선택된 수단이 목적달성을 위하여 **유일무이한 수단**일 것을 요건으로 하지는 않는다(2006.7.27. 2004헌가13; 2006.6.29. 2002헌바80등; 2014.3.27. 2011헌바43).★ 따라서 수단의 적합성 판단에 있어서 입법자의 예측판단에 대한 통제는 선택된 수단이 명백히 부적합한가라는 명백성의 통제에 그치게 되므로 <u>수단의 적합성이 부인되는 경우도 극히 드물다</u>.

(다) 피해의 최소성

피해의 최소성이란 기본권제한수단이 그 목적달성에 필요한 최소한도의 조치여야 함을 의미한다. ① 기본권행사의 '부분적 금지'를 통해서 입법목적의 달성이 가능함에도 불구하고 기본권행사의 '전면적 금지'를 채택하거나 기본권의 '행사방법의 제한'을 통해서 목적달성이 가능함에도 '행사여부의 제한'을 채택하는 경우, 입법자가 '임의적 규정'을 통해서 입법목적의 달성이 가능함에도 불구하고 '필요적 규정'을 채택하거나 국민에게 '의무의 부과 없이' 목적달성이 가능함에도 '의무를 부과'하는 경우 최소침해성의 원칙에 위배된다.

(라) 법익의 균형성

법익의 균형성 또는 협의의 비례의 원칙이란 <u>기본권제한으로 보호되는 공익과 제한되는 사익 간에 균형이 이루어져야 한다는 원칙</u>으로서 목적과 수단 사이의 관계를 규율한다.

(4) 과잉금지원칙 관련 헌법재판소 판례

판례 **수사결과 사무장병원 확인시 요양급여비용 등 지급보류** 수사기관의 수사 결과 의료인의 면허 등을 대여받아 운영한 의료기관(편의상 '사무장병원'이라 한다)으로 확인된 경우 국민건강보험공단 등으로 하여금 요양급여비용 등의 지급을 보류할 수 있도록 한 국민건강보험법 및 의료급여법 조항이 위헌인지 여부(적극) ▶ 2023.3.23. 2018헌바433등; 2024.6.27. 2021헌가19 [헌법불합치]

심판대상조항은 사후적인 부당이득 환수절차의 한계를 극복하고 건강보험 및 의료급여기금 재정의 건전성을 확보하려는 것이다. 사무장병원일 가능성이 있는 요양기관이 요양급여비용을 지급받지 못하는 불이익을 유죄의 판결이 확정되기 전에 죄 있는 자에 준하여 추급하는 것이라고 보기 어려우므로 무죄추정원칙에 반한다고 볼 수 없다. 지급보류처분은 잠정적 처분으로서, 처분 이후 사무장병원이 아니라는 사실이 밝혀져 무죄판결의 확정 등 사정변경이 발생할 수 있으므로, 지급보류처분의 '처분요건'뿐만 아니라 '지급보류처분의 취소'에 관하여도 명시적인 규율이 필요하고, 무죄판결이 확정되기 전이라도 하급심 법원에서 무죄판결이 선고되는 경우에는 그때부터 일정 부분에 대하여 요양급여비용을 지급하도록 할 필요가 있다는 점, 이러한 규율을 두지 않아 의료기관 개설자가 입게 되는 불이익은 상당히 크다는 점 등을 종합하면, 과잉금지원칙에 반하여 재산권을 침해한다.★

판례 **상한 없는 배수벌금형 규정** 허위재무제표작성죄와 허위감사보고서작성죄에 대하여 배수벌금을 규정하면서도, '그 위반행위로 얻은 이익 또는 회피한 손실액이 없거나 산정하기 곤란한 경우'에 관한 벌금 상한액을 규정하지 아니한 '주식회사 등의 외부감사에 관한 법률' 조항이 책임과 형벌 간의 비례원칙에 위배되는지 여부(적극) ▶ 2024.7.18. 2022헌가6 [헌법불합치]

'주식회사 등의 외부감사에 관한 법률' 제39조 제1항 중 '그 위반행위로 얻은 이익 또는 회피한 손실액의 2배 이상 5배 이하의 벌금'에 관한 부분은 허위재무제표작성죄 및 허위감사보고서작성죄에 대하여 배수벌금형을 규정하면서도, '그 위반 행위로 얻은 이익 또는 회피한 손실액이 없거나 산정하기 곤란한 경우'에 관한 벌금 상한액을 규정하고 있지 않기 때문에, 그와 같은 경우 법원이 죄질과 책임에 상응하는 벌금형을 선고할 수 없도록 하여 책임과 형벌 간의 비례원칙에 위배된다.

판례 **강제퇴거대상자 상한 없는 보호기간** 강제퇴거명령을 받은 사람을 여권 미소지 또는 교통편 미확보 등의 사유로 즉시 대한민국 밖으로 송환할 수 없으면 송환할 수 있을 때까지 그를 보호시설에 보호할 수 있도록 하여 보호기간의 상한을 마련하지 아니한 출입국관리법 조항이 위헌인지 여부(적극) ▶ 2023.3.23. 2020헌가1등 [헌법불합치]

심판대상조항은 강제퇴거명령을 효율적으로 집행하려는 것이나, 보호기간의 상한을 두지 않아 강제퇴거대상자의 무기한 보호를 가능하게 하는 것은 보호의 일시적·잠정적 강제조치로서의 한계를 벗어나는 것이라는 점, 강제퇴거명령의 집행 확보는 주거지 제한·보고, 신원보증인 지정, 보증금 납부, 감독관 관찰 등 다양한 수단으로도 가능한 점 등을 종합하면, 과잉금지원칙에 반하여 피보호자의 신체의 자유를 침해한다.★★ 이 사건 보호는 신체의 자유의 제한 정도가 형사절차상 체포·구속에 준하므로 보호의 개시·연장 단계에서 중립적인 기관이 그 타당성을 통제할 수 있어야 하는데 그러한 절차가 없고, 적법절차원칙에 내포된 중요한 절차적 요청인 당사자의 의견 및 자료 제출의 기회가 보장되지 않으므로, 적법절차원칙에 반하여 피보호자의 신체의 자유를 침해한다.★★

판례 주거침입(준)강제추행죄 가중처벌 주거침입(준)강제추행죄에 대하여 무기징역 또는 7년 이상의 징역에 처하도록 한 성폭력처벌법 조항이 위헌인지 여부(적극) ▶ 2023.2.23. 2021헌가9등 [위헌]

주거침입죄와 (준)강제추행죄는 모두 행위 유형이 매우 다양한바, 이들이 결합된다고 하여 행위 태양의 다양성이 사라지는 것은 아니므로, 그 법정형의 폭은 개별적으로 각 행위의 불법성에 맞는 처벌을 할 수 있는 범위로 정할 필요가 있다. 심판대상조항은 법정형의 하한을 '징역 5년'으로 정하였던 개정 이전의 구 성폭력처벌법 조항과 달리 그 하한을 '징역 7년'으로 정함으로써, 주거침입의 기회에 행해진 (준)강제추행의 경우에는 법관의 정상참작감경만으로는 집행유예를 선고할 수 없도록 하였다. 이에 따라 주거침입의 기회에 행해진 (준)강제추행의 불법과 책임의 정도가 아무리 경미한 경우라고 하더라도, 다른 법률상 감경사유가 없으면 일률적으로 중형에 처할 수밖에 없게 되어 형벌개별화의 가능성이 극도로 제한되므로, 심판대상조항은 책임과 형벌 간의 비례원칙에 위배된다.★

판례 야간주거침입절도 미수범 준강제추행죄 가중처벌 야간주거침입절도죄의 미수범이 준강제추행죄를 범한 경우 무기징역 또는 7년 이상의 징역에 처하도록 한 성폭력처벌법 조항이 위헌인지 여부(소극) ▶ 2023.2.23. 2022헌가2 [합헌]

야간주거침입절도미수준강제추행죄는 평온과 안전이 요구되는 사적 공간에 그러한 평온과 안전이 강하게 요청되는 야간에 재물을 절취할 의도로 침입한 사람이 정신적·신체적 사정으로 인해 자기를 방어할 수 없는 상태에 있는 피해자의 성적 자기결정권을 침해하는 범죄로서 행위의 불법성이 크고 법익 침해가 중대하다. 이 사건 범죄의 행위 태양의 다양성이나 불법의 경중의 폭은 주거침입준강제추행죄의 그것만큼 넓지 아니하므로, 주거침입준강제추행죄와 달리 법관의 정상참작감경만으로는 집행유예를 선고하지 못하도록 한 것이 법관의 양형판단재량권을 침해하는 것이라고 볼 수 없다. 따라서 심판대상조항은 책임과 형벌 간의 비례원칙에 위배되지 않는다. 위와 같은 상황에서 성범죄를 당한 피해자의 충격과 공포는 성범죄행위의 유형에 따라 크게 달라진다고 보기 어려우므로, 이 사건 범죄의 법정형을 야간주거침입절도미수범이 (준)강간, (준)유사강간의 죄를 범한 경우와 동일하게 정한 것은 현저히 자의적인 입법이라고 할 수 없다. 따라서 심판대상조항은 형벌체계상 균형을 상실하여 평등원칙에 위배되지 않는다.

판례 음주운전 등 재범 가중처벌 음주운전(음주운항) 금지규정 위반 또는 음주측정거부 전력자가 다시 음주운전(음주운항)이나 음주측정거부를 한 경우 가중처벌하는 도로교통법 및 해사안전법 조항이 위헌인지 여부(적극) ▶ 2021.11.25. 2019헌바446; 2022.5.26. 2021헌가30등; 2022.5.26. 2021헌가32등; 2022.8.31. 2022헌가18등; 2022.8.31. 2022헌가10 [위헌]

심판대상조항은 음주운전 금지규정 등을 반복하여 위반하는 사람에 대한 처벌을 강화하기 위한 규정인데, 가중요건이 되는 과거 위반행위와 처벌대상이 되는 재범행위 사이에 아무런 시간적 제한을 두지 않고 있는 점(과거 위반행위가 상당히 오래 전에 이루어져 처벌대상인 재범행위를 준법정신이 현저히 부족한 상태에서 이루어진 행위 또는 반복적으로 교통안전 등을 위협하는 행위라고 평가하기 어렵다면 이를 가중처벌할 필요가 있다고 보기 어렵다), 과거 위반 전력의 시기 및 내용이나 혈중알코올농도 수준, 음주 의심 정도와 발생한 위험 등에 비추어, 비난가능성이 상대적으로 낮은 재범행위까지도 일률적으로 가중처벌한다는 점 등을 종합하면, 책임과 형벌 간의 비례원칙에 위반된다.★★

판례 **성년 가족 예비군훈련 소집통지서 전달 의무**   예비군대원 본인의 부재시 예비군훈련 소집통지서를 수령한 같은 세대 내의 가족 중 성년자가 정당한 사유없이 소집통지서를 본인에게 전달하지 아니한 경우 형사처벌하는 예비군법 조항이 위헌인지 여부(적극)   ▸ 2022.5.26. 2019헌가12 [위헌]

심판대상조항은 예비군대원 본인이 부재중이기만 하면 예비군대원 본인과 세대를 같이한다는 이유만으로 가족 중 성년자가 소집통지서를 전달할 의무를 위반하면 형사처벌을 하고 있는데, 이는 예비군훈련을 위한 소집통지서의 전달이라는 정부의 공적 의무와 책임을 단지 행정사무의 편의를 위하여 개인에게 전가하는 것으로, 이것이 실효적인 예비군훈련 실시를 위한 전제로 그 소집을 담보하고자 하는 것이라도 지나치다는 점, 심판대상조항은 행정절차적 협력의무에 불과한 소집통지서 전달의무의 위반에 대하여 과태료 등의 행정적 제재가 아닌 형사처벌을 부과하고 있는데, 이는 형벌의 보충성에 반하고 책임에 비하여 처벌이 지나치게 과도하다는 점 등을 종합하면, 심판대상조항은 책임과 형벌 간의 비례원칙에 위반된다. ★

판례 **군인사법상 병 징계영창**   병(兵)에 대한 징계처분으로 일정기간 부대나 함정(艦艇) 내의 영창, 그 밖의 구금장소에 감금하는 영창처분을 규정한 구 군인사법 조항이 위헌인지 여부(적극)   ▸ 2020.9.24. 2017헌바157등 [위헌]

심판대상조항은 병의 복무규율 준수를 강화하여 군의 지휘명령체계를 확립하려는 것이나, 이 사건 영창처분은 징계처분임에도 불구하고 신체의 자유를 박탈하는 내용까지 갖고 있어 징계의 한계를 초과한 점, 그 실질이 구류형의 집행과 유사하여 극히 제한된 범위에서 형사상 절차에 준하는 방식으로 이루어져야 하는데, 영창처분이 가능한 징계사유는 지나치게 포괄적이고 기준이 불명확하여 영창처분의 보충성이 담보되지 않는 점, 징계위원회의 심의·의결과 군법무관의 적법성 심사는 모두 징계권자의 부대 또는 기관에 설치되거나 소속된 것으로 형사절차에 견줄만한 중립적이고 객관적인 절차라고 보기 어려운 점 등을 종합하면, 과잉금지원칙에 반하여 병의 신체의 자유를 침해한다. ★

판례 **금융투자업자 단정적 판단 제공행위 처벌**   금융투자업자가 투자권유를 함에 있어서 불확실한 사항에 대하여 단정적 판단을 제공하거나 확실하다고 오인하게 할 소지가 있는 내용을 알리는 경우 형사처벌하는 자본시장법 조항이 위헌인지 여부(소극)   ▸ 2017.5.25. 2014헌바459 [합헌]

심판대상조항은 금융투자업자의 투자판단으로부터 영향을 받기 쉬운 투자자를 보호하려는 것으로, 심판대상조항의 적용범위는 '투자자의 합리적인 투자판단 또는 해당 금융투자상품의 가치에 영향을 미칠 수 있는 사항'으로 한정되고, 투자자에 대한 단정적 판단 제공 등 행위는 법률에서 추구하는 공익을 직접적으로 침해하는 것으로 과태료 등 다른 경미한 수단으로는 억제하기가 어렵다는 점, 청구인이 받는 불이익은 특정한 방식으로 투자권유를 하는 것이 금지·처벌되는 것에 그친다는 점을 고려하면, 과잉금지원칙에 위배되지 아니한다.

판례 **정신질환자 보호입원**   보호의무자 2인의 동의와 정신과전문의 1인의 진단으로 정신질환자에 대한 보호입원이 가능하도록 한 정신보건법 조항이 위헌인지 여부(적극)   ▸ 2016.9.29. 2014헌가9 [헌법불합치]

심판대상조항은 정신질환자 본인과 사회의 안전을 지키기 위한 것이나, 현행 보호입원 제도가 입원치료·요양을 받을 정도의 정신질환이 어떤 것인지에 대해서는 구체적인 기준을 제시하지 않고 있는 점, 보호의무자와 정신질환자 사이의 이해충돌을 적절히 예방하지 못하고 있는 점, 보호의무자 2인이 정신과전문의와 공모하는 경우 보호입원 제도가 남용될 위험성은 더욱 커지는 점, 정신질환자의 신체의 자유 침해를 최소화할 수 있는 적절한 방안을 마련하지 아니함으로써 지나치게 기본권을 제한하고 있는 점 등을 종합하면, 과잉금지원칙을 위반하여 신체의 자유를 침해한다. ★★

5. 내용상의 한계

(1) 본질적 내용침해금지의 의의

> 두문자
> 내 의 사 요

헌법 제37조 제2항 후단의 본질적 **내**용침해금지의 원칙이란 법률에 의해 기본권을 제한하더라도 기본권의 본질적 내용을 침해해서는 안된다는 원칙을 말한다. 이 원칙은 제**2**공화국헌법(1960년)에서 도입된 후 제**4**공화국헌법(1972년)에서 삭제되었다가 제**5**공화국헌법(1980년)에서 부활하였다.★★

(2) 본질적 내용침해금지의 성격

> 두문자
> 절 핵 사 상

고정불변의 인권가치를 인정할 것인지에 관해 절대설(인간존엄성설, 핵심영역보장설)과 상대설(과잉금지확인설)이 대립하는데, 헌법재판소는 종래 **절**대설 중 **핵**심영역보장설에 입각하여 판시하였으나, **사**형제도 사건에서는 "사형이 **비례의 원칙**에 따라서 예외적인 경우에만 적용되는 한, 본질내용침해금지원칙에 위반되는 것으로 볼 수 없다"(1996.11.28. 95헌바1; 2010.2.25. 2008헌가23)고 하여 **상**대설에 입각하여 판시하고 있다.28)★

Ⅲ 특수신분관계와 기본권제한

특수신분관계란 사회공동체의 유지를 위해 불가결하게 요구되는 공법상의 특수한 생활관계를 말한다.29) 특수신분관계에서는 <u>특수한 공적 목적을 달성하기 위한 범위 내에서 일반국민에게 허용되지 않는 **특별한 제한이 가능**</u>하지만 기본권보장원리에 비추어 <u>**법치주의의 일반원칙**이 그대로 적용되고 **사법적 통제가 허용**</u>된다는 점에 이론이 없다(2010.10.28. 2008헌마638 등).★

> **판례** 출정수형자의 사복착용제한 형사재판의 피고인으로 출석하거나 민사재판의 당사자로 출석하는 수형자에 대하여 사복착용을 제한하는 형집행법 조항이 위헌인지 여부(일부 적극)
> ▸ 2015.12.23. 2013헌마712 [헌법불합치, 기각]
>
> 수형자라 하더라도 확정되지 않은 별도의 형사재판에서만큼은 미결수용자와 같은 지위에 있으므로, 이러한 수형자로 하여금 형사재판 출석시 사복착용을 전면적으로 금지하여 인격적인 모욕감과 수치심 속에서 재판을 받도록 하는 것은 재판부나 검사 등 소송관계자들에게 유죄의 선입견을 줄 수 있다. 따라서 심판대상조항은 '형사재판'의 피고인으로 출석하는 수형자의 공정한 재판을 받을 권리, 인격권, 행복추구권을 침해한다.★★ 민사재판에서 법관이 당사자의 복장에 따라 불리한 심증을 갖거나 불공정한 재판진행을 하게 되는 것은 아니며 재소자용 의류를 입었다는 이유로 인격권과 행복추구권이 제한되는 정도는 제한적이므로, 심판대상조항은 '민사재판'의 당사자로 출석하는 수형자의 공정한 재판을 받을 권리, 인격권, 행복추구권을 침해하지 아니한다.★★

---

28) 헌법재판소가 본질내용침해금지원칙을 적용한 사례는 드물다. 기본권제한조치가 과잉하여 헌법에 위반된다면 그 자체로 위헌선언이 가능하고, 반대로 과잉하지 않다면 본질내용을 침해한다는 관념이 성립될 수 없기 때문이다.
29) 국가와 공무원의 관계(복무관계), 국·공립학교와 재학생의 관계(재학관계), 교도소와 수형자의 관계(수감관계), 국·공립병원과 전염병환자의 관계(입원관계), 국·공립공원과 이용자의 관계(이용관계) 등을 들 수 있다.

제7절 · 기본권의 보호

인권 보호장치 개관

> **코멘트**
> 많은 기계장치들이 우리를 경호하고 있지만 여전히 사각지대가 있다. 늦기 전에 틈새까지 찾아서 공략할 새로운 장치를 설계하자.

I 기본권의 보호유형

기본권의 보호는 국가기관에 대한 경우와 사인에 대한 경우로 나눌 수 있고, 전자는 다시 입법부·행정부·사법부에 대한 경우로 세분할 수 있다. 아래에서는 그 중 국가인권위원회에 의한 보호를 중심으로 살펴본다.

II 국가인권위원회에 의한 보호

1. 의 의

국가인권위원회는 국가인권위원회법에 근거하여 인권의 사각지대에서 인권보호업무를 보충적으로 수행하기 위하여 설립된 독립기구이다.

2. 적용범위

국가인권위원회법에서 보호하고자 하는 '인권'이란 대한민국 헌법 및 법률에서 보장하거나 대한민국이 가입·비준한 국제인권조약 및 **국제관습법**에서 인정하는 인간으로서의 존엄과 가치 및 자유와 권리를 포함한다(인권위법 제2조 제1호). 합리적 이유 없는 **성적 지향 등을 이유로 한 성희롱행위**도 평등권침해의 차별행위로 보아 조사·구제대상에 포함시키고 있으나, 잠정적 우대조치는 이에 포함되지 않는다(동조 제3호). 한국민은 물론이고 한국에 체류하는 외국인도 동 위원회를 통해 인권침해를 구제받을 수 있다(동법 제4조).

3. 국가인권위원회의 구성

국가인권위원회는 그 권한에 속하는 인권보호업무를 <u>독립하여 수행한다</u>(인권위법 제3조). 위원회는 위원장 1명과 상임위원 3명을 포함한 **11명**의 인권위원으로 구성한다(동법 제5조 제1항). 위원은 <u>국회가 선출하는 4명</u>, 대통령이 지명하는 **4명**, 대법원장이 지명하는 **3명**을 대통령이 임명한다(동조 제2항). ★ 위원장은 위원 중에서 국회의 인사청문을 거쳐 대통령이 임명한다(동조 제5항). <u>위원은 특정 성(性)이 10분의 6을 초과하지 아니하도록 하여야 한다</u>(동조 제7항).

> **판례** 국가인권위원 퇴직 후 공직취임제한 국가인권위원회의 인권위원은 퇴직 후 2년간 교육공무원이 아닌 공무원으로 임명되거나 공직선거법에 의한 선거에 출마할 수 없도록 한 국가인권위원회법 조항이 위헌인지 여부(적극) ▶ 2004.1.29. 2002헌마788 [위헌]
>
> 심판대상조항은 위원의 직무상 공정성을 확보하려는 것이나, 위원의 <u>인권보장 업무와 관련이 거의 없는 경우까지 포괄적으로 공직활동을 봉쇄</u>하고 있어, 참정권과 직업자유의 제한에서 갖추어야 할 수단의 적합성 등을 결여하여 <u>과잉금지원칙에 위배</u>된다. 높은 수준의 직무상 공정성이 요청되는 국가기관

의 담당자들과 달리 국가인권위원회의 경우에만 이를 강화해야 할 필요성이 두드러진다고 볼 근거가 없으므로(검찰총장, 경찰청장에 관한 유사 법률조항들은 이미 우리 재판소가 모두 위헌결정한 바 있음), 심판대상조항은 평등의 원칙에도 위배된다.★

4. 국가인권위원회의 업무

(1) 인권침해의 조사

① 국가인권위원회는 피해자의 **진정** 또는 **직권**으로 인권침해여부를 조사할 수 있다(인권위법 제30조 제1항·제3항). 진정은 인권침해의 피해당사자뿐만이 아니라 그 침해사실을 알고 있는 사람이나 단체도 가능하나, 진정대상인 인권침해는 헌법상 보장된 모든 인권의 침해가 아니라 헌법 제10조 내지 제22조에 보장된 기본권(인간의 **존**엄과 가치·행복추구권, **평**등권, **재**산권을 제외한 **자**유권적 기본권)의 침해로 국한되어 있고, 진정대상인 침해작용에서 국회의 입법 및 법원·헌법재판소의 재판은 제외되고 있다(동조 제1항). ② 국가인권위원회의 조사는 서면조사가 원칙이며, 피진정인에 대한 출석조사는 진술서만으로 사안을 판단하기 어렵고 인권침해가 있었다고 볼 만한 상당한 이유가 있는 경우에 한하여 인정된다(동조 제4항).

> **두문자**
> 존 평 재 자

판례 법원의 재판에 대한 진정 배제   법원의 재판을 국가인권위원회에 진정할 수 있는 대상에서 제외한 국가인권위원회법 조항이 위헌인지 여부(소극)   ▶ 2004.8.26. 2002헌마302 [기각]

기본권침해에 대한 보호의무를 담당하는 법원에 의한 기본권침해의 가능성은 입법기관인 국회나 집행기관인 행정부에 의한 경우보다 상대적으로 적고, 상급심법원이 하급심법원이 한 재판에 관하여 다시 심사할 기회가 있다는 점에서 다른 기관에 의한 기본권침해의 경우와는 본질적인 차이가 있어 차별을 정당화하므로, 평등의 원칙에 위반된 것이라고 할 수 없다.

(2) 인권침해의 구제

위원회는 수사개시 의뢰(인권위법 제34조 제1항), 합의의 권고(동법 제40조), 조정위원회의 조정(동법 제42조 및 제43조), 구제조치 등의 권고(동법 제44조), 고발 및 징계의 권고(동법 제45조), 법률구조의 요청(동법 제47조), 긴급구제조치의 권고(동법 제48조) 등의 권한을 가진다. 위원회는 피해자의 권리구제 등을 위하여 필요하다고 인정하면 피해자를 위하여 대한법률구조공단 또는 그 밖의 기관에 **법률구조를 요청**할 수 있는데, 이는 **피해자의 명시한 의사에 반하여 할 수는 없다**(동법 제47조).★

(3) 처리결과의 공개

위원회의 진정에 대한 조사·조정과 심의는 **비공개**로 하나 처리결과는 공표하여 공개할 수 있다(인권위법 제49조·제49조의2).★

CHAPTER 02 인간의 존엄과 가치·행복추구권·평등권

제1절 • 인간의 존엄과 가치·행복추구권

인간의 높고 엄숙한 품격에 기초한 행복한 삶

헌법
제10조 모든 국민은 인간으로서의 존엄과 가치를 가지며, 행복을 추구할 권리를 가진다. 국가는 개인이 가지는 불가침의 기본적 인권을 확인하고 이를 보장할 의무를 진다.

> **코멘트**
> 하늘로부터 부여 받은 인간의 가치는 세상 만물 중에 최고다. 인간은 스스로 존엄하므로 스스로 행복하게 살 권리가 있다.

I 인간의 존엄과 가치

헌법 제10조 제1문 전단의 인간존엄성조항은 **제3공화국**헌법(1962년)부터 규정하였다.** 인간존엄성조항은 우리 헌법의 최고의 가치로서 객관적 원리규범이자 **주관적 권리규범**이다(2016.12.29. 2013헌마142 등). 인간존엄권의 주체는 **천부적인 인격**의 주체로서 모든 인간을 의미하므로, 외국인을 포함한 자연인은 주체가 되나,* **법인 등 단체**는 주체가 될 수 없다(2006.12.28. 2004헌바67).*

II 행복추구권

1. 행복추구권의 의의 및 성격

헌법 제10조 제1문 후단의 행복추구권이란 안락하고 만족스러운 삶을 추구할 수 있는 권리를 말한다(1997.7.16. 95헌가6). 우리 헌법은 **제5공화국헌법**(1980년)부터 이를 규정하였다.30)** 행복을 추구할 권리는 성질상 자연인의 권리로서 법인 등 **단체**는 주체가 될 수 없다(2010.7.29. 2009헌바40 등).* 헌법재판소는 "행복추구권은 국민이 행복을 추구하기 위하여 필요한 급부를 국가에게 적극적으로 요구할 수 있는 것을 내용으로 하는 것이 아니라, 국민이 행복을 추구하기 위한 활동을 국가권력의 간섭 없이 자유롭게 할 수 있다는 포괄적인 의미의 **자유권**으로서의 성격을 가진다"(1995.7.21. 93헌가14)그 하여 주관적 권리성을 인정하면서도 **적극적 권리성은 부정**하고 있다.**

---

30) 행복추구권을 헌법에 명시하는 것은 드문 입법례에 속하는데, 우리 헌법은 제5공화국헌법(1980년)부터 이를 규정한 이래 그 내용의 불명확성때문에 혼란을 초래하고 있다. 허영 교수는 "동조항은 너무나 당연한 사항을 규정함으로써 오히려 불필요한 논란만 야기하므로 우리 헌법규정 중에서 체계적으로 가장 문제가 있는 규정이다"라고 한다(한국헌법론 전정8판, 336면).

> **판례** **서울광장 차벽봉쇄행위** 경찰청장이 2009. 6. 3. 경찰버스들로 서울특별시 서울광장을 둘러싸 통행을 제지한 행위와 관련하여 서울시민들의 행복추구권에 근거한 공물이용권이 인정되는지 여부(소극)
> ▶ 2011.6.30. 2009헌마406 [인용]
>
> 거주·이전의 자유는 거주지나 체류지라고 볼 만한 정도로 생활과 밀접한 연관을 갖는 장소를 선택하고 변경하는 행위를 보호하는바, 서울광장이 생활형성의 중심지인 거주지나 체류지에 해당한다고 할 수 없으므로 이 사건 통행제지행위로 인하여 거주·이전의 자유가 제한되었다고 할 수 없다.** 행복추구권은 국민이 행복을 추구하기 위한 활동을 국가권력의 간섭 없이 자유롭게 할 수 있다는 것으로, 시민이 공물의 이용요건을 갖추는 한 공물을 사용·이용하게 해달라고 국가에 청구할 권리 즉 공물이용권은 청구권의 영역에 속하는 것이므로 포괄적인 자유권인 행복추구권에 포함된다고 할 수 없다.* 행복추구권에는 일반적 행동자유권이 포함되는바, 일반 공중의 사용에 제공된 공공용물을 그 제공 목적대로 이용하는 일반사용 내지 보통사용은 행정주체의 허가를 요하지 않는 행위로서 일반 공중에게 개방된 장소인 서울광장을 개별적으로 통행하거나 서울광장에서 여가활동이나 문화활동을 하는 것은 일반적 행동자유권의 내용으로 보장되므로 이 사건 통행제지행위에 관해서는 일반적 행동자유권의 침해 여부가 문제된다.** 피청구인이 처음 서울광장의 통행을 막은 2009. 5. 23.경 노무현 전 대통령을 추모하기 위하여 대한문 앞 시민분향소 주변에 모여 있던 많은 사람들이 서울광장에서 추모 또는 항의 목적의 집회나 시위를 개최할 가능성이 적지 않았으므로, 이 사건 통행제지행위를 한 목적의 정당성 및 수단의 적절성은 인정되나, 서울광장의 몇 군데라도 통로를 개설하여 통제 하에 출입하게 하거나 서울광장 인근 건물에의 출근이나 왕래가 많은 오전 시간대에는 일부 통제를 푸는 등 덜 침해적인 방법을 고려했어야 함에도 불구하고 모든 시민의 통행을 전면적으로 제지한 것은 과잉금지원칙을 위반하여 청구인들의 일반적 행동자유권을 침해한 것이다.*

2. 행복추구권의 내용

행복추구권을 포괄적 자유권으로 보면 여기에는 개별적 기본권에서 보장되는 경우를 제외한 일체의 행복추구의 자유가 포함되는데, 헌법재판소는 행복추구권에 포괄되는 권리로 **자**기결정권, **일**반적 행동자유권(사적 자치권·계약자유권, 피구속자와 비변호인 간의 접견교통권 등), **개**성(인격)의 자유발현권, **휴**식권, **문**화향유권 등을 인정하고 있다.**

두문자
휴 일 개 문 자

> **판례** **자녀이름에 사용가능한 한자 제한** 출생신고시 자녀의 이름에 사용할 수 있는 한자의 범위를 '통상 사용되는 한자'로 제한하는 가족관계등록법 조항이 '부모가 자녀의 이름을 지을 자유'를 침해하는지 여부(소극)
> ▶ 2016.7.28. 2015헌마964 [기각]
>
> 부모가 자녀의 이름을 지어주는 것은 자녀의 양육과 가족생활을 위해 필수적이고 핵심적 요소라 할 수 있으므로, '부모가 자녀의 이름을 지을 자유'는 혼인과 가족생활을 보장하는 헌법 제36조 제1항과 행복추구권을 보장하는 헌법 제10조에 의하여 보호받는다.** 한자는 그 숫자가 방대하고 범위가 불분명한데다가, 우리나라는 한글 전용 정책을 주축으로 하여 한자에 익숙하지 못한 사람이 증가하고 있는바, 이름에 통상 사용되지 아니하는 한자를 사용하는 경우에는 그와 사회적·법률적 관계를 맺는 사람들이 그 이름을 인식하고 사용하는 데 상당한 불편을 겪게 될 것이므로 그 제한에 불가피한 측면이 있고, '인명용 한자'가 아닌 한자를 사용하였더라도 해당 한자가 함께 기재되지 않는 제한을 받을 뿐이다. 따라서 심판대상조항은 자녀의 이름을 지을 자유를 침해하지 않는다.*

> **판례** **표준어규정 준수의무**   공공기관의 공문서를 작성하거나 교과용 도서를 편찬·검인정하는 경우 표준어규정을 준수하도록 한 국어기본법 조항이 위헌인지 여부(소극) ▶ 2009.5.28. 2006헌가618 [기각]
>
> 지역 방언은 각 지방의 고유한 역사와 문화 등 정서적 요소를 그 배경으로 하기 때문에 같은 지역 주민들 간의 원활한 의사소통 및 정서교류의 기초가 되므로, 이와 같은 지역 방언을 자신의 언어로 선택하여 공적 또는 사적인 의사소통과 교육의 수단으로 사용하는 것은 행복추구권에서 파생되는 일반적 행동의 자유 내지 개성의 자유로운 발현의 한 내용이 된다 할 것이다.** 공문서에 사용되는 국어가 표준어로 통일되지 않는 경우 의사소통상 혼란을 가져올 수 있다는 점, 교과서를 각 지역의 방언으로 제작할 경우 학생들은 표준어를 체계적으로 배울 기회를 상실하게 되어 국가 공동체 구성원의 원활한 의사소통에 적지 않은 영향을 미칠 것이라는 점에서 이러한 규율은 필요불가결하므로 행복추구권을 침해하는 것으로 보기 어렵다.*

> **판례** **평화적 생존권**   ▶ 2009.5.28. 2007헌마369
>
> 청구인들이 평화적 생존권이란 이름으로 주장하고 있는 평화란 헌법의 이념 내지 목적으로서(헌법 전문 및 제1장 총강 참조) 추상적인 개념에 지나지 아니하고, 평화적 생존권은 이를 헌법에 열거되지 아니한 기본권으로서 특별히 새롭게 인정할 필요성이 있다거나 그 권리내용이 비교적 명확하여 구체적 권리로서의 실질에 부합한다고 보기 어려워 헌법상 보장된 기본권이라고 할 수 없다.**

Ⅲ 인격권

1. 인격권의 의의

인격권이란 개인의 고유한 인격적 가치를 향유할 수 있는 권리를 말한다. 헌법재판소는 인격권의 근거를 헌법 제10조의 인간존엄성에서 찾고 있다(2019.4.11. 2017헌바127 등).

2. 인격권의 주체

법인 등 단체도 사회적 실체로서 성질상 인격권의 주체가 된다.** 헌법재판소도 "**사죄광고** 과정에서는 자연인이든 법인이든 인격의 자유로운 발현을 위해 보호받아야 할 인격권이 무시된다"(1991.4.1. 89헌마160)고 하여 단체의 인격권주체성을 인정하고 있다.

> **판례** **명예훼손과 사죄광고강제**   민법 제764조 "명예회복에 적당한 처분"에 사죄광고를 포함시키는 것이 헌법에 위반되는지 여부(적극)   ▶ 1991.4.1. 89헌마160 [한정위헌]
>
> 사죄광고의 강제는 인간양심의 왜곡·굴절이고 겉과 속이 다른 이중인격형성의 강요인 것으로서 양심표명의 강제(법인의 경우라면 그 대표자에게 양심표명의 강제를 요구하는 결과가 된다)인 동시에, 국가에 의한 인격의 외형적 변형이 초래되어 인격형성에 분열이 수반됨으로써 인간의 존엄성 및 그를 바탕으로 하는 인격권에 큰 위해도 된다. 피해자가 받은 굴욕에 대하여, 불법하지 않다고 믿거나 혹은 사죄의 의사가 없는데도 국가의 강제력으로 불법행위의 자인·사죄라는 사회적 굴욕을 가해자에게 감수시켜 대응하는 것으로서 이는 일종의 응보적 보복에 가까운 현대판 "탈리오"인 것이어서 문명국가의 인본주의에 배치된다. 민법 제764조가 사죄광고를 포함하는 취지라면 기본권제한에 있어서 그

선택된 수단이 목적에 적합하지 않을 뿐만 아니라 그 정도 또한 과잉하여 헌법 제19조에 위반되는 동시에 헌법상 보장되는 인격권의 침해에 이르게 된다.★

[판례] 심의규정위반과 사과강제 심의규정을 위반한 방송사업자에게 '시청자에 대한 사과'를 명할 수 있도록 한 방송법 조항이 위헌인지 여부(적극) ▶ 2012.8.23. 2009헌가27 [위헌]

법인도 법인의 목적과 사회적 기능에 비추어 볼 때 그 성질에 반하지 않는 범위 내에서 인격권의 한 내용인 사회적 신용이나 명예 등의 주체가 될 수 있고 법인이 이러한 사회적 신용이나 명예 유지 내지 법인격의 자유로운 발현을 위하여 의사결정이나 행동을 어떻게 할 것인지를 자율적으로 결정하는 것도 법인의 인격권의 한 내용을 이룬다고 할 것이다.★★ 그렇다면 이 사건 심판대상조항은 방송사업자의 의사에 반한 사과행위를 강제함으로써 방송사업자의 인격권을 제한한다. 그런데 심의규정을 위반한 방송사업자에 대한 제재수단으로, 방송통신위원회부터 심의규정위반의 판정을 받은 사실을 공표하도록 하는 방법을 상정해 볼 수 있고, '시청자에 대한 사과'에 대하여는 '명령'이 아닌 '권고'의 형태를 취할 수도 있는바, 이와 같이 기본권을 보다 덜 제한하는 다른 수단에 의하더라도 입법목적을 달성할 수 있으므로, 이 사건 심판대상조항은 과잉금지원칙에 위배되어 방송사업자의 인격권을 침해한다.★★

[판례] 학교폭력 가해학생 서면사과 조치 가해학생에 대한 조치로 피해학생에 대한 서면사과를 규정한 학교폭력예방법 조항이 위헌인지 여부(소극) ▶ 2023.2.23. 2019헌바93등 [합헌]

심판대상조항은 가해학생에게 반성과 성찰의 기회를 제공하고 피해학생의 피해회복과 정상적인 학교생활 복귀를 돕기 위한 것으로, 서면사과 조치는 단순히 의사에 반한 사과명령의 강제가 아니라 학교폭력 이후 피해회복과 교우관계회복을 위한 특별한 교육적 조치로 볼 수 있고, 가해학생은 서면사과를 통해 자신의 잘못에 대하여 책임을 지는 방법과 피해학생의 피해를 회복하는 방법을 배우고 건전한 사회구성원으로 성장해나갈 수 있다는 점, 가해학생에게 의견진술 등 적정한 절차적 기회를 제공한 뒤에 학교폭력 사실이 인정되는 것을 전제로 내려지는 조치이며, 서면사과의 교육적 효과는 주의나 경고 또는 권고적인 조치만으로는 달성하기 어렵다는 점, 서면의 형식으로 사과하는 것 외에 사과의 내용에 대한 강제가 없고 이를 불이행하더라도 추가적인 조치나 불이익이 없다는 점 등을 종합하면, 가해학생의 양심의 자유와 인격권을 과도하게 침해한다고 보기 어렵다.★

3. 인격권의 내용

명 성 초

인격권에는 개인의 사회적 평가를 보호받을 권리로서 '**명**예권', 개인의 성명이나 상호명의 사용을 보호받을 권리로서 '**성**명권', 개인의 초상(肖像)이나 화상의 사용을 보호받을 권리로서 '**초**상권' 등이 포함된다. 헌법재판소는 ① "명예권에서 말하는 '명예'는 사람이나 그 인격에 대한 '**사회적 평가**', 즉 객관적·외부적 가치평가를 말하는 것이지 단순히 **주관적·내면적인 명예감정**은 포함하지 않는다"고 판시하였고(2005.10.27. 2002헌마425), ② "성명은 개인의 정체성과 개별성을 나타내는 인격의 상징이므로 **자유로운 성의 사용** 역시 인격권으로부터 보호된다"고 판시하였으며(2005.12.22. 2003헌가5등), ③ "사람은 자신의 의사에 반하여 얼굴을 비롯하여 특정인임을 식별할 수 있는 신체적 특징에 관하여 **함부로 촬영당하지 아니할 권리**를 가지고 있다"고 판시하였다(2014.3.27. 2012헌마652).

판례 **경찰의 집회참가자 촬영행위** 경찰청장이 집회에 참가한 자들을 촬영한 행위가 위헌인지 여부(소극)
▶ 2018.8.30. 2014헌마843 [기각, 각하]

이 사건 채증규칙(경찰청 예규)은 법률의 위임 없이 발령한 행정조직의 내부기준으로 집회 참가자는 경찰의 이 사건 촬영행위에 의해 비로소 기본권을 제한받게 되므로 이 사건 채증규칙에 대한 심판청구는 직접성 요건을 충족하지 못하여 부적법하다.★ 경찰의 촬영행위는 직접적인 물리적 강제력의 동원이 아니더라도 초상권을 포함한 일반적 인격권, 개인정보자기결정권, 집회의 자유를 제한할 수 있다.★★ 이 사건 촬영행위는 집회·시위 주최자 등의 범죄 증거를 수집하여 형사소추에 활용하려는 것으로, 불법한 집회·시위에서 단순 참가자들에 대한 촬영행위로 수집된 자료는 주최자의 집시법 위반에 대한 직접·간접의 증거가 될 수 있어 단순 참자자들에 대해서도 촬영할 필요가 있는 점, 최근 기술의 발달로 조망촬영과 근접촬영 사이에 기본권 침해라는 결과에 있어서 차이가 없다는 점 등을 종합하면,★ 신고범위를 벗어난 동안에만 집회참가자들을 촬영한 행위가 과잉금지원칙에 반하여 기본권을 침해한다고 볼 수 없다.★

판례 **사기혐의 피의자 조사과정 촬영허용행위** 사법경찰관이 기자들에게 공인이 아니며 보험사기를 이유로 체포된 피의자가 경찰서 조사실에서 양손에 수갑을 찬 채 조사받는 모습을 촬영할 수 있도록 허용한 행위가 위헌인지 여부(적극)
▶ 2014.3.27. 2012헌마652 [인용]

원칙적으로 '범죄사실' 자체가 아닌 그 범죄를 저지른 자에 관한 부분은 일반 국민에게 널리 알려야 할 공공성을 지닌다고 할 수 없고, 이에 대한 예외는 공개수배의 필요성이 있는 경우 등에 극히 제한적으로 인정될 수 있을 뿐인바, 이 사건의 경우 청구인에 대한 이러한 수사 장면을 공개 및 촬영하게 할 어떠한 공익 목적도 인정하기 어려우므로 목적의 정당성이 인정되지 아니한다.★★ 피의자의 얼굴을 공개하더라도 그로 인한 피해의 심각성을 고려하여 피의자의 신권이 노출되지 않도록 침해를 최소화하기 위한 조치를 취하여야 하는데 피청구인은 그러한 조치를 전혀 취하지 아니하였고, 촬영한 것이 언론에 보도될 경우 범인으로서의 낙인 효과와 그 파급효는 매우 가혹하다는 점에 비추어 침해최소성 및 법익균형성도 인정되지 아니한다. 따라서 이 사건 촬영허용행위는 과잉금지원칙에 위반되어 청구인의 인격권을 침해하였다.★★

4. 인격권 관련 헌법재판소 판례

판례 **태어난 즉시 '출생등록될 권리'의 성격** '혼인 중 여자와 남편 아닌 남자 사이에서 출생한 자녀에 대한 생부의 출생신고'를 허용하도록 규정하지 아니한 가족관계등록법 조항이 위헌인지 여부(적극)
▶ 2023.3.23. 2021헌마975 [헌법불합치]

(1) 태어난 즉시 '출생등록될 권리'는 '출생 후 아동이 보호를 받을 수 있을 최대한 빠른 시점'에 아동의 출생과 관련된 기본적인 정보를 국가가 관리할 수 있도록 등록할 권리로서, 아동이 사람으로서 인격을 자유로이 발현하고, 부모와 가족 등의 보호 하에 건강한 성장과 발달을 할 수 있도록 최소한의 보호장치를 마련하도록 요구할 수 있는 권리이다. 이는 헌법 제10조의 인간의 존엄과 가치 및 행복추구권으로부터 도출되는 일반적 인격권을 실현하기 위한 기본적인 전제로서 헌법 제10조뿐만 아니라, 헌법 제34조 제1항의 인간다운 생활을 할 권리, 헌법 제36조 제1항의 가족생활의 보장, 헌법 제34조 제4항의 국가의 청소년 복지향상을 위한 정책실시의무 등에도 근거가 있다.★★ 이와 같은 태어난 즉시 '출생등록될 권리'는 헌법에 명시되지 아니한 독자적 기본권으로서 자유권과 사회적 기본권의 복합적 성격을 갖는다는 점에서 입법자가 출생등록제도를 통하여 형성하고 구체화하여야 할 권리이다.

(2) 심판대상조항들은 혼인 외 출생자의 출생등록을 보장하고, 출생자의 친생관계와 국적 등 정확한 신분관계를 공시하기 위한 것이나, 혼인 중인 여자와 남편이 아닌 남자 사이에서 출생한 자녀의 경우, 해당 자녀의 모가 남편과의 관계에서 발생하는 여러 사정을 고려하여 출생신고를 하지 아니하는 경우가 발생하고 있고, 그 남편이 해당 자녀의 출생의 경위를 알고도 출생신고를 하는 것은 사실상 기대하기 어렵다는 점, 신고기간 내에 모나 그 남편이 출생신고를 하지 않는 경우 생부가 생래적 혈연관계를 소명하여 인지의 효력이 없는 출생신고를 할 수 있도록 하거나, 출산을 담당한 의료기관 등이 의무적으로 출생신고의 기재사항에 관한 정보를 담당 기관에 송부하여 출생신고가 이루어지도록 한다면, 민법상 신분관계와 모순되는 내용이 가족관계등록부에 기재되는 것을 방지하면서도 출생신고가 이루어질 수 있다는 점 등을 종합하면, 입법형성권의 한계를 일탈하였으므로 혼인 중 여자와 남편 아닌 남자 사이에서 출생한 자녀들의 태어난 즉시 '출생등록될 권리'를 침해한다. ★

판례 태어난 즉시 '출생등록될 권리'의 의미 ▶ 2020.6.8. 2020스575

출생 당시에 부 또는 모가 대한민국의 국민인 자는 출생과 동시에 대한민국 국적을 취득한다(국적법 제2조 제1항). 대한민국 국민으로 태어난 아동에 대하여 국가가 출생신고를 받아주지 않거나 절차가 복잡하고 시간도 오래 걸려 출생신고를 받아주지 않는 것과 마찬가지 결과가 발생한다면 이는 아동으로부터 사회적 신분을 취득할 기회를 박탈함으로써 인간으로서의 존엄과 가치, 행복추구권 및 아동의 인격권을 침해하는 것이다(헌법 제10조). 현대사회에서 개인이 국가가 운영하는 제도를 이용하려면 주민등록과 같은 사회적 신분을 갖추어야 하고, 사회적 신분의 취득은 개인에 대한 출생신고에서부터 시작한다. 대한민국 국민으로 태어난 아동은 태어난 즉시 '출생등록될 권리'를 가진다. 이러한 권리는 '법 앞에 인간으로 인정받을 권리'로서 모든 기본권 보장의 전제가 되는 기본권이므로 법률로써도 이를 제한하거나 침해할 수 없다(헌법 제37조 제2항). ★

판례 항공기 탑승객에 대한 추가 보안검색 항공운송사업자가 체약국의 요구가 있거나 필요하다고 판단하는 경우 항공기 탑승객에 대한 추가 보안검색을 실시할 수 있도록 한 국가항공보안계획이 위헌인지 여부(소극) ▶ 2018.2.22. 2016헌마780 [기각]

이미 탑승을 위한 출국 수속 과정에서 보안검색을 마쳤음에도, 취항 예정지 국가인 체약국의 요구가 있다는 이유로 항공기 탑승 전 또는 탑승구 앞에서 보안 담당자로부터 추가로 신체검사 등 보안검색을 당하는 경우 해당 승객은 모욕감 내지 수치심 등을 느낄 수 있으므로, 이 사건 계획으로 인한 인격권 침해 여부가 문제된다. 헌법 제12조의 신체의 자유는 신체거동의 자유와 함께 신체의 안전성이 침해당하지 아니할 자유를 포함하는바, 추가 보안검색은 신체에 대한 촉수검색(patdown)을 예정하고 있으므로 신체의 자유 침해 여부도 문제된다. 이 사건 계획은 민간항공 보안에 관한 국제협약의 준수 및 항공기 안전과 보안을 위한 것으로, 국내외적으로 항공기 안전사고와 테러 위협이 커지는 상황에서 민간항공의 보안 확보라는 공익은 매우 중대하므로, 과잉금지원칙에 반하여 기본권을 침해한다고 볼 수 없다. ★★

판례 배아의 보존기간 ▶ 2010.5.27. 2005헌마346 [기각]

배아생성자는 배아에 대해 자신의 유전자정보가 담긴 신체의 일부를 제공하고, 또 배아가 모체에 성공적으로 착상하여 인간으로 출생할 경우 생물학적 부모로서의 지위를 갖게 되므로, 배아의 관리 또는 처분에 대한 결정권을 가진다. 이러한 배아생성자의 배아에 대한 결정권은 헌법상 명문으로 규정되어 있지는 아니하지만, 헌법 제10조로부터 도출되는 일반적 인격권의 한 유형으로서의 헌법상 권리라 할 것이다.** 배아에 대한 5년의 보존기간 및 보존기관 경과 후 폐기의무를 규정한 생명윤리법 조항은 배아생성자의 자발적 의사와 무관하게 입법으로 배아의 보존기간을 설정한 것으로서 배아생성자의 자기결정권을 직접 제한하나, 배아 수의 지나친 증가와 그로 인한 사회적 비용의 증가 및 부적절한 연구목적의 이용가능성을 방지하여야 할 공익적 필요성의 정도가 배아생성자의 자기결정권이 제한됨으로 인한 불이익의 정도에 비해 작다고 볼 수 없는 점 등을 고려하면 헌법에 위반된다고 보기 어렵다.*

판례 **태아 성감별 제한** 임신 32주 이전에 태아의 성별 고지를 금지하는 의료법 조항이 위헌인지 여부(적극) ▸ 2024.2.28. 2022헌마356등 [위헌]

헌법 제10조로부터 도출되는 일반적 인격권에는 각 개인이 그 삶을 사적으로 형성할 수 있는 자율영역에 대한 보장이 포함되어 있음을 감안할 때, 장래 가족의 구성원이 될 태아의 성별 정보에 대한 접근을 국가로부터 방해받지 않을 부모의 권리는 이와 같은 일반적 인격권에 의하여 보호된다.** 심판대상조항은 성별을 이유로 한 낙태를 방지함으로써 성비의 불균형을 해소하고 태아의 생명을 보호하기 위해 입법된 것으로 목적의 정당성이 인정된다. 그러나 남아선호사상이 확연히 쇠퇴하고 있고, 심판대상조항이 사문화되었음에도 불구하고 출생성비가 자연성비의 정상범위 내이므로, 심판대상조항은 더 이상 태아의 성별을 이유로 한 낙태를 방지하기 위한 목적을 달성하는 데에 적합하고 실효성 있는 수단이라고 보기 어렵고, 입법수단으로서도 현저하게 불합리하고 불공정하다. 태아의 생명 보호를 위해 국가가 개입하여 규제해야 할 단계는 성별고지가 아니라 낙태행위인데, 심판대상조항은 낙태로 나아갈 의도가 없는 부모까지 규제하여 기본권을 제한하는 과도한 입법으로 침해의 최소성에 반하고, 법익의 균형성도 상실하였다. 따라서 심판대상조항은 과잉금지원칙을 위반하여 부모가 태아의 성별 정보에 대한 접근을 방해받지 않을 권리를 침해한다.

Ⅳ 자기결정권

1. 자기결정권의 의의

자기결정권이란 인격의 발현을 목적으로 자유롭게 결정할 수 있는 권리를 말한다. 헌법재판소는 자기결정권의 근거를 헌법 제10조가 보장하는 개인의 인격권 및 행복추구권에서 찾고 있다(2019.4.11. 2017헌바127 등). **자기결정권과 일반적 행동자유권**은 **의식과 행동의 상호작용**에 의한 행위가능성을 보호하는 것으로서 **강조점을 달리할 뿐 표리일체의 관계**에 있다.

2. 자기결정권의 보호영역

① 자기결정권의 보호영역에 관해서는 개인의 인격적 가치에 결부된 생활영역만 보장한다는 '협의설', 개인의 인격적 가치와 무관한 생활영역까지 보장한다는 '광의설'이 대립한다. 헌법재판소는 전동킥보드 최고속도 제한 사건 등에서 "심판대상조항은 소비자가 자신의 의사에 따라 자유롭게 제품을 선택하는 것을 제약함으로써 헌법 제10조의 행복추구권에서 파생되는 '**소비자의 자기결정권**'도 제한한다"(2020.2.27. 2017헌마1339 등)고 하여 광의설에 입각해 있다.* ② 한편 헌법재판소는 미군기지의 이전 등 **공공정책**의 결정 내지 시행에 해당하는 사항은 자기결정권의 보호범위에 포함되지 **않는다**고 판시한 바 있다(2006.2.23. 2005헌마268).*

3. 자기결정권의 내용

자기결정권에는 개별적 기본권에서 보장되는 경우를 제외한 일체의 결정의 자유가 포함되는데, ① 장기처분, 치료거부 등 **생명·신체의 처분**에 관한 자기결정권(2009.11.26. 2008헌마385),[31] ② 흡연, 음주, 복장, 두발 등 **생활스타일**에 관한 자기결정권(1999.5.27. 97헌마137등), ③ 임신, 출산, 피임 등 인적 재생산에 관한 **임산부**의 자기결정권(2019.4.11. 2017헌바127),[32] ④ 소비 여부 및 그 대상의 선택에 관한 **소비자**의 자기결정권(1996.12.26. 96헌가18), ⑤ 성행위 여부 및 그 상대방의 선택에 관한 **성적** 자기결정권(1990.9.10. 89헌마82) 등이 인정되고, 그 한계로서 **자기책임의 원리가 적용**된다.

(1) 성적 자기결정권

헌법재판소는 **혼인빙자간음죄**를 처벌하는 형법 제304조에 대하여 남성의 성적 자기결정권 및 사생활의 자유를 침해한다며 위헌결정하였고(2009.11.26. 2008헌바58등),★ **간통죄**를 처벌하는 형법 제241조에 대하여 국민의 성적 자기결정권 및 사생활의 자유를 침해한다며 위헌결정하였다(2015.2.26. 2009헌바17등).★

(2) 자기책임의 원리

자기책임의 원리란 자기결정권 내지 일반적 행동자유권의 전제로서 **법치주의**에 당연히 내재하는 헌법상 원리를 말하는데,★★ **자기결정의 한계논리**로서 책임부담의 근거로 기능하는 동시에 자기가 결정하지 않은 것이나 결정할 수 없는 것에 대하여는 책임을 지지 않음을 의미하는 책임의 한정원리로 기능한다(2004.6.24. 2002헌가27).★★

> **판례** 무연고시신의 해부용시체 제공   인수자가 없는 시체를 생전의 본인의 의사와는 무관하게 해부용 시체로 제공될 수 있도록 한 시체해부법 조항이 위헌인지 여부(적극)
> ▶ 2015.11.26. 2012헌마940 [위헌]
>
> 심판대상조항은 국민 보건을 향상시키고 의학의 교육 및 연구에 기여하려는 것이나, 최근 5년간 이 사건 조항에 따라 해부용으로 제공한 사례가 거의 없고, 의과대학에 필요한 해부용 시체는 대부분 시신기증에 의존하고 있어 다른 방법으로 충분히 공급될 수 있다는 점, 본인이 해부용 시체로 제공되는 것에 대해 반대하는 의사표시를 명시적으로 표시할 수 있는 절차도 마련하지 않고 본인의 의사와는 무관하게 해부용 시체로 제공될 수 있도록 규정하고 있다는 점, 실제 해부용 시체로 제공된 사례가 거의 없는 상황에서 이 사건 조항이 추구하는 공익이 침해되는 사익보다 크다고 할 수 없는 점을 종합하면, 과잉금지원칙에 반하여 시체 처분에 대한 자기결정권을 침해한다.★★

> **판례** 종업원·대표자의 범법행위와 무과실 양벌규정   ▶ 2020.4.23. 2019헌가25 [위헌, 합헌]
>
> (1) 종업원의 범죄행위에 대한 법인의 양벌규정 : 법인이 고용한 종업원 등의 범죄행위에 관하여 비난할 근거가 되는 법인의 의사결정 및 행위구조, 즉 종업원 등이 저지른 행위의 결과에 대한 법인의 독

---

31) 이에 관해서는 '생명권'에서 자세하게 설명함.
32) 이에 관해서는 '생명권'에서 자세하게 설명함.

자적인 책임에 관하여 전혀 규정하지 않은 채, 단순히 법인이 고용한 종업원 등이 업무에 관하여 범죄행위를 하였다는 이유만으로 법인에 대하여 형벌을 부과하는 것은, 다른 사람의 범죄에 대하여 그 책임 유무를 묻지 않고 형사처벌하는 것이므로 법치국가의 원리 및 죄형법정주의로부터 도출되는 책임주의원칙에 반한다.★

(2) 대표자의 범죄행위에 대한 법인의 양벌규정 : 법인은 기관을 통하여 행위하므로 법인이 대표자를 선임한 이상 그의 행위로 인한 법률효과는 법인에게 귀속되어야 하고 법인 대표자의 범죄행위에 대하여는 법인 자신이 자신의 행위에 대한 책임을 부담하여야 하는바, 법인 대표자의 법규위반행위에 대한 법인의 책임은 법인 자신의 법규위반행위로 평가될 수 있는 행위에 대한 법인의 직접책임이므로, 심판대상조항 중 법인의 대표자 관련 부분은 책임주의원칙에 위배되지 아니한다.

Ⅴ 일반적 행동자유권

1. 일반적 행동자유권의 의의

일반적 행동자유권이란 인격의 발현을 목적으로 자유롭게 행동할 수 있는 권리를 말한다. 헌법재판소는 헌법 제10조의 행복추구권에서 그 근거를 찾고 있다(2003.10.30. 2002헌마518). 일반적 행동자유권이 개인의 인격발현에 중요한 행위만 보호하는지가 문제되는데, 헌법재판소는 "일반적 행동자유권은 모든 행위를 할 자유와 행위를 하지 않을 자유로 여기에는 **가치 있는 행동뿐만 아니라** 개인의 생활방식과 취미에 관한 사항, 위험한 생활방식으로 살아갈 권리도 포함된다"(2003.10.30. 2002헌마518 등)고 하여 광의설에 입각해 있다.33)★★

> **판례** 주 52시간 상한제 　근로기준법상 주 52시간 상한저조항이 상시 5명 이상 근로자를 사용하는 사업주와 근로자들의 기본권을 침해하는지 여부(소극)　▶ 2024.2.28. 2019헌마500 [기각]
>
> 주 52시간 상한제조항은 연장근로시간에 관한 사용자와 근로자 간의 계약내용을 제한한다는 측면에서 사용자와 근로자의 계약의 자유를 제한하고, 사용자의 활동을 제한한다는 측면에서 직업의 자유를 제한한다. 위 조항으로 인해 사업주로서는 근로자를 추가로 고용해야 하고, 근로자로서는 임금 감소나 새로운 직장을 추가로 찾아야 하는 등 고용상 어려움이 발생할 수 있지만, 이는 영리획득의 단순한 기회가 제한되는 것이거나 기업활동의 사실적·법적 여건에 관한 것으로서 재산권 침해는 문제되지 않는다. 이 사건에서도 헌법 제37조 제2항에 규정된 기본권 제한의 한계를 준수할 것이 요구되나 주 52시간 상한제는 헌법 제32조 제3항이 정하고 있는 근로조건 법정주의("근로조건의 기준은 인간의 존엄성을 보장하도록 법률로 정한다")에 근거를 두고 있고, 개인의 본질적이고 핵심적인 자유 영역에 관한 것이라기보다 사회적 연관관계에 놓여 있는 경제 활동을 규제하는 사항에 해당하므로, 그 위헌 여부를 심사할 때는 완화된 심사기준이 적용된다. 주 52시간 상한제조항은 실근로시간을 단축시키고 휴일근로를 억제하여 근로자의 건강과 안전을 보호하려는 것으로, 사용자와 근로자가 일정 부분 장시간 노동을 선호하는 경향, 사용자와 근로자 사이의 협상력의 차이 등으로 인해 장시간 노동 문제가 구조화되었다고 보고, 사용자와 근로자 사이의 합의로 주 52시간 상한을 초과할 수 없도록 하여 장시간 노동이 이루어졌던 왜곡된 노동 관행을 개선하려는 입법자의 판단이 합리성을 결여했다고 볼 수 없는 점, 장시간 노동의 문제를 개선하려는 입법목적은 매우 중대하며, 주 52시간 상한제로 인한 피해를 완화하기 위해 사업 또는 사업장의 규모 등에 따른 적용의 유예기간, 각종 지원금 등 다양한 정책이 마련되어 있는 점 등을 종합하면, 과잉금지원칙에 반하여 상시 5명 이상 근로자를 사용하는 사업주의 계약의 자유와 직업의 자유, 근로자들의 계약의 자유를 침해하지 않는다.

---

33) 이에 관한 자세한 논의는 'Ⅳ. 2. 자기결정권의 보호영역'을 참조할 것.

> **판례** 자동차좌석띠 착용강제 및 운전 중 휴대전화 사용 금지
> ▶ 2003.10.30. 2002헌마518 [기각] 2021.6.24. 2019헌바5 [합헌]
>
> 일반적 행동자유권은 모든 행위를 할 자유와 행위를 하지 않을 자유로 가치있는 행동만 그 보호영역으로 하는 것은 아닌 것으로, 그 보호영역에는 개인의 생활방식과 취미에 관한 사항도 포함되며, 여기에는 위험한 스포츠를 즐길 권리와 같은 위험한 생활방식으로 살아갈 권리도 포함된다.** 따라서 좌석안전띠를 매지 않을 자유, 운전 중 휴대용 전화를 사용할 자유는 헌법 제10조의 행복추구권에서 나오는 일반적 행동자유권의 보호영역에 속한다.**

> **판례** 대마 흡연 금지
> ▶ 2010.11.25. 2009헌바246 [합헌]
>
> 일반적 행동자유권은 적극적으로 자유롭게 행동을 하는 것은 물론 소극적으로 행동을 하지 않을 자유도 포함되고, 가치있는 행동만 보호영역으로 하는 것은 아닌 것인바, 개인이 대마를 자유롭게 수수하고 흡연할 자유도 헌법 제10조의 행복추구권에서 나오는 일반적 행동자유권의 보호영역에 속한다.**

2. 일반적 행동자유권의 내용

일반적 행동자유권에는 개별적 기본권에서 보장되는 경우를 제외한 일체의 행동의 자유가 포함되는데, 헌법재판소는 계약자유권을 포함하는 **사적 자치권**(2003.5.15. 2001헌바98 등), 피구속자의 변호인 아닌 자와의 접견교통권 및 가족 등 타인의 피구속자와의 접견교통권(2003.11.27. 2002헌마193)을 일반적 행동자유권에 근거한 기본권으로 보고 있다.

3. 일반적 행동자유권 관련 헌법재판소 판례

(1) 일반적 행동자유권 침해를 긍정한 판례

> **판례** 금융거래정보 제공요구 처벌   금융회사등에 종사하는 자에게 타인의 금융거래정보의 제공을 요구하는 것을 금지하는 금융실명법 조항이 위헌인지 여부(적극) ▶ 2022.2.24. 2020헌가5 [위헌]
>
> 심판대상조항은 금융거래정보 유출을 막음으로써 금융거래의 비밀을 보장하려는 것이나, 금융기관 및 그 종사자에 대하여 정보의 제공 또는 누설에 대하여 형사적 제재를 가하는 것만으로도 금융거래의 비밀은 보장될 수 있다는 점, 제공요구행위에 사회적으로 비난받을 행위가 수반되지 않거나 금융거래의 비밀 보장에 실질적인 위협이 되지 않는 행위도 있을 수 있고, 명의인의 동의를 받을 수 없는 상황에서 타인의 금융거래정보가 필요하여 금융기관 종사자에게 그 제공을 요구하는 경우가 있을 수 있는 등 금융거래정보 제공요구행위는 구체적인 사안에 따라 죄질과 책임을 달리함에도 정보제공요구의 사유나 경위, 행위 태양, 요구한 거래정보의 내용 등을 전혀 고려하지 아니하고 일률적으로 금지하고 처벌한다는 점을 종합하면, 과잉금지원칙에 반하여 일반적 행동자유권을 침해한다.*

판례 **운전면허 부정취득시 모든 운전면허 필요적 취소** 거짓이나 그 밖의 부정한 수단으로 운전면허를 받은 경우 모든 범위의 운전면허를 필요적으로 취소하도록 한 구 도로교통법 조항이 위헌인지 여부(일부 적극)
▶ 2020.6.25. 2019헌가9등 [위헌]

심판대상조항은 운전면허제도의 근간을 유지하는 한편, 교통상의 위험과 장해를 방지하고자 하는 것으로, 심판대상조항이 '부정 취득한 운전면허'를 필요적으로 취소하도록 한 것은, 임의적 취소·정지의 대상으로 전환할 경우 면허제도의 근간이 흔들리게 된다는 점에서, 피해의 최소성 및 법익의 균형성에 위배되지 않으나, 심판대상조항이 '부정 취득하지 않은 운전면허'까지 필요적으로 취소하도록 한 것은, 임의적 취소·정지 사유로 함으로써 구체적 사안의 개별성과 특수성을 고려하여 불법의 정도에 상응하는 제재수단을 선택하도록 하는 등 완화된 수단에 의해서도 입법목적을 달성하기에 충분하다는 점에서, 피해의 최소성 및 법익의 균형성에 위배되므로, 과잉금지원칙에 반하여 일반적 행동의 자유 또는 직업의 자유를 침해한다.★★

(2) 일반적 행동자유권 침해를 부정한 판례

판례 **선불폰 개통에 필요한 증서 타인제공 금지** 이동통신사업자가 제공하는 전기통신역무를 타인의 통신용으로 제공하는 것을 원칙적으로 금지하는 전기통신사업법 조항이 위헌인지 여부(소극)
▶ 2022.6.30. 2019헌가14 [합헌]

심판대상조항은 이동통신서비스 이용자의 일반적 행동자유권을 제한한다. 그러나 이동통신서비스 이용자의 의사소통이나 의사표현을 제한하는 내용이 아니므로 통신의 자유나 표현의 자유를 제한한다고 보기 어렵다. 심판대상조항은 명의자와 실제 이용자가 다른 차명휴대전화, 이른바 대포폰이 보이스피싱(Voice Phishing) 등 범죄의 범행도구로 악용되는 것을 방지하여 이동통신시장질서를 교란하는 행위 등을 막으려는 것으로, 이동통신서비스를 타인의 통신용으로 제공한 사람들은 이동통신시장에 대포폰이 다량 공급되는 원인으로 작용하고 있어 신종범죄로부터 통신의 수신자 등을 보호하기 위해 규제의 필요성이 크고, 이동통신서비스 이용자가 제한받는 사익의 정도가 공익에 비하여 과다하다고 보기도 어려우므로, 과잉금지원칙에 위배하여 이동통신서비스 이용자의 일반적 행동자유권을 침해하지 아니한다.★

판례 **유치원 회계 예산과목 구분** 법인의 업무에 속하는 회계와 학교에 속하는 회계의 예산과목 구분을 정한 '사학기관 재무·회계 규칙' 조항이 위헌인지 여부(소극)
▶ 2019.7.25. 2017헌마1038등 [기각]

학교법인을 설립하고 이를 통하여 사립학교를 설립·경영하는 것을 내용으로 하는 사학의 자유는 헌법 제10조, 제31조 제1항, 제4항에서 도출되는 기본권이다.★★ 개인이 설립한 사립유치원 역시 사립학교법·유아교육법상 학교로서 공교육 체계에 편입되어 공익적인 역할을 수행하고, 국가 및 지방자치단체로부터 재정지원 및 세제혜택을 받고 있으므로 사립유치원의 재정 및 회계의 투명성은 그 유치원에 의하여 수행되는 교육의 공공성과 직결된다. 심판대상조항은 개인이 경영하는 사립유치원의 실정에 맞는 재무·회계기준을 제시하고 이에 따르도록 함으로써 그 재정의 건전성과 투명성을 확보하려는 것으로, 유아교육을 담당하고 국가 및 지방자치단체로부터 재정 지원을 받는 사립유치원은 그 운영에 공공성이 담보될 수 있도록 국가가 관여하는 것은 불가피하므로, 입법형성의 한계를 일탈하여 사립유치원 설립·경영자의 사립유치원 운영의 자유를 침해한다고 볼 수 없다.

판례 **에듀파인 학교회계시스템** 사립유치원의 교비회계에 속하는 예산·결산 및 회계 업무를 교육부장관이 지정하는 정보처리장치로 처리하도록 규정한 '사학기관 재무·회계 규칙' 조항이 위헌인지 여부(소극)   ▶ 2021.11.25. 2019헌마542등 [기각]

사립유치원은 사인이 설립한 '사립학교'로서(사립학교법 제2조 제1호) 공교육이라는 공익적 서비스를 제공하고 있고, 이러한 사립유치원의 공공성은 국가 등의 재정지원에 의하여 뒷받침되고 있다. 사립유치원의 재정 및 회계의 건전성과 투명성은 교육의 공공성과 직결된다고 할 것이므로, <u>유아교육의 공공성을 전제로 국가 등의 재정지원을 받는 사립유치원이 개인의 영리추구에 매몰되지 아니하고 교육기관으로서 양질의 유아교육을 제공하는 동시에 유아교육의 공공성을 지킬 수 있는 재정적 기초를 다지는 것은 매우 중요한 법익이므로</u>, 이 사건 규칙이 입법형성의 한계를 현저히 일탈하여 사립유치원 설립·경영자의 사립학교 운영의 자유를 침해한다고 볼 수 없다.

판례 **도로 외의 곳 음주운전 규제** 음주운전의 경우 운전의 개념에 '도로 외의 곳'을 포함하도록 한 도로교통법 조항이 위헌인지 여부(소극)   ▶ 2016.2.25. 2015헌가11 [합헌]

일반적 행동자유권의 보호영역에는 위험한 생활방식으로 살아갈 권리도 포함되는데, 심판대상조항은 술에 취한 상태로 도로 외의 곳에서 운전하는 것을 금지하고 있으므로 일반적 행동의 자유를 제한한다.★ 심판대상조항은 도로 외의 곳에서 일어나는 음주운전사고의 위험을 방지하여 국민의 생명과 안전, 재산을 보호하려는 것으로, <u>음주운전의 경우 운전조작능력과 상황대처능력이 저하되어 일반 교통에 제공되지 않는 장소에 진입하거나 그 장소에서 주행할 가능성이 구체적 장소를 열거하거나 일부 장소만으로 한정하여서는 입법목적을 달성하기 어렵다는 점</u>, 음주운전은 사고의 위험성이 높고 그로 인한 피해도 심각하며 반복의 위험성도 높아 음주운전으로 인한 교통사고의 위험을 방지할 필요성은 절실하다는 점을 종합하면, 과잉금지원칙에 반하여 일반적 행동의 자유를 침해하지 아니한다.★★

판례 **사회봉사명령제도** 형의 집행을 유예하면서 사회봉사를 명할 수 있도록 한 형법 조항이 위헌인지 여부(소극)   ▶ 2012.3.29. 2010헌바100 [합헌]

심판대상조항에 의하여 청구인은 자신의 의사와 무관하게 사회봉사를 하지 않을 수 없게 되어 <u>일반적 행동의 자유를 제한받게 된다</u>. 그러나 이 사건 사회봉사명령은 청구인에게 근로의무를 부과함에 그치고 공권력이 신체를 구금하는 등의 방법으로 근로를 강제하는 것은 아니어서 <u>신체의 자유를 제한한다고 볼 수 없고</u>,★★ 직접적으로 직업의 자유를 제한하는 것이 아닌 데다 그 이행기간 중에 직업의 선택 및 수행이 사실상 어려워지는 측면은 일반적 행동의 자유가 제한됨에 따라 부수적으로 발생하는 결과일 뿐이므로 직업의 자유를 제한한다고 볼 수도 없다. 심판대상조항은 범죄인에게 근로를 강제하여 형사제재적 기능을 함과 동시에 사회에 유용한 봉사활동을 통하여 사회와 통합하여 재범방지 및 사회복귀를 용이하게 하려는 것으로서 필요하고도 적절한 한도 내에서 실시되고 있으므로 과잉금지원칙에 위배되지 아니한다.

판례 **이륜차의 고속도로 등 통행금지** 긴급자동차를 제외한 이륜자동차와 원동기장치자전거에 대하여 고속도로 또는 자동차전용도로의 통행을 금지하는 구 도로교통법 조항이 위헌인지 여부(소극)
  ▶ 2007.1.17. 2005헌마1111등; 2020.2.27. 2019헌마203 [기각]

이 사건 법률조항에 의하여 이륜차를 이용하여 고속도로 등을 통행할 수 있는 자유를 제한당하고 있는바, 이는 행복추구권에서 도출되는 통행의 자유(일반적 행동의 자유)를 제한하는 것이나 거주·이전의 자유를 제한한다고 보기는 어렵다.** 이 사건 법률조항은 이륜차의 구조적 특성에서 비롯되는 사고위험성과 사고결과의 중대성에 비추어 이륜차 운전자의 안전 및 고속도로 등 교통의 신속과 안전을 위하여 이륜차의 고속도로 등 통행을 금지한 것으로서 청구인의 고속도로 등 통행의 자유(일반적 행동의 자유)를 헌법 제37조 제2항에 반하여 과도하게 제한한다고 볼 수 없다.

판례 자동차좌석띠 착용강제 ▶ 2003.10.30. 2002헌마518 [기각]

(1) 자동차 운전자에게 좌석안전띠를 매도록 하고 이를 위반했을 때 범칙금을 납부하도록 통고하는 것은, 교통사고로부터 국민의 생명·신체에 대한 위험과 장애를 방지하기 위한 것으로 그 입법목적이 정당하고, 운전자의 불이익은 약간의 답답함과 소액의 범칙금이라는 경미한 부담에 불과하며, 좌석안전띠 착용으로 달성하려는 공익이 운전자의 좌석안전띠를 매지 않을 자유라는 사익보다 크다는 점을 종합하여 볼 때, 청구인의 일반적 행동자유권을 과도하게 침해하는 것이 아니다.

(2) 일반 교통에 사용되고 있는 도로는 공동체의 이익과 관련된 영역으로, 그 위에서 자동차를 운전하는 행위는 더 이상 개인적인 내밀한 영역에서의 행위가 아니며, 자동차를 도로에서 운전하는 중에 좌석안전띠를 착용할 것인가 여부의 생활관계가 개인의 전체적 인격과 생존에 관계되는 '사생활의 기본조건'이라거나 인격적 핵심과 관련된다고 보기 어려워 더 이상 사생활영역의 문제가 아니므로, 운전할 때 운전자가 좌석안전띠를 착용할 의무는 청구인의 사생활의 비밀과 자유를 침해하는 것이라 할 수 없다.**

(3) 제재를 받지 않기 위하여 어쩔 수 없이 좌석안전띠를 매었다 하여 청구인이 내면적으로 구축한 인간양심이 왜곡·굴절되고 청구인의 인격적인 존재가치가 허물어진다고 할 수는 없어 양심의 자유의 보호영역에 속하지 아니하므로, 운전 중 운전자가 좌석안전띠를 착용할 의무는 청구인의 양심의 자유를 침해하는 것이라 할 수 없다.

판례 음주측정불응시 형사처벌 ▶ 1997.3.27. 96헌가11 [합헌]

도로교통법 제41조 제2항에 규정된 음주측정은 호흡측정기에 입을 대고 호흡을 불어 넣음으로써 신체의 물리적, 사실적 상태를 그대로 드러내는 행위로서 이를 "진술"이라 할 수 없으므로 진술거부권을 침해하지 아니한다. 이러한 음주측정은 당사자의 자발적 협조가 필수적인 것이어서 이를 두고 법관의 영장을 필요로 하는 강제처분이라 할 수 없으므로 영장없는 음주측정에 응할 의무를 부과하더라도 영장주의에 위배되지 아니한다. 음주측정요구에 응할 것인지 거부할 것인지에 관한 고민은 선과 악의 범주에 관한 진지한 윤리적 결정을 위한 고민이라 할 수 없으므로 어쩔 수 없이 음주측정에 응하였다 하여 양심의 자유가 침해된다고 할 수 없다.** 음주운전으로 야기될 생명·신체·재산에 대한 위험과 손해의 방지라는 절실한 공익목적을 위하여 부과되는 제약이라는 점을 생각하면 인간의 존귀성을 짓밟는 것이라고 할 수 없으므로 인간의 존엄과 가치를 침해하는 것이 아니다. 이 사건 법률조항에 의하여 일반적 행동이 자유가 제한될 수 있으나, 그 입법목적의 중대성, 음주측정의 불가피성, 부과되는 부담의 정도에 비추어 과잉금지원칙에 반하여 일반적 행동자유권을 침해하는 것이라고 할 수 없다.

제2절 · 평등권

무조건적 평등이 아닌 법 앞에 평등

> 코멘트
> 사람들 간에 타고난 차이가 있음은 인정! 누군가 함부로 차이를 평가해 가치를 매기는 건 불쾌!!
>
> 두문자
> **모 던 성 종 사**

헌 법
제11조 ① 모든 국민은 법 앞에 평등하다. 누구든지 **성**별·**종**교 또는 **사**회적 신분에 의하여 정치적·경제적·사회적·문화적 생활의 **모든** 영역에 있어서 차별을 받지 아니한다.★★
② 사회적 특수계급의 제도는 인정되지 아니하며, 어떠한 형태로도 이를 창설할 수 없다.
③ 훈장 등의 영전은 이를 받은 자에게만 효력이 있고, 어떠한 특권도 이에 따르지 아니한다.★
제31조 ① 모든 국민은 능력에 따라 균등하게 교육을 받을 권리를 가진다.
제32조 ④ 여자의 근로는 특별한 보호를 받으며, 고용·임금 및 근로조건에 있어서 부당한 차별을 받지 아니한다.★
제36조 ① 혼인과 가족생활은 개인의 존엄과 양성의 평등을 기초로 성립되고 유지되어야 하며, 국가는 이를 보장한다.

Ⅰ 평등조항의 의의

헌법 제11조 제1항은 "모든 국민은 법 앞에 평등하다"고 하여 일반적 평등원칙을 보장하고 있는데, 헌법재판소는 "평등원칙은 기본권 보장에 관한 **헌법의 최고원리**이자 모든 국민의 **기본권**이다"(1989.1.25. 88헌가7)라고 하여 일반적 평등원칙과 주관적 공권인 평등권이 함께 보장되는 것으로 보고 있다. 외국인이나 단체도 그들에게 인정되는 기본권영역에서 차별이 발생한 경우 주체성이 인정된다.★

Ⅱ 평등조항의 내용

1. 제11조 제1항 전문의 의미

헌법 제11조 제1항 전문은 "법 앞에 평등"을 명시하고 있는데, ① 여기서 '법'이란 **성문·불문의 모든 법규범**을 말하고, '법 앞에'란 **법적용상·법내용상 평등**을 포괄하며(입법자구속설; 1992.4.28. 90헌바24),34)★★ ② '평등'은 **불합리한 차별을 금지**하는 상대적 평등을 의미한다(1999.7.22. 98헌바14).★★ ③ 한편 불법에 대한 평등의 주장은 국가에게 법치주의에 반하는 위법행위를 요구하는 것이므로 '**불법 앞에 평등**'은 인정되지 않으며, 평등원칙은 법적 가치의 상향적 실현을 보장하는 것이지 '**하향적 균등**'까지 수용하려는 것이 아니다(1990.6.25. 89헌마107).

---

34) '법 앞에'의 의미에 대해서는 평등원칙을 법을 집행·적용하는 작용에 대한 규제원리로 보는 '법적용평등설(입법자비구속설)', 평등원칙을 법의 제정을 포함한 모든 국가작용의 규제원리로 보는 '법내용평등설(입법자구속설)'이 대립한다.

2. 제11조 제1항 후문의 의미

(1) 차별금지사유

① 헌법 제11조 제1항 후문 전단은 차별금지사유로 "성별·종교·사회적 신분"을 명시하고 있는데,** 이에 관해 헌법재판소는 '**예시설**'을 취하고 있으며(1992.4.14. 90헌바24 등), 전문을 **단지 예시한 것**에 불과하므로 명시된 사유에 관한 차별에도 동일한 심사기준이 적용된다는 '**불구별설**'을 취하고 있다(2011.3.31. 2008헌바141 등).** ② 한편 "사회적 신분"의 의미에 관하여35) 헌법재판소는 "여기의 '사회적 신분'이란 사회에서 장기간 점하는 지위로서 일정한 사회적 평가를 수반하는 것을 의미하므로 **전과자도 사회적 신분에 해당**되고, 형법상 **누범을 가중처벌**하는 것은 전범(前犯)에 대한 형벌의 경고기능을 무시하고 다시 범죄를 저지름으로써 **행위책임 내지 비난가능성이 가중**되는 점을 고려한 것으로 합리적 차별에 해당한다"고 하여 **후천적 신분설**을 취하였다(1995.2.23. 93헌바43 등).36)**

> **판례** **남자만의 병역의무 부과** 대한민국 국민인 남성에게 병역의무를 부과한 병역법 조항이 위헌인지 여부(소극) ▶ 2010.11.25. 2006헌마328 2023.9.26. 2019헌마423등 [기각]
>
> 이 사건 병역법 조항은 '성별'을 기준으로 병역의무를 달리 부과하도록 한 규정으로서 헌법 제11조 제1항 후문이 예시하는 사유에 기한 차별이 분명하다.★ 그러나 헌법 제11조 제1항 후문의 위와 같은 규정은 불합리한 차별의 금지에 초점이 있고, 예시한 사유가 있는 경우에 절대적으로 차별을 금지할 것을 요구함으로써 입법자에게 인정되는 입법형성권을 제한하는 것은 아니므로, 성별에 의한 차별취급이 곧바로 위헌의 강한 의심을 일으키는 사례군으로서 언제나 엄격한 심사를 요구하는 것이라고 단정짓기는 어렵다.★ 이 사건 조항이 헌법이 특별히 양성평등을 요구하는 경우(제32조 제4항, 제36조 제1항)나 관련 기본권에 중대한 제한을 초래하는 경우의 차별취급이라고 보기 어려운 점, 징집대상자의 범위 결정에는 광범위한 입법형성권이 인정된다는 점에 비추어 평등권 침해 여부는 완화된 심사척도인 자의금지원칙에 의하여 판단해야 한다.** 집단으로서의 남자는 집단으로서의 여자에 비하여 보다 전투에 적합한 신체적 능력을 갖추고 있는 점에 비추어 남자만을 징병검사의 대상이 되는 병역의무자로 정하고, 국가비상사태시의 예비전력인 보충역, 제2국민역 등 복무의무를 여자에게 부과하지 않은 것이 자의적이라 보기 어렵다.★

(2) 차별금지영역

헌법 제11조 제1항 후문 후단은 차별금지영역으로 "정치적·경제적·사회적·문화적 생활의 모든 영역"을 명시하여 인간의 **모든 생활영역**에서 차별이 금지됨을 정하고 있다.**

Ⅲ 평등권침해의 심사구조

1. 평등권침해의 판단도식

평등권은 다른 기본권과 달리 개별적으로 담당하는 **고유한 보호영역이 없다**는 점이 특징이

---

35) '신분'이라는 용어를 강조하는 '선천적 신분설', '사회적'이라는 용어를 강조하는 '후천적 신분설'이 대립한다.
36) 금고 이상의 형을 받아 그 집행을 종료하거나 면제를 받은 후 3년내에 금고 이상에 해당하는 죄를 범한 자는 누범으로 처벌한다(형법 제35조 제1항). 누범의 형은 그 죄에 정한 형의 장기의 2배까지 가중한다(동조 제2항).

다.37) 따라서 ① '일반 기본권'의 경우 우선 해당 기본권의 **보호영역을 확정**한 다음에, 국가작용이 그 **보호영역을 제한하는지** 여부를 판단한 후, 그 행위가 **위헌적인 침해인지** 여부를 판단하나, ② '평등권'의 경우에는 우선 본질적으로 같은 것을 다르게, 다른 것을 같게 취급하는 비교집단 간의 **차별취급이 존재하는지** 여부를 확정한 다음에, 그러한 **차별취급이 정당한지** 여부를 판단한다.

2. 평등권침해의 심사과정

(1) 차별취급의 존재

차별취급의 존부를 확정하려면 우선 **비교대상이 설정**되어야 하는데, 이때 비교되는 대상은 완전히 동일할 수 없으므로 부분적으로 일치하는 사실관계의 비교에서 출발하고, **비교의 기준**은 일반적으로 심판대상인 당해 **법규정의 의미와 목적**을 통하여 선정된다(2003.1.30. 2001헌가4; 2020.3.26. 2019헌바71).★

(2) 차별취급의 정당성

① 차별취급의 정당성 심사기준에 관해 헌법재판소는 완화된 척도로서 '**자의금지원칙**'과 엄격한 척도로서 '**비례원칙**'을 구별하여 적용하고 있다.38)★★ 즉 평등위반심사에는 **입법형성권존중**의 관점에서 원칙적으로 단순한 합리성만을 판단하는 자의금지원칙을 적용하나, **헌법에서 특별히 평등을 요구**하거나39) 차별취급이 **관련 기본권에 중대한 제한**을 초래하는40) 등 **입법형성권이 축소**되는 사안에서는 예외적으로 비례원칙을 적용한다(1999.12.23. 98헌마363).★★ ② 비례원칙의 적용밀도는 사안별로 차등화되는데, 헌법재판소는 **제대군인가산점제**에 관하여 비례원칙을 적용해야 할 두 경우(근로영역 양성평등, 공무담임권 중대제한)에 모두 해당하고 여성 및 제대군인이 아닌 남성을 과잉하게 차별한다며 위헌결정하였고(1999.12.23. 98헌마363),★★ **국가유공자가산점제**에 관하여 국가유공자 본인과 달리 그 가족에 대한 가산점은 헌법 제32조 제6항에 근거한 것이 아니어서 완화된 기준의 비례심사는 부적절하고 그 차별효과가 비례성을 현저히 초과하여 평등권을 침해한다며 헌법불합치결정하였다(2006.2.23. 2004헌마675등).★★

---

37) 평등권은 부담이나 혜택을 분배하는 모든 국가작용에 관하여 균등성 보장을 요구한다.
38) 평등원칙은 행위규범으로서 입법자에게, 객관적으로 같은 것은 같게 다른 것은 다르게, 규범의 대상을 실질적으로 평등하게 규율할 것을 요구하고 있지만, 헌법재판소의 심사기준이 되는 통제규범으로서의 평등원칙은 단지 자의금지원칙으로 그 의미가 한정축소된다(1997.1.16. 90헌마110등).
39) 헌법은 교육의 기회균등(제31조 제1항), 근로영역의 양성평등(제32조 제4항), 혼인·가족영역의 평등(제36조 제1항) 조항 등 개별 평등규정을 통해 평등을 특별히 강조하고 있다.
40) 교사임용시험의 가산점은 공무담임권의 중대한 제한이므로 엄격한 척도를 적용한다(2006.6.29. 2005헌가13).★

Ⅳ 적극적 평등실현조치

1. 의 의

적극적 평등실현조치(Affirmative action)란 **실질적 평등**의 일환으로 종래 사회적 **차별을 받아 온 특정 집단**에 대하여 **차별적 결과의 시정**으로서 행하는 **우선적 처우**나 **잠정적 우대조치**를 말한다. 적극적 평등실현조치의 특징으로는 ① 개인의 자격보다는 집단의 일원이라는 것을 근거로(**집**단개념), ② 기회의 평등보다는 결과의 평등을 추구하며(**결**과평등), ③ 항구적인 것이 아니라 구제목적이 실현되면 종료하는 임시적 조치라는 점(**잠**정조치) 등을 들 수 있다(1999.12.23. 98헌마363).

> 두문자
>
> 집 결 잠

2. 적극적 평등실현조치에 관한 찬반론

적극적 평등실현조치를 인정할 것인지에 관하여는 견해의 대립이 있으나, 헌법재판소는 제대군인가산점제 사건에서 "**여성공무원채용목표제는 잠정적 우대조치**의 일환으로 도입된 제도인데, 이러한 여성채용목표제의 존재를 이유로 **남성의 기득권 고착**을 초래할 수 있는 **제대군인가산점제도**의 위헌성이 제거되거나 감쇄되는 것으로 볼 수 없다"(1999.12.23. 98헌마363)고 하여 적극적 평등실현조치를 간접적으로 인정하였다.

3. 각종 할당제의 허용여부

헌법재판소는 장애인고용법상 '**사업주의 장애인의무고용률**' 조항에 대하여 사회·경제적 약자인 장애인에 대하여 **인간다운 생활을 보장하기 위한 불가피한 조치**라며 합헌결정하였고(2003.7.24. 2001헌바96), 청년고용법상 '**대통령령으로 정하는 공기업 등의 3년간 청년미취업자의무고용률**' 조항에 대하여 **상당한 예외를 두고 한시적으로만** 시행되고 있다며 합헌결정하였다(2014.8.28. 2013헌마553).★

Ⅴ 평등권 관련 헌법재판소 판례

> **판례** 난민인정자 긴급재난지원금 지급 제외   외국인만으로 구성된 가구 중 영주권자 및 결혼이민자만을 긴급재난지원금 지급대상에 포함시키고 난민인정자를 제외한 관계부처합동 '긴급재난지원금 가구구성 및 이의신청 처리기준(2차)'이 위헌인지 여부(적극)   ▶ 2024.3.28. 2020헌마1079 [인용]
>
> 코로나19로 인하여 경제적 타격을 입었다는 점에 있어서는 영주권자, 결혼이민자, 난민인정자간에 차이가 있을 수 없으므로 그 회복을 위한 지원금 수급 대상이 될 자격에 있어서 역시 이들 사이에 차이가 발생한다고 볼 수 없다. 또한, '영주권자 및 결혼이민자'는 한국에서 영주하거나 장기 거주할 목적으로 합법적으로 체류하고 있고, '난민인정자' 역시 우리나라에 합법적으로 체류하면서 취업활동에 제한을 받지 않는다는 점에서 영주권자 및 결혼이민자와 차이가 있다고 보기 어렵다. '재한외국인 처우 기본법'은 '결혼이민자', '영주권자', '난민인정자'를 동일하게 지원하는 내용의 규정을 두고 있다. 현재까지 인정된 난민인정자의 수를 고려할 때 난민인정자에게 긴급재난지원금을 지급한다 하여 재정에 큰 어려움이 있다고 할 수 없다. 그렇다면 이 사건 처리기준은 합리적 이유 없는 차별이라 할 것이므로 난민인정자의 평등권을 침해한다.

판례 외국인 국민건보 지역가입자 보험급여 제한 내국인 및 영주(F-5)·결혼이민(F-6)의 체류자격을 가진 외국인(이하 '내국인등')과 달리 외국인 지역가입자가 보험료를 체납한 경우 다음 달부터 곧바로 보험급여를 제한하는 국민건강보험법 조항이 위헌인지 여부(적극)

▶ 2023.9.26. 2019헌마1165 [헌법불합치]

외국인은 그의 재산이 국내에만 있는 것이 아닐 수 있어, 체납보험료 징수절차로는 실효성을 거두기 어렵고, 진료 후 본국으로 출국함으로써 납부의무를 쉽게 회피할 수 있으므로, 보험급여 제한을 달리 실시하는 것 자체는 합리적인 차별이나, 보험급여제한 조항이 보험료 체납시 별도의 공단 처분 없이 곧바로 보험급여를 제한하도록 하여 체납 통지를 배제한 것은 착오를 시정하거나 잘못된 부과처분에 불복할 기회를 박탈한 것으로 불합리하고, 외국인도 국민건강보험에 당연가입하도록 한 것은 이들에게 공보험의 혜택을 제공한다는 정책적 의미가 있음에도, 보험료 납부 횟수나 경제적 사정의 고려 없이 단 1회의 체납만으로 예외 없이 보험급여를 제한하는 것은 가입자의 생존에 필요한 치료의 기회나 경제적 기반을 상실케 하는 결과를 초래할 수 있어 불합리하므로, 보험료 체납에도 불구하고 보험급여를 실시할 수 있는 예외를 전혀 인정하지 않는 것은 평등권을 침해한다. ★

판례 장애인 특별교통수단 특별교통수단에 있어 표준휠체어만을 기준으로 휠체어 고정설비의 안전기준을 정한 교통약자법 시행규칙 조항이 위헌인지 여부(적극)

▶ 2023.5.25. 2019헌마1234 [헌법불합치]

심판대상조항으로 인해 표준휠체어를 사용할 수 없는 장애인은 안전기준에 따른 특별교통수단을 이용할 수 없게 되는데, 이들은 장애의 정도가 심하여 특수한 설비가 갖춰진 차량이 아니고서는 사실상 이동이 불가능함에도 불구하고 이들에 대한 고려 없이 안전기준을 정하는 것은 불합리하고, 누워서 이동할 수밖에 없는 장애인을 위한 휠체어 고정설비 안전기준 등을 별도로 규정한다고 하여 국가의 재정적 부담이 심해진다고 볼 수도 없으므로, 합리적 이유 없는 차별 규정으로서 평등권을 침해한다.

판례 특수형태근로종사자의 산재보험료 2분의 1 부담 근로자가 산업재해보상보험의 보험료를 부담하지 않는 것과 달리 특수형태근로종사자에 대하여 위 보험료의 2분의 1을 부담시키는 고용산재보험료징수법 조항이 위헌인지 여부(소극)

▶ 2023.3.23. 2022헌바139 [합헌]

특수형태근로종사자는 근로계약이 아닌 다른 계약형식을 통해 노무를 제공하고, 근로기준법상 근로자와 자영인의 중간적 위치에 있는 노무제공자라는 성격을 지니고 있다. 이들은 계약의 내용이나 노동실태의 측면에서 독립적 노동의 모습(자영인의 징표)과 종속적 노동의 모습(근로자의 징표)을 동시에 갖고 있으므로 사업주와 그 종사자가 각각 보험료의 2분의 1씩 부담하도록 하고 다만 사용종속관계 정도 등을 고려하여 대통령령으로 정하는 직종에 종사하는 특수형태근로종사자의 경우에는 사업주가 부담하도록 한 것으로 자의적인 차별이 있다고 볼 수 없으므로 평등원칙에 위반되지 않는다.

판례 외국거주 외국인유족의 퇴직공제금 수급 자격 불인정 외국인인 건설근로자가 사망한 경우 그 유족이 외국거주 외국인유족이면 퇴직공제금 지급 대상에서 제외하는 건설근로자법 조항이 위헌인지 여부(적극)

▶ 2023.3.23. 2020헌바471 [위헌]

외국거주 외국인유족에게 퇴직공제금을 지급하더라도 국가 및 사업주의 재정이나 건설근로자공제회의 지급 업무에 특별한 영향을 미치지 않는다는 점, '일시금' 지급 방식인 퇴직공제금의 지급에서는 '연금'

지급 방식인 산업재해보상보험법상의 유족보상연금 지급과 같이 수급자격 유지 확인의 어려움과 보험급여 부당지급의 우려가 없으므로 산업재해보상보험법의 규정을 그대로 준용하는 것은 불합리하다는 점, 외국거주 외국인유족은 자신이 거주하는 국가에서 발행하는 공신력 있는 문서로 퇴직급제금 수급자격을 충분히 입증할 수 있다는 점 등을 종합하면, 합리적 이유 없는 차별로서 평등원칙에 위반된다.

판례 가정폭력처벌법상 피해자보호명령 우편을 이용한 접근금지를 피해자보호명령에 포함시키지 아니한 가정폭력처벌법 조항이 위헌인지 여부(소극) ▶ 2023.2.23. 2019헌바43 [합헌]

피해자보호명령제도는 가정폭력행위자가 피해자와 시간적·공간적으로 매우 밀접하게 관련되어 즉시 조치를 취하지 않으면 피해자에게 회복할 수 없는 피해를 입힐 가능성이 있을 때에 법원의 신속한 권리보호명령이 이루어질 수 있도록 하는 것이 주요한 입법목적인데, 언제 어디서나 저렴하게 대량으로 손쉽게 이루어질 수 있는 전기통신을 이용한 접근행위의 피해자와 우체국 등의 배송기관을 거쳐야 하는 우편을 이용한 접근행위의 피해자는 피해의 긴급성, 광범성, 신속한 조치의 필요성 등의 측면에서 차이가 있고, 우편을 이용한 접근행위에 대해서는 법원의 가처분결정과 간접강제결정을 통해 비교적 신속하게 금지의 목적을 달성할 수 있으므로, 자의적인 입법으로서 평등원칙에 반한다고 보기 어렵다.

판례 병역의무·자녀 크레딧 적용제외 병역의무 수행 및 둘 이상의 자녀 출산에 따른 국민연금 가입기간 추가 산입 제도를 시행하면서 그 적용대상을 개정법 시행일 이후 병역의무를 최초로 수행하거나 자녀를 얻은 가입자로 한정한 국민연금법 부칙 조항이 위헌인지 여부(소극)
▶ 2023.2.23. 2020헌마1271 [기각]

병역의무 및 자녀 크레딧은 국고와 국민연금기금에서 비용을 부담하여 일정한 가입기간을 추가 산입하는 제도로서, 이를 무한정 적용할 경우 재정수지를 악화시키고 국민연금기금 고갈을 앞당길 우려가 크다. 이에 입법자가 국가 재정, 국민연금기금 상황 등을 고려하여 병역의무 수행에 따른 기회비용 보상 및 출산 장려라는 제도의 목적을 달성하는 데 기여하는 합리적인 수준에서 적용범위를 제한하였다면, 이를 두고 합리적 근거가 없다거나 현저히 자의적이라고 평가할 수는 없다. 따라서 심판대상조항은 청구인의 평등권을 침해하지 않는다.

판례 가사사용인 퇴직급여법 적용제외 '가구 내 고용활동'에 대해서는 근로자퇴직급여 보장법을 적용하지 않도록 한 퇴직급여법 조항이 위헌인지 여부(소극) ▶ 2022.10.27. 2019헌바454 [합헌]

가사사용인도 근로자에 해당하지만, 제공하는 근로가 가정이라는 사적 공간에서 이루어지는 특수성이 있다. 그런데 가사사용인 이용 가정의 경우 일반적인 사업 또는 사업장과 달리 퇴직급여법이 요구하는 사항들을 준수할만한 여건과 능력을 갖추지 못한 경우가 대부분임에도 이러한 현실을 무시하고 퇴직급여법을 전면 적용한다면 가사사용인 이용자가 감당하기 어려운 경제적·행정적 부담을 가중시킬 우려가 있다. 최근 제정된 가사근로자법에 의하면 인증받은 가사서비스 제공기관과 근로계약을 체결한 사람은 가사근로자로서 퇴직급여법의 적용을 받게 되므로, 가사사용인은 가사서비스 제공기관을 통하여 근로 관계 법령을 적용받을 것인지 직접 이용자와 고용계약을 맺는 대신 그 적용을 받지 않을 것인지 선택할 수 있다. 이를 종합하면 심판대상조항은 합리적 이유가 있는 차별로서 평등원칙에 위배되지 아니한다.★

판례 국가에 대한 가집행선고 금지   ▶ 1989.1.25. 88헌가7; 2022.2.24. 2020헌가12 [위헌]

가집행의 선고는 불필요한 상소권의 남용을 억제하고 신속한 권리실행을 하게 함으로써 국민의 재산권과 신속한 재판을 받을 권리를 보장하기 위한 제도이고, 동일한 성격의 금전지급 청구소송에서 국가를 우대할 합리적인 이유를 찾을 수 없으며, 집행가능성 여부에 있어서도 국가와 그 밖의 권리주체가 실질적인 차이가 있다고 보기 어렵다는 점을 종합하면, 국가를 상대로 하는 금전지급 청구에 관하여 가집행선고를 금지하는 것은 합리적인 이유 없는 차별로서 평등원칙에 반한다.★★

판례 기혼 여성 등록의무자의 등록대상재산
혼인한 남성 등록의무자와 동일하게 혼인한 여성 등록의무자도 배우자가 아닌 본인의 직계존·비속의 재산을 등록하도록 개정하면서 이미 재산등록을 한 여성 등록의무자는 종전의 규정을 따르도록 한 공직자윤리법 부칙 조항이 위헌인지 여부(적극)
▶ 2021.9.30. 2019헌가3 [위헌]

헌법 제11조 제1항은 성별에 의한 차별을 금지하고 있고, 나아가 헌법 제36조 제1항은 혼인과 가족생활에 있어서 특별히 양성의 평등대우를 명하고 있으므로, 이 사건 부칙조항의 평등원칙 위반여부는 비례성 원칙에 따라 심사한다. 입법자는 혼인한 남성에게는 본인의 직계존·비속의 재산을, 혼인한 여성에게는 배우자의 직계존·비속의 재산을 등록하도록 한 개정 전 조항의 남녀차별적인 요소를 제거하기 위해 등록의무자 모두 본인의 직계존·비속의 재산을 등록하도록 개정하면서 이미 재산등록을 한 여성 등록의무자에게 새로운 부담이 발생하는 것을 방지하고자 이 사건 부칙조항을 마련하였으나, 이미 개정 전 조항에 따라 재산등록을 하였다는 이유만으로 남녀차별적인 인식에 기인하였던 종전의 규정을 따를 것을 요구하는 것은 헌법에 정면으로 위배되는 것으로 목적의 정당성을 인정할 수 없으므로 평등원칙에 위배된다.★★

판례 집행유예 받은 소년범의 자격특례 적용제외
소년범 중 형의 집행이 종료되거나 면제된 자에 한하여 자격에 관한 법령의 적용에 있어 장래에 향하여 형의 선고를 받지 아니한 것으로 보도록 한 구 소년법 조항이 위헌인지 여부(적극)   ▶ 2018.1.25. 2017헌가7등 [헌법불합치]

소년법은 소년이 자신이 범한 죄로 인하여 공직 등 사회진출에 제약을 받지 아니하고 재기의 기회를 가질 수 있도록 자격의 제한에 관한 특례조항을 규정하였다. 집행유예는 실형보다 죄질이나 범정이 더 가벼운 범죄에 대하여 선고하는 것이 보통인데, 이 조항은 집행유예보다 중한 실형을 선고받고 집행이 종료되거나 면제된 경우와 달리 집행유예를 선고받은 경우에 대한 자격완화 특례조항을 두지 아니하였으므로 합리적인 이유가 없다. 집행유예 기간은 실형의 2배로 정해지는 것이 법원의 실무례인바, 이 기간 동안 집행유예 중이라는 이유로 공무원 임용 등 자격을 제한한다면 실형보다 오히려 긴 기간 동안 자격을 제한하게 되어 범죄에 대한 책임과 자격의 제한이 비례하지 않을 가능성이 높다. 그렇다면 심판대상조항은 명백히 자의적인 차별에 해당하여 평등원칙에 위반된다.★★

판례 재외국민 영유아 보육료·양육수당 지원 배제
대한민국 국적을 보유한 영유아 중에서 재외국민인 영유아를 보육료·양육수당 지원대상에서 제외하는 보건복지부지침이 위헌인지 여부(적극)
▶ 2018.1.25. 2015헌마1047 [위헌]

이 사건의 쟁점은, 대한민국 국적을 가지고 있는 영유아 중에서도 재외국민인 영유아를 보육료·양육수당의 지원대상에서 제외함으로써, 청구인들과 같이 국내에 거주하면서 재외국민인 영유아를 양육하는 부모를 차별하는 심판대상조항이 청구인들의 평등권을 침해하는지 여부이다.★ 단순한 단기체류가 아니라 국내에 거주하는 재외국민, 특히 외국의 영주권을 보유하고 있으나 상당한 기간 국내에서 계속 거주하고 있는 자들은 주민등록법상 재외국민으로 등록·관리될 뿐 소득활동이 있을 경우 납세의무를 부담하는 등 '국민인 주민'이라는 점에서는 다른 일반 국민과 실질적으로 동일하므로, 단지 외국의 영주권을 취득한 재외국민이라는 이유로 달리 취급할 아무런 이유가 없다. 따라서 심판대상조항은 청구인들의 헌법상 기본권인 평등권을 침해한다.★★

판례 산재법상 출퇴근 재해의 한정
근로자가 사업주의 지배관리 아래 출퇴근하던 중 발생한 사고로 부상 등이 발생한 경우만 업무상 재해로 인정하는 산업재해보상보험법 조항이 위헌인지 여부(적극) ▶ 2016.9.29. 2014헌바254; 2019.9.26. 2018헌바218등 [헌법불합치]

도보나 자기 소유 교통수단 또는 대중교통수단 등을 이용하여 출퇴근하는 산재보험 가입 근로자(이하 '비혜택근로자'라 한다)는 사업주가 제공하거나 그에 준하는 교통수단을 이용하여 출퇴근하는 산재보험 가입 근로자(이하 '혜택근로자'라 한다)와 같은 근로자인데도 사업주의 지배관리 아래 있다고 볼 수 없는 통상적 경로와 방법으로 출퇴근하던 중에 발생한 재해(이하 '통상의 출퇴근 재해'라 한다)를 업무상 재해로 인정받지 못한다는 점에서 차별취급이 존재한다. 산재보험제도는 사업주의 무과실배상책임을 전보하는 기능도 있지만, 오늘날 산업재해로부터 피재근로자와 그 가족의 생활을 보장하는 기능의 중요성이 더 커지고 있다. 그런데 근로자의 출퇴근 행위는 업무의 전 단계로서 업무와 밀접·불가분의 관계에 있고, 사실상 사업주가 정한 출퇴근 시각과 근무지에 기속되므로, 통상의 출퇴근 재해를 업무상 재해로 인정하여 근로자를 보호해 주는 것이 산재보험의 생활보장적 성격에 부합한다. 비혜택근로자는 비록 산재보험에 가입되어 있다 하더라도 출퇴근 재해에 대하여 보상을 받을 수 없는데, 이러한 차별을 정당화할 수 있는 합리적 근거를 찾을 수 없다. 따라서 심판대상조항은 평등원칙에 위배된다.★★

판례 유족보상수급권자 선순위제
보훈보상대상자의 부모 중 선순위 연장자 1명에 한정하여 보상금을 지급하는 보훈보상자법 조항이 위헌인지 여부(적극) ▶ 2018.6.28. 2016헌가14 [헌법불합치]

보훈보상대상자의 유족보상금 지급에 있어서는 국가의 재정부담 능력이 허락하는 한도에서 보상금 총액을 일정액으로 제한하되 같은 순위의 유족들에게는 생활정도에 따라 보상금을 분할해서 지급하는 방법이 가능하며, 보상금 수급권자의 범위를 경제적으로 어려운 자에게 한정하는 방법도 가능함에도 불구하고, 심판대상조항이 부모 1명에 한정하여 보상금을 지급하도록 하면서 어떠한 예외도 두지 않은 것에는 합리적 이유가 있다고 보기 어렵다. 부모 중 나이가 많은 자가 나이가 적은 자를 부양한다고 일반화할 합리적인 이유가 없고, 오히려 직업이나 보유재산에 따라 연장자가 경제적으로 형편이 더 나은 경우에도 연장자라는 이유만으로 보상금을 지급하는 것은 보상금 수급권이 갖는 사회보장적 성격에 부합하지 않으므로 심판대상조항 중 나이가 많은 자를 우선하도록 한 것 역시 합리적 이유가 있다고 보기 어렵다.★★

판례 직계비속의 중혼취소청구권 배제
▶ 2010.7.29. 2009헌가8 [헌법불합치]

중혼의 취소청구권자를 규정한 이 사건 법률조항은 그 취소청구권자로 직계존속과 4촌 이내의 방계혈족을 규정하면서도 직계비속을 제외하였는바, 직계비속을 제외하면서 직계존속만을 취소청구권자로 규정한 것은 가부장적·종법적인 사고에 바탕을 두고 있고, 직계비속이 상속권 등과 관련하여 중혼의 취소청구를 구할 법률적인 이해관계가 직계존속과 4촌 이내의 방계혈족 못지않게 크며, 그 취소청구권자의 하나로 규정된 검사에게 취소청구를 구한다고 하여도 검사로 하여금 직권발동을 촉구하는 것에 지나지 않은 점 등을 고려할 때, 합리적인 이유 없이 직계비속을 차별하고 있어, 평등원칙에 위반된다.★

판례 상습절도범 가중처벌 상습절도범과 상습장물취득범을 가중처벌한 '특정범죄 가중처벌 등에 관한 법률' 조항이 형법 조항과 똑같은 구성요건을 규정하면서 법정형만 상향 조정한 것이 위헌인지 여부(적극) ▸ 2015.2.26. 2014헌가16등; 2015.11.26. 2013헌바343 [위헌]

심판대상조항은 별도의 가중적 구성요건표지를 규정하지 않은 채 형법 조항과 똑같은 구성요건을 규정하면서 법정형만 상향 조정하여 형사특별법으로서 갖추어야 할 형벌체계상의 정당성과 균형을 잃어 인간의 존엄성과 가치를 보장하는 헌법의 기본원리에 위배될 뿐만 아니라 그 내용에 있어서도 평등의 원칙에 위반되어 위헌이다.★

CHAPTER 03 자유권적 기본권

제1절 • 인신에 관한 자유

인권보장의 전제 사람의 몸체

| 제1항 | 생명권
목숨을 지킬 권리

> **코멘트**
> 사람은 머리와 팔다리 오체의 풀만족은 모든 만족스런 삶의 영위를 위한 조건이지 않은가.

> **코멘트**
> 인간은 태어나면서부터 존엄하므로 당연히 자신의 생명의 소중함을 존중받을 권리도 가진다.

I 생명권의 의의

생명권이란 인간의 인격적·신체적 존재형태, 즉 생존상태를 보호받을 권리를 말한다. 우리 헌법에는 생명권보장에 관한 **명문의 규정이 없지만**, 헌법재판소는 사형제도 사건에서 "**생명권은 자연법적인 권리로서 모든 기본권의 전제로서 기능하는 기본권 중의 기본권**이다"(2010.2.25. 2008헌가23 등)라고 하여 생명권을 인정한다.

II 생명권의 주체

생명권은 인간 생존의 기본조건을 보호하는 인간의 권리로서 내외국인을 불문하고 모든 자연인이 주체가 된다. 그러나 생명권의 본질에 비추어 법인 등 **단체**는 주체가 될 수 없다. 헌법재판소는 **태아의 생명권주체성을 인정하고 있**다(2008.7.31. 2004헌바81).★★

III 생명권의 내용

생명권은 생명에 대한 국가의 침해를 방어하는 '소극적 생명권'과 생명에 대한 국가의 보호를 요구하는 '적극적 생명권'을 내용으로 한다. 또한 국가는 사인의 위법한 생명권침해로부터 이를 보호해야 할 의무를 진다.

IV 생명권의 제한

1. 생명권의 제한가능성

생명권의 제한은 곧 인간 존재의 근원인 **생명권의 박탈**을 의미하는바, 생명권이 제한이 가능한지가 문제된다. 헌법재판소는 사형제도 사건에서 "우리 헌법은 사형제도의 금지나 허용을 직접 규정하고 있지 않으나, **제110조 제4항 단서**(비상계엄 하 단심제 예외)의 '다만, 사형을 선고한 경우에는 그러하지 아니하다'는 규정을 통해 **사형제도를 간접적으로나마 인정**하고 있으며, **다른 생명이나 중대한 공익의 보호**를 위해 불가피한 경우에는 **생명권 역시 제한**될 수 있고 그러한 생명권박탈은 **본질내용을 침해하는 것이라 볼 수 없다**"고 하여 생명권의 제한가능성을 인정하였다 (2010.2.25. 2008헌가23 등).★★

2. 구체적 문제

① 인공임신중절과 관련하여, 헌법재판소는 "사회적·경제적 사유로 인해 낙태갈등 상황을 겪고 있는 경우까지 예외 없이 낙태를 금지하는 **형법상 자기낙태죄·의사낙태죄조항**은 헌법 제10조에서 도출되는 임부의 자기결정권을 과도하게 침해하는 것이다"라며 잠정적용 헌법불합치결정하였다(2019.4.11. 2017헌바127).★★ ② 한편 안락사와 관련하여, 대법원은 "**회복불가능한 사망의 단계**에 이르러 환자의 **사전의료지시**가 있거나 환자의 **의사를 추정**할 수 있는 경우에는 **연명치료를 중단할 수 있다**"고 하여 소극적 안락사를 허용하였고(2009.5.21. 2009다17417), 헌법재판소도 대법원의 견해를 수용하면서 연명치료중단에 관한 자기결정권을 보장하는 방법으로서 '**법원의 재판을 통한 규범의 제시**'와 '**입법**' 중 어느 것이 바람직한가는 원칙적으로 **입법정책의 문제**에 속한다고 판시하였다(2009.11.26. 2008헌마385).★★

> **판례 낙태죄 형사처벌** 임신한 여성의 자기낙태와 의사가 임신한 여성의 촉탁 또는 승낙을 받아 낙태하게 한 경우를 처벌하는 형법 조항이 위헌인지 여부(적극) ▶ 2019.4.11. 2017헌바127 [헌법불합치]
>
> (1) 자기낙태죄 조항에 대한 판단 : 헌법 제10조에 근거한 일반적 인격권으로부터 파생되는 개인의 자기결정권에는 임신한 여성이 임신의 유지 및 출산 여부에 관하여 결정할 수 있는 권리가 포함되어 있으므로 자기낙태죄 조항은 임신한 여성의 자기결정권을 제한하고 있다. 태아도 헌법상 생명권의 주체이며 국가는 태아의 생명을 보호할 의무가 있는바,★ 자기낙태죄 조항은 태아의 생명보호를 위한 것으로 입법목적이 정당하고 수단도 적합하다.★ 국가가 생명을 보호하는 입법적 조치를 취함에 있어 인간 생명의 발달단계에 따라 그 보호의 정도 및 수단을 달리하는 것은 불가능하지 않다.★ 태아가 모체를 떠나 독자적으로 생존할 수 있는 시점인 임신 22주 내외에 도달하기 전이면서 동시에 임신 유지·출산에 관한 자기결정권을 행사하기에 충분한 시기(이하 착상 시부터 이 시기까지를 '결정가능기간'이라 한다)까지의 낙태에 대해서는 국가가 생명보호의 수단 및 정도를 달리 정할 수 있다.★ 모자보건법상의 정당화사유에는 사회적·경제적 사유에 의한 낙태갈등 상황이 전혀 포섭되지 않는데, 자기낙태죄 조항은 위 사유에 해당하지 않으면 결정가능기간 중에 다양하고 광범위한 사회적·경제적 사유를 이유로 낙태갈등 상황을 겪고 있는 경우까지도 예외 없이 전면적·일률적으로 임신 유지·출산을 강제하고 있어 침해최소성과 법익균형성을 갖추지 못하였으므로, 과잉금지원칙을 위반하여 임신한 여성의 자기결정권을 침해한다.★★
>
> (2) 의사낙태죄 조항에 대한 판단 : 자기낙태죄 조항과 동일한 목표를 실현하기 위하여 임신한 여성의 촉탁 또는 승낙을 받아 낙태하게 한 의사를 처벌하는 의사낙태죄 조항도 같은 이유에서 위헌이라고 보아야 한다.
>
> (3) 잠정적용 헌법불합치결정 : 태아의 생명보호를 위하여 낙태를 형사처벌하는 것 자체가 헌법에 위반된다고 볼 수는 없는바, 위 조항들에 대하여 단순위헌결정을 할 경우 모든 낙태를 처벌할 수 없게 됨으로써 용인하기 어려운 법적 공백이 생기게 되므로, 단순위헌결정을 하는 대신 헌법불합치결정을 선고하되 입법자의 개선입법이 이루어질 때까지 계속적용을 명하는 것이 타당하다.★

판례 연명치료중단의 입법부작위 ▶ 2009.11.26. 2008헌마385 [각하]

(1) 연명치료 중인 환자의 자녀들은 의 입법부작위로 말미암아 정신적 고통과 경제적 부담을 감수해야 한다는 점에 이해관계를 갖지만, 이는 간접적·사실적 이해관계에 그친다고 보는 것이 타당하므로, 연명치료중인 환자의 자녀들이 제기한 이 사건 입법부작위에 관한 헌법소원은 자신 고유의 기본권의 침해에 관련되지 아니하여 부적법하다.★

(2) '죽음에 임박한 환자'에 대한 연명치료는 의학적인 의미에서 치료의 목적을 상실한 신체침해 행위가 지속되는 것이라 할 수 있고, 자연적으로는 이미 시작된 죽음의 과정에서의 종기를 인위적으로 연장시키는 것으로 볼 수 있어, 비록 연명치료 중단에 관한 결정 및 그 실행이 환자의 생명단축을 초래한다 하더라도 이를 생명에 대한 임의적 처분으로서 자살이라고 평가할 수 없고, 오히려 인위적인 신체침해 행위에서 벗어나서 자신의 생명을 자연적인 상태에 맡기고자 하는 것으로서 인간의 존엄과 가치에 부합한다 할 것이다. 그렇다면 환자가 사전의료지시 등의 방법으로 죽음에 임박한 상태에서 인간으로서의 존엄과 가치를 지키기 위하여 연명치료의 거부·중단을 결정할 수 있다 할 것이고, 위 결정은 헌법상 기본권인 자기결정권의 한 내용으로서 보장된다 할 것이다.★★ 그러나 연명치료중단에 관한 다툼은 법원의 재판을 통하여 해결될 수 있고, 연명치료중단에 관한 문제는 인간의 실존에 관한 철학적 문제까지 연결되는 중대한 문제로서 그 입법은 충분한 사회적 합의가 필요한 사항이며, '연명치료 중단에 관한 자기결정권'을 보장하는 방법으로서 '법원의 재판을 통한 규범의 제시'와 '입법' 중 어느 것이 바람직한가는 입법정책의 문제로서 국회의 재량에 속한다 할 것이므로, 헌법해석상 '연명치료 중단 등에 관한 법률'을 제정할 국가의 입법의무가 명백하다고 볼 수 없다.★★ 결국 환자 본인의 심판청구는 국가의 입법의무가 없는 사항을 대상으로 한 것으로서 부적법하다.

판례 집회참가자 직사살수행위 서울지방경찰청장 등이 2015. 11. 14. 19:00경 종로구청입구 사거리에서 살수차를 이용하여 물줄기가 일직선 형태로 집회참가자에게 도달되도록 살수한 행위가 위헌인지 여부(적극) ▶ 2020.4.23. 2015헌마1149 [인용]

이 사건 직사살수행위는 불법 집회로 인하여 발생할 수 있는 생명·신체의 위해와 재산·공공시설의 위험을 억제하기 위한 것으로 그 목적이 정당하다. 이 사건 직사살수행위 당시 청구인은 시위대와 떨어져 홀로 경찰 기동버스에 매여 있는 밧줄을 잡아당기고 있었는바, 억제할 필요성이 있는 위험 자체가 발생하였다고 보기 어려우므로, 수단의 적합성을 인정할 수 없다. 살수차의 사용을 명하는 피청구인들로서는 시위대의 규모, 시위 방법 등 구체적인 현장 상황을 정확하게 파악한 후 타인의 법익이나 공공의 안녕질서에 대한 직접적인 위험이 명백히 초래되고, 다른 대안은 없는지 여부를 신중히 판단해야 함에도 불구하고 현장 상황을 제대로 확인하지 않은 채 단순히 시위대를 향하여 살수하도록 지시한 결과 청구인을 사망에 이르게 하였다는 점에서 침해최소성과 법익균형성에도 반한다. 그러므로 이 사건 직사살수행위는 과잉금지원칙에 반하여 청구인의 생명권 및 집회의 자유를 침해하였다.

| 제2항 | **신체를 훼손당하지 않을 권리**
신체와 정신의 완전성을 지킬 권리

> 코멘트
> 신체발부 수지부모 불감훼상 효지시야.

I 신체를 훼손당하지 않을 권리의 의의

① 신체를 훼손당하지 않을 권리(인신불훼손권)란 신체적·정신적 건강을 포괄하는 **인신의 완전성** 또는 인신의 온전성을 보호받을 권리를 말한다. 신체를 훼손당하지 않을 권리의 헌법적 근거와 관련하여, 헌법재판소는 헌법 제12조의 **신체의 자유에 신체를 훼손당하지 않을 권리가 포함**되어 있는 것으로 보고 있다(2004.12.16. 2002헌마478 등).41) ② 신체를 훼손당하지 않을 권리는 인간의 권리로서 모든 자연인이 주체가 된다. 그러나 이 권리는 생명체를 전제로 인정되기 때문에 성질상 법인 등 **단체는 주체가 될 수 없다**.

II 신체를 훼손당하지 않을 권리의 내용

신체를 훼손당하지 않을 권리는 '신체의 완전성의 유지' 및 '정신의 온전성의 유지'를 내용으로 한다. ① **신체의 완전성의 유지**란 신체의 생물학적 기능과 외형을 온전하게 유지하는 것을 말하고, ② **정신의 온전성의 유지**란 정신적·영적 건강을 온전하게 유지하는 것을 말한다.

| 제3항 | **신체의 자유**
신체의 활동을 강요당하지 않을 권리

> 코멘트
> 목숨만 붙어 있는 상태로 마음껏 움직일 수 없다면 이것이 인간다움이라 할 수 있는가. 시체나 다름없지.

포 구 압 수 심
적 법 처 보 강

포 구 압 수 영
쌈 짱 도 인

두문자
포 구 적 조
고 무 국 자
(§12④·⑦
+ §27④)

헌 법
제12조 ① 모든 국민은 신체의 자유를 가진다. 누구든지 법률에 의하지 아니하고는 **체포·구속·압수·수색** 또는 **심문**을 받지 아니하며, **법률**과 **적**법한 절차에 의하지 아니하고는 **처벌·보**안처분 또는 **강**제노역을 받지 아니한다.★★
② 모든 국민은 고문을 받지 아니하며, 형사상 자기에게 불리한 진술을 강요당하지 아니한다.★
③ **체포·구속·압**수 또는 **수**색을 할 때에는 적법한 절차에 따라 검사의 신청에 의하여 법관이 발부한 **영**장을 제시하여야 한다. 다만, 현행범인인 경우와 **장**기 3년 이상의 형에 해당하는 죄를 범하고 **도**피 또는 증거**인**멸의 염려가 있을 때에는 사후에 영장을 청구할 수 있다.★★
④ 누구든지 **체**포 또는 **구**속을 당한 때에는 **즉**시 변호인의 **조**력을 받을 권리를 가진다. 다만, 형사피**고**인이 스스로 변호인을 구할 수 없을 때에는 법률이 정하는 바에 의하여 **국**가가 변호인을 붙인다.★★

---

41) 독일기본법은 나치에 의해 자행된 신체적 만행에 대한 반성적 고려로 신체불가침권과 신체의 자유를 구별하여 규정한다 (김학성, 헌법학원론 제3판, 415면).

⑤ 누구든지 체포 또는 구속의 이유와 변호인의 조력을 받을 권리가 있음을 고지받지 아니하고는 체포 또는 구속을 당하지 아니한다.★ 체포 또는 구속을 당한 자의 가족등 법률이 정하는 자에게는 그 이유와 일시·장소가 지체없이 통지되어야 한다.★★
⑥ 누구든지 체포 또는 구속을 당한 때에는 적부의 심사를 법원에 청구할 권리를 가진다.★
⑦ 피고인의 자백이 고문·폭행·협박·구속의 부당한 장기화 또는 기망 기타의 방법에 의하여 자의로 진술된 것이 아니라고 인정될 때 또는 정식재판에 있어서 피고인의 자백이 그에게 불리한 유일한 증거일 때에는 이를 유죄의 증거로 삼거나 이를 이유로 처벌할 수 없다.★
제13조 ① 모든 국민은 행위시의 법률에 의하여 범죄를 구성하지 아니하는 행위로 소추되지 아니하며, 동일한 범죄에 대하여 거듭 처벌받지 아니한다.
③ 모든 국민은 자기의 행위가 아닌 친족의 행위로 인하여 불이익한 처우를 받지 아니한다.
제27조 ④ 형사피고인은 유죄의 판결이 확정될 때까지는 무죄로 추정된다.★

I 신체의 자유의 의의

헌법 제12조 제1항 전문에서 보장하는 신체의 자유란 **넓은 의미**에서 **신체활동의 임의성과 신체의 완전성**을 보호받을 권리를 말한다(1992.12.24. 92헌가8). 신체의 자유는 인간의 권리로서 모든 자연인이 주체가 된다. 그러나 성질상 법인 등 단체는 주체가 될 수 없다.

II 신체의 자유의 내용

1. 불법한 체포·구속·압수·수색·심문으로부터의 자유

헌법 제12조 제1항 후문 전단은 "누구든지 법률에 의하지 아니하고는 체포·구속·압수·수색 또는 심문을 받지 아니한다"고 규정하고 있으므로, 누구든지 불법한 대인적·대물적 강제처분 및 답변의 강요를 받지 아니한다.

2. 불법한 처벌·보안처분·강제노역으로부터의 자유

헌법 제12조 제1항 후문 후단은 "누구든지 법률과 적법한 절차에 의하지 아니하고는 처벌·보안처분 또는 강제노역을 받지 아니한다"고 규정하는데, 여기서 '처벌'이란 형사상·행정상의 과벌을 포괄하는 **일체의 불이익한 제재**를 말하고, '보안처분'이란 보호관찰, 치료감호 등 재범의 위험에 대한 사회방위를 목적으로 하는 형벌 이외의 형사제재를 말하며, '강제노역'이란 정당한 법률에 의하지 않은 강제적인 노동력제공을 말한다.

> **판례** 금치수용자 실외운동금지 ▶ 2004.12.16. 2002헌마478 [위헌]
>
> 금치 징벌의 목적 자체가 징벌실에 수용하고 엄격한 격리에 의하여 가전을 촉구하고자 하는 것이므로 접견·서신수발의 제한은 불가피하다. 그러나 금치수형자는 외부세계와의 교통이 단절된 상태에 있게 되며, 환기가 잘 안 되는 1평 남짓한 징벌실에 최장 2개월 동안 수용된다는 점을 고려할 때, 그들에게 일체의 운동을 금지하는 것은 수형자의 신체적 건강뿐만 아니라 정신적 건강을 해칠 위험성이 현저히 높다. 따라서 금치수형자에 대한 절대적인 운동의 금지는 수형자의 헌법 제10조의 인간의 존엄과 가치 및 신체의 안정성이 훼손당하지 아니한 자유를 포함하는 제12조의 신체의 자유를 침해하는 정도에 이르렀다고 판단된다.

판례 금치수용자 실외운동제한
▶ 2016.5.26. 2014헌마45 [위헌]

이 사건 형집행법 조항은 금치의 징벌을 받은 사람에 대해 규율의 준수를 강제하여 수용시설 내의 안전과 질서를 유지하기 위한 것으로서 목적의 정당성 및 수단의 적합성이 인정된다. 실외운동은 구금되어 있는 수용자의 신체적·정신적 건강을 유지하기 위한 최소한의 기본적 요청이고, 수용자의 건강유지는 교정교화와 건전한 사회복귀라는 형 집행의 근본적 목표를 달성하는 데 필수적이다. 그런데 위 조항은 소란, 난동을 피우거나 다른 사람을 해할 위험이 있어 실외운동을 허용할 경우 금치처분의 목적 달성이 어려운 예외적인 경우에 한하여 실외운동을 제한하는 덜 침해적인 수단이 있음에도 불구하고, 금치처분을 받은 사람에게 원칙적으로 실외운동을 금지함으로써 필요 이상의 불이익을 가하고 있으므로 침해의 최소성 및 법익의 균형성 요건을 갖추지 못하였다. 따라서 위 조항은 청구인의 신체의 자유를 침해한다.★★

판례 성충동약물치료(속칭 화학적 거세)
성폭력범죄를 저지른 성도착증 환자로서 재범의 위험성이 인정되는 19세 이상의 사람에 대해 검사의 청구로 법원이 15년의 범위에서 치료명령을 선고할 수 있도록 한 성충동약물치료법 조항이 위헌인지 여부(일부 적극)
▶ 2015.12.23. 2013헌가9 [헌법불합치, 합헌]

심판대상조항들은 성폭력범죄자의 동종 재범을 방지하기 위한 것으로 목적이 정당하고 수단도 적절하다. 또한 전문의의 감정을 거쳐 성도착증 환자로 인정되는 사람을 대상으로 청구되고, 한정된 기간 동안 의사의 처방에 의하여 이루어지며, 치료 중단시 남성호르몬의 생성과 작용의 회복이 가능하다는 점을 고려할 때, 원칙적으로 침해최소성 및 법익균형성이 충족된다. 다만 장기형이 선고되는 경우 치료명령의 선고시점과 집행시점 사이에 상당한 시간적 간극이 있어 집행시점에서 발생할 수 있는 불필요한 치료와 관련한 부분에 대해서는 침해의 최소성과 법익균형성을 인정하기 어렵다. 따라서 이 사건 청구조항은 과잉금지원칙에 위배되지 아니하나, 이 사건 명령조항은 집행 시점에서 불필요한 치료를 막을 수 있는 절차가 마련되어 있지 않은 점으로 인하여 과잉금지원칙에 위배되어 기본권을 침해한다.★

판례 벌금미납자의 노역장유치
벌금미납자를 노역장에 유치하여 신체를 구금하는 형법 조항이 위헌인지 여부(소극)
▶ 2011.9.29. 2010헌바188등 [합헌]

이 사건 법률조항들은 벌금의 철저한 징수를 통하여 벌금형의 형벌효과를 유지, 확보하기 위한 것으로, 벌금의 분납·연기신청이 가능하며 노역장유치기간이 제한되어 있는 점, 벌금형의 집행율을 제고하고 형벌의 목적을 달성하려는 공익보다 침해되는 사익이 더 크다고 볼 수 없는 점을 고려하면, 과잉금지원칙에 위배되지 아니한다. 노역장유치는 경제적 능력의 유무와는 상관없이 모든 벌금미납자에게 적용된다는 점, 벌금미납자는 벌금을 납부할 수 있는 기회가 주어졌음에도 이를 이행하지 않은 것이라는 점을 감안하면 합리적 이유가 있으므로 평등원칙에도 위배되지 않는다.

판례 노역장유치기간 하한제의 소급적용
1억 원 이상의 벌금형 선고시 최소 300일 이상의 노역장 유치기간 하한을 정하면서 시행일 이후 최초로 공소제기되는 경우부터 적용하도록 한 형법 조항이 위헌인지 여부(일부 적극)
▶ 2017.10.26. 2015헌바239등 [합헌, 위헌]

(1) '노역장유치조항'은 노역장유치가 고액 벌금의 납입을 회피하는 수단으로 이용되는 것을 막고 1일 환형유치금액에 대한 형평성을 제고하기 위한 것으로, 벌금 액수에 따라 단계별로 유치기간의 하한이

증가하도록 하고 있어 범죄의 경중이나 죄질에 따른 형평성을 도모하고 있고, 노역장유치는 벌금 납입시에는 집행될 여지가 없고 노역장유치로 벌금형이 대체된다는 점에서 그로 인한 불이익이 추구하는 공익에 비해 크다고 할 수 없으므로, 신체의 자유를 과도하게 침해한다고 볼 수 없다.★★

(2) 형벌불소급원칙에서 의미하는 '처벌'은 단지 형법에 규정되어 있는 형식적 의미의 형벌 유형에 국한되지 않으며, 범죄행위에 따른 제재의 내용이나 실제적 효과가 형벌적 성격이 강한 경우에는 형벌불소급원칙이 적용되어야 한다. 노역장유치는 벌금형에 부수적으로 부과되는 환형처분으로서, 그 실질은 신체의 자유를 박탈하여 징역형과 유사한 형벌적 성격을 가지고 있으므로, 형벌불소급원칙의 적용대상이 된다.★★ 그런데 '부칙조항'은 노역장유치조항의 시행 전에 행해진 범죄행위에 대해서도 공소제기의 시기가 노역장유치조항의 시행 이후이면 이를 적용하도록 하고 있으므로, 이는 범죄행위 당시보다 불이익한 법률을 소급 적용하도록 하는 것으로서 헌법상 형벌불소급원칙에 위반된다.★★

Ⅲ 신체의 자유의 실체적 보장

1. 죄형법정주의

(1) 죄형법정주의의 의의

헌법 제12조 제1항 후문 및 제13조 제1항 전단에서 규정하고 있는 죄형법정주의란 정당한 법률에 의하지 아니하고는 처벌되지 않는다는 것으로 '**법률 없으면 범죄도 형벌도 없다**'는 원칙을 말한다(1998.3.26. 96헌가20 등).

> **판례** 죄형법정주의의 규율대상 ▶ 1998.5.28. 96헌바83 [합헌]
>
> 죄형법정주의는 무엇이 범죄이며 그에 대한 형벌이 어떠한 것인가는 국민의 대표로 구성된 입법부가 제정한 법률로써 정하여야 한다는 원칙인데, 부동산등기특별조치법 제11조 제1항 본문 중 제2조 제1항에 관한 부분이 정하고 있는 과태료는 행정상의 질서유지를 위한 행정질서벌에 해당할 뿐 형벌이라고 할 수 없어 죄형법정주의의 규율대상에 해당하지 아니한다.★

(2) 죄형법정주의의 내용

⑺ 형벌법규법률주의

헌법 제12조 제1항 후문의 형벌법규법률주의란 범죄와 형벌은 **성문의 법률**로써 규정되어야 하고 **관습형법은 금지**된다는 성문법률주의를 말한다(1997.9.25. 96헌가16). 여기의 법률은 국회가 제정한 형식적 의미의 법률을 의미하나, 헌법 규정에 따라 법률의 효력이 인정되는 국제법규 등은 이에 준하여 취급되며(1998.11.26. 97헌바65), 현대사회의 복잡화에 따라 **하위법령에 대한 위임이 예외적으로 허용**된다(1998.3.26. 96헌가20). 헌법재판소는 **정관위반행위에 대한 형사처벌**(2020.6.25. 2018헌바278 등)과 **단체협약위반자에 대한 형사처벌**(1998.3.26. 96헌가20)에 대하여 법률주의와 명확성의 원칙에 위배된다며 위헌결정하였다.

(나) 형벌법규불소급의 원칙

A. 의 의

헌법 제13조 제1항 전단의 형벌법규불소급의 원칙이란 행위시의 법률에 의하지 않고는 처벌되지 않는다는 원칙을 말하는데, 사후입법에 의한 형사처벌을 절대적으로 금지하여 법적 안정성을 도모하는 데 목적이 있다(1996.2.16. 96헌가2등). ① 여기의 '처벌'은 동 원칙의 취지상 형법상 형벌유형에 국한되지 않으며 형벌적 성격을 가지는 일체의 형사적 제재를 포괄한다(2017.10.26. 2015헌바239등).* ② 그러나 우리 헌법상 형벌불소급원칙은 행위의 가벌성에 관한 것으로 소추가능성에만 연관될 뿐 가벌성에 영향을 미치지 않는 공소시효에 관한 규정은 그 효력범위에 포함되지 않으며(2021.6.24. 2018헌바457),** 형사처벌의 근거가 되는 것은 법률이고, 법인식작용인 판례의 변경은 법률 자체의 변경으로 볼 수 없으므로 형벌불소급원칙이 적용되지 않는다(1999.9.17. 97도3349).* ③ 한편 형벌불소급원칙은 사후입법에 의한 불리한 형사처벌을 금지하는 것이므로, 유리한 신법의 소급적용은 허용되는 입법재량사항이다(1995.12.28. 95헌마196 등).**

> **판례** 형종상향금지조항 시적 적용범위 피고인이 정식재판을 청구한 사건에서 약식명령의 형보다 '중한 형'을 선고하지 못하게 하던 '불이익변경금지조항'을 '중한 종류의 형'을 선고하지 못하게 하는 '형종상향금지조항'으로 개정하면서, 그 시행 전에 정식재판을 청구한 사건의 경우 종전의 불이익변경금지조항에 따르도록 한 형사소송법 부칙 조항이 위헌인지 여부(소극)
> ▶ 2023.2.23. 2018헌바513 [합헌]
>
> (1) 이들 조항이 규율하는 내용은 행위의 불법과 행위자의 책임에 기초한 실체적인 가벌성에는 영향을 미치지 아니하므로, 행위자가 범죄행위 당시 예측가능성을 확보해야 하는 범죄구성요건의 제정이나 형벌의 가중에 해당하지 않는다는 점, 형종상향금지조항의 시행 후에 정식재판을 청구한 피고인이 보다 중한 형을 선고받을 수 있더라도, 이는 원래의 법정형과 처단형의 범위 내에서 이루어지는 것이므로 가벌성의 신설이나 추가라고 보기도 어렵다는 점을 종합하면, 심판대상조항은 형벌불소급원칙에 위배되지 아니한다.
> (2) 검사가 약식명령을 청구할지 여부 또는 피고인이 약식명령에 대해 정식재판을 청구할지 여부는 피고인이 범죄행위를 할 당시에는 예측할 수 없는 사항이라는 점을 고려할 때, 범죄행위시가 아닌 정식재판청구시를 기준으로 하여 피고인이 정식재판을 청구할 당시 시행 중이던 법률조항에 따르도록 한 것이 불합리한 차별취급이라고 보기 어려우므로, 심판대상조항은 평등원칙에 위배되지 아니한다.

> **판례** 범죄 입증의 과학적 증거 있는 특정 성폭력범죄 공소시효 연장 디엔에이증거 등 그 죄를 증명할 수 있는 과학적인 증거가 있는 특정 성폭력범죄는 공소시효를 10년 연장하면서 그 시행 전에 범한 죄로 아직 공소시효가 완성되지 아니한 것에 대하여도 연장조항을 적용하는 성폭력처벌법 부칙 조항이 위헌인지 여부(소극)
> ▶ 2023.5.25. 2020헌바309 [합헌]
>
> 우리 헌법이 규정한 형벌불소급의 원칙은 '행위의 가벌성'에 관한 것으로 소추가능성에만 연관될 뿐 가벌성에 영향을 미치지 않는 공소시효에는 원칙적으로 적용되지 않는다. 행위의 가벌성은 소추가능성의 전제조건이지만 소추가능성은 가벌성의 조건이 아니므로, 심판대상조항의 공소시효 문제는 형

벌불소급의 원칙이 적용되는 범위에 포함되지 않는다. 개정 법률 시행 전에 범죄를 범한 경우 기존 법률에 따른 공소시효 적용에 대한 신뢰가 보호가치 없는 신뢰라고 보기는 어려우나, 연장조항으로 인하여 제한되는 성폭력범죄자의 신뢰이익이 실체적 정의라는 공익에 우선하여 특별히 헌법적으로 보호할 가치가 있다고 보기 어려우므로, 심판대상조항은 신뢰보호원칙에 위배되지 아니한다.

B. 보안처분과 형벌법규불소급의 원칙

① 보안처분은 형벌과 달리 행위자의 장래 위험성에 근거하는 것으로 행위시가 아닌 재판시의 사정에 따라 결정되므로 원칙적으로 형벌불소급원칙이 적용되지 않지만, **형벌적 성격**이 강하여 신체의 자유를 박탈하거나 그에 준하는 정도로 제한하는 경우에는 동원칙이 적용된다(2015.9.24. 2015헌바35).** ② 헌법재판소는 신체의 자유를 박탈하는 보호감호는 형벌적 성격의 보안처분이므로 소급입법에 의한 **보호감호**처분은 금지된다고 판시하였으나(1989.7.14. 83헌가5), 비형벌적 성격의 보안처분인 전자장치부착, DNA 신원정보수집, 신상정보공개 등은 소급처벌금지원칙이 적용되지 않는다고 판시하였고(2012.12.27. 2010헌가82등; 2014.8.28. 2011헌마28등; 2016.12.29. 2015헌바196등),** ③ 대법원은 소급입법에 의한 보호관찰처분은 허용된다고 판시하였으나(1997.6.13. 97도703), 형사처벌 대신 부과되는 **가정폭력처벌법상의 사회봉사명령**은 형벌불소급원칙이 적용된다고 판시하였다(2008.7.24. 2008어4).

(다) 법규내용명확성의 원칙

A. 의의

형벌법규명확성의 원칙이란 누구나 형벌법규의 내용을 예견할 수 있도록 명확해야 한다는 원칙을 말한다. ① 동원칙은 범죄의 구성요건뿐만 아니라 정당방위와 같은 **위법성조각사유**에도 적용되고(2001.6.28. 99헌바31),** 최대한이 아닌 **최소한의 명확성**을 요구하는 것이므로 **법관의 보충적인 해석**으로 확정가능하다면 명확성원칙에 반한다고 할 수 없다(1998.4.30. 95헌가16). ② **예시적 입법**형식도 예시한 **개별사례**가 일반조항의 해석을 위한 **판단지침을 내포**하고 있고 일반조항이 그러한 **예시를 포괄할 수 있는 의미**를 담고 있는 개념이라면 명확성원칙에 반한다고 할 수 없고(2019.6.28. 2018헌바128 등),** 구성요건조항과 처벌조항의 **분리규정**도 양 조항의 **체계적 연관성**이 확보된다면 명확성원칙에 위배되지 않는다(2013.7.25. 2011헌바39).

B. 명확성원칙 관련 헌법재판소 판례

> **판례** 경범죄처벌법상 '과다노출' 금지 '여러 사람의 눈에 뜨이는 곳에서 공공연하게 알몸을 지나치게 내놓거나 가려야 할 곳을 내놓아 다른 사람에게 부끄러운 느낌이나 불쾌감을 준 사람'을 처벌하는 경범죄처벌법 조항이 위헌인지 여부(적극) ▶ 2016.11.24. 2016헌가3 [위헌]
>
> 알몸을 '지나치게 내놓는' 행위의 의미를 판단하기 쉽지 않고, '가려야 할 곳'의 의미도 알기 어려우며, '부끄러운 느낌이나 불쾌감'은 사람마다 달리 평가될 수밖에 없다. 심판대상조항의 불명확성을 해소하

기 위해 노출이 허용되지 않는 신체부위를 예시적으로 열거하거나 구체적으로 특정하여 분명하게 규정하는 것이 입법기술상 불가능하지도 않다. 예컨대 이른바 '바바리맨'의 성기노출행위를 규제할 필요가 있다면 노출이 금지되는 신체부위를 '성기'로 명확히 특정하면 될 것이다. 따라서 심판대상조항은 죄형법정주의의 명확성원칙에 위배된다.★★

판례 '공중도덕상 유해한 업무'를 위한 근로자공급 처벌 ▶ 2005.3.31. 2004헌바29 [위헌]

직업안정법 제46조 제1항 제2호에서 말하는 '공중도덕'은 기술적 개념이 아니라 가치개념을 포함한 규범적 개념으로서 구체적인 행위의 지침으로 사용될 경우 개인에 따라서 그리고 시간과 장소, 구체적 사정에 따라서 위반여부가 크게 달라질 수밖에 없다. 결국 건전한 상식과 통상적인 법감정을 가진 사람으로서는 금지되는 직업소개의 대상을 위와 같은 '공중도덕상 유해'라는 기준에 맞추어 특정하거나 예측한다는 것은 매우 어렵다고 할 것이므로 이 사건 법률조항은 죄형법정주의의 명확성원칙에 위배된다.★

판례 경범죄처벌법상 '못된 장난 등의 업무방해' 금지 못된 장난 등으로 다른 사람, 단체 또는 공무수행중인 자의 업무를 방해한 사람을 처벌하는 경범죄처벌법 조항이 위헌인지 여부(소극)
▶ 2022.11.24. 2021헌마426 [기각]

심판대상조항의 입법 목적, '못된 장난'의 사전적 의미, '경범죄 처벌법'의 예방적·보충적·도덕적 성격 등을 종합하면, 심판대상조항의 '못된 장난 등'은 타인의 업무에 방해가 될 수 있을 만큼 남을 괴롭고 귀찮게 하는 행동으로 일반적인 수인한도를 넘어 비난가능성이 있으나 형법상 업무방해죄, 공무집행방해죄에 이르지 않을 정도의 불법성을 가진 행위를 의미한다고 할 것이므로, 죄형법정주의의 명확성원칙을 위반하여 일반적 행동자유권을 침해하지 않는다. 심판대상조항은 사회적 활동의 자유 보장 및 국가기능의 원활한 작동을 위한 것으로, '경범죄 처벌법'의 예방적·보충적·도덕적 성격을 반영하여 형법과 달리 업무방해와 공무방해를 함께 규율하는 것도 가능하고, 형법상 처벌되는 행위보다 불법성은 경미하지만 국가기능의 정상적 수행에 혼란을 초래할 수 있는 행위를 금지하여야 할 필요성도 인정되므로, 과잉금지원칙을 위반하여 일반적 행동자유권을 침해하지 않는다.

(라) 유추해석금지의 원칙

유추해석금지의 원칙이란 법률에 규정이 없는 사항에 관해 유사한 사항의 법률(조항)을 적용하는 자의적인 입법을 금지하는 원칙을 말한다.

2. 이중처벌금지의 원칙

(1) 이중처벌금지의 원칙의 의의

헌법 제13조 제1항 후단의 이중처벌금지의 원칙이란 일단 처리된 사건은 다시 다루지 않는다는 법의 일반원칙 즉 **일사부재리의 원칙이 국가형벌권의 기속원리**로 선언된 것이다(1994.6.30. 92헌바38).

(2) 이중처벌금지의 원칙의 내용

이중처벌금지의 원칙은 동일한 행위를 대상으로 중복적 처벌이 행해질 때에 적용되는데,★ ① 여기서 '이중'의 의미는 **기본적 사실관계의 동일성**에 따라 판단되며(1994.6.30. 92헌바38), 여기서 '처벌'은 동원칙의 취지상 국가가 행하는 일체의 제재를 포함하는 것이 아니라 범죄에 대한 국가의 **형벌권실행으로서의 과벌**만을 의미한다(1994.6.30. 92헌바38 등).★★ ② 헌법재판소는 형벌과 보호감호 등 **보안처분을 병과**하더라도 동원칙에 위반되지 않는다고 하였고(1991.4.1. 89헌마17등),★★ 어떤 **행정제재**의 기능이 오로지 제재와 억지에 있다고 하여 이를 동원칙에서 말하는 국가형벌권행사로서의 '처벌'에 해당한다고 할 수 없다고 하였으며(2003.7.24. 2001헌가25),★★ 형벌과 **과징금 등 행정제재의 병과는** 이중처벌금지원칙의 문제라기보다 **과잉금지원칙의 문제**로 다루어져야 한다고 하였다(1994.6.30. 92헌바38; 2001.5.31. 99헌가18등).★

> **판례 외국판결과 일사부재리** 외국에서 형의 전부 또는 일부의 집행을 받은 자에 대하여 형을 감경·면제할 수 있도록 한 형법 조항이 위헌인지 여부(적극) ▶ 2015.5.28. 2013헌바129 [헌법불합치]
>
> 형사판결은 국가주권의 일부분인 형벌권 행사에 기초한 것으로서, 외국의 형사판결은 원칙적으로 우리 법원을 기속하지 않으므로(대법원 1983.10.25. 83도2366) 동일한 범죄행위에 관하여 다수의 국가에서 재판 또는 처벌을 받는 것이 배지되지 않는다. 따라서 이중처벌금지원칙은 동일한 범죄에 대하여 대한민국 내에서 거듭 형벌권이 행사되어서는 안 된다는 뜻으로 새겨야 할 것이므로 이 사건 법률조항은 헌법 제13조 제1항의 이중처벌금지원칙에 위배되지 아니한다. 입법자는 국가형벌권의 실현과 국민의 기본권 보장의 요구를 조화시키기 위하여 형을 필요적으로 감면하거나 외국에서 집행된 형의 전부 또는 일부를 필요적으로 산입하는 등의 방법을 선택하여 청구인의 신체의 자유를 덜 침해할 수 있음에도, 우리 형법에 의한 처벌 시 외국에서 받은 형의 집행을 전혀 반영하지 아니할 수도 있도록 한 것은 과잉금지원칙에 위배되어 신체의 자유를 침해한다.★★

3. 연좌제금지의 원칙

헌법 제13조 제3항의 연좌제(緣坐制)금지의 원칙이란 범죄인과 친족 등 특정한 관계에 있는 사람에게 **연대책임을 지우는 제도를 금지**하는 헌법원리로서 자기결정으로부터 파생하는 **자기책임의 원리**에 근거를 두고 있다(2004.6.24. 2002헌가27).42) 여기의 '친족'이란 **좁은 의미로서 동조항은 오로지 친족이라는 사유만으로 불이익한 처우를 가하는 경우에간** 적용되며(2005.12.22. 2005헌마19),43) '**불이익한 처우**'란 형사법상의 불이을 포함하여 국가가 행하는 **일체의 불이익처우**를 의미한다.

---

42) 연좌(緣坐)란 죄를 지은 사람과 관련된 인연으로 죄를 입어 벌을 받는 것을 말한다. 연좌제금지원칙이 적용되지 않는 경우에는 일반원칙인 자기책임원칙이 보충적으로 적용된다(한수웅, 헌법학 제4판, 294면).
43) 여기의 '친족'은 친족 이외의 모든 타인을 포함한다는 견해가 존재하나, 헌법재판소는 여기의 '친족'을 좁게 보면서 '타인'에 관해서는 자기책임의 원리 등 일반규범을 적용하고 있다(2005.12.22. 2005헌마19).

Ⅳ 신체의 자유의 절차적 보장

1. 적법절차의 원칙

(1) 적법절차원칙의 의의 및 내용[44]

두문자
신 형 차 확 대

헌법 제12조의 적법절차의 원칙이란 모든 국가작용은 정당한 법률과 절차에 따라 행사되어야 한다는 헌법원리를 말하며, **현행헌법**(1987년)에서 처음 채택하였다. **우리 헌법은 '신체의 자유'**에 관한 **'형사사법절차'**적 보장에 국한되는 법원리로 규정하고 있으나(제12조 제1항 후문·제3항), 헌법재판소는 적법절차원칙의 연혁과 정신을 강조하여 모든 기본권에 불이익이 되는 일체의 제재에 관한 절차적 및 실체적 보장의 원리로 **확대**하고 있다(1992.12.24. 92헌가8 등).★★ 다만 **기본권제한에 국한되는지**와 관련하여, 종래 기본권제한 관련성을 불문하였으나(1992.12.24. 92헌가8),★★ 대통령 탄핵사건에서는 이를 요구하고 있다(2004.5.14. 2004헌나1; 2017.3.10. 2016헌나1).[45]★★

(2) 적법절차원칙과 헌법 제37조 제2항의 관계

적법절차원칙의 내용을 확대하여 이해하면, 적법절차의 절차적 적정성 측면은 법치주의적 공정한 절차 요청과 중복되고, 실체적 적정성 측면은 법치국가적 과잉금지원칙과 중복되는데, 헌법재판소는 "적법절차원칙은 모든 국가작용을 지배하는 **독자적인 헌법의 기본원리**로서 입법권의 유보적 한계를 선언하는 **헌법 제37조 제2항의 과잉입법금지의 원칙과는 구별**된다"고 판시하였다(2011.10.25. 2009헌마691).★

(3) 적법절차원칙 관련 헌법재판소 판례

> **판례** 수사기관 등의 통신자료 제공요청 수사기관 등이 전기통신사업자에게 이용자의 성명 등 통신자료의 제공을 요청하여 취득한 행위 및 수사기관 등이 전기통신사업자에게 이용자의 성명 등 통신자료의 열람이나 제출을 요청할 수 있도록 한 전기통신사업법 조항이 위헌인지 여부(일부 적극)
> ▶ 2022.7.21. 2016헌마388등 [각하, 헌법불합치]

(1) 전기통신사업법은 전기통신사업자가 수사기관 등의 통신자료 제공요청에 따를 수 있다고 규정하고 있을 뿐 그 협조의무 등에 대해 명시하고 있지 아니한바, 이 사건 수사기관 등에 의한 통신자료 제공요청은 임의수사에 해당하는 것으로, 전기통신사업자가 불응한 경우에도 어떠한 법적 불이익을

---

44) 적법절차의 원칙은 1215년의 마그나카르타(Magna Charta, 대헌장)에서 기원하여 1791년 미국연방수정헌법에 수용된 이래 미국연방대법원의 판례를 통하여 확립되었다. 미국연방수정헌법에 규정된 적법절차원칙은 미국연방대법원의 판례를 통하여 '자유주의적 보장원리'에서 '사회국가적 보장원리'로, '형사절차적 보장원리'에서 '전국가작용의 보장원리'로, '절차적 보장원리'에서 '실체적 보장원리'로 확장되었다.

45) 헌법재판소는 적법절차원칙이 '기본권제한에 국한되는 원칙인지 여부'와 관련하여 ① 종래 "적법절차의 원칙은 기본권제한과 관련되든 관련되지 않든 모든 입법작용 및 행정작용에도 광범위하게 적용된다"(1992.12.24. 92헌가8)고 하여 기본권제한 관련성을 불문하였으나, ② 대통령 탄핵사건에서는 "탄핵소추절차는 국회와 대통령이라는 헌법기관 사이의 문제이고, 국회의 탄핵소추의결에 따라 사인으로서 대통령 개인의 기본권이 침해되는 것이 아니라 국가기관으로서 대통령의 권한행사가 정지될 뿐이어서, 국가기관이 국민에 대하여 공권력을 행사할 때 준수해야 할 법원칙으로 형성된 적법절차의 원칙을 국가기관에 대하여 헌법을 수호하고자 하는 탄핵소추절차에 직접 적용할 수 없다고 할 것이므로, 의견진술의 기회를 부여할 것을 요청하는 절차가 없다고 하여 적법절차원칙에 반한다고 볼 수 없다"(2004.5.14. 2004헌나1; 2017.3.10. 2016헌나1)고 하여 기본권제한을 전제로 적용된다고 판시하였다.★★

받는다고 볼 수 없으므로, 이 사건 통신자료 취득행위는 헌법소원의 대상인 공권력의 행사에 해당하지 않는다.

(2) 이 사건 제공요청에 따라 전기통신사업자가 제공하는 이용자의 성명, 주민등록번호, 주소, 전화번호, 아이디, 가입일 또는 해지일은 청구인들의 동일성을 식별할 수 있게 해주는 개인정보에 해당한다.★ 헌법상 영장주의는 강제처분에 적용되므로, 임의수사에 해당하는 수사기관 등의 통신자료 취득에는 영장주의가 적용되지 않는다.★★ 심판대상조항은 수사나 형의 집행, 국가안전보장 활동의 신속·효율성을 도모하려는 것으로, 정보 범위를 피의자·피해자를 특정하기 위한 필요최소한의 기초정보로 한정하고, 요청 사유 또한 입법취지에 부합하게 한정하고 있는 점 등에 비추어 과잉금지원칙에 위배되지 않는다. 그러나 당사자에 대한 통지는 당사자가 기본권 제한 사실을 확인하고 그 정당성을 다툴 수 있는 전제조건으로서 매우 중요한 것인데, 수사 등 정보수집의 이익을 고려하여 사전에 그 내역을 통지하는 것이 적절하지 않다면 사후에 그 취득사실을 통지하는 것이 얼마든지 가능함에도 통신자료 취득에 대한 사후통지절차를 두지 않았으므로 적법절차원칙에 위배된다.★★

판례 형사재판당사자 출국금지 형사재판에 계속 중인 사람에 대하여 법무부장관이 출국을 금지할 수 있도록 한 출입국관리법 조항이 위헌인지 여부(소극) ▶ 2015.9.24. 2012헌바302 [합헌]

심판대상조항에 따른 출국금지결정은 형사재판에 계속 중인 국민의 출국의 자유를 제한하는 행정처분일 뿐 영장주의가 적용되는 신체에 대하여 직접적으로 물리적 강제력을 수반하는 강제처분이라고 할 수 없으므로 영장주의에 위배된다고 볼 수 없다.★★ 심판대상조항에 따른 출국금지결정은 성질상 신속성과 밀행성을 요하므로 출국금지 대상자에게 사전통지나 청문을 실시하도록 한다면 국가 형벌권 확보라는 제도의 목적을 달성하는 데 지장을 초래할 우려가 있고, 출국금지 후 즉시 서면으로 통지하도록 하고 있으며, 이의신청이나 행정소송을 통하여 사후적으로 다툴 수 있는 기회를 제공하고 있으므로 적법절차원칙에 위배된다고 보기 어렵다.★ 심판대상조항은 무죄추정의 원칙에서 금지하는 유죄 인정의 효과로서의 불이익 즉 유죄를 근거로 형사재판에 계속 중인 사람에게 사회적 비난 내지 응보적 의미의 제재를 가하려는 것이라고 보기 어려우므로 무죄추정의 원칙에 위배된다고 볼 수 없다.★★ 심판대상조항은 법무부장관으로 하여금 피고인의 출국을 금지할 수 있도록 하는 것일 뿐 피고인의 공격·방어권 행사와 직접 관련이 있다고 할 수 없고, 공정한 재판을 받을 권리에 외국에 나가 증거를 수집할 권리가 포함된다고 보기도 어려우므로 공정한 재판을 받을 권리를 침해한다고 볼 수 없다.★★

판례 급속을 요하는 압수·수색의 사전통지 배제 급속을 요하는 때에는 압수·수색 집행의 사전통지를 생략할 수 있도록 한 형사소송법 조항이 위헌인지 여부(소극) ▶ 2012.12.27. 2011헌바225 [합헌]

심판대상조항에 의하여 제한되는 것은 통신의 비밀 자체가 아니라 전자우편이 압수·수색이라는 강제처분의 대상이 된다는 사실을 미리 통지받을 권리라고 할 것인바, 이는 압수·수색집행에 있어 피의자의 기본권을 보장하기 위한 절차적 규정이라고 할 것이므로 적법절차원칙의 위배 여부가 문제된다. 그런데 헌법 제12조 제3항은 압수·수색에 관한 통지절차 등을 따로 규정하고 있지 않으므로 압수·수색의 사전통지나 집행 당시의 참여권의 보장은 압수·수색에 있어 국민의 기본권을 보장하고 헌법상의 적법절차원칙의 실현을 위한 구체적인 방법의 하나일 뿐 헌법상 명문으로 규정된 권리는 아니므로,★ 압수·수색에 관한 절차의 형성은 입법자의 입법형성권에 속하는 것이다. 전자우편의 경우에도 사용자가 그 계정에서 탈퇴하거나 메일 내용을 삭제·수정함으로써 증거를 은닉·멸실시킬 가능성이 있는 점, 압수·수색 제도가 전자우편에 대하여도 실효적으로 기능하도록 함으로써 실체적 진실 발견 및 범죄수사의 목적을 달성할 수 있도록 하여야 할 공익은 매우 크다는 점 등을 종합하면, 심판대상조항은 헌법에 위반된다고 볼 수 없다.★

2. 영장주의

(1) 영장주의의 의의

헌법 제12조 제3항의 영장주의(令狀主義)란 적법절차원칙에서 도출되는 원리로서[46] 법관이 발부한 영장[47]에 의해서만 **형사절차상의 강제처분**을 할 수 있다는 **법률유보원칙**을 말한다(2015.9.24. 2012헌바302). 헌법 **제12조 제3항**은 **수사단계**에서 **검사의 신청**에 의한 법관의 영장발부의 근거이고, 헌법 **제12조 제1항**은 **공판단계**에서 **법관의 직권**에 의한 영장발부의 근거이다.★ 그리고 전자의 경우 구속영장은 **허가장**의 성질을 가지고, 후자의 경우 구속영장은 **명령장**의 성질을 가진다(1997.3.27. 96헌바28등).★★

> **판례 법원의 직권영장발부** 법원이 공판단계에서 직권으로 영장을 발부할 수 있도록 한 형사소송법 조항이 헌법 제12조 제3항에 반하는지 여부(소극) ▶ 1997.3.27. 96헌바28등 [합헌]
>
> 수사단계이든 공판단계이든 강제처분이 필요한 경우가 있지만 법원에 의한 경우보다 수사기관에 의한 경우가 기본권을 침해할 소지가 큰 만큼 수사권의 남용방지라는 면에서 영장주의의 의미가 크다(이러한 면에서 법원이 직권으로 발부하는 영장은 명령장의 성질을 갖지만 수사기관의 청구에 의하여 발부하는 구속영장은 허가장의 성질을 갖는 것으로 이해되고 있다).★★ 헌법은 제12조 제1항에서 적법절차원칙을 선언한 후 제2항 내지 제7항에서 그 내용 가운데 특히 중요한 원칙을 열거하고 있는데, 헌법 제12조 제3항 중 검사의 신청을 요구하는 부분은 1962년 제5차 개정헌법에서 처음 도입된 것이다. 영장주의의 본질과 헌법 제12조 제3항의 연혁을 종합하면, 영장주의는 헌법 제12조 제1항 및 제3항의 규정으로부터 도출되는 것이고, 그 중 헌법 제12조 제3항이 영장의 발부에 관하여 "검사의 신청"에 의할 것을 규정한 취지는 모든 영장의 발부에 검사의 신청이 필요하다는 데에 있는 것이 아니라 수사단계에서의 영장주의를 특히 강조함과 동시에 수사단계에서의 영장신청권자를 검사로 한정함으로써 인권유린의 폐해를 방지하고자 함에 있다고 해석된다(공판단계에서의 영장발부에 관한 헌법적 근거는 헌법 제12조 제1항이다).★ 따라서 심판대상조항은 헌법 제12조 제3항에 위반되지 아니한다.

> **판례 고위공직자범죄수사처의 독립기관화 및 수사처검사의 영장신청권** 수사처를 독립기관으로 설치하고 수사처검사에게 검찰청법 및 군사법원법상 (군)검사의 직무를 수행할 수 있도록 한 공수처법 조항이 위헌인지 여부(소극) ▶ 2021.1.28. 2020헌마264등 [기각]
>
> (1) 헌법원칙으로서의 권력분립원칙은 구체적인 헌법질서와 분리하여 파악될 수 없는 것으로 그 구체적인 내용은 구체적인 헌법규범을 토대로 판단되어야 한다. 그런데 우리 헌법은 정부조직과 관련하여 대통령이 행정부의 수반이고(제66조 제4항), 국무총리가 대통령의 명을 받아 행정각부를 통할하며(제86조 제2항), 행정각부의 설치·조직과 직무범위는 법률로 정한다(제96조)라고만 규정하고 있는바, 법률로써 '행정각부'에 속하지 않는 독립된 형태의 행정기관을 설치하는 것이 헌법상 금지되지 않는 점, 동일하게 행정부 소속인 수사처와 다른 수사기관 사이의 권한 배분의 문제는 헌법상 권력분립원

---

[46] 헌법재판소는 "헌법 제12조 제1항은 적법절차원칙의 일반조항이고, 제12조 제3항의 적법절차원칙은 기본권 제한 정도가 가장 심한 형사상 강제처분의 영역에서 기본권을 더욱 강하게 보장하려는 의지를 담아 중복 규정된 것으로, 헌법 제12조 제3항의 영장주의는 헌법 제12조 제1항의 적법절차원칙의 특별규정이므로, 헌법상 영장주의원칙에 위배되는 법률조항은 헌법 제12조 제1항의 적법절차원칙에도 위배된다"고 판시하였다(2012.6.27. 2011헌가36).★
[47] 영장이란 강제처분을 내용으로 하는 법원 또는 법관이 발부한 재판서를 말한다.

칙의 문제가 아닌 점, 수사처가 독립기관의 형태로 설치된 것은 정치적 중립성과 직무상 독립성이 매우 중요한 수사처 업무의 특성을 고려한 것인 점 등을 종합하면, 수사처를 독립기관으로 설치한 것은 권력분립원칙에 반하여 신체의 자유 등을 침해하지 않는다.**

(2) 헌법 제12조 제3항에 규정된 영장신청권자로서의 '검사'는 검찰청법상 검사만을 지칭하는 것이 아니라 '검찰권을 행사하는 국가기관'인 검사로서 공익의 대표자이자 인권옹호기관으로서의 지위에서 그에 부합하는 직무를 수행하는 자를 의미한다는 점,** 수사처검사는 공익의 대표자로서 수사처수사관을 지휘·감독하고 피고인의 이익을 함께 고려하는 인권옹호기관으로서의 역할을 하며, 변호사 자격을 일정 기간 보유한 사람 중에서 임명되어 법률전문가로서의 자격도 충분히 갖추었다는 점을 종합하면, 수사처검사에게 (군)검사의 직무를 수행할 수 있도록 한 것은 영장주의원칙에 반하여 신체의 자유 등을 침해하지 않는다.

(2) 영장주의의 적용영역

(가) 객관적 범위

영장주의는 강제처분에 적용된다. 여기의 '강제처분'에 신체에 물리적·직접적 강제력을 행사하는 **직접강제뿐만** 아니라 형벌 등 사후적인 제재를 통해 심리적·간접적 강제력을 행사하는 **간접강제도 포함되는지**가 문제되는데,48) 헌법재판소는 종래 소변채취 사건 등에서 "당사자의 협력을 요하거나 물리력을 수반하지 않아 직접강제와는 **질적으로 차이**가 있으므로 영장주의가 요구되는 강제처분이라 할 수 없다"고 판시하였으나(2006.7.27. 2005헌마277 등),** **대통령후보 이명박 특검법 사건**에서는 **1천만원** 이하의 벌금형이라는 사후제재를 통해 **참고인의 출석을 강제**하는 것에 대하여 영장주의에 위배된다거나 과잉금지원칙에 위배된다며 위헌결정하였다(2008.1.10. 2007헌마1468).49)★

(나) 시간적 범위

영장주의는 강제처분의 **전 과정에서 적용**된다. 따라서 영장주의는 강제처분의 개시시점에 한하지 않고 구속의 지속 여부도 법관의 판단에 의하여 결정되어야 함을 의미한다.★ 그러나 헌법상 영장주의가 수사기관의 강제처분 종료 이후에 법원에 의한 사후 통제까지 마련되어야 함을 의미하지는 않는다(2018.8.30. 2016헌다263).★ 헌법재판소는 검사에게 법원의 구속집행정지결정에 대한 **즉시항고를 허용**하고(2012.6.27. 2011헌가36 등), 검사의 **중형에 해당한다는 의견진술**이 있는 경우 무죄판결의 선고에도 불구하고 **구속영장의 효력을 유지**하게 하는 형사소송법 조항(1992.12.24. 92헌가8)에 대하여 위헌결정하였다.**

(3) 영장주의의 예외

① 헌법 제12조 제3항 단서는 "현행범인인 경우와 장기 3년 이상의 형에 해당하는 죄를 범하고 도피 또는 증거인멸의 염려가 있을 때에는 사후에 영장을 청구할 수 있다"고 규정하고 있고, 제77조 제3항은 "비상계엄이 선포된 때에는 영장제도에 관하여 특별한 조치를

---

48) 신체에 물리적 강제력을 행사하는 경우에 한정된다는 '형식설', 의무를 부과하거나 의사에 반하는 처분도 포함된다는 '실질설'이 대립한다.
49) 헌법재판소의 태도는 모두 구체적인 사안에 따라 개별적으로 검토하는 입장으로 이해된다.

할 수 있다"고 규정하고 있다. 따라서 영장주의는 **사전영장을 원칙**으로 하지만 **현행범인체포·긴급체포, 비상계엄**의 경우에는 예외가 인정된다.50) 그러나 비상계엄하에서 영장주의에 제한을 가하는 경우에도 법관에 의한 **영장제도 자체를 배제**하는 것은 허용되기 **어렵다** (2013.3.21. 2010헌바132등). ② 연혁상 **형사사법권의 통제원리**로 생성된 영장주의가 행정절차에도 적용되는지와 관련하여, 헌법재판소는 본질상 **급박성을 요건으로 하는 행정상 즉시강제**51)에는 영장주의가 적용되지 않는다고 판시하였고(2002.10.31. 2000헌가12),★★ 인신구금을 내용으로 하는 영창처분에는 헌법상 적법절차원칙과 달리 영장주의가 적용되지 않는다고 하여 형사절차가 아닌 **징계절차**에는 영장주의가 적용될 수 없다고 판시하였다(2020.9.24. 2017헌바157 등).★★

> **판례 전투경찰대설치법상 전투경찰순경 징계영창** 전투경찰순경에 대한 징계처분으로 영창을 규정한 구 전투경찰대설치법 조항이 위헌인지 여부(소극) ▶ 2016.3.31. 2013헌바190 [합헌]
>
> 헌법 제12조 제3항의 영장주의는 형사절차가 아닌 징계절차에 그대로 적용된다고 볼 수 없으나, 헌법 제12조 제1항의 적법절차원칙은 형사소송절차에 국한되지 않고 모든 국가작용 전반에 대하여 적용된다.★★ 이 사건 영창조항은 전투경찰순경의 복무기강을 엄정히 하고 단체적 전투력과 작전수행의 원활함 및 신속함을 달성하려는 것으로, 영창처분의 사유가 제한되어 있고, 징계 심의 및 집행에 있어 징계대상자의 출석권과 진술권이 보장되고 있으며, 소청과 행정소송 등 별도의 불복절차가 마련되어 있는 점들을 종합하면, 헌법상 적법절차원칙과 과잉금지원칙에 위배되지 아니한다.★

> **판례 선거범죄 조사시 자료제출의무 부과** 각급선거관리위원회 위원·직원의 선거범죄 조사에 있어서 피조사자에게 자료제출의무를 부과한 공직선거법 조항이 위헌인지 여부(소극) ▶ 2019.9.26. 2016헌바381 [합헌]
>
> 헌법상 영장주의의 본질은 형사절차와 관련하여 체포·구속·압수·수색 등의 강제처분을 함에 있어서는 중립적인 법관의 구체적 판단을 거쳐야 한다는 데에 있다. 선거관리위원회의 본질적 기능인 선거의 공정한 관리 등 행정기능의 실효성 확보수단으로 선거범죄 조사권을 인정하고 있다. 심판대상조항에 의한 자료제출요구는 선거범죄 조사권의 일종으로 행정조사에 해당하고, 선거범죄 혐의 유무를 명백히 하여 기소 여부를 결정하려는 목적의 활동인 수사와는 근본적으로 성격을 달리한다. 심판대상조항은 피조사자로 하여금 자료제출요구에 응할 의무를 부과하고, 허위 자료를 제출한 경우 형사처벌하고 있는바, 이는 심리적, 간접적 강제수단을 통한 조사권 행사의 실효성 확보수단으로서 대상자의 자발적 협조를 전제로 할 뿐 물리적 강제력을 수반하지 아니한다. 따라서 심판대상조항에 의한 자료제출요구는 영장주의의 적용대상이 아니다.★★

---

50) '현행범인'이란 범죄의 실행중이거나 실행의 직후인 자를 말한다. '긴급체포'란 현행범인 아닌 피의자에 대해 사전영장을 받아 체포할 수 없는 긴급한 사정이 있는 경우 수사기관이 그를 영장 없이 체포하는 것을 말한다.
51) 행정상 즉시강제란 행정강제의 일종으로 목전의 급박한 행정상 장해를 제거할 필요가 있는 상황에서 하명 없이 직접 실력을 행사하는 작용을 말하며, 그 예로 전염병환자의 강제격리, 불법게임물의 수거폐기 등을 들 수 있다.

3. 체포·구속적부심사제도

(1) 의 의

헌법 제12조 제6항의 체포·구속적부심사제도란 재판청구권의 일종으로서 **법관이 체포·구속 자체의 정당성을 심사**하여 부당한 경우 직권으로 석방하는 제도를 말한다.52) 헌법재판소는 모든 체포·구속의 당사자에게 '**법관 대면기회**'를 보장하는 것이 그 본질적 내용에 포함된다고 보기는 어렵다고 판시하였다(2004.3.25. 2002헌바104).

(2) 내 용

① 헌법 및 형사소송법상 '체포·구속된 자'에게 적부심사가 보장되므로, **영장 없이 체포**된 피의자에게도 적부심사청구권이 인정된다(1997.8.27. 97모21). ② 형사소송법상 피고인에게는 구속취소청구제도(제93조)가 따로 보장되어 있어 **형사피고인의 적부심사청구권은 원칙적으로 부정**되나, 전격기소된 피고인의 적부심사청구권을 인정한 헌법재판소의 판시(2004.3.25. 2002헌바104)에 따라 개정된 형사소송법에서는 **전격기소된 형사피고인에게 적부심사청구권을 인정하고 있다**(제214조의2 제4항 후문).* ③ 법원의 체포·구속적부심사의 결정에 대하여는 **검사나 피의자 모두 항고할 수 없으나**(동조 제8항).53) 보증금 납입을 조건으로 한 피의자 석방결정에 대하여는 항고할 수 있다(1997.8.27 97모21).54)

> **판례** 전격기소된 형사피고인의 적부심사청구권 ▶ 2004.3.25. 2002헌바104 [헌법불합치]
>
> 우리 형사소송법상 구속적부심사의 청구인적격을 피의자 등으로 한정하고 있어서 피의자가 구속적부심사청구권을 행사한 다음 검사가 법원의 결정이 있기 전에 기소하는 경우(이른바 전격기소), 법원은 그 청구를 기각할 수밖에 없다. 그러나 헌법상 독립된 법관으로부터 심사를 받고자 하는 청구인의 '절차적 기회'가 반대 당사자의 '전격기소'라고 하는 일방적 행위에 의하여 제한되어야 할 합리적인 이유가 없고, 청구인에게 '구속취소'라는 후속절차가 보장되어 있다고 하더라도 기소이전단계에서 이미 행사된 적부심사청구권의 당부에 대하여 청구인의 절차적 기회를 탈취해야 할 합리적인 근거도 없으므로, 입법자는 그 한도 내에서 적부심사청구권의 본질적 내용을 제대로 구현하지 아니하였다고 보아야 한다.

4. 인신보호법상의 인신보호제도

행정관서 또는 사인에 의한 위법한 인신구금으로부터 즉시 개인의 인신의 자유를 회복시킬 목적으로 2007. 12. 21. 인신보호법이 제정되었다.55) 종래 형사소송법이 적용되지 않는 행정관서나 사인에 의한 구금(예컨대, 부랑인의 보호, 가정폭력피해자의 보호, 정신의료기관의 수용 등)에 대해

---

52) 헌법 제12조의 '신체의 자유'는 수사기관 뿐만 아니라 일반 행정기관 등에 의해서도 제한될 수 있으므로, 제12조 소정의 '체포·구속' 역시 포괄적인 개념으로 해석하여야 하고(2004.3.25. 2002헌바104), 체포·구속적부심사의 기원인 영미법상 인신보호영장제도의 포괄적인 보장취지를 고려할 때 제12조 소정의 '적부'는 당해 체포·구속 자체의 '헌법적 정당성 여부'로 해석함이 상당하다(2004.3.25. 2002헌바104).
53) 이는 수사지연 및 심사장기화를 방지하기 위한 것이다.
54) 보증금납입조건부 피의자석방은 인신구속의 적법 여부에 관한 판단의 결과가 아니기 때문이다.
55) 인신보호법은 '양지마을' 사건을 계기로 마련되었다. 이 사건은 1998년 충남 연기군 관할의 민간 부랑인수용시설인 '양지마을'에서 자행된 감금, 구타, 강제노역 등 각종 인권유린 사건을 말한다.

서는 신속한 구제절차가 없었으나, 인신보호의 포괄적 기초인 헌법 제12조 제6항에 근거하여 제정된 것이다(2005. 1. 31. 인신보호법안 참조).

[판례] 인신보호법상 단기즉시항고기간   피수용자인 구제청구자의 즉시항고 제기기간을 3일로 정한 인신보호법 조항이 위헌인지 여부(적극)   ▶ 2015.9.24. 2013헌가21 [위헌]

3일이라는 즉시항고 제기기간이 너무 짧아서 그 기간 내에 항고가 제기되지 못하는 것이 문제된다면, 이는 재판청구권에 대한 제한이 될 뿐 신체의 자유가 제한된다고 보기는 어렵다. 인신보호법상 피수용자인 구제청구자는 자기 의사에 반하여 수용시설에 수용되어 인신의 자유가 제한된 상태에 있으므로 그 자신이 직접 법원에 가서 즉시항고장을 접수할 수 없고, 외부인의 도움을 받아서 즉시항고장을 접수하는 방법은 그리 효과적이지 않으며, 우편으로 즉시항고장을 접수하는 방법도 그 작성 및 발송, 도달에 소요되는 시간을 고려하면 3일의 기간이 충분하다고 보기 어렵다. 따라서 이 사건 법률조항은 피수용자의 재판청구권을 침해한다.

[판례] 출입국관리법상 보호대상자의 구제청구 제한   출입국관리법에 의한 보호대상자의 구제청구를 제한한 인신보호법 조항이 위헌인지 여부(소극)   ▶ 2014.8.28. 2012헌마686 [기각]

심판대상조항은 출입국관리법상 보호가 외국인의 강제퇴거사유의 존부 심사 및 강제퇴거명령의 집행 확보라는 행정목적을 담보하기 위한 것으로 신체의 자유 제한 자체를 목적으로 하는 형사절차상의 인신구속 또는 여타의 행정상의 인신구속과는 그 목적이나 성질이 다르다는 점, 출입국관리법이 보호라는 인신구속의 적법성을 담보하기 위한 엄격한 사전절차와 사후적 구제수단을 충분히 마련하고 있는 이상, 인신보호법의 보호범위에 출입국관리법에 따라 보호된 자를 포함시킬 실익이 크지 아니한 점을 고려한 것이며, 여기에는 합리적 이유가 있다.★

5. 체포·구속이유 등 고지·통지제도

헌법 제12조 제5항은 체포·구속이유 등의 고지·통지제도, 이른바 **영미의 미란다원칙**(Miranda Rule)을 규정하여 피의자 등의 적절한 방어수단을 제공하고 있다.[56] 고지의 방식에 관하여는 규정이 없으므로 실력행사의 과정에서 적절한 방식으로 고지하면 되고(2012.2.9. 2011도7193), 통지의 방식에 관해서는 형사소송법상 체포·구속 후 지체 없이 서면으로 통지할 것이 요구된다(제87조 제2항).

Ⅴ 형사피의자·피고인의 형사절차적 보장

1. 무죄추정의 원칙

(1) 의 의

헌법 제27조 제4항의 무죄추정의 원칙이란 누구나 유죄의 확정판결이 있기까지는 죄가 없는 자에 준하여 취급하여야 한다는 원칙을 말한다(2014.3.27. 2012헌마652 등).★

---

[56] 미란다원칙(Miranda Rule)은 미국연방수정헌법 제5조 자기부죄거부(自己負罪拒否)의 특권을 근거로, 1966년 미국연방대법원의 판결을 통해 확립된 원칙이다.

(2) 적용영역

헌법은 비록 '**형사피고인**'이라고 규정하고 있지만 논리상 **형사피의자도 당연히 무죄추정**을 받는다고 해석되며(1992.1.28. 91헌마111).* 무죄추정원칙은 증거법[57])에 국한되지 않고 수사절차에서 공판절차에 이르기까지 형사절차의 전 과정에 적용된다(1992.1.28. 91헌마111).* 한편 금지되는 '불이익'은 **유죄 인정 효과로서의 일체의 불이익**을 의미하므로 형사절차상의 처분뿐만 아니라 그 밖의 기본권제한과 같은 처분도 포함되며(2015.9.24. 2012헌바302 등).** '유죄판결의 확정 전'까지 적용되므로 이미 확정된 유죄판결을 대상으로 하는 **재심절차에서는 적용되지 않는다**.

(3) 헌법재판소의 판례

> **판례** **미결구금일수의 형기산입** 판결선고 전 구금일수의 전부 또는 일부 산입을 규정한 형법 제57조 제1항 중 "또는 일부" 부분이 위헌인지 여부(적극) ▶ 2009.6.25. 2007헌바25 [위헌]
>
> 형법 제57조 제1항 중 '또는 일부' 부분이 상소제기 후 미결구금일수의 일부가 산입되지 않을 수 있도록 하여 피고인의 상소의사를 위축시킴으로써 부당한 재판의 지연과 남상소를 방지하려 하는 것은 입법목적 달성을 위한 적절한 수단이라고 할 수 없다. 미결구금은 신체의 자유를 침해받는 피의자 등의 입장에서는 실질적으로 자유형의 집행과 다를 바 없으므로, 인권보호 및 공평의 원칙상 형기에 전부 산입되어야 한다. 따라서 형법 제57조 제1항 중 '또는 일부' 부분은 헌법상 무죄추정원칙 및 적법절차원칙 등에 반하여 신체의 자유를 침해한다.**

> **판례** **교도소 등 수용자 국민건강보험급여 정지** ▶ 2005.2.24. 2003헌마31등 [기각]
>
> 이 사건 규정은 수용자의 의료보장체계를 일원화하고 수입원이 차단된 수용자의 건강보험료 납입부담을 면제하기 위한 입법정책적 판단에 기인한 것이지 유죄의 확정 판결이 있기 전에 재소자라는 이유로 어떤 불이익을 주기 위한 것이 아님이 분명하다. 따라서 이 사건 규정은 무죄추정의 원칙에 위반된다고 할 수 없다.**

2. 진술거부권

> **헌법**
> 제12조 ② 모든 국민은 고문을 받지 아니하며, 형사상 자기에게 불리한 진술을 강요당하지 아니한다.*

헌법 제12조 제2항 후단의 진술거부권이란 형사상 자기에게 불리한 진술을 강요당하지 않을 권리를 말한다.[58]) ① 진술거부권은 '형사상' '자기에게' 불이익한 내용의 '진술'에 적용되므로,

---

57) 증거법이란 증거능력, 증명력 등 재판에서 어떤 증거가 허용되고 증거가 어떻게 사용되는지를 규정한 소송법의 한 부분을 칭하는 표현이다.
58) 진술거부권은 미국연방수정헌법 제5조의 자기부죄 거부(自己負罪拒否)의 특권에서 유래된 것으로, 실체적 진실발견이라는 국가이익보다 인권을 우선적으로 보호함으로써 비인간적인 자백의 강요와 고문을 근절하고, 무기평등을 도모하여 공정한 재판의 이념을 실현하는데 기여한다(1997.3.27. 96헌가11; 2001.11.29. 2001헌바41).

형사절차뿐만 아니라 행정절차나 국회 조사절차 등 **모든 절차**에서 보장되나(2001.11.29. 2001헌바41 등), **민사·행정상 불이익**이 되거나 **제3자에게 불이익**이 되는 내용에는 인정되지 않으며, 여기의 '진술'은 생각이나 지식, 경험사실을 **정신작용의 일환인 언어**를 통하여 표출하는 것을 뜻한다(1997.3.27. 96헌가11). ② 한편 진술거부권은 고문 등 폭력에 의한 강요는 물론 '법률로써도' 진술을 강제할 수 없음을 의미한다(2001.11.29. 2001헌바41 등).

> **판례** **육군 장교의 민간법원 약식명령 확정사실 자진신고의무** 육군 장교가 민간법원에서 약식명령을 받아 확정되면 자진신고할 의무를 규정한 육군지시 조항이 진술거부권을 제한하는 것인지 여부(소극)　▶ 2021.8.31. 2020헌마12등 [기각]
>
> 육군지시 자진신고조항은 민간법원에서 약식명령을 받아 확정된 사실의 보고만 강제하고 있는바, 위 사실 자체는 형사처벌의 대상이 아니고 범죄의 성립과 양형에서의 불리한 사실 등을 말하게 하는 것도 아니어서 형사상 불이익한 진술을 강요한다고 볼 수 없으므로 진술거부권을 제한하지 않으며,* 위 사실을 신고하는 것은 개인의 인격형성에 관계되는 내심의 윤리적 판단이 개입될 여지가 없는 단순한 사실관계의 확인에 불과하므로 양심의 자유도 제한하지 않는다. 육군지시 자진신고조항은 **육군 장교가 '군사법원에서 약식명령을 받아 확정된 경우'와 그 신분을 밝히지 않아 '민간법원에서 약식명령을 받아 확정된 경우'** 사이에 발생하는 인사상 불균형을 방지하려는 것으로, 형사사법정보시스템과 육군 장교 관련 데이터베이스를 연동하여 신분을 확인하는 방법 또는 범죄경력자료를 조회하는 방법 등은 군사보안 및 기술상의 한계가 존재하고 파악할 수 있는 약식명령의 범위도 한정된다는 점, 자진신고 의무의 부담은 인사상 불이익을 회피하기 위한 의도적으로 신분을 밝히지 않은 행위에서 비롯된 것으로서 예상가능한 불이익인 반면, 위와 같은 공익은 매우 중대하다는 점을 종합하면, 과잉금지원칙에 반하여 일반적 행동의 자유를 침해하지 않는다.

> **판례** **음주측정불응시 형사처벌** 주취운전혐의자에게 음주측정에 응할 의무를 지우고 불응시 형사처벌하는 도로교통법 조항이 위헌인지 여부(소극)　▶ 1997.3.27. 96헌가11 [합헌]
>
> 헌법 제12조 제2항은 진술거부권을 보장하고 있으나, 여기서 '진술'이라 함은 언어적 표출, 즉 생각이나 지식, 경험사실을 정신작용의 일환인 언어를 통하여 표출하는 것을 의미하는 데 반하여, **호흡측정은 신체의 물리적·사실적 상태를 그대로 드러내는 행위에 불과하다.** 따라서 호흡측정행위는 진술이 아니므로 호흡측정에 응하도록 요구하고 이를 거부할 경우 처벌한다고 하여도 '진술강요' 해당한다고 할 수는 없다 할 것이다.

3. 변호인의 조력을 받을 권리

(1) 의 의

헌법 제12조 제4항 및 제5항의 변호인의 조력을 받을 권리란 **무기평등성 확보**를 통해 국가의 일방적인 인신침해를 방지하는 권리를 말한다. 헌법상 '신체의 자유' 영역의 '절차적 지위' 보장 취지에 비추어, 체포·구속된 자뿐만 아니라 **임의동행**된[59] 피의자, **불구속** 피의자 등도 주체가 되고(1996.6.3. 96모18; 2004.9.23. 2000헌마138 등),[60]** 형사절차뿐 아니라 **행정절차에 의**

---

[59] 임의동행이란 임의수사의 한 유형으로서 수사기관이 피의자나 참고인의 승낙을 얻어 수사관서로 연행하는 것을 말한다.
[60] 헌법재판소는 "헌법 제12조 제4항 본문은 "누구든지 체포 또는 구속을 당한 때에는 즉시 변호인의 조력을 받을 권리를 가진다"

해 **구속**된 자도 주체가 되나(2018.5.31. 2014헌마346),61)** 형사절차가 종료되어 교정시설에 수용중인 **수형자**나 미결수용자가 형사사건의 변호인이 다닌 **가사소송**,62) **민사재판, 행정재판, 헌법재판** 등에서 변호사와 접견할 경우에는 원칙적으로 주체가 될 수 없다(2012.10.25. 2011헌마598; 2013.8.29. 2011헌마122).**

> **판례** **피수용 난민의 변호인접견거부**　인천공항출입국·외국인청장이 약 5개월 째 인천국제공항 송환대기실에 수용된 난민에 대한 변호인 접견신청을 거부한 행위가 변호인의 조력을 받을 권리를 침해한 것인지 여부(적극)　▶ 2018.5.31. 2014헌마346 [위헌확인]
>
> 변호인의 조력을 받을 권리는 성질상 인간의 권리로서 외국인도 주체가 되므로 청구인의 심판청구는 청구인 적격이 인정된다.* 헌법 제12조 제4항 본문의 문언 및 헌법 제12조의 조문 체계, 변호인 조력권의 속성, 헌법이 신체의 자유를 보장하는 취지를 종합하여 보면 헌법 제12조 제4항 본문에 규정된 "구속"은 사법절차에서 이루어진 구속뿐 아니라 행정절차에서 이루어진 구속까지 포함하는 개념이므로, 헌법 제12조 제4항 본문에 규정된 변호인의 조력을 받을 권리는 행정절차에서 구속을 당한 사람에게도 즉시 보장된다.** 이와 달리 변호인의 조력을 받을 권리는 출입국관리법상 보호·강제퇴거의 절차에는 적용되지 않는다고 판시한 종전 결정(헌재 2012.8.23. 2008헌마430)은 이 결정 취지와 저촉되는 범위 안에서 변경한다. 이 사건 변호인 접견신청 거부는 현행법상 아무런 법률상 근거가 없으며, 국가안전보장, 질서유지, 공공복리를 위해 필요한 기본권 제한 조치로 볼 수도 없으므로 청구인의 변호인의 조력을 받을 권리를 침해한다.**

> **판례** **접촉차단시설에서의 변호사접견**　수용자의 접견은 미결수용자의 변호인접견을 제외하고는 원칙적으로 접촉차단시설이 설치된 녹음녹화접견실(구 무인접견실)에서 하도록 한 형집행법시행령 조항이 헌법소원 사건의 국선대리인 변호사와 접견하려는 수형자의 재판청구권을 침해하는지 여부(적극)　▶ 2013.8.29. 2011헌마122 [헌법불합치]
>
> 형사절차가 종료된 수형자나 미결수용자가 민사재판, 행정재판, 헌법재판 등에서 변호사와 접견할 경우에는 원칙적으로 변호인의 조력을 받을 권리의 주체가 될 수 없다.** 헌법상 재판청구권에는 헌법재판도 포함되고,** 그 보장을 뒤해 권리구제의 실효성이 보장되어야 하므로, 심판대상조항에 따라 접촉차단시설에서 수용자와 변호사가 접견하도록 하는 것은 재판청구권의 한 내용으로서 법률전문가인 변호사의 도움을 받을 권리에 대한 제한이다.* 심판대상조항은 교정시설 내의 질서유지를 위한 것이나, 그로 인해 수용자는 효율적인 재판준비가 곤란하게 되고, 신체검사(수용자 항문 전자영상 검사)의 위헌확인을 구하는 헌법소원 등 교정시설 내에서의 처우에 대하여 국가 등을 상대로 소송을 하는 경우에는 소송의 상대방에게 소송자료를 그대로 노출하게 되어 무기대등원칙이 훼손될 수 있는 점, 특별한 사정이 있는 경우 예외를 둠으로써 충분히 공익을 달성할 수 있음에도 일률적인 강제로 사익을 지나치게 제한하는 점을 종합하면, 과잉금지원칙에 반하여 재판청구권을 침해한다.*

그 규정하고 있으나, 불구속 피의자의 경우에도 변호인의 조력을 받을 권리는 우리 헌법에 나타난 법치국가원리, 적법절차원칙에서 인정되는 당연한 내용이고, 헌법 제12조 제4항도 이를 전제로 특히 신체구속을 당한 사람에 대하여 변호인의 조력을 받을 권리의 중요성을 강조하기 위하여 별도로 명시하고 있다"고 하였다(2004.9.23. 2000헌마138; 2019.2.28. 2015헌마1204).
61) 헌법재판소는 "신체의 자유의 속성상 헌법 제12조 제1항 전문은 형사절차를 특히 염두에 둔 것이므로, 체계적 해석상 헌법 제12조의 제규정은 당해 조항의 문언상 혹은 구체적 보장방법의 속성상 형사절차에만 적용됨이 분명한 경우가 아니라면 이에 한정되지 않는 것으로 보는 것이 타당하다"고 하였다(2018.5.31. 2014헌마346).
62) 가사소송이란 혼인관계, 친족관계 등 가사(家事)와 관련한 사건을 대상으로 하는 소송을 말한다.

판례 **접촉차단시설에서의 변호사접견** 접촉차단시설이 설치되지 않은 장소에서의 수용자 접견 대상을 소송사건의 대리인인 변호사로 한정한 형집행법시행령 조항이 민사소송 사건의 소송대리인이 되려는 변호사의 직업수행의 자유를 침해하는지 여부(소극) ▶ 2022.2.24. 2018헌마1010 [기각]

심판대상조항은 손해배상청구 사건의 소송대리인이 되려는 변호사가 일반접견의 형태로 수용자를 접견하도록 하여 소송사건의 수임단계에서 자유롭게 업무를 진행할 직업수행의 자유를 제한한다. 심판대상조항은 교정시설 내의 질서유지를 위한 것으로, 소송대리인 선임 여부를 확정하기 위한 단계에서는 접촉차단시설이 설치된 장소에서 접견하더라도 그 접견의 목적을 수행하는데 필요한 의사소통이 심각하게 저해될 것이라고 보기 어렵다는 점, 수용자가 소를 제기하지 아니한 상태에서 소송대리인이 되려는 변호사의 접견을 소송대리인인 변호사의 접견과 같은 형태로 허용한다면 소송제기 의사가 진지하지 않은 수용자가 이를 악용할 우려가 있고, 소송대리인이 되려는 변호사의 경우 변호인이 되려는 사람이나 소송사건의 대리인 변호사와 비교하여 지위, 역할, 접견의 필요성 등에 차이가 있다는 점, 심판대상조항이 추구하는 공익은 제한되는 사익에 비하여 중대하다는 점 등을 종합하면, 과잉금지원칙에 반하여 직업수행의 자유를 침해한다고 할 수 없다.★

(2) 내 용

① 헌법재판소는 '변호인선임권'에 관해 "변호인선임권은 변호인 조력권의 출발점이자 **가장 기초적인 구성부분**으로서 **법률로써도 제한할 수 없는 권리**이므로, 변호인 선임을 위하여 피의자 등이 가지는 '변호인이 되려는 자'와의 접견교통권 역시 헌법상 기본권으로 보호된다"고 판시하였고(2019.2.28. 2015헌마1204 등),★ ② '변호인접견교통권'에 관해 "체포·구속된 자와 변호인 등 간의 **접견이 실제로 이루어지는 경우**의 '자유로운 접견'은 **어떠한 명분으로도** 제한될 수 있는 성질의 것이 아니나, 변호인 등 접견교통권 역시 다른 기본권과 마찬가지로 **필요한 경우 법률로써 제한**할 수 있다"고 판시하였으며(2019.2.28. 2015헌마1204 등),★★ ③ '변호인참여요구권'에 관해 "형사절차에서 **변호인을 대동하여 상담·조언을 받을 권리**는 변호인 조력권 자체에서 **막바로 도출**된다"고 판시하였다(2004.9.23. 2000헌마138).★ ④ 한편 **국선변호인**의 조력을 받을 권리는 **형사피고인에게만 인정**된다고 판시하였다(2008.9.25. 2007헌마1126).

판례 **검사의 수사기록 등사 거부행위** 법원의 수사서류 열람·등사 허용 결정에도 불구하고 해당 수사서류의 등사를 거부한 검사의 행위가 위헌인지 여부(적극) ▶ 2017.12.28. 2015헌마632 [인용]

검사의 수사서류 등사 거부행위는 피고인인 청구인들의 신속·공정한 재판을 받을 권리 및 변호인의 충분한 조력을 받을 권리를 제한하는바, 변호인이 수사서류를 열람은 하였지만 등사가 허용되지 않는다면, 변호인은 형사소송절차에서 청구인들에게 유리한 수사서류의 내용을 법원에 현출할 수 있는 방법이 없어 불리한 지위에 놓이게 되고, 그 결과 청구인들을 충분히 조력할 수 없음이 명백하므로, 피청구인이 수사서류에 대한 등사만을 거부하였다 하더라도 청구인들의 권리가 침해되었다고 보아야 한다.★★

판례 **검사의 별건 수사서류 열람·등사 거부행위**   별건으로 공소제기 후 확정되어 검사가 보관하고 있는 서류에 대한 법원의 열람·등사 허용 결정에도 불구하고 당해 형사사건과의 관련성을 부정하면서 해당 서류의 열람·등사를 거부한 검사의 행위가 위헌인지 여부(적극)

▶ 2022.6.30. 2019헌마356 [인용]

형사소송법이 공소가 제기된 후의 피고인 또는 변호인의 수사서류 열람·등사권에 대하여 규정하면서 검사의 열람·등사 거부처분에 대하여 별도의 불복절차를 마련한 것은 신속하고 실효적인 권리구제를 통하여 피고인의 신속·공정한 재판을 받을 권리 및 변호인의 조력을 받을 권리를 보장하기 위함이다. 법원이 검사의 열람·등사 거부처분에 정당한 사유가 없다고 판단하여 수사서류의 열람·등사를 허용하도록 명한 이상, 법치국가와 권력분립의 원칙상 검사로서는 당연히 법원의 그러한 결정에 지체 없이 따라야 하며, 이는 별건으로 공소제기되어 확정된 관련 형사사건 기록에 관한 경우에도 마찬가지이다.★ 그렇다면 검사의 이 사건 거부행위는 신속·공정한 재판을 받을 권리 및 변호인의 조력을 받을 권리를 침해한다.★★

(3) 변호인 등의 피의자·피고인을 조력할 권리

변호인 및 변호인이 되려는 자의 피의자 등을 조력할 권리는 헌법에 명시되지 않아 법적 성격이 문제되는데, 헌법재판소는 '**변호인의 변호권**'(변호인의 구속적부심사건 피의자 수사기록 중 고소장·피의자신문조서 열람권, 변호인의 구속피의자 신문참여권)과 '**변호인이 되려는 자의 피체포·구속자 접견교통권**'은 피의자 등을 조력하기 위한 **핵심적인 부분**으로서 피의자 등의 조력을 받을 권리와 **표리의 관계**에 있으므로 그 실현을 위하여 **헌법상 기본권으로 보장**되어야 한다고 판시하였다(2003.3.27. 2000헌마474; 2017.11.30. 2016헌마503; 2019.2.28. 2015헌마1204).63)★★

판례 **피의자신문 참여 변호인 후방착석요구**   검찰수사관이 피의자신문에 참여한 변호인에게 피의자 후방착석을 요구한 행위가 위헌인지 여부(적극)

▶ 2017.11.30. 2016헌마503 [인용]

피청구인이 변호인의 역할을 통제하려는 의도에서 후방착석요구행위를 한 것으로 보이는 점, 청구인이 항의할 경우 퇴실을 명할 가능성이 있는 점 등을 고려하면, 이 사건 후방착석요구행위는 권력적 사실행위로서 헌법소원의 대상인 공권력의 행사에 해당하고, 이에 대하여 형사소송법 제417조의 준항고로 다툴 수 있는지 여부가 불명확하므로 보충성원칙의 예외가 인정된다. 변호인의 피의자·피고인을 조력할 권리 중 그것이 보장되지 않으면 그들이 변호인의 조력을 받는다는 것이 유명무실하게 되는 핵심적인 부분(이하 '변호인의 변호권'이라 한다)은 헌법상 기본권으로서 보호되어야 하는바, 형사절차에서 피의자신문의 중요성을 고려할 때, 변호인의 피의자신문참여권은 헌법상 기본권인 변호인의 변호권으로서 보호되어야 한다.★★ 피의자신문에 참여한 변호인이 피의자 옆에 앉는다고 하여 수사를 방해하거나 수사기밀을 유출할 가능성이 높아진다고 볼 수 없으므로, 이 사건 후방착석요구행위의 목적의 정당성과 수단의 적절성을 인정할 수 없고, 이로 인해 변호인은 적극적인 조력활동에 과도한 제한을 받게 되므로 침해최소성과 법익균형성도 인정할 수 없다. 따라서 이 사건 후방착석요구행위는 변호인인 청구인의 변호권을 침해한다.★★

---

63) 헌법재판소는 종래 "변호인 자신의 접견교통권은 단지 형사소송법 제34조에 의하여 비로소 보장되는 법률상 권리에 불과하다"고 판시하였으나(1991.7.8. 89헌마181), 이후 "변호인의 조력권 중 변호인의 변호권은 헌법상 기본권으로서 보호되어야 한다"고 판시하였고(2003.3.27. 2000헌마474; 2017.11.30. 2016헌마503), 최근 "변호인이 되려는 자의 접견교통권은 헌법상 기본권으로서 보장되어야 한다"고 판시하였다(2019.2.28. 2015헌마1204). 한편 대법원은 "미결수용자가 가지는 변호인과의 접견교통권은 그와 표리 관계인 변호인(변호인이 되려고 하는 사람을 포함한다)의 접견교통권과 함께 헌법상 기본권으로 보장되고 있다(헌법재판소 2017.11.30. 2016헌마503 결정, 헌법재판소 2019.2.28. 2015헌마1204 결정 등 참조)"고 판시하였다(2022.6.30. 2021도244).★

> **판례** **예비변호인 피의자 접견신청 불허** 체포되어 구속영장이 청구된 피의자를 신문하는 과정에서 위 피의자 가족의 의뢰를 받은 변호사가 접견신청을 하였음에도 검사가 이를 허용하기 위한 조치를 취하지 않은 것이 위헌인지 여부(적극) ▶ 2019.2.28. 2015헌마1204 [인용]
>
> '변호인이 되려는 자'의 접견교통권은 피의자 등이 변호인을 선임하여 그로부터 조력을 받을 권리를 공고히 하기 위한 것으로서 헌법상 기본권인 피의자 등이 변호인 및 변호인이 되려는 자의 조력을 받을 권리와 표리의 관계에 있으므로 그 실현을 위하여 헌법상 기본권으로 보장되어야 한다.** 변호인 등의 접견교통권은 헌법으로써는 물론 법률로써도 제한하는 것이 가능하나, 헌법이나 형사소송법은 피의자신문 중 변호인 등의 접견신청을 제한하거나 거부할 수 있는 규정을 두고 있지 않으며, 형집행법시행령상 접견시간 조항은 수용자의 접견을 '국가공무원 복무규정'에 따른 근무시간(09:00~18:00) 내로 한정하고 있으나, 위 조항은 교도소장·구치소장이 그 허가 여부를 결정하는 경우에 적용되는 것으로서, 검사 또는 사법경찰관이 그 허가 여부를 결정하는 피의자신문 중 변호인 등의 접견신청의 경우에는 적용되지 않으므로, 위 조항을 근거로 변호인 등의 접견신청을 불허하거나 제한할 수는 없다. 그렇다면 이 사건 검사의 접견불허행위는 헌법이나 법률의 근거 없이 이를 제한한 것이므로, 청구인의 접견교통권을 침해하였다고 할 것이다.

4. 자백의 증거능력 및 증명력제한의 원칙

헌법 제12조 제7항은 **임의성 없는 자백**의 증거능력과 **유일한 범죄의 증거**인 자백의 증명력을 제한하고 있는데, 이는 자백존중의 사고를 거부함으로써 불법적인 인신침해를 방지하려는 것이다. 자백의 증거능력 및 증명력제한은 헌법 제12조 제2항의 고문을 받지 아니할 권리나 진술거부권의 실효성을 보장해 주는 의미를 갖고 있다.

제2절 • 사생활영역의 자유

인간 존재의 본성 프라이버시

> 사회적 존재로서 인간, 혼자서는 살 수 없어 타인과 더불어 살고 나누면서 살지만 그렇다고 혼자 있을 권리를 반납한 건 아니라구.

제1항 | 사생활의 비밀과 자유

홀로 있을 권리

> 누구나 자기가 원하는 방식으로 생활할 권리가 있다. 나 혼자 산다.

헌 법
제17조 모든 국민은 사생활의 비밀과 자유를 침해받지 아니한다.

I. 사생활의 비밀과 자유의 의의

헌법 제17조의 사생활의 비밀과 자유란 사생활정보의 불가침성과 사생활형성의 행위가능성을 보호받을 권리를 말한다. 우리나라는 제5공화국헌법(1980년)에서부터 사생활의 비밀과 자유를 규정하였고, 현재 '개인정보 보호법'이 제정되어 이를 구현하고 있다. 사생활의 비밀과 자유는 인간 고유의 인격적 정체성을 보호하는 인간의 권리이므로 외국인을 포함한 자연인은 주체성이 인정되나, 속성상 사자와 법인 등 단체는 주체가 되기 어렵다.

II. 사생활의 비밀과 자유의 내용

1. 사생활의 비밀과 자유의 불가침

사생활의 비밀과 자유의 불가침이란 사생활의 내용을 공개당하지 아니하고(사생활의 비밀의 불가침), 사생활의 자유로운 형성과 전개를 방해받지 않는 것(사생활의 자유의 불가침)을 말한다.

> **판례 대외적 해명행위** ▶ 2001.8.30. 99헌바92등
>
> 자신의 인격권이나 명예권을 보호하기 위하여 대외적으로 해명을 하는 행위는 표현의 자유에 속하는 영역일 뿐 이미 사생활의 자유에 의하여 보호되는 범주를 벗어난 행위이고,★ 또한, 진지한 윤리적 결정에 관계된 행위라기보다는 단순한 생각이나 의견, 사상이나 확신 등의 표현행위라고 볼 수 있어, 그 행위가 선거에 영향을 미치게 하기 위한 것이라는 이유로 제한된다 하더라도 양심의 자유의 보호영역에 포괄되지 아니하므로,★ 위 법률조항은 사생활의 자유나 양심의 자유를 침해하지 아니한다.

2. 개인정보자기결정권

(1) 개인정보자기결정권의 의의

개인정보자기결정권(ㅈ-정보관리통제권)이란 정보주체가 개인정보의 공개와 이용에 관하여 스스로 결정할 권리를 말하는데(2005.5.26. 99헌마513), 헌법재판소는 현대 **정보사회**에서 중

요한 의미를 가지는 권리로서 헌법 **제17조**의 사생활의 비밀·자유, 헌법 **제10조**에 근거한 인격권 등을 이념적 기초로 하는 헌법에 열거되지 아니한 **독자적 기본권**이라고 판시하였다 (2010.5.27. 2008헌마663).★★

(2) 개인정보자기결정권의 내용

> **두문자**
> 비 형 민 기

개인정보자기결정권의 보호대상인 개인정보란 개인의 인격주체성을 특징짓는 사항으로서 **개인의 동일성을 식별할 수 있게 하는 일체의 정보**를 말하므로(**비**밀가치·**형**성영역 불문), 개인의 내밀(內密)한 영역이나 사사(私事)의 영역에 속하는 정보에 국한되지 않고, **공적 생활에서 형성되었거나 이미 공개된 개인정보까지 포함**한다(2005.5.26. 99헌마513등).★★ 다만 개인정보의 유형에 따라 보호밀도를 달리하는데, 육체적·정신적 결함 등 내밀한 사적 영역에 근접하는 '**민**감한 개인정보'는 엄격한 보호의 대상이 되나, 성명, 직명 등 사회생활 영역에서 노출되는 것이 자연스러운 '**기**초정보'는 그 자체로 엄격한 보호의 대상이 된다고 하기 어렵다 (2014.8.28. 2011헌마28등).

(3) 개인정보자기결정권 관련 헌법재판소 판례

판례 대한적십자사 회비모금 목적의 자료제공   대한적십자사의 회비모금 목적으로 자료제공을 요청받은 국가와 지방자치단체는 특별한 사유가 없으면 그 자료를 제공하여야 한다고 규정한 적십자법령 조항이 위헌인지 여부(소극)   ▶ 2023.2.23. 2019헌마1404등 [기각]

심판대상조항은 적십자 사업의 원활한 운영을 위한 것으로, 우리나라는 제네바협약의 체약국으로서 정부가 적십자사의 활동을 지원하여야 할 의무가 있는 점, 전시 또는 평시의 인도주의 사업을 수행하는 적십자사의 공익성 등을 고려하면 그 목적이 정당하고 수단도 적합하다. 자료제공의 목적은 적십자 회비 모금을 위한 것으로 한정되고, 제공되는 정보의 범위도 세대주의 성명과 주소로 한정되는데, 이때 '주소'는 지로통지서 발송을 위해 필수적인 정보이며, '성명'은 사회생활 영역에서 노출되는 것이 자연스러운 정보로서, 다른 위험스러운 정보에 접근하기 위한 식별자 역할을 하거나, 다른 개인정보들과 결합함으로써 개인의 전체적·부분적 인격상을 추출해 내는 데 사용되지 않는 한 그 자체로 언제나 엄격한 보호의 대상이 된다고 하기 어렵다는 점을 고려하면 침해의 최소성과 법익의 균형성도 갖추었다. 따라서 심판대상조항은 과잉금지원칙에 반하여 개인정보자기결정권을 침해한다고 볼 수 없다.

판례 법원에서 불처분결정된 소년부송치 사건 수사경력자료 보존   소년에 대한 수사경력자료의 삭제와 보존기간에 대하여 규정하면서 법원에서 불처분결정된 소년부송치 사건에 대하여 규정하지 않은 형실효법 조항이 위헌인지 여부(적극)   ▶ 2021.6.24. 2018헌가2 [헌법불합치]

수사경력자료는 재수사 등에 대비한 기초자료가 되므로, 해당 수사경력자료의 보존은 목적의 정당성과 수단의 적합성이 인정된다. 하지만 <u>반사회성이 있는 소년이 우리 사회의 건전한 구성원으로 성장할 수 있도록, 죄를 범한 소년에 대하여 형사재판이 아닌 보호사건으로 심리하여 보호처분을 할 수 있는 절차를 마련한 소년법의 취지에 비추어, 법원에서 소년부송치된 사건을 심리하여 불처분결정을 하는 경우 그에 관한 사실이 소년의 장래 신상에 불이익한 영향을 미치지 않는 것이 마땅하다.</u> 따라서 심판대상조항은 과잉금지원칙에 반하여 소년부송치 후 불처분결정을 받은 자의 개인정보자기결정권을 침해한다.★

판례 **보안관찰처분대상자 출소후신고 및 변동신고** 보안관찰처분대상자가 교도소 등에서 출소한 후 출소사실을 거주예정지 관할경찰서장에게 신고하도록 하고, 기존에 신고한 정보에 변동이 생길 때마다 이를 신고하도록 한 보안관찰법 조항이 위헌인지 여부(적극)

▶ 2021.6.24. 2017헌바479 [합헌 헌법불합치]

(1) 출소 후 출소사실을 신고하여야 하는 신고의무 내용에 비추어 대상자의 불편이 크다고 할 수 없고, 보안관찰해당범죄는 민주주의체제의 수호와 사회질서의 유지에 중대한 영향을 미치는 범죄인 점에 비추어 신고의무 위반의 제재수단으로 형벌을 택한 것이 과도하다고 볼 수 없으므로, 출소후신고조항 및 위반 시 처벌조항은 과잉금지원칙에 반하여 사생활의 비밀과 자유 및 개인정보자기결정권을 침해하지 아니한다.★

(2) 변동신고조항 및 위반 시 처벌조항은 출소 후 기존에 신고한 정보에 변동이 생기기만 하면 신고의무를 부과하는데, 의무기간의 상한을 정하지 아니하여, 대상자로서는 재범의 위험성이 인정되어 보안관찰처분을 받은 자가 아님에도 무기한의 신고의무를 부담하게 되므로, 과잉금지원칙에 반하여 사생활의 비밀과 자유 및 개인정보자기결정권을 침해한다.

판례 **건강보험 요양급여내역 제공** 국민건강보험공단이 서울용산경찰서장에게 위력업무방해 혐의자들의 요양급여내역을 제공한 행위가 위헌인지 여부(적극) ▶ 2018.8.30. 2014헌마368 [위헌확인, 각하]

우리 헌법상 영장주의의 본질은 기본권을 제한하는 강제처분에 관해서는 중립적인 법관의 판단을 거쳐야 한다는 것인데, 이 사건 사실조회행위는 현행법상 협조의무를 부담하지 않는 공단을 대상으로 행한 강제력이 개입되지 아니한 임의수사에 해당하므로, 이 사건 정보제공행위에는 영장주의가 적용되지 않는다.★★ 이 사건 정보제공행위는 체포영장이 발부된 피의자들을 적시에 검거하기 위한 것이나, 공공기관이 민감정보를 제공함에 있어서는 '개인정보 보호법'상 제공요건인 범죄수사를 위한 불가피성, 정보주체 등 이익의 침해성 등을 엄격하게 판단하여야 하는 점, 급여일자와 요양기관명은 피의자의 현재 위치를 곧바로 파악할 수 있는 정보가 아니어서 정보제공행위에 따른 수사상의 이익은 미약한 정도였던 반면 경찰서장에게 제공된 2년 내지 3년 동안의 요양급여정보는 청구인들의 건강상태에 대한 총체적인 정보를 구성할 수 있는 점을 고려하면, 이 사건 정보제공행위는 법률상의 요건, 침해최소성 및 법익균형성을 충족하지 못하였으므로, 청구인들의 개인정보자기결정권을 침해하였다.★★

판례 **활동지원급여 부정수급 수사 관련 기초정보 제공** 김포시장이 김포경찰서장에게 활동지원급여 부정 수급 사건 수사대상자들의 이름, 생년월일, 전화번호, 주소를 제공한 행위가 위헌인지 여부(소극) ▶ 2018.8.30. 2016헌마483 [기각, 각하]

이 사건 사실조회행위는 현행법상 협조의무를 부담하지 않는 시장을 상대로 행한 강제력이 개입되지 아니한 임의수사에 해당하므로, 이 사건 정보제공행위에는 영장주의가 적용되지 않는다.★★ 이 사건 정보제공행위는 실체적 진실 발견과 국가형벌권의 적정한 행사에 기여하려는 것으로, 이름, 생년월일, 주소는 수사의 초기 단계에서 범죄의 피의자를 특정하기 위하여 필요한 가장 기초적인 정보이고, 전화번호는 피의자 등에게 연락을 하기 위하여 필요한 정보라는 점, 이름, 생년월일, 주소는 사회생활 영역에서 노출되는 것이 자연스러운 정보이고, 전화번호 역시 특정한 개인을 고유하게 구별할 수 있는 기능을 갖지 않는다는 점, 이 사건 정보제공행위로 달성되는 공익은 매우 중대한 것인 점을 종합하면, 이 사건 정보제공행위는 청구인들의 개인정보자기결정권을 침해하였다고 볼 수 없다.

판례 **통신매체이용음란죄 신상정보등록**   통신매체이용음란죄로 유죄판결이 확정된 자를 신상정보 등록대상자로 규정한 성폭력특례법 조항이 위헌인지 여부(적극)   ▶ 2016.3.31. 2015헌마688 [위헌]

심판대상조항은 성범죄자의 재범을 억제하고 재범 발생시 수사의 효율성을 제고하려는 것이나, 통신매체이용음란죄의 구성요건에 해당하는 행위 태양은 매우 다양한 유형이 존재하고, 개별 행위유형에 따라 재범의 위험성 및 신상정보 등록 필요성은 현저히 다름에도 불구하고, 통신매체이용음란죄의 죄질 및 재범의 위험성에 따라 등록대상을 축소하는 등 기본권 침해를 줄일 수 있는 다른 수단을 채택하지 않았다는 점 등을 종합하면, 과잉금지원칙에 반하여 개인정보자기결정권을 침해한다.★★

판례 **몰카범죄 신상정보등록**   성폭력특례법위반(카메라등이용촬영)죄로 유죄판결이 확정된 자를 신상정보 등록대상자로 규정하고, 법무부장관이 등록정보를 20년간 보존·관리하도록 한 성폭력특례법 조항이 위헌인지 여부(일부적극)   ▶ 2015.7.30. 2014헌마340등 [기각, 헌법불합치]

(1) 이 사건 등록조항은 성범죄의 재범 억제 및 수사의 효율을 위한 것으로, 처벌범위 확대, 법정형 강화만으로 카메라등이용촬영범죄를 억제하기에 한계가 있고, 신상정보 등록대상자가 된다는 것 자체로 사회복귀가 저해되거나 전과자라는 사회적 낙인이 찍히는 것은 아니므로 침해되는 사익은 크지 않은 점을 고려하면, 개인정보자기결정권을 침해하지 않는다.
(2) 이 사건 관리조항은 성범죄의 재범 억제 및 수사의 효율을 위한 것이나, 재범의 위험성은 등록대상 성범죄의 종류, 등록대상자의 특성에 따라 다르게 나타날 수 있는데도, 등록대상 성범죄자에 대하여 일률적으로 20년의 등록기간을 적용하고 있으며, 사후에 등록의무를 면하거나 등록기간을 단축할 수 있는 여지도 없다는 점, 비교적 경미한 성범죄를 저지르고 재범의 위험성도 많지 않은 자들에 대해서는 법익의 불균형이 발생할 수 있다는 점을 고려하면, 개인정보자기결정권을 침해한다.★★

판례 **직계혈족 가족부 상세증명서 교부청구**   정보주체의 배우자나 직계혈족이 정보주체의 위임 없이도 정보주체의 가족관계 상세증명서의 교부 청구를 할 수 있도록 하는 가족관계등록법 조항이 위헌인지 여부(소극)   ▶ 2022.11.24. 2021헌마130 [기각]

심판대상조항은 본인이 스스로 증명서(상세)를 발급받기 어렵거나 배우자, 직계혈족이 스스로의 정당한 법적 이익을 지키기 위하여 필요한 경우 편익을 보장하려는 것으로, 정보주체의 명시적인 동의를 요구하는 방안은 그 편익을 저해하므로 입법대안이 되기 어려운 점, 상세증명서 추가 기재 자녀에 관한 개인정보는 경우에 따라 가족간의 신뢰의 근간을 이루는 중요한 정보에 해당되어 가족과 공유하는 것이 적절한 측면도 있으므로 배우자나 직계혈족에 대한 관계에서도 보호가치가 높다고 단정하기 어렵고, 심판대상조항은 정보주체의 배우자나 직계혈족의 정당한 법적 이익을 보호하기 위한 것이므로, 상세증명서 추가 기재 자녀의 입장에서 보아도 자신의 개인정보가 공개되는 것을 중대한 불이익이라고 평가하기는 어렵다는 점 등을 종합하면, 과잉금지원칙에 반하여 개인정보자기결정권을 침해한다고 볼 수 없다.

판례 **가정폭력 직계혈족 가족부 증명서 교부청구**   직계혈족이기만 하면 가정폭력 가해자인지 여부를 불문하고 가족관계증명서 등의 교부청구권을 부여하는 가족관계등록법 조항이 위헌인지 여부(적극)   ▶ 2020.8.28. 2018헌마927 [헌법불합치]

심판대상조항은 가족관계에 관한 각종 신분증명이 필요한 경우에 직계혈족과 자녀의 편의를 도모하기 위한 것으로, 목적의 정당성 및 수단의 적합성이 인정되나, 가족관계증명서 및 기본증명서에 기재되는 본인·부모·배우자·모든 자녀의 각 성명·성별·출생연월일·주민등록번호 등과 같은 민감한 정보는 의사에 반하여 타인에게 알려지는 것 자체가 개인의 인격에 대한 침해가 될 수 있으며, 유출된 경우 그 피해회복이 사실상 불가능한 경우도 발생한다는 점, 가정폭력이 야기하는 사회적 문제가 날로 증대하는 현실에서 가정폭력 피해자를 두텁게 보호하는 방안이 마련되어야 함에도 오히려 가정폭력 가해자인 직계혈족이 그 자녀의 가족관계증명서 등에 기재된 가정폭력 피해자인 (전) 배우자의 개인정보를 이용하여 이들에게 추가 가해를 끼칠 수 있는 상황을 방치하고 있다는 점 등을 종합하면, 침해최소성 및 법익균형성을 인정하기 어려우므로, 직계혈족이 가정폭력 가해자로 판명된 경우 가정폭력 피해자의 개인정보를 보호하기 위한 방안을 마련하지 아니한 부진정입법부작위는 과잉금지원칙에 반하여 개인정보자기결정권을 침해한다.★

[판례] 형제자매 가족부 증명서 교부청구   형제자매에게 가족부 등의 기록사항에 관한 증명서 교부청구권을 부여하는 가족관계등록법 조항이 위헌인지 여부(적극)   ▶ 2016.6.30. 2015헌마924 [위헌]

심판대상조항은 본인이 스스로 증명서를 발급받기 어렵거나 형제자매가 친족·상속 등과 관련된 자료를 수집하려는 경우 편의를 보장하기 위한 것으로, 목적의 정당성 및 수단의 적합성이 인정된다. 그러나 가족관계등록법상 각종 증명서에는 본인의 주민등록번호 등 개인식별정보뿐만 아니라 이혼, 파양, 성(性)전환 등에 관한 민감정보가 기재되는데, 형제자매는 상속문제 등과 같은 대립되는 이해관계에서 서로 반목하기도 하므로 언제나 이해관계를 같이 하는 것이 아님에도 불구하고 증명서 발급에 있어 형제자매에게 정보주체인 본인과 거의 같은 지위를 부여하고 있으므로 침해최소성 및 법익균형성을 인정하기 어렵다. 따라서 심판대상조항은 개인정보자기결정권을 침해한다.★

[판례] 주민등록번호 변경제한   개인별로 주민번호를 부여하면서 주민번호 변경에 관한 규정을 두고 있지 않은 주민등록법 조항이 위헌인지 여부(적극)   ▶ 2015.12.23. 2013헌바68등 [헌법불합치]

주민등록번호는 모든 국민에게 일련의 숫자 형태로 부여되는 고유한 번호로서 당해 개인을 식별할 수 있는 정보에 해당하는 개인정보이다. 주민등록번호제도는 주민생활의 편익을 증진시키고, 행정사무의 적정한 처리를 도모하기 위한 것으로, 모든 주민에게 고유한 주민등록번호를 부여하면서 이를 변경할 수 없도록 하는 것은 이러한 목적달성에 적합한 수단이 된다. 그러나 주민등록번호는 표준식별번호로 기능함으로써 개인정보를 통합하는 연결자로 사용되고 있어, 불법 유출 또는 오·남용될 경우 개인의 사생활뿐만 아니라 생명·신체·재산까지 침해될 소지가 큼에도 불구하고 주민등록번호 유출 또는 오·남용으로 인하여 발생할 수 있는 피해 등에 대한 아무런 고려 없이 주민등록번호 변경을 일체 허용하지 않는 것은 그 자체로 개인정보자기결정권에 대한 과도한 침해가 될 수 있다. 따라서 주민등록번호 변경에 관한 규정을 두고 있지 않은 심판대상조항은 과잉금지원칙에 위배되어 개인정보자기결정권을 침해한다.★★

Ⅲ 사생활의 비밀과 자유의 제한

사생활의 비밀과 자유, 개인정보자기결정권, 인격권 등은 표현의 자유와 충돌하는 사례가 빈번하여 그 해결을 위한 **특별한 해결방법**이 제시되고 있는데, ① 개인의 생활영역을 가장 폐쇄적인 '**내밀영역**'부터 가장 개방적인 '**공개영역**'까지 구분하여 보호정도를 달리하는 '**인격**영역이론', ② 자살자와 같이 일정한 사정 하에서 사생활의 비밀과 자유를 포기한 것으로 간주하는 '**권리**

포기이론', 공적 인사(名士)는 사생활의 공개를 원칙적으로 수인해야 한다는 '**공**적인물이론', 국민의 알 권리의 대상이 되는 사항은 공개되는 것이 공익에 부합한다는 '**공**공이익이론', 공적 기록을 공개하는 것은 원칙적으로 사생활침해가 아니라는 '**공**적기록이론' 등을 포괄하는 펨버 도식이 있다.64)

판례 혼인무효판결로 정정된 가족관계등록부의 재작성   혼인무효로 정정된 가족관계등록부의 재작성 신청을 제한하는 '가족관계등록부의 재작성에 관한 사무처리지침' 제2조 제1호 중 '혼인무효'에 관한 부분 및 제3조 제3항 중 제2조 제1호의 사유로 인한 가족관계등록부재작성신청 시 '혼인무효가 한쪽 당사자나 제3자의 범죄행위로 인한 것임을 소명하는 서면 첨부'에 관한 부분이 위헌인지 여부(소극)   ▶ 2024.1.25. 2020헌마65 [기각]

심판대상조항에 따라 청구인과 같이 혼인의사의 합의가 없음을 원인으로 혼인무효판결을 받았으나 혼인무효사유가 한쪽 당사자나 제3자의 범죄행위로 인한 경우에 해당하지 않는 사람에 대해서는 등록부 재작성 신청권이 인정되지 않고, 정정된 등록부가 보존된다. 무효인 혼인의 기록사항 전체에 하나의 선을 긋고, 말소 내용과 사유를 각 해당 사항란에 기재하는 방식의 정정 표시는 청구인의 인격주체성을 식별할 수 있게 하는 개인정보에 해당하고, 이와 같은 정보를 보존하는 심판대상조항은 청구인의 개인정보자기결정권을 제한한다.★★ 심판대상조항은 신분관계의 이력이 노출됨으로 인한 부당한 피해를 방지하면서도, 진정한 신분관계의 등록・관리・증명 등 가족관계등록제도의 목적과 기능을 달성하기 위해 제한적인 경우에만 등록부 재작성을 허용하는 규정으로, 혼인에 따른 법률효과는 제3자에 대한 관계에서도 문제될 수 있고, 법률관계를 안정시키고 명확하게 하기 위하여 공적 증명이 필요한 경우가 있을 수 있으므로, 무효인 혼인에 관한 가족관계등록부 기록사항의 보존은 원칙적으로 필요하다는 점, 혼인무효의 경우 합리적 범위에서 가족관계등록부가 재작성될 수 있는 점, 가족관계의 변동에 관한 진실성을 담보하는 공익은 청구인이 입는 불이익에 비해 훨씬 중대하다는 점 등을 종합하면, 과잉금지원칙에 반하여 개인정보자기결정권을 침해하지 않는다.

판례 코로나19 관련 이태원 기지국 접속자 정보수집   감염병 전파 차단을 위한 개인정보 수집의 수권조항인 구 감염병예방법 조항이 위헌인지 여부(소극)   ▶ 2024.4.25. 2020헌마1028 [기각]

심판대상조항은 감염병 예방 및 전파 차단을 통해 국민의 건강과 생명을 보호하려는 것으로, 보건당국이 전문성을 가지고 감염병의 성질과 전파정도, 유행상황이나 위험정도, 예방 백신이나 치료제의 개발 여부 등에 따라 정보 수집이 필요한 범위를 판단하여 정보를 요청할 수 있도록 하여 효과적인 방역을 달성할 수 있도록 하며, 정보수집의 목적 및 대상이 제한되어 있고, 관련 규정에서 절차적 통제장치를 마련하여 정보의 남용 가능성을 통제하고 있는 점, 심판대상조항은 감염병이 유행하고 신속한 방역조치가 필요한 예외적인 상황에서 일시적이고 한시적으로 적용되는 반면, 인적사항에 관한 정보를 이용한 적시적이고 효과적인 방역대책은 그 공익의 혜택 범위와 효과가 광범위하고 중대하다는 점 등을 종합하면, 과잉금지원칙에 반하여 개인정보자기결정권을 침해하지 않는다.★★

---

64) 인격영역이론은 독일의 판례, 학설을 통해 발전한 이론이며, 나머지 이론은 미국의 판례, 학설을 통해 발전한 이론으로서 펨버(Pember)의 도식이라고 한다.

판례 **16세 미만 미성년자 의제강간죄**   13세 이상 16세 미만의 사람에 대하여 간음 또는 추행을 한 19세 이상의 자를 강간죄, 유사강간죄, 강제추행죄의 예에 따라 처벌하도록 한 형법 조항이 위헌인지 여부(소극)
▶ 2024.6.27. 2022헌바106등 [합헌]

심판대상조항은 아직 성적 자기결정권을 온전하게 행사하기 어려운 13세 이상 16세 미만의 사람을 부적절한 성적 자극이나 침해행위로부터 보호하려는 것으로, 13세 이상 16세 미만의 청소년은 성행위의 의미나 결과를 예상하지 못한 채 성행위에 동의할 수 있고, 상대방의 행위가 성적 학대나 착취에 해당하는지 여부를 평가할 수 없는 상태에서 성행위에 나아갈 가능성이 높기 때문에 절대적 보호의 필요성이 있는 반면에, 19세 이상의 성인은 미성년자의 성을 보호하고 미성년자 스스로 성적 정체성이나 가치관을 형성할 수 있도록 조력할 책임이 있다는 점, 심판대상조항이 19세 미만의 사람을 처벌대상에서 제외한 것은 연령 차이가 크지 않은 미성년자 사이의 성행위를 심리적 장애 없이 성적 자기결정권을 행사한 것으로 보고 이를 존중하고자 한 것이라는 점, 19세 이상의 성인이 13세 이상 16세 미만의 청소년을 간음 또는 추행한 행위는 19세 이상의 성인이 다른 성인을 폭행이나 협박으로 간음 또는 추행한 행위에 비하여 그 불법과 책임의 정도가 결코 가볍다고 볼 수 없는 점, 심판대상조항이 추구하는 공익은 19세 이상인 자의 성행위 상대방이 16세 이상인 자로 제한되는 불이익에 비하여 훨씬 중대하다는 점 등을 종합하면, 과잉금지원칙에 반하여 성적 자기결정권 및 사생활의 비밀과 자유를 침해하지 아니한다.

판례 **4급 이상 공무원 질병명공개제**   4급 이상 공무원들의 병역 면제사유인 질병명을 관보와 인터넷을 통해 공개하도록 하는 병역공개법 조항이 위헌인지 여부(적극)
▶ 2007.5.31. 2005헌마1139 [헌법불합치]

이 사건 법률조항에 의하여 그 공개가 강제되는 질병명은 내밀한 사적 영역에 근접하는 민감한 개인정보이다. 병무행정에 관한 부정과 비리가 근절되지 않고 있는 우리 사회에서, '부정한 병역면탈의 방지'와 '병역의무의 자진이행에 기여'라는 입법목적을 달성하기 위해서는 병역사항을 적정한 방법으로 공개하는 것이 필요하다고 할 수 있다. 그런데 이 사건 법률조항이 공적 관심의 정도가 약한 4급 이상의 공무원들까지 대상으로 삼아 모든 질병명을 아무런 예외 없이 공개토록 한 것은 입법목적 실현에 치중한 나머지 사생활 보호의 헌법적 요청을 현저히 무시한 것이고, 이로 인하여 청구인들을 비롯한 해당 공무원들의 헌법 제17조가 보장하는 기본권인 사생활의 비밀과 자유를 침해하는 것이다.★★

판례 **공적 인물의 사생활 비판**
▶ 2013.12.26. 2009헌마747

명예훼손적 표현의 피해자가 공적 인물인지 아니면 사인인지, 그 표현이 공적인 관심 사안에 관한 것인지 순수한 사적인 영역에 속하는 사안인지의 여부에 따라 헌법적 심사기준에는 차이가 있어야 하고, 공적 인물의 공적 활동에 대한 명예훼손적 표현은 그 제한이 더 완화되어야 한다.★ 공직자의 공무집행과 직접적인 관련이 없는 개인적인 사생활에 관한 사실이라도 일정한 경우 공적인 관심 사안에 해당할 수 있다.★ 공직자의 자질·도덕성·청렴성에 관한 사실은 그 내용이 개인적인 사생활에 관한 것이라 할지라도 순수한 사생활의 영역에 있다고 보기 어렵다.★

| 제2항 | **주거의 자유**
평온한 생활공간에서 살 권리

> 💬 코멘트
> 사생활은 일차적으로 주거 공간 내에서 형성된다. 나홀로 집에.

헌법
제16조 모든 국민은 주거의 자유를 침해받지 아니한다. 주거에 대한 압수나 수색을 할 때에는 검사의 신청에 의하여 법관이 발부한 영장을 제시하여야 한다.

Ⅰ 주거의 자유의 의의

헌법 제16조의 주거의 자유란 사생활의 공간인 주거를 침해당하지 않을 권리를 말한다.★ 여기서 '주거'(住居)란 외부와 구획된 일체의 **사적인 생활공간**을 말하고, '불가침'이란 **사적인 평온상태가 유지되는 것**을 말한다. 주거의 자유에 관한 영장주의는 제3공화국헌법(1962년)에서 처음으로 헌법에 명시되었으며,65)★ 속성상 외국인과 법인 등 단체도 주체가 된다.

Ⅱ 주거의 자유의 내용

헌법 제16조에 따라 주거에 대한 압수나 수색을 하기 위해서는 검사의 신청에 의하여 법관이 발부한 영장을 제시하여야 하는데,★ 헌법 제16조는 제12조 제3항과 달리 **영장주의의 예외를 명시하고 있지 않으나**, 주거 공간에 대한 **긴급한 압수·수색의 필요성**을 고려하면, 그 장소에 **범죄입증자료나 피의자가 존재할 개연성이 소명되고, 사전에 영장을 발부받기 어려운 긴급한 사정이 있는 경우 예외를 인정**할 수 있다고 할 것이다(2018.4.26. 2015헌바370등).★★

> **판례** 체포영장 집행시 별도 영장 없는 주거수색   체포영장을 발부받아 피의자를 체포하는 경우 필요한 때에는 타인의 주거 등에서 피의자 수색을 할 수 있도록 한 형사소송법이 위헌인지 여부(적극)
> ▶ 2018.4.26. 2015헌바370등 [헌법불합치]
>
> 심판대상조항은 피의자가 소재할 개연성이 소명되면 타인의 주거 등 내에서 수사기관이 피의자를 수색할 수 있음을 의미하는 것으로 명확성원칙에 위반되지 아니한다. 헌법 제12조 제3항의 영장주의는 적법절차원칙에서 도출되는 원리로서 중립적인 법관의 판단을 통해 강제적인 압수·수색을 방지하려는 것이므로, 헌법 제12조 제3항의 영장주의의 취지는 헌법 제16조의 영장주의를 해석하는 경우에도 마찬가지로 고려되어야 한다.★★ 헌법 제16조는 제12조 제3항과 달리 영장주의의 예외를 명시하고 있지 않으나, 주거 공간에 대한 긴급한 압수·수색의 필요성을 고려하면, 그 장소에 범죄입증자료나 피의자가 존재할 개연성이 소명되고, 사전에 영장을 발부받기 어려운 긴급한 사정이 있는 경우 예외를 인정할 수 있다고 할 것인바, 체포영장 집행시 필요한 경우 타인의 주거 등을 수색할 수 있도록 한 것은 별도로 영장을 발부받기 어려운 긴급한 사정이 있는지 여부와 무관하게 영장주의 예외를 인정한 것으로서 헌법에 위반된다.★★

---

65) 헌법 제16조는 헌법 제12조 제3항의 특별법적 성격을 가지므로 주거에 대한 압수·수색의 경우 영장주의의 헌법상 근거는 헌법 제16조이다.

| 제3항 | 거주·이전의 자유
자신이 머물 장소를 정할 권리

> **코멘트**
> 인간에게 맘껏 움직일 신체의 자유가 있다는 건 인간이 맘에 드는 장소를 맘대로 옮겨 다닐 자유가 있다는 거지.

헌 법
제14조 모든 국민은 거주·이전의 자유를 가진다.

I. 거주·이전의 자유의 의의

헌법 제14조의 거주·이전의 자유란 자유롭게 체류지와 거주지를 결정할 수 있는 자유를 말한다. 여기서 '거주'(居住)란 일정한 장소에 머물러 사는 것을 말하고, '이주'란 거주지를 변경하는 것을 말한다. 거주·이전의 자유는 원칙적으로 국민의 권리이므로,[66] 자연인인 국민과 국내법인(1998.2.27. 97헌바79 등)은 주체성이 인정되나 외국인은 주체가 되기 어렵다.[67]

II. 거주·이전의 자유의 내용

거주·이전의 자유의 내용에는 '국내 거주·이전의 자유', '국외 거주·이전의 자유'*, '국적변경 또는 국적이탈의 자유'** 등이 포함된다(2004.10.28. 2003헌가18). 그러나 거주·이전의 자유가 국민에게 선택할 직업 내지 그가 취임할 공직을 그가 선택하는 임의의 장소에서 자유롭게 행사할 수 있는 권리까지 보장하는 것은 아니고(1996.6.26. 96헌마200),* 국적변경의 자유가 인정되더라도 무국적의 자유까지 보장된다고 볼 수는 없으며,[68] 일반적으로 외국인이 특정한 국가의 국적을 선택할 권리가 당연히 인정된다고는 할 수 없다(2006.3.30. 2003헌마806).*

> **판례** 국적선택권의 의의 ▶ 2006.3.30. 2003헌마806
>
> 천부인권 사상은 국민주권을 기반으로 하는 자유민주주의 헌법을 낳았고 이 헌법은 인간의 존엄과 가치를 존중하므로, 개인은 자신의 운명에 지대한 영향을 미치는 정치적 공동체인 국가를 선택할 수 있는 권리, 즉 국적선택권을 기본권으로 인식하기에 이르렀다. 그러나 개인의 국적선택에 대하여는 나라마다 그들의 국내법에서 많은 제약을 두고 있는 것이 현실이므로, 국적은 아직도 자유롭게 선택할 수 있는 권리에는 이르지 못하였다고 할 것이다. 그러므로 "이중국적자의 국적선택권"이라는 개념은 별론으로 하더라도, 일반적으로 외국인인 개인이 특정한 국가의 국적을 선택할 권리가 자연권으로서 또는 우리 헌법상 당연히 인정된다고는 할 수 없다.**

---

66) 국가의 영토고권 즉 주권국가의 영역이 갖는 배타적 성격을 고려할 때 타당하며, 국제관습법상으로도 일반적으로 그와 같이 받아들여지고 있다(정종섭, 헌법학원론 제7판, 657면 참조). 헌법재판소는 외국인에게 거주·이전의 자유의 한 내용인 입국의 자유, 국적선택권을 부정함으로써 국민의 권리로 보는 견해에 속한다고 평가된다(2014.6.26. 2011헌마502; 2006.3.30. 2003헌마806).
67) 다만 외국인의 경우 대한민국의 배타적 영역에 입국할 자유는 부정되나 적법하게 입국한 외국인에게 국내 거주·이전 및 출국의 자유는 원칙적으로 보장된다는 것이 다수설이다.
68) 무국적자의 발생을 방지하는 것이 오늘날 국제사회의 공감대인 점을 고려한 해석이다.

Ⅲ 거주·이전의 자유의 제한

헌법재판소는 경찰청장의 서울광장 차벽봉쇄행위(2011.6.30. 2009헌마406),** 거주지 기준 학교배정(1995.2.23. 91헌마204), 영종도 주민 인천공항고속도로 사용료징수(2005.12.22. 2004헌바64) 등에 대하여 거주·이전의 자유를 직접 제한하는 것이 아니라고 판시하였다.

> **판례** **병역준비역 단기 국외여행 허가제** 지방병무청장으로 하여금 병역준비역에 대하여 27세를 초과하지 않는 범위에서 단기 국외여행을 허가하도록 한 '병역의무자 국외여행 업무처리 규정'이 위헌인지 여부(소극) ▶ 2023.2.23. 2019헌마1157 [기각]
>
> 심판대상조항은 병역법령에 의할 때 예외적인 경우가 아니면 27세까지만 징집 연기가 가능하다는 점을 고려하여, 병역준비역에 대하여 27세를 초과하지 않는 범위에서만 단기 국외여행을 허가하도록 규정한다. 단기 국외여행 허가는 별다른 구비서류를 요구하지 않아 병역의무 회피 도구로 악용될 가능성이 있기 때문에, 병역준비역의 개별적·구체적 사정을 감안하지 않고 연령이라는 일괄적 기준에 따라 허가 여부를 결정하도록 한 것이다. 이처럼 심판대상조항은 공정하고 효율적인 병역의무의 이행을 확보한다는 입법목적을 해치지 않으면서도 징집 연기가 가능한 범위에서 국외여행의 자유를 최대한 보장하고 있다. 따라서 심판대상조항은 청구인의 거주·이전의 자유를 침해하지 않는다.**

| 제4항 | 통신의 자유

열린 공간에서 소통할 권리

> **코멘트**
> 편지, 전화, 인터넷, 사생활의 영역을 집 안에서 집 밖으로 확장해 주는 수단을 맘껏 누리자. 은둔형 외톨이 싫어.

헌 법
제18조 모든 국민은 통신의 비밀을 침해받지 아니한다.

Ⅰ 통신의 자유의 의의

헌법 제18조의 통신의 자유란 개인 간에 의사나 정보를 전달 또는 교환하는 경우에 그 내용 등을 보호받을 자유를 말한다. 여기서 '통신'이란 **특정한 상대방의 존재를 전제로 한다는 점**에서 이를 요하지 않는 각종 표현과 구별된다(2001.3.21. 2000헌바25).* 헌법은 사적 영역에 속하는 개인 간의 의사소통을 사생활의 일부로 보장하고자 **통신의 비밀보호를 핵심내용**으로 하는 **통신의 자유를 기본권으로 보장**하고 있는바(2011.8.30. 2009헌바42). 속성상 외국인과 법인 등 단체도 주체가 된다.

Ⅱ 통신의 자유의 내용

통신의 자유는 통신의 비밀의 불가침과 자유로운 통신의 보장을 내용으로 한다. ① 통신비밀의 불가침은 의사에 반하는 통신비밀의 공개를 금지하는 것으로, '통신의 비밀'의 보호대상에는 통신내용뿐만 아니라 송수신인의 성명·주소 등 **통신에 관한 정보 일체**가 포함되고(2018. 6. 28. 2012헌마538등),** '불가침'의 내용에는 **열람금지, 누설금지** 등이 포함되며,[69] '통신수단의 자유로운 이용'에는 자신의 인적 사항을 밝히지 않는 상태로 통신수단을 이용할 **익명통신의 자유**도 포함된다(2019. 9. 26. 2017헌마1209).* ② 통신비밀보호법에서는 **불법한 통신제한조치 및 통신자료제공, 타인 간 대화비밀의 침해를 금지**하고(제3조 및 제14조), **불법취득된 통신내용은 재판 및 징계절차 증거사용을 금지**하고 있는데(제4조),** 타인 간 대화비밀 침해금지 규정은 대화자 **전원의 동의를 얻지 않은 비대화자의 녹취행위를 금지**하는 것이다(2002. 10. 8. 2002도123; 2006. 10. 12. 2006도4981).*

> **판례** 이동통신서비스 가입 본인확인제 전기통신역무제공에 관한 계약 체결시 전기통신사업자로 하여금 가입자에게 본인임을 확인할 수 있는 증서 등을 제시하도록 요구하는 전기통신사업법 등 조항이 위헌인지 여부(소극) ▶ 2019. 9. 26. 2017헌마1209 [기각]
>
> 통신의 자유란 통신수단을 자유로이 이용하여 의사소통할 권리이고, '통신수단의 자유로운 이용'에는 자신의 인적 사항을 밝히지 않는 상태로 통신수단을 이용할 자유 즉 **통신수단의 익명성 보장**도 포함되므로 심판대상조항은 통신의 자유를 제한한다.* 반면 가입자의 인적사항이라는 정보는 통신의 내용·상황과 관계없는 '비 내용적 정보'이므로 심판대상조항이 통신의 비밀을 제한하는 것은 아니다.* 가입자가 이동통신사에 제공해야 하는 성명, 생년월일, 주소, 주민등록번호 등 정보는 개인의 동일성을 식별할 수 있게 하는 정보이므로, 심판대상조항은 개인정보자기결정권을 제한한다. 심판대상조항은 타인 또는 허무인의 이름을 사용한 휴대전화인 이른바 대포폰이 보이스피싱 등 범죄의 범행도구로 이용되는 것을 막고자 하는 것으로, 가입자의 개인정보 유출피해 등 부작용을 방지하기 위해 '개인정보보호법'과 '정보통신망법'에서 적절한 통제장치를 마련하고 있는 점 등을 종합하면 **개인정보자기결정권 및 통신의 자유를 침해하지 않는다**.**

Ⅲ 통신의 자유의 제한

1. 통신비밀보호법에 의한 제한

① 통신비밀보호법은 범죄수사나 재판 또는 국가안전보장을 위한 경우 엄격한 요건 하에 국가기관에 대한 통신자료제공을 허용하고 있다(제13조·제13조의2·제13조의4). 헌법재판소는 **수사의 필요성**이 있는 경우 **위치정보** 추적자료 제공과 **기지국수사**를 허용하는 통비법 조항(2018. 6. 28. 2012헌마191; 2018. 6. 28. 2012헌마538),** **인터넷회선** 감청을 **일률적**으로 허용하는 통비법 조항(2018. 8. 30. 2016헌마263)**에 대하여 과잉금지원칙에 반한다며 헌법불합치결정하였다. ② 통신비밀보호법은 범죄수사 또는 국가안전보장을 위한 경우 엄격한 요건 하에 국가기관에 의한 통신제한조치를 허용하고 있다(제5조·제6조·제7조·제8조). 헌법재판소는 **통신제한조치기간의 연장을 허가함에 있어 총연장기간이나 총연장횟수**에 제한을 두지 아니한 통비법 조항에 대하여 법운용자의 남용을 통제할 최소한의 한계도 설정하지 않은 것은 과잉하다며 헌법불합치결정하였다(2010. 12. 28. 2009헌가30).*

---

69) 그 결과 엽서, 전보 등 봉함되지 않은 상태의 서신 내용도 보호범위에 포함된다.

판례 수사필요성 존재시 위치정보 추적자료 제공 수사기관이 수사의 필요성 있는 경우 법원의 허가를 받아 전기통신사업자에게 위치정보 추적자료를 제공요청할 수 있도록 하고, 수사 종료 후 위치정보 추적자료를 제공받은 사실 등을 통지하도록 한 통신비밀보호법 조항이 위헌인지 여부(적극)

▶ 2018.6.28. 2012헌마191 [헌법불합치]

(1) 이 사건 요청조항의 '수사를 위하여 필요한 경우'란 위치정보 추적자료가 수사활동에 기여할 개연성이 충분히 소명된다는 전제 하에, 그 목적을 달성할 수 있는 범위 안에서 필요한 경우를 의미한다고 해석되므로 명확성원칙에 위반되지 아니한다. 이 사건 요청조항은 수사활동을 보장하기 위한 것이나, 특정 시간대 정보주체의 위치 및 이동상황에 대한 정보를 취득할 수 있는 위치정보 추적자료는 충분한 보호가 필요한 민감한 정보에 해당되는 점, 그럼에도 수사기관의 광범위한 위치정보 추적자료 제공요청을 허용하고 있는 점 등을 고려하면, 과잉금지원칙에 반하여 청구인들의 개인정보자기결정권과 통신의 자유를 침해한다.
(2) 통신사실 확인자료 제공요청은 해당 가입자의 동의나 승낙을 얻지 아니하고 전기통신사업자를 상대로 이루어지는 강제처분이므로 헌법상 영장주의가 적용된다.★ 헌법상 영장주의의 본질은 강제처분을 함에 있어 중립적인 법관의 구체적 판단을 거쳐야 한다는 점에 있는바, 이 사건 허가조항은 법원의 영장을 요구하고 있지는 않지만 수사기관의 위치정보 추적자료 제공요청에 대해 법원의 허가를 받도록 규정하고 있으므로 헌법상 영장주의에 위배되지 아니한다.★
(3) 이 사건 통지조항은 수사가 장기간 진행되거나 기소중지결정이 있는 경우에는 정보주체에게 통지할 의무를 규정하지 아니하고, 그 밖의 경우에 제공사실을 통지받더라도 그 제공사유가 통지되지 않도록 규정하고 있어, 정보주체로서는 수사기관의 권한남용에 대해 적절한 대응을 할 수 없으므로, 이 사건 통지조항은 적법절차원칙에 위배되어 청구인들의 개인정보자기결정권을 침해한다.

판례 수사필요성 존재시 기지국수사 허용 수사의 필요성이 있는 경우 기지국수사를 허용한 통신비밀보호법 조항이 위헌인지 여부(적극)

▶ 2018.6.28. 2012헌마538 [헌법불합치]

이 사건 요청조항은 수사활동을 보장하기 위한 것이나, 통신사실 확인자료는 여러 정보의 결합과 분석을 통해 정보주체에 관한 정보를 유추해낼 수 있는 민감한 정보인 점, 법원의 허가절차를 규정하고 있으나 '수사의 필요성'만을 그 요건으로 하고 있어 제대로 된 통제가 이루어지기 어려운 현실인 점 등을 고려하면, 과잉금지원칙에 반하여 청구인의 개인정보자기결정권과 통신의 자유를 침해한다.★ 통신사실 확인자료 제공요청은 해당 가입자의 동의나 승낙을 얻지 아니하고 전기통신사업자를 상대로 이루어지는 강제처분이므로 헌법상 영장주의가 적용되는데, 이 사건 허가조항은 수사기관의 위치정보 추적자료 제공요청에 대해 법원의 허가를 받도록 규정하고 있으므로 헌법상 영장주의에 위배되지 아니한다.★★

판례 인터넷회선 감청 인터넷회선을 통한 전기통신의 감청을 통신제한조치 허가 대상으로 포함한 통신비밀보호법 조항이 위헌인지 여부(적극)

▶ 2018.8.30. 2016헌마263 [헌법불합치]

인터넷회선 감청은 수사기관이 당사자 동의 없이 집행하는 강제처분으로 법은 법원의 허가를 얻도록 정하고 있다. 헌법상 영장주의가 수사기관이 강제처분을 함에 있어 중립적 기관인 법원의 허가를 얻어야 함을 의미하는 것 외에 법원에 의한 사후 통제까지 마련되어야 함을 의미한다고 보기 어려우므로,★ 영장주의 위반 여부는 별도로 판단하지 아니한다. 인터넷회선 감청은, 인터넷회선을 통하여 흐르는 전기신호 형태의 '패킷'(데이터 포장 단위)을 중간에 확보하는 이른바 '패킷감청'의 방식으로 이루어진다. 오늘날 인터넷 사용이 일상화됨에 따라 인터넷 전기통신에 대한 감청을 허용할 필요가 인정되나, 이로 인해 수사기관은 타인 간 통신 및 개인의 내밀한 사생활영역의 통신자료까지 취득할 수 있게 되므로, 법원의 허가 단계에서는 물론이고, 집행이나 집행 이후 단계에서도 기본권 제한이 최소화되도록 입법적 조치가 마련되어 있어야 하는데, 현행법은 감청집행으로 취득하는 막대한 양의 자료의 처리절차에 대해서 아무런 규정을 두고 있지 않은 점을 고려하면, 과잉금지원칙에 반하여 통신 및 사생활의 비밀과 자유를 침해한다.★★

2. 행형법에 의한 제한70)

헌법재판소는 ① 행형법71)이 수용자의 서신수발의 자유를 원칙적으로 보장하면서 **서신수발은 교도관의 검열을 요하도록** 규정한 것은 과도한 침해가 아니라며 합헌결정하였으나(2021.10.28. 2019헌마973 등),★★ ② 형집행법 시행령이 수용자의 모든 서신을 무봉함 상태로 제출할 것을 강제하는 것은 과도한 침해라며 위헌결정하였다(2012.2.23. 2009헌마333).★★

> **판례** **수용자집필문의 외부반출제한** 수용자가 작성한 집필문의 외부반출을 규제하는 형집행법 조항이 위헌인지 여부(소극) ▶ 2016.5.26. 2013헌바98 [합헌]
>
> 심판대상조항은 집필문을 창작하거나 표현하는 것을 규제하는 조항이 아니라 이미 표현된 집필문을 외부의 특정한 상대방에게 발송하는 것을 규율하는 것이므로, 제한되는 기본권은 표현의 자유 또는 예술창작의 자유가 아니라 통신의 자유로 봄이 상당하다.★ 시설의 안전·질서를 해칠 우려가 있는 때(제7호) 및 수형자의 교화·건전한 사회복귀를 해칠 우려가 있는 때(제6호) 집필문의 외부반출을 금지하는 조항은 기본적인 행형목적을 달성하기 위한 필요최소한도의 제한이고, 수용자의 처우·교정시설의 운영에 관한 거짓사실을 담고 있는 집필문(제4호)이나 타인의 사생활을 침해할 가능성이 있는 내용의 집필문(제5호)이 외부로 반출되는 경우 그로 인한 부작용은 예측하기 어려우므로 이를 규제할 필요가 있다. 심판대상조항은 수용자의 통신의 자유를 침해하지 않는다.

> **판례** **수용자서신의 무봉함제출 강제** 수용자가 밖으로 내보내는 모든 서신을 봉함하지 않은 상태로 교정시설에 제출하도록 규정하고 있는 형집행법시행령 조항이 위헌인지 여부(적극) ▶ 2012.2.23. 2009헌마333 [위헌]
>
> 심판대상조항은 교정시설의 안전과 질서유지를 위한 것이나, 이와 같은 목적은 교도관이 수용자의 면전에서 서신에 금지물품이 들어 있는지를 확인하고 수용자로 하여금 서신을 봉함하게 하는 방법, 봉함된 상태로 제출된 서신을 X-ray 검색기 등으로 확인한 후 의심이 있는 경우에만 개봉하여 확인하는 방법 등으로도 얼마든지 달성할 수 있다고 할 것인바, 수용자가 보내려는 모든 서신에 대해 무봉함 상태의 제출을 강제함으로써 수용자의 발송 서신 모두를 사실상 검열 가능한 상태에 놓이도록 하는 것은 기본권 제한의 최소침해성 요건을 위반하여 수용자의 통신비밀의 자유를 침해하는 것이다.★★

---

70) 행형(行刑)은 징역, 금고 등 자유형의 집행방법, 사형수수용, 노역장유치, 미결수용 등의 절차를 통틀어 이르는 말이다.
71) 행형법은 2008. 12. 전부개정법인 '형의 집행 및 수용자의 처우에 관한 법률'(약칭 : 형집행법)로 대체되었다.

제3절 • 정신생활영역의 자유

인권보장의 전제 사람의 정신

> **코멘트**
> 맘대로 움직일 순 있어도 자유로이 생각하고 말할 수 없다면 이 또한 인간다움이라 할 수 있는가.

| 제1항 | 양심의 자유

옳고 그름에 관한 내면의 소리

> **코멘트**
> 매사에 옳은 것을 일깨워 주는 내면의 존재. 법이 세상의 옳고 그름을 다 구분해주진 못하니 스스로 옳다는 믿음에 따라 행동할 자유가 보장된다.

헌 법
제19조 모든 국민은 양심의 자유를 가진다.

I 양심의 자유의 의의

헌법 제19조의 양심의 자유란 시비선악[72)]에 관한 **인격적 가치판단**으로서 양심상의 결정에 따라 행동할 자유를 말한다. ① 헌법상 보호되는 양심은 진지한 마음의 소리로서 막연하고 추상적인 양심이 아니라 절박하고 **구체적**인 양심을 말하고,* 개인적 현상으로서 지극히 **주관적**인 것이므로 그 대상이나 내용 또는 동기에 의하여 판단될 수 없으며, 현실적으로 법질서나 도덕에서 벗어나려는 <u>소수자</u>의 양심이 문제되므로 양심상의 결정이 어떠한 가치체계에 기초하고 있는지와 관계없이 <u>모든 내용</u>의 양심상의 결정이 양심의 자유로 보장된다(2018.6.28. 2011헌바379 등).** ② 한편 양심의 개념에 사상이 포함되는지와 관련하여 '윤리적 양심설', '사회적 양심설'이 대립하는데, 헌법재판소는 **일관되지 않고 있다**. ③ 양심의 자유는 인간의 권리로서 외국인을 포함한 자연인에게 인정되나, 법인 등 <u>단체</u>는 성질상 주체가 될 수 없다. 헌법재판소도 사죄광고 사건에서 **사죄광고**는 법인의 경우 **법인대표자**의 양심의 자유를 침해한다고 판시하였다(1991.4.1. 89헌마160).

> **판례 양심의 개념**   ▶ 2004.8.26. 2002헌가1 ; 2018.6.28. 2011헌바379등
>
> 특정한 내적인 확신 또는 신념이 양심으로 형성된 이상 그 내용 여하를 떠나 양심의 자유로 보호되는 양심이 되므로, 그러한 '양심'으로 인정할 것인지의 판단은 그것이 깊고, 확고하며, 진실된 것인지 여부에 따르게 된다.* 그리하여 양심적 병역거부를 주장하는 사람은 자신의 '양심'을 외부로 표명하여 증명할 최소한의 의무를 진다.*

> **판례 선거운동기간 중 인터넷게시판 실명제**   ▶ 2010.2.25. 2008헌마324등
>
> 인터넷언론사의 공개된 게시판·대화방에서 스스로의 의사에 의하여 정당·후보자에 대한 지지·반대의 글을 게시하는 행위는 정당·후보자에 대한 단순한 의견 등의 표현행위에 불과하여 양심의 자유나 사생활 비밀의 자유에 의하여 보호되는 영역이라고 할 수 없으므로, 그 과정에서 실명확인 절차의 부담을 진다고 하더라도 이를 두고 양심의 자유나 사생활 비밀의 자유를 제한받는 것이라고 볼 수 없다.**

---

72) 시비선악(是非善惡)이란 옳고 그르고 선하고 악함을 줄인 말이다.

> **판례** **공정위 법위반사실 공표명령제** 공정거래법 위반행위를 한 사업자단체에 대해 공정거래위원회가 유죄판결 확정여부와 관계없이 법위반사실의 공표를 명할 수 있도록 한 '독점규제 및 공정거래에 관한 법률' 조항이 양심의 자유를 침해하는지 여부(소극) ▶ 2002.1.31. 2001헌바43 [위헌]
>
> (1) 헌법상 보호되어야 할 양심에는 세계관·인생관·주의·신조 등은 물론 널리 개인의 인격형성에 관계되는 내심에 있어서의 가치적·윤리적 판단도 포함될 수 있으나, 단순한 사실관계의 확인과 같이 가치적·윤리적 판단이 개입될 여지가 없는 경우는 물론 법률해석에 관하여 여러 견해가 갈리는 경우처럼 다소의 가치관련성을 가진다고 하더라도 개인의 인격형성과는 관계가 없는 사사로운 사유나 의견 등은 그 보호대상이 아니라고 할 것이다.★★ 경제규제법적 성격을 가진 공정거래법에 위반하였는지 여부에 관한 법률판단의 문제는 개인의 인격형성과는 무관하므로 헌법상 보장되는 양심의 영역에 포함되지 아니하며, '법위반사실의 공표명령'은 단순히 법위반사실 자체를 공표하라는 것일 뿐 사죄 내지 사과를 강요하고 있지 않으므로 양심의 자유의 침해문제는 발생하지 않는다.★★
> (2) 형사재판이 개시되기도 전에 행정처분에 의하여 법위반을 단정, 그 피의사실을 공표토록 하는 것은 지나치게 광범위한 조치로서 입법목적에 부합하는 적합한 수단이라고 하기 어렵다는 점, '법위반으로 시정명령을 받은 사실의 공표'에 의할 경우 부정적 효과를 최소화할 수 있다는 점 등을 종합하면, 과잉금지원칙에 반하여 일반적 행동자유권 및 명예권을 침해한다.
> (3) 법위반사실의 공표명령은 장차 형사절차 내에서 이를 부인하고자 하는 행위자의 입장을 모순에 빠뜨려 소송수행을 심리적으로 위축시키거나 법원으로 하여금 불합리한 예단을 촉발할 소지가 있으므로, 아직 법원의 유무죄에 대한 판단이 가려지지 아니한 단계에서 행위자를 유죄로 추정하는 불이익한 처분이 된다.★★

Ⅱ 양심의 자유의 내용

양심의 자유는 자신의 판단대로 양심을 형성할 '양심형성의 자유'와 형성된 양심을 외부로 표현하고 실현할 '양심실현의 자유'로 구분된다(2004.8.26. 2002헌가1). ① '양심형성의 자유'와 관련하여, 대법원은 **사상전향제도** 사건에서 "재범의 위험성 판단을 위한 자료수집 과정일 뿐 전향의 의사를 강요하기 위한 것이 아니므로 양심의 자유를 침해하지 않는다"고 판시하였다(1997.6.13. 96다56115). ② '양심실현의 자유'와 관련하여, 헌법재판소는 준법서약제도 사건에서 "서약의 내용상 단순한 확인에 불과하여 양심영역을 건드리는 것이 아니고, 강제방법상 법적 강제를 수반하지 않으므로 양심의 자유를 침해하지 않는다"고 판시하였고(2002.4.25. 98헌마425등),★ 양심적 병역거부 사건에서 병역법 제5조 제1항의 '**병역종류조항**'이 군사훈련이 전제된 병역의무만 규정하고 대체복무제를 두지 않은 것은 과잉금지원칙에 위배하여 양심적 병역거부자의 부작위에 의한 양심실현의 자유를 침해하나, 동법 제88조 제1항[73]의 '**처벌조항**'은 병역자원의 확보를 위해 정당한 사유 없는 병역기피자를 처벌하는 것으로 과잉금지원칙에 위반되지 아니한다고 판시하였다(2018.6.28. 2011헌바379등).★★

---

[73] 병역법 제88조 제1항 본문은 "현역입영 또는 소집 통지서(모집에 의한 입영 통지서를 포함한다)를 받은 사람이 정당한 사유 없이 입영일이나 소집기일부터 다음 각 호의 기간이 지나도 입영하지 아니하거나 소집에 응하지 아니한 경우에는 3년 이하의 징역에 처한다"고 규정하고 있다.

판례 **양심적 병역거부** 양심적 병역거부자에 대한 대체복무제를 규정하지 아니한 병역법 제5조 '병역종류조항' 및 정당한 사유 없는 병역기피자를 처벌하는 병역법 제88조 '처벌조항'이 위헌인지 여부(일부 적극) ▶ 2018.6.28. 2011헌바379등 [헌법불합치, 합헌]

(1) 제한되는 기본권 및 심사기준 : 병역종류조항에 대체복무제가 마련되지 않은 상황에서, 양심적 병역거부자들이 현재의 대법원 판례에 따라 처벌조항에 의한 형벌을 부과받고 있으므로, 이 사건 법률조항은 '양심에 반하는 행동을 강요당하지 아니할 자유', 즉 '부작위에 의한 양심실현의 자유'를 제한한다.★ 한편 이 사건 청구인 등의 대부분은 특정한 종교적 신앙에 따라 병역의무를 거부하고 있으므로 이들의 종교의 자유도 함께 제한된다.★ 그러나 양심적 병역거부의 바탕이 되는 양심상의 결정은 종교적 동기뿐만 아니라 윤리적·철학적 또는 이와 유사한 동기로부터도 형성될 수 있는 것이므로, 이 사건에서는 양심의 자유를 중심으로 기본권 침해 여부를 판단하기로 한다.★

(2) '병역종류조항'에 대한 판단 : 병역종류조항은 병역자원의 효율적 배분과 병역부담의 형평을 기하여 국가안보를 실현하려는 것이나,★ 병역의 종류를 현역, 예비역, 보충역, 병역준비역, 전시근로역의 다섯 가지로 한정하고 모두 군사훈련을 받는 것을 전제하고 있으므로 양심적 병역거부자의 양심과 충돌을 일으킬 수밖에 없는데, 양심적 병역거부자의 수는 병역자원의 감소를 논할 정도가 아니고, 전체 국방력에서 병역자원이 차지하는 중요성이 낮아지고 있는 현실에서 대체복무제를 도입하더라도 국방력에 의미 있는 영향을 미친다고 보기 어려운 점, 병역종류조항으로 인해 양심적 병역거부자가 감수해야 할 불이익이 심대한 점 등을 종합하면, 과잉금지원칙에 반하여 양심적 병역거부자의 양심의 자유를 침해한다.★★

(3) '처벌조항'에 대한 판단 : 처벌조항은 병역자원의 확보와 병역부담의 형평을 기하려는 것으로, 양심적 병역거부자에 대한 처벌은 대체복무제를 규정하지 아니한 병역종류조항의 입법상 불비와 양심적 병역거부는 처벌조항의 '정당한 사유'에 해당하지 않는다는 법원의 해석이 결합되어 발생한 문제일 뿐 처벌조항 자체에서 비롯된 문제가 아니므로, 이는 병역종류조항에 대한 헌법불합치결정과 그에 따른 입법부의 개선입법 및 법원의 후속조치를 통하여 해결될 수 있는 문제라는 점 등을 종합하면, 과잉금지원칙에 반하여 양심적 병역거부자의 양심의 자유를 침해한다고 볼 수 없다.★★

판례 **대체역법령의 복무기관조항, 기간조항 및 합숙조항** 대체복무기관을 '교정시설'로 한정한 대체역법 시행령 조항 및 대체복무요원의 복무기간을 '36개월'로 하고, 대체복무요원으로 하여금 '합숙'하여 복무하도록 한 대체역법 조항이 위헌인지 여부(소극) ▶ 2024.5.30. 2021헌마117등 [기각]

헌법 제39조 제1항은 모든 국민은 '법률이 정하는 바에 의하여' 국방의 의무를 진다고 하고, 병역법 제3조 제1항은 "대한민국 국민인 남성은 헌법과 이 법에서 정하는 바에 따라 병역의무를 성실히 수행하여야 한다."라고 하므로, 결국 '국방의 의무' 및 '병역의무'의 내용과 범위는 입법자에 의하여 결정된다고 볼 수 있는바, 법률에서 대체역의 복무형태로 규정한 대체복무요원의 복무 내용과 범위를 정함에 있어서 입법자는 폭넓은 입법형성권을 가진다. 복무기관조항, 기간조항 및 합숙조항은 헌법상 의무인 국방의 의무와 헌법상 기본권인 양심의 자유를 조화시키고, 현역복무와 대체복무 간에 병역부담의 형평을 기하려는 것으로, 대체복무에는 군사적 역무와 관련한 것이 모두 제외되어 있으므로, 반드시 신체등급을 고려하여 복무기관을 달리하여야 한다고 보기 어렵다는 점, 대체복무의 기간이나 강도를 현역복무의 경우보다 더 무겁게 하는 것은 대체역 편입심사의 곤란성 문제를 극복하고 병역기피자의 증가를 막는 수단이 된다는 점, 현역병은 원칙적으로 군부대 안에서 합숙복무를 하고 있으며, 전투 준비와 훈련을 위하여 사실상 24시간 내내 대기 상태에 있어야 하고, 초병으로서 취침 중간에 각 초소와 부대를 방어하는 역할까지 병행하여야 한다는 점, 심판대상조항들이 설정한 공익이 이로 인한 대체복무요원의 불이익에 비하여 작다고 보기 어렵다는 점 등을 종합하면, 과잉금지원칙에 반하여 양심의 자유를 침해한다고 볼 수 없다.

Ⅲ 양심의 자유의 제한

양심의 자유의 제한가능성과 관련하여,74) 헌법재판소는 "**양심형성의 자유**는 내심에 머무르는 한 **절대적 자유**라고 할 수 있지만, **양심실현의 자유**는 타인의 권리나 헌법적 질서와 저촉될 수 있기 때문에 법률에 의하여 제한될 수 있는 **상대적 자유**이다"(2018.6.28. 2011헌바379 등)라 그 하여 **내재적 무한계설**을 취하고 있다.** 대법원은 반공법위반 내용의 **일기작성** 사건에서 "작성자가 타인에게 보이기 위하여 또는 타인이 볼 수 있는 상황 하에서 작성하였다는 등의 **외부적 관련사항**이 수반되는 특별한 사정이 없는 한 그 자체로서는 처벌할 수 없다"고 판시하였다(1975.12.9. 73도3392).

제2항 | 종교의 자유
초자연적 세계와 교감할 권리

> 코멘트
> 우리는 어디서 왔고 어디로 가나? 그 근원적인 질문의 답은 정해져있지 않다. 인간의 힘을 벗어난 절대자와의 교감으로 해답을 찾고자 한다.

헌 법
제20조 ① 모든 국민은 종교의 자유를 가진다.
② 국교는 인정되지 아니하며, 종교와 정치는 분리된다.

Ⅰ 종교의 자유

1. 종교의 자유의 의의

헌법 제20조 제1항의 종교의 자유는 자신이 믿는 종교를 자신이 원하는 방법으로 신봉할 자유를 말한다. 여기서 '종교'란 초월적 세계(이상적 경지)에 대한 확신을 말한다. 종교의 자유는 인간의 권리로서 모든 자연인에게 인정되며, 법인 등 **단체**의 경우에는 성질상 **신앙의 자유**를 향유할 수 없으나, 선교·교육 등 **신앙실행의 자유**는 향유할 수 있다.

2. 종교의 자유의 내용

종교의 자유는 신앙을 갖거나 갖지 않을 '신앙의 자유'와 종교적 행위 및 모임에 참여하거나 하지 않을 '신앙실행의 자유'로 구분된다(2022.11.24. 2019헌마94).** ① 헌법 제20조 제2항의 정교분리원칙상 **국·공립학교의 경우 일반적인 종교교육** 이외의 특정종교를 위한 종교교육은 금지되나, **사립학교의 경우 특정의 종교교육**은 선교의 자유의 일환으로 보장된다(1989.9.26. 87도519). 선교의 자유에는 다른 종교를 비판하거나 개종을 권고하는 자유도 포함된다(2007.4.26. 2006다87903 등).

---

74) 양심의 자유의 제한가능성에 관해서는 ① 양심이 외부로 실현되는 경우에도 순수한 양심표시를 목적으로 하는 때에는 제한될 수 없다는 '절대적 보장설', ② 양심이 내면에 머물러 있더라도 국가의 존립을 부인하는 양심 등에는 일정한 한계가 있다는 '내재적 한계설', ③ 양심이 내면에 머물러 있는 이상 제한될 수 없다는 '내재적 무한계설'이 대립한다.

3. 종교의 자유의 제한

종교의 자유의 제한가능성과 관련하여 헌법재판소는 "신앙의 자유는 내심의 자유의 핵심으로서 절대적 자유이나, 신앙실행의 자유는 헌법 제37조 제2항에 의거하여 제한될 수 있는 상대적 자유이다"(2011.12.29. 2009헌마527)라고 하여 **내재적 무한계설**을 취하고 있다.*

> **판례** **육군훈련소 내 종교행사 참석 강제** 육군훈련소장이 훈련병들로 하여금 육군훈련소 내 종교행사에 참석하도록 한 행위가 위헌인지 여부(적극)   ▶ 2022.11.24. 2019헌마941 [인용]
>
> 피청구인은 육군훈련소 내의 최고 관리자로서 청구인들의 훈련소 내 생활에 관하여 우월적인 지위에 있는바, 이 사건 종교행사 참석조치는 청구인들의 임의적 협력을 기대하여 행한 비권력적 권고, 조언 따위의 단순한 행정지도로서의 한계를 넘어 우월적 지위에서 청구인들에게 일방적으로 강제한 행위로, 헌법소원심판의 대상이 되는 권력적 사실행위에 해당한다. 종교의 자유는 무종교의 자유도 포함하는 것으로, 종교행사 참석을 강제한 행위는 신앙을 가지지 않을 자유와 종교적 집회에 참석하지 않을 자유를 제한한다. 이 사건 종교행사 참석조치는 피청구인이 위 4개 종교를 승인하고 장려한 것이라고 보여질 수 있으므로 국가의 종교적 중립성을 위반하여 특정 종교를 우대하는 것이고, 국가가 종교를 군사력 강화를 위한 수단으로 전락시키거나 종교단체가 군대라는 국가권력에 개입할 수 있는 기회를 제공하므로 국가와 종교의 밀접한 결합을 초래한다는 점에서 정교분리원칙에 위배된다.** 이 사건 종교행사 참석조치는 군에서 필요한 정신전력을 강화하는 데 기여하기보다 오히려 해당 종교와 군생활에 대한 반감이나 불쾌감을 유발하여 역효과를 일으킬 소지가 크고, 훈련병들의 정신전력을 강화할 수 있는 방법으로 종교적 수단 이외에 일반적인 윤리교육 등 다른 대안도 택할 수 있으며, 종교는 개인의 인격을 형성하는 가장 핵심적인 신념일 수 있는 만큼 종교에 대한 국가의 강제는 심각한 기본권 침해에 해당하는 점을 고려할 때, 과잉금지원칙을 위반하여 청구인들의 종교의 자유를 침해한다.

> **판례** **미결수용자 종교행사참석불허** 대구구치소장이 구치소 내에서 실시하는 종교행사에 미결수용자의 참석을 금지한 행위가 위헌인지 여부(적극)   ▶ 2011.12.29. 2009헌마527 [인용]
>
> 무죄추정의 원칙이 적용되는 미결수용자들에 대한 기본권 제한은 징역형 등의 선고를 받아 그 형이 확정된 수형자의 경우보다는 더 완화되어야 할 것임에도, 피청구인이 수용자 중 미결수용자에 대하여만 일률적으로 종교행사 등에의 참석을 불허한 것은 미결수용자의 종교의 자유를 나머지 수용자의 종교의 자유보다 거꾸로 더욱 엄격하게 제한한 것이다.* 나아가 공범 등이 없는 경우 내지 공범 등이 있는 경우라도 공범이나 동일사건 관련자를 분리하여 종교행사 등에의 참석을 허용하는 등의 방법으로 미결수용자의 기본권을 덜 침해하는 수단이 존재함에도 불구하고 이를 전혀 고려하지 아니하였다. 따라서 이 사건 종교행사 등 참석불허 처우는 청구인의 종교의 자유를 침해한 것이다.

> **판례** **해외위난지역의 출국제한** 아프가니스탄 등 전쟁 또는 테러위험이 있는 해외 위난지역에의 출국을 금지한 외교통상부고시가 위헌인지 여부(소극)   ▶ 2008.6.26. 2007헌마1366 [기각]
>
> 종교전파의 자유는 국민에게 그가 선택한 임의의 장소에서 자유롭게 행사할 수 있는 권리까지 보장한다고 할 수 없으며,** 그 임의의 장소가 대한민국의 주권이 미치지 아니하는 지역 나아가 국가에 의한 국민의 생명·신체 및 재산의 보호가 강력히 요구되는 해외 위난지역인 경우에는 더욱 그러하다. 또한 청구인들의 아프가니스탄에서의 선교행위가 제한된 것은, 이 사건 여권의 사용제한 등 조치를 통하여 국민의 국외 이전의 자유를 일시적으로 제한함으로써 부수적으로 나타난 결과일 뿐, 청구인들

이 국내·국외를 포함한 다른 지역에서의 기독교를 전파할 자유를 일반적으로 제한하는 것은 아니라 할 것이므로 이 사건 고시가 직접적으로 청구인들의 선교의 자유를 침해하였다고 보기도 어렵다.

② 국교부인과 정교분리의 원칙

헌법 제20조 제2항의 국교부인·정교분리의 원칙이란 국가는 국민의 세속적75) 생활에만 관여하고 신앙적 생활은 국민의 자율에 맡겨 개입하지 않는다는 것으로 **국가의 종교적 중립성**을 의미하며, 여기에는 '국가의 국교제 정금지', '특정 종교의 우대·차별금지', '국가의 특정 종교 교육·활동금지', '종교의 정치간섭금지' 등이 포함된다.*

> **판례** 천주교성당 일대 문화관광지조성   지방자치단체가 유서깊은 천주교성당 일대를 문화관광지로 조성하기 위하여 상급단체로부터 문화관광지조성계획을 승인받은 후 사업부지 내 토지 등을 수용재결한 것이 위헌인지 여부(소극)   ▶ 2009.5.28. 2008두16933
>
> 오늘날 종교적인 의식 또는 행사가 하나의 사회공동체의 문화적인 현상으로 자리잡고 있으므로, 어떤 의식, 행사, 유형물 등이 비록 종교적인 의식, 행사 또는 상징에서 유래되었다고 하더라도 그것이 이미 우리 사회공동체 구성원들 사이에서 관습화된 문화요소로 인식되고 받아들여질 정도에 이르렀다면, 이는 정교분리원칙이 적용되는 종교의 영역이 아니라 헌법적 보호가치를 지닌 문화의 의미를 갖게 된다. 그러므로 이와 같이 이미 문화적 가치로 성숙한 종교적인 의식, 행사, 유형물에 대한 국가 등의 지원은 일정 범위 내에서 전통문화의 계승·발전이라는 문화국가원리에 부합하며 정교분리원칙에 위배되지 않는다.* 사안의 경우 위 성당을 문화재로 보호할 가치가 충분하고 위 문화관광지 조성계획은 지방자치단체가 지역경제의 활성화를 도모하기 위하여 추진한 것으로 보이며 특정 종교를 우대·조장하거나 배타적 특권을 부여하는 것으로 볼 수 없으므로, 그 계획의 승인과 그에 따른 토지 등 수용재결이 헌법의 정교분리원칙이나 평등권에 위배되지 않는다.

| 제3항 | 언론·출판의 자유
자신의 생각을 표현할 권리

> **코멘트**
> 자유롭게 생각하고 말하는 건 인간다움 자체일 뿐만 아니라 민주국가 발전에도 한 몫을 하지.

헌 법
제21조 ① 모든 국민은 언론·출판의 자유와 집회·결사의 자유를 가진다.
② 언론·출판에 대한 허가나 검열과 집회·결사에 대한 허가는 인정되지 아니한다.
③ 통신·방송의 시설기준과 신문의 기능을 보장하기 위하여 필요한 사항은 법률로 정한다.
④ 언론·출판은 타인의 명예나 권리 또는 공중도덕이나 사회윤리를 침해하여서는 아니된다. 언론·출판이 타인의 명예나 권리를 침해한 때에는 피해자는 이에 대한 피해의 배상을 청구할 수 있다.

---

75) 세속(世俗)이란 세상의 일반적인 풍속 또는 사람들이 사는 일반 사회를 뜻한다. 세속주의는 사회 제도나 그 운영 등에서 종교적 영향력을 제거하고 세속과 종교의 독립성을 인정하는 사상을 말한다.

I 언론·출판의 자유의 의의

헌법 제21조 제1항의 언론·출판의 자유란 자신의 사상이나 의견을 언어·문자 등으로 외부에 표현하는 자유를 말하는데, '고전적 의미'로는 사상이나 의견을 불특정의 다수인에게 표현할 자유를 말하고, '현대적 의미'로는 **알** 권리, 액**세**스권, 언론**기**관의 자유까지 포괄한다. 법인 등 단체도 사회의 의사소통과정에 참여하므로 표현의 자유의 주체가 될 수 있다. 언론·출판 등 표현의 자유는 인격발현의 요소이자 **민주주의의 근간**이라는 헌법적 의의를 가진다.

(두문자: 알 세 기)

II 언론·출판의 자유의 보호영역

헌법재판소는 ① "광고(물) 및 **상업적** 광고표현은 사상·지식·정보 등을 불특정 다수인에게 전파하는 것으로서 표현의 자유의 **보호**대상이 되므로, 광고의 자유는 표현의 자유와 직업의 자유에 의하여 보장되지만, 그 규제에 관한 비례성심사에 있어서는 **완화**된 기준이 적용된다"고 판시하였고(2015.12.23. 2015헌바75 등),** ② "상징적인 복장 등 비언어적인 방법을 통해 의사를 표현하는 **상징적 표현도 표현의 자유로 보호**된다"고 판시하였으며(2012.5.31. 2009헌마705등),* ③ "헌법 제21조 제4항의 타인의 명예·권리 및 공중도덕·사회윤리 침해 금지조항은 언론·출판의 사회적 책임성 및 그 제한의 요건을 명시한 것일 뿐 보호영역 한계를 설정한 것이 아니므로 **명예훼손표현 및 음란표현**76)도 표현의 자유로 보호된다"고 판시하였고(2021.2.25. 2017헌마1113등; 2009.5.28. 2006헌바109등),** ④ "표현의 자유에는 자신의 신원을 밝히지 아니한 채 **익명** 또는 가명으로 사상이나 견해를 표명할 **익명표현**의 자유도 포함된다"고 판시하였다(2010.2.25. 2008헌마324등).**

> **[판례] 상업광고규제의 심사밀도** 세무사의 자격이 있는 자 중 변호사 자격이 있는 자로 하여금 세무사 또는 이와 유사한 명칭을 사용하지 못하도록 한 세무사법 조항이 위헌인지 여부(소극)
> ▶ 2008.5.29. 2007헌마248 [합헌]
>
> 상업광고는 표현의 자유의 보호영역에 속하지만 정치적·시민적 표현행위와는 차이가 있고, 직업수행의 자유의 보호영역에도 속하지만 인격발현·개성신장에 미치는 효과가 중대하지 않으므로, 상업광고 규제에 관한 비례원칙 심사에 있어서 '피해의 최소성' 원칙은 같은 목적을 달성하기 위해 덜 제약적인 수단이 없을 것인지 혹은 입법목적을 달성하기 위해 필요한 최소한의 제한인지를 심사하기 보다는 '입법목적을 달성하기 위해 필요한 범위 내의 것인지'를 심사하는 정도로 완화되는 것이 상당하다.** 심판대상조항은 세무사라는 자격명칭의 공신력을 제고하고 소비자의 합리적인 세무서비스 선택의 기회를 보장하려는 것으로, 변호사가 세무대리업무를 하고 있음을 표시하는 것까지 금지되지 않는 점 등을 종합할 때, 입법목적 달성을 위해 필요한 범위 내의 제한이다.

> **[판례] 변호사 광고 규제** 변호사법의 위임을 받아 변호사협회의 유권해석에 반하는 광고, 경제적 대가를 받고 변호사등을 광고·홍보·소개하는 행위 등을 금지하는 대한변호사협회의 변호사 광고에 관한 규정이 위헌인지 여부(적극)
> ▶ 2022.5.26. 2021헌마619 [위헌]
>
> (1) 대한변호사협회(약칭 '변협')는 변호사법에서 명시적으로 위임받은 변호사 광고에 관한 규제를

---

76) 음란(淫亂)이란 음탕하고 난잡함의 줄임말이다.

설정함에 있어 공법인으로서 공권력 행사의 주체가 되고, 변협의 구성원인 변호사등은 이 사건 규정에 위반하면 관련 규정에 따라 징계를 받게 되는바, 위 규정이 단순히 변협 내부 기준이라거나 사법적인 성질을 지니는 것이라 보기 어렵고, 수권법률인 변호사법과 결합하여 대외적 구속력을 가지므로, 이 사건 규정은 헌법소원의 대상인 공권력의 행사에 해당한다. 법률서비스 온라인 플랫폼을 운영하는 청구인 회사는 위 규정의 직접적인 수범자는 아니지만, 이 사건 규정은 청구인 회사의 영업의 자유 내지 법적 이익에 불리한 영향을 주는 것이므로, 기본권침해의 자기관련성을 인정할 수 있다.★

(2) 상업광고를 제한하는 입법은 언론·출판의 자유와 직업수행의 자유를 동시에 제한하게 된다. 유권해석위반 광고금지규정은 '협회의 유권해석에 위반되는'이라는 표지만을 두고 그에 따라 금지되는 광고의 내용 또는 방법 등을 한정하지 않고 있고, 변호사법이나 관련 회규를 살펴보더라도 그 내용을 알기 어렵다. 따라서 위 규정은 수권법률로부터 위임된 범위 내에서 명확하게 규율 범위를 정하고 있다고 보기 어려우므로, 법률유보원칙에 위반되어 표현의 자유와 직업의 자유를 침해한다.★

(3) 대가수수 광고금지규정은 변호사의 공공성과 공정한 수임질서를 확립하여 법률 소비자의 피해를 막으려는 것이나, 광고표현이 지닌 기본권적 성질을 고려할 때 광고의 내용이나 방법적 측면에서 꼭 필요한 한계 외에는 폭넓게 광고를 허용하는 것이 바람직하다는 점, 각종 매체를 통한 변호사 광고를 원칙적으로 허용하는 변호사법의 취지에 비추어 변호사등이 다양한 매체의 광고업자에게 광고비를 지급하고 광고하는 것을 일률적으로 금지하는 것은 수단의 적합성을 인정하기 어렵다는 점을 종합하면, 과잉금지원칙에 위반되어 표현의 자유와 직업의 자유를 침해한다.

판례 **사실 적시 명예훼손죄** 공연히 사실을 적시하여 사람의 명예를 훼손한 자를 처벌하는 형법 조항이 위헌인지 여부(소극) ▶ 2021.2.25. 2017헌마1113등 [기각]

오늘날 매체가 매우 다양해짐에 따라 명예훼손적 표현의 전파속도와 파급효과는 광범위해지고 있으며, 일단 훼손되면 완전한 회복이 어렵다는 외적 명예의 특성상, 명예훼손적 표현행위를 제한해야 할 필요성은 더 커지게 되었다. 명예의 보호는 표현의 자유가 위축되는 것을 방지함으로써 민주주의의 실현에 기여하므로 표현의 자유와 인격권의 우열은 쉽게 단정할 성질의 것이 아니며, '징벌적 손해배상'이 인정되지 않는 우리나라의 민사적 구제방법만으로는 형벌과 같은 예방효과를 확보하기 어려우므로 같은 목적을 위해 덜 침익적인 수단이 있다고 보기 어려운 점 등을 종합하면, 심판대상조항은 과잉금지원칙에 반하여 표현의 자유를 침해하지 아니한다.

판례 **공공기관등 게시판 본인확인제** 공공기관등이 게시판을 설치·운영하려면 그 게시판 이용자의 본인 확인을 위한 방법 및 절차의 마련 등 대통령령으로 정하는 필요한 조치를 하도록 한 정보통신망법 조항이 위헌인지 여부(소극) ▶ 2022.12.22. 2019헌마654 [기각]

심판대상조항은 정보통신망의 익명성 등에 따라 발생하는 부작용을 최소화하여 공공기관등의 게시판 이용에 대한 책임성을 확보하기 위한 것으로, 공공기관등이 설치·운영하는 게시판은 통상 누구나 이용할 수 있는 공간이어서 공동체 구성원으로서의 책임이 더욱 강하게 요구되는 곳이고, 공공기관등이 설치·운영하는 게시판에 언어폭력, 명예훼손, 불법정보 등이 포함된 정보가 게시될 경우 공공기관등의 정상적인 업무 수행에 차질이 빚어질 수도 있으므로, 해당 게시판에 대한 공공성과 신뢰성을 유지할 필요성이 크다는 점, 게시판의 활용이 공공기관등을 상대방으로 한 익명표현의 유일한 방법은 아니고, 공공기관등이 설치·운영하는 게시판이라는 한정적 공간에 적용되고 있어 기본권 제한의 정도가 크지 않은 반면에 건전한 인터넷 문화 조성이라는 공익은 중요하다는 점을 종합하면, 청구인의 익명표현의 자유를 침해하지 않는다.★

판례 **선거운동기간 중 인터넷게시판 실명제** 선거운동기간 중 인터넷언론사의 공개된 게시판 등에 의견을 게시하는 경우 실명을 확인받도록 하는 공직선거법 조항이 위헌인지 여부(적극)

▶ 2021.1.28. 2018헌마456등 [위헌]

심판대상조항의 입법목적과 관련 조항의 규율을 종합하면 '인터넷언론사', '지지·반대'의 의미를 충분히 확정할 수 있으므로 해당 부분은 명확성원칙에 반하지 않는다.★★ 심판대상조항은 인신공격과 흑색선전을 방지하여 선거의 공정성을 확보하려는 것이나, 선거운동기간 중 정치적 익명표현의 부정적 효과는 익명성 외에도 해당 익명표현의 내용과 함께 정치적·사회적 상황의 여러 조건들이 아울러 작용하여 발생하므로, 모든 익명표현을 사전적·포괄적으로 규율하는 것은 표현의 자유보다 행정편의와 단속편의를 우선함으로써 기본권을 지나치게 제한한다는 점 등을 종합하면, 과잉금지원칙에 반하여 게시판 등 이용자의 익명표현의 자유, 개인정보자기결정권 및 인터넷언론사의 언론의 자유를 침해한다.★★

판례 **거대포털사이트 인터넷게시판 실명제** 인터넷게시판을 설치·운영하는 정보통신서비스 제공자에게 본인확인조치의무를 부과하는 정보통신망법 조항이 위헌인지 여부(적극)

▶ 2012.8.23. 2010헌마47등 [위헌]

본인확인제를 규율하는 이 사건 법령조항들은 건전한 인터넷 문화의 조성을 위한 것이나, 인터넷 주소 등의 추적 및 확인, 당해 정보의 삭제·임시조치, 손해배상, 형사처벌 등 인터넷 이용자의 표현의 자유나 개인정보자기결정권을 제약하지 않는 다른 수단을 통해 목적달성이 가능함에도, 인터넷의 특성을 고려하지 아니한 채 그 적용범위를 광범위하게 정하여 필요한 범위를 넘는 과도한 기본권 제한을 하고 있다는 점을 고려하면, 과잉금지원칙에 위배하여 인터넷게시판 이용자의 표현의 자유, 개인정보자기결정권 및 인터넷게시판을 운영하는 정보통신서비스 제공자의 언론의 자유를 침해한다.★★

III 언론·출판의 자유의 내용

1. 의사표현의 자유

의사표현의 자유란 **불특정다수인**을 상대로 자신의 사상이나 의견을 표명하고 전달할 수 있는 자유를 말한다. 의사표현의 매체나 형식에는 아무런 **제한이 없으며**(2010.2.25. 2008헌마324 등), **집필의 결과물**뿐만 아니라 의사표현의 기본전제인 **집필행위**도 표현의 자유에 포함된다(2005.2.24. 2003헌마289).★★

판례 **금치수용자 집필금지** ▶ 2005.2.24. 2003헌마289 [위헌]

집필은 문자를 통한 모든 의사표현의 기본 전제가 된다는 점에서 구체적인 전달이나 전파의 상대방이 없는 집필의 단계도 당연히 표현의 자유의 보호영역에 포함된다.★★ 이 사건 시행령조항이 규율 위반자에 대해 불이익을 가한다는 면만을 강조하여 금치처분을 받은 자에 대하여 집필의 목적과 내용 등을 묻지 않고, 또 대상자에 대한 교화 또는 처우상 필요한 경우까지도 예외 없이 일체의 집필행위를 금지하고 있음은 입법목적 달성을 위한 필요최소한의 제한이라는 한계를 벗어난 것으로서 과잉금지의 원칙에 위반된다.★

판례 금치수용자 집필제한 ▶ 2016.4.28. 2012헌마549등 [기각]

이 사건 집필제한 조항은 금치처분을 받은 미결수용자에게 집필제한이라는 불이익을 가함으로써 규율 준수를 강제하고 수용시설의 안전과 질서를 유지하기 위한 것으로, 교정시설의 장이 수용자의 권리구제 등을 위해 특히 필요하다고 인정하는 때에는 집필을 허용할 수 있도록 예외가 규정되어 있으며, 형집행법 제85조에서 미결수용자의 징벌집행 중 소송서류의 작성 등 수사 및 재판과정에서의 권리행사를 보장하도록 규정하고 있는 점 등에 비추어 볼 때 위 조항이 표현의 자유를 과도하게 제한한다고 보기 어렵다.

2. 알 권리

알 권리란 의사형성을 위하여 정보에 접근하여 수집하고 처리할 수 있는 자유를 말한다 (1991.5.13. 90헌마133). ① 헌법상 알 권리에 관한 명문규정이 없으나 헌법재판소는 표현의 자유와 표리일체로서 당연히 내포되어 있다고 하여 헌법 제21조의 표현의 자유에서 직접 근거를 찾고 있으며(1991.5.13. 90헌마133),* 알 권리는 현대 정보사회에서 자유권적 성질, 청구권적 성질, 생활권적 성질을 공유한다고 본다(1991.5.13. 90헌마133). ② 알 권리는 일반적으로 접근가능한 정보원에 대한 '정보수령 및 수집권', 일반적으로 접근불가능한 정보원에 대한 '정보공개청구권'을 포괄하고, 후자에는 직접적인 이해관계자에게 인정되는 개별적 정보공개청구권과 이와 무관하게 인정되는 일반적 정보공개청구권이 포함되는데, 헌법재판소는 일반적 정보공개청구권의 구체적 권리성을 인정하고 있다(1991.5.13. 90헌마133).

판례 아동학대행위자 식별정보 보도금지　신문의 편집인 등으로 하여금 아동보호사건에 관련된 아동학대행위자를 특정하여 파악할 수 있는 인적 사항 등을 신문 등 출판물에 싣거나 방송매체를 통하여 방송할 수 없도록 한 아동학대처벌법 조항이 위헌인지 여부(소극) ▶ 2022.10.27. 2021헌가4 [합헌]

학대로부터 아동을 특별히 보호하여 건강한 성장을 도모하는 것은 중요한 법익이다. 이에는 아동학대 자체로부터의 보호뿐만 아니라 사건처리 과정에서 발생할 수 있는 사생활 노출 등 2차 피해로부터의 보호도 포함된다. 아동학대행위자 대부분은 피해아동과 평소 밀접한 관계에 있으므로, 행위자를 특정하여 파악할 수 있는 식별정보를 신문, 방송 등 매체를 통해 보도하는 것은 피해아동의 사생활 노출 등 2차 피해로 이어질 가능성이 매우 높다. 식별정보 보도 후에는 2차 피해를 차단하기 어려울 수 있고, 식별정보 보도를 허용할 경우 대중에 알려질 가능성을 두려워하는 피해아동이 신고를 자발적으로 포기하게 만들 우려도 있다. 보도금지조항은 아동학대사건 보도를 전면금지하지 않으며 오직 식별정보에 대한 보도를 금지할 뿐으로, 익명화된 형태의 사건보도는 가능하다. 따라서 보도금지조항은 언론·출판의 자유와 국민의 알 권리를 침해하지 않는다.*

판례 음란·저속물출판사 등록취소 ▶ 1998.4.30. 95헌가16 [합헌, 위헌]

'음란'의 개념과는 달리 '저속'의 개념은 그 적용범위가 매우 광범위할 뿐만 아니라 법관의 보충적인 해석에 의한다 하더라도 그 의미내용을 확정하기 어려울 정도로 매우 추상적이기 때문에 출판을 하고자 하는 자는 어느 정도로 자신의 표현내용을 조절해야 되는지를 도저히 알 수 없도록 되어 있어 명확성의 원칙 및 과도한 광범성의 원칙에 반한다.** 저속한 간행물의 출판을 전면 금지시키고 출판사의 등록을 취소시킬 수 있도록 하는 것은 청소년보호를 위해 지나치게 과도한 수단을 선택한 것이고, 또 청소년보호라는 명목으로 성인이 볼 수 있는 것까지 전면 금지시킨다면 이는 성인의 알권리의 수준을 청소년의 수준으로 맞출 것을 국가가 강요하는 것이어서 성인의 알권리까지 침해하게 된다.★

[판례] 변호사시험 성적 비공개   변호사시험 성적을 합격자에게 공개하지 않도록 한 변호사시험법 조항이 위헌인지 여부(적극)   ▶ 2015.6.25. 2011헌마769등 [위헌]

심판대상조항은 법학전문대학원 간의 과다경쟁 및 서열화를 방지하고, 교육과정이 충실하게 이행될 수 있도록 하여 다양한 분야의 전문성을 갖춘 양질의 변호사를 양성하기 위한 것이나, 변호사시험 성적 비공개로 인하여 변호사시험 합격자의 능력을 평가할 수 있는 객관적인 자료가 없어서 오히려 대학의 서열에 따라 합격자를 평가하게 되어 대학의 서열화는 더욱 고착화된다는 점, 변호사 채용에 있어서 학교성적이 가장 비중 있는 요소가 되어 다수의 학생들이 학점 취득이 쉬운 과목 위주로 수강하게 되고, 학교 선택에 있어서도 자신이 관심 있는 교육과정을 가진 학교가 아니라 기존 대학 서열에 따라 학교를 선택하게 된다는 점을 고려할 때, 수단의 적절성이 인정되지 않으므로 과잉금지원칙에 위배하여 알 권리(정보공개청구권)를 침해한다.★★

[판례] 변호사시험 성적 공개 청구기간 제한   변호사시험 합격자 발표일부터 1년 내에 성적 공개 청구가 가능하도록 개정하면서 개정법 시행 전에 시험에 합격한 사람의 청구기간을 개정법 시행일부터 6개월로 제한한 변호사시험법 조항이 위헌인지 여부(적극)   ▶ 2019.7.25. 2017헌마1329 [위헌]

특례조항은 변호사시험 성적에 관한 정보 유출 사고의 위험을 낮추고 성적 정보 등의 관리에 관한 국가의 업무 부담을 줄이려는 것으로 그 입법목적이 정당하고 수단도 적합하다. 변호사시험 성적은 변호사시험 합격자의 우수성의 징표로 작용할 수 있고, 법조직역의 진출과정에서 객관적 지표로서 기능할 수 있다. 정보 유출 사고는 내부적으로는 정보에 대한 접근 권한을 엄격하게 통제하고, 외부적으로는 기술적인 보안 대책을 수립하는 방법 등을 통하여 충분히 예방할 수 있다. 변호사의 취업난이 가중되고 있는 현실을 고려할 때, 변호사시험 합격자에게 취업에 필요한 상당한 기간 자신의 성적 정보를 활용할 기회를 부여할 필요가 있다는 점에서, '이 법 시행일부터 6개월 내'라는 기간은 변호사시험 합격자가 취업시장에서 성적 정보에 접근하고 이를 활용하기에 지나치게 짧다. 이상을 종합하면, 특례조항은 과잉금지원칙에 위배되어 청구인의 정보공개청구권을 침해한다.★

[판례] 정치자금법상 회계보고된 자료의 열람기간   정치자금법에 따라 회계보고된 자료의 열람기간을 3월간으로 제한한 정치자금법 조항이 위헌인지 여부(적극)   ▶ 2021.5.27. 2018헌마1168 [위헌]

심판대상조항은 정치자금을 둘러싼 법률관계 또는 분쟁을 조기에 안정시키기 위한 것이나, 정치자금의 지출 내역 등은 정치인의 활동에 관한 유력한 평가자료가 되므로 국민의 정치자금 자료에 대한 접근 제한은 필요 최소한으로 이루어져야 한다는 점, 정치자금법상의 회계보고는 공직선거에 참여하였는지 여부에 따라 1년에 한 번 내지 두 번 이루어지므로 한 번에 보고되는 자료의 양이 적지 않음에도 영수증, 예금통장은 사본교부가 되지 않는데다 열람 중 필사가 허용되지 않고 열람기간이 3월간으로 짧아 그 내용을 파악하고 분석하기 쉽지 않다는 점 등을 종합하면, 과잉금지원칙에 위배되어 청구인의 알권리를 침해한다.★

3. 액세스권

액세스권(right of access)이란 언론매체접근·이용권을 말하는데 77) **'언론중재 및 피해구제 등에 관한 법률'**에서는 **협의의 액세스권**인 정정보도청구권, 반론보도청구권, 추후보도청구권을 규정하고 있다.* ① '정정보도청구'란 언론사의 허위의 사실보도로 인한 피해자가 언론사에게 정정보도의 게재를 청구하는 제도를 말하는데(언론중재법 제14조), 헌법재판소는 언론중재법이 정정보도청구에 있어서 언론기관의 **고의·과실이나 위법성을 요하지 않는 것**에 대하여 합헌결정했으나, **정정보도청구의 소를 가처분절차**78)**에 의하도록 한 것**에 대하여는 위헌결정하였다(2006.6.29. 2005헌마165등). ② '반론보도청구'란 언론사의 **사실보도**로 인한 피해자가 보도내용의 **진위여부를 불문**하고 언론사에게 반론보도의 게재를 청구하는 제도를 말하는데(동법 제16조),** 헌법재판소는 언론중재법이 반론보도청구의 소를 **가처분절차**에 의하도록 한 것에 대하여 합헌결정하였다(1996.4.25. 95헌바25). ③ '추후보도청구'란 언론사의 형사사건보도 이후 무죄판명된 당사자가 언론사에게 추후보도의 게재를 청구하는 제도를 말한다(동법 제17조).

> **판례** **정정보도청구의 요건 및 절차** ▶ 2006.6.29. 2005헌마165등 [기각, 위헌]
>
> 언론중재법 제14조의 정정보도청구권은 반론보도청구권이나 민법상 불법행위에 기한 청구권과는 전혀 다른 새로운 성격의 청구권이다.* 허위의 신문보도로 인한 피해자가 신문사 측에 고의·과실이 없거나 위법성조각사유가 인정되는 등의 이유로 민·형사상 구제를 받을 수 없는 경우 피해자에 대한 적합한 구제책은 문제의 보도가 허위임을 동일한 매체를 통하여 동일한 비중으로 보도·전파하도록 하는 것이다. 따라서 정정보도청구의 요건으로 언론사의 고의·과실이나 위법성을 요하지 않는 언론중재법 제14조 제2항이 신문의 자유를 침해하는 것이라고 볼 수 없다. 언론중재법 제26조 제6항 본문 전단은 정정보도청구의 소를 민사집행법상의 가처분절차에 의하여 재판하도록 규정하고 있다. 그러나 정정보도청구는 보도된 사실이 진실이 아님을 그 소송절차에서 확정하고 그에 따라 언론사의 이름으로 정정보도문을 게재하여야 하기 때문에 사실인정 문제가 반론보도청구나 추후보도청구의 경우에 비하여 결정적 중요성을 갖는다. 정정보도청구를 가처분절차에 따라 소명만으로 인용될 수 있게 하는 것은 언론사에게 충분한 방어의 기회를 보장하지 않음으로써 공정한 재판을 받을 권리와 언론의 자유를 침해한다.

> **판례** **반론보도청구의 절차** 반론보도청구 사건을 신속·간이한 심판절차인 가처분절차에 의하도록 한 구 정간법 조항이 위헌인지 여부(소극) ▶ 1996.4.25. 95헌바25 [합헌]
>
> 반론권으로서의 정정보도청구권은 그 자체가 인격권을 보호하고 공정한 여론의 형성을 위한 도구인 것일 뿐 진실을 발견하여 잘못을 바로잡아줄 것을 청구하는 권리가 아니기 때문에 그 심리를 위하여 시간이 많이 걸리게 되는 민사소송법에 정한 본안절차에 따르게 하기보다는 오히려 가처분절차에 따라 신속하게 처리하도록 함이 제도의 본질에 적합하다 할 것이므로, 심판대상조항에서 정한 심판절차가 부당하게 간이하게 되어 평등의 원칙에 반하거나 언론자유의 본질적 내용과 언론기관의 재판청구권을 부당하게 침해하거나 나아가 국민의 알권리를 침해하는 것으로 볼 수 없다.

---

77) 액세스권의 내용에는 일반국민이 자신의 의사를 표현하기 위해 언론매체에 접근하여 이를 이용할 수 있는 '광의의 액세스권'과 언론보도로 피해를 입은 국민이 자신과 관계되는 보도에 대하여 반론 또는 해명의 기회를 요구할 수 있는 '협의의 액세스권'이 포함된다.

78) 민사집행법상 강제집행의 보전을 위한 처분으로 가압류, 가처분이 있다. 가압류는 금전채권의 집행을 확보를 위한 것이고, 가처분은 기타 권리의 집행을 확보하기 위한 것이다.

4. 언론기관의 자유

헌법 제21조 제3항은 언론기관시설·기능 법정주의를 규정하고 있다. 헌법재판소는 구 신문법상 일간신문의 겸영금지 및 지배주주의 소유제한과 관련하여, '**이종매체 간 겸영금지**'는 신문의 다양성보장을 위한 필요조치라며 합헌판단하였으나, '**신문의 복수소유금지**'는 신문의 다양성보장을 위한 고려가 요구된다며 위헌판단하였다(2006.6.29. 2005헌마165등).

> **판례** **인터넷신문 고용요건** 인터넷신문의 취재 및 편집 인력 5명 이상을 상시 고용하고, 이를 확인할 수 있는 서류를 제출하여 등록할 것을 규정한 신문법 및 신문법시행령 조항이 위헌인지 여부(일부적극)
> ▶ 2016.10.27. 2015헌마1206등 [위헌, 기각]
>
> 심판대상조항들은 인터넷신문에 대한 인적 요건의 규제 및 확인에 관한 것으로, 인터넷신문의 내용을 심사·선별하여 사전에 통제하기 위한 규정이 아님이 명백하므로, '등록조항'은 사전허가금지원칙에 위배되지 않는다.★ '고용조항'과 '확인조항'은 인터넷신문의 언론으로서의 사회적 책임을 제고하려는 것이나, 인터넷신문 기사의 품질 저하 및 그 폐해는 주요 포털사이트의 검색에 의존하는 인터넷신문의 유통구조로 인한 것이므로 인터넷신문이 독자적으로 유통될 수 있는 방안을 마련하는 것이 더 근원적인 방법인 점, 소규모 인터넷신문의 언론 활동 기회를 원천봉쇄할 수 있음에 비하여 입법목적의 효과는 불확실하다는 점 등을 종합하면, 과잉금지원칙에 반하여 언론의 자유를 침해한다.★★

Ⅳ 언론·출판의 자유의 제한

표현의 자유는 개인의 인격발현의 요소이자 **민주적 의사형성**의 요소로 기능한다는 점에서 그 제한에는 **보다 엄격한** 한계가 요구된다(2023.9.26. 2020헌마1724 등).

1. 사전제한의 법리

두문자
거 미 사 육

(1) 헌법 제21조 제2항의 규범체계

헌법 제21조 제2항의 허가·검열제의 금지조항은 제**2**공화국헌법(1960년)에서 도입된 후 제**4**공화국헌법(1972년)에서 삭제되었다가 제**6**공화국헌법(1987년)에서 부활하였는데,79)★ 헌법재판소는 "**허가와 검열**은 언론의 내용에 대한 허용될 수 없는 사전적 제한이라는 점에서 **본질적으로 같은 것이다**"라고 하면서(2001.5.31. 2000헌바43등), "**검열**을 수단으로 한 표현의 제한은 **절대적으로 금지**되나, 검열의 성격을 띠지 아니한 심사절차의 허용여부는 **헌법 제37조 제2항**에 의하여 결정되어야 한다"고 판시하였다(1996.10.4. 93헌가13 등).

두문자
행 정 내 사

(2) 허가·검열제의 금지

① 헌법상 금지되는 검열이란 **행정**권이 주체가 되어 사상이나 의견 등이 발표되기 이전에 표현**내**용을 심사·선별하여 발표를 **사**전에 억제하는, 즉 허가받지 아니한 것의 발표를 금지하는 제도를 말하므로(1996.10.4. 93헌가13등),★★ **입법권·사법권** 등에 의한 제한, **내용중**

---
79) 허가제 또는 검열제는 행위작용에 있어 행정청의 사전적 동의를 구하는 절차로서 원칙적 금지·예외적 허용의 사고에 기초한 제도를 말한다.

립적인 규제,80) **사후적 규제나 금지가능성과 결부되지 않는** 제출의무의 부과는 여기에서 제외된다.** 한편 탈법방지의 관점에서 행정권인지 여부는 기관의 형식에 의하기보다 **기관의 실질**에 따라 판단되어야 하며, 독립기구의 외형을 갖추고 있더라도 행정권의 자의로 개입할 여지가 존재하면 이를 행정기관으로 보아야 한다(2018.6.28. 2016헌가8 등).** ② 헌법상 허가·검열금지는 예외 없이 적용되므로 허가·검열금지원칙의 **적용이 배제되는 표현영역은 부정**되고(2018.6.28. 2016헌가8 등),** 헌법이 직접 명시한 한계이므로 허가·검열을 수단으로 하는 언론·출판의 제한은 **절대적으로 금지**된다(1996.10.4. 93헌가13등).**

판례 법원의 방영금지가처분
▶ 2001.8.30. 2000헌바36 [합헌]

헌법 제21조 제2항에서 규정한 검열 금지의 원칙은 모든 형태의 사전적인 규제를 금지하는 것이 아니고 단지 의사표현의 발표 여부가 오로지 행정권의 허가에 달려있는 사전심사만을 금지하는 것을 뜻하므로, 이 사건 법률조항에 의한 방영금지가처분은 행정권에 의한 사전심사나 금지처분이 아니라 개별 당사자간의 분쟁에 관하여 사법부가 사법절차에 의하여 심리, 결정하는 것이어서 헌법에서 금지하는 사전검열에 해당하지 아니한다.**

판례 비디오물등급분류제
▶ 2007.10.4. 2004헌바36 [합헌]

이 사건 비디오물 등급분류는 의사 표현물의 공개 내지 유통을 허가할 것인가 말 것인가를 사전에 결정하는 절차가 아니라 비디오물 유통으로 인해 청소년이 받게 될 악영향을 미리 차단하고자 공개나 유통에 앞서 이용 연령을 분류하는 절차에 불과하다. 이와 같이 공개나 유통을 당연한 전제로 하여 비디오물에 등급분류제도를 시행하고 있는 이상, 등급심사를 받지 아니한 비디오물의 유통을 금지하고 이에 위반할 경우 형사적·행정적 제재를 가하고 있더라도 이것은 헌법이 금지하고 있는 사전검열에는 해당하지 않는다.

판례 영화등급분류보류제
▶ 2001.8.30. 2000헌가9 [위헌]

영화진흥법 제21조 제4항이 규정하고 있는 영상물등급위원회에 의한 등급분류보류제도는, 영상물등급위원회가 영화의 상영에 앞서 영화를 제출받아 그 심의 및 상영등급분류를 하되, 등급분류를 받지 아니한 영화는 상영이 금지되고 만약 등급분류를 받지 않은 채 영화를 상영한 경우 과태료, 상영금지명령에 이어 형벌까지 부과할 수 있도록 하며, 등급분류보류의 횟수제한이 없어 실질적으로 영상물등급위원회의 허가를 받지 않는 한 영화를 통한 의사표현이 무한정 금지될 수 있으므로 검열에 해당한다.**

판례 의료(기기)광고 사전심의제
의사협회에 의한 의료광고 사전심의절차를 규정한 의료법 조항, 한국의료기기산업협회에 의한 의료기기광고 사전심의절차를 규정한 의료기기법 조항이 위헌인지 여부(적극)
▶ 2015.12.23. 2015헌바75; 2020.8.28. 2017헌가35등 [위헌]

이 사건 의료(기기)광고는 상업광고의 성격을 가지고 있지만, 표현의 자유의 보호대상이 됨은 물론이

---

80) 내용중립성이란 표현내용에 대한 판단과 무관하다는 뜻이다.

고, 헌법이 특정한 표현에 대해 예외적으로 검열을 허용하는 규정을 두지 않은 점 등을 고려하면, 헌법상 사전검열은 표현의 자유 보호대상이면 예외없이 금지되는 것으로 보아야 하므로, 의료(기기)광고 역시 사전검열금지원칙의 적용대상이 된다.** 광고의 심의기관이 행정기관인지 여부는 기관의 형식에 의하기보다는 그 실질에 따라 판단되어야 하는바, 독립기구가 심의를 담당하는 경우에도 행정권이 운영체계의 지배력을 보유하는 등 행정기관의 자의로 개입할 가능성이 열려있다면 행정기관의 사전검열로 보아야 한다.** 의료법상 의료광고 심의는 보건복지부장관으로부터 위탁받은 각 의사협회(대한의사협회, 대한치과의사협회, 대한한의사협회)가, 의료기기법상 의료기기광고 심의는 식약처장으로부터 위탁받은 한국의료기기산업협회가 수행하고 있지만, 법상 심의주체는 행정기관인 보건복지부장관, 식약처장이고, 이들이 언제든지 위탁을 철회할 수 있으며, 의료법시행령, 식약처고시를 통해 심의위원회의 구성에 지속적으로 개입할 수 있는 이상 심의업무에 독립성 및 자율성이 보장되어 있다고 보기 어렵다. 이 사건 심의는 행정권이 주체가 된 사전심사로서 헌법이 금지하는 사전검열에 해당하므로 헌법에 위반된다.**

판례 **건강기능식품 기능성 광고 사전심의제** 건강기능식품협회에 의한 건강기능식품 기능성 광고의 사전심의절차를 규정한 건강기능식품법이 위헌인지 여부(적극)

▶ 2018.6.28. 2016헌가8등; 2019.5.30. 2019헌가4 [위헌]

현행 헌법상 사전검열은 표현의 자유 보호대상이면 예외 없이 금지된다.** 건강기능식품의 기능성 광고는 상업광고이지만, 헌법 제21조 제1항의 표현의 자유의 보호 대상이 됨과 동시에 같은 조 제2항의 사전검열 금지 대상도 된다.** 광고의 심의기관이 행정기관인지 여부는 기관의 형식에 의하기보다는 그 실질에 따라 판단되어야 하는바, 독립기구가 심의를 담당하는 경우에도 행정권이 운영체계의 지배력을 보유하는 등 행정기관의 자의로 개입할 가능성이 열려있다면 행정기관의 사전검열로 보아야 한다.** 이 사건 심의는 식약처장으로부터 위탁받은 한국건강기능식품협회에서 수행하고 있지만, 법상 심의주체인 식약처장은 언제든지 위탁을 철회할 수 있고, 법령을 통해 행정권이 심의위원회의 구성·운영에 개입할 가능성이 존재하는 이상 심의업무가 행정기관으로부터 자율적으로 운영되고 있다고 보기 어렵다. 이 사건 심의는 행정권이 주체가 되어 의사표현이 발표되기 이전에 그 내용을 심사·선별하여 발표를 사전에 억제하는 제도로서 헌법이 금지하는 사전검열에 해당하므로 헌법에 위반된다.**

2. 사후제한의 법리

언론·출판의 자유도 **헌법 제37조 제2항**에 따라 제한할 수 있으나 그 헌법적 의의를 고려할 때 보다 **엄격한 한계를** 준수해야 한다(2023.9.26. 2020헌마1724 등). ① 특히 강화된 비례성심사기준이 적용되어 공익에 대한 명백하고 현존하는 위험이 존재하는 경우에만 그 제한이 허용되고, ② 강화된 명확성심사기준이 적용되어 규제되는 표현의 개념을 보다 세밀하고 명확하게 규정할 것이 요구된다.*

판례 **장교의 집단 진정·서명 행위 금지** 장교가 군무와 관련된 고충사항을 집단으로 진정 또는 서명하는 행위를 하는 것을 금지하는 군인복무기본법 조항이 위헌인지 여부(소극)

▶ 2024.4.25. 2021헌마1258 [기각]

헌법 제21조가 규정하는 '결사'란 자연인 또는 법인의 다수가 상당한 기간 동안 공동목적을 위하여 자유의사에 기하여 결합하고 조직화된 의사형성이 가능한 단체를 의미하는바, 심판대상조항이 반드시 단체를 통한 행위를 상정하는 것은 아니므로 결사의 자유 침해 여부는 별도로 판단하지 아니한다. 심판대상조항은 군조직의 질서 및 통수체계를 확립하려는 것으로, 헌법은 제5조 제2항을 통해 국군의 정치적 중립을 요구하고 있고, 국군은 '국가의 안전보장과 국토방위'라는 목적달성을 위해 본연의 임무에 집중해야 하므로, 특수한 신분과 지위에 있는 군인의 집단행의에 대하여는 보다 강화된 기본권 제한이 가능하다는 점, 집단적인 진정·서명행위는 정파적·당파적인 것으로 오해받을 소지가 커서 그로부터 군 전체가 정치적 편향성에 대한 의심을 받을 수 있다는 점 및 심판대상조항이 설정하는 공익의 중요성 등을 종합하면, 과잉금지원칙에 관하여 표현의 자유를 침해하지 않는다.

판례 **한국방송공사 수신료 분리징수** 수신료 징수업무를 지정받은 자가 수신료를 징수하는 때 그 고유업무와 관련된 고지행위와 결합하여 이를 행해서는 안 된다고 규정한 방송법 시행령 조항이 위헌인지 여부(소극) ▸ 2024.5.30. 2023헌마820등 [기각]

심판대상조항은 헌법 제21조 제1항 및 제3항에서 도출되는 방송의 자유의 한 내용인 방송운영의 자유를 제한한다. 헌법 제21조 제3항에 따라 입법자는 자유민주주의를 기본원리로 하는 헌법의 요청에 따라 국민의 다양한 의견을 반영하고 국가권력이나 사회세력으로부터 독립된 방송을 실현할 수 있도록 광범위한 입법형성재량을 갖는다. 심판대상조항은 수신료의 구체적인 고지방법에 관한 규정인바, 이는 수신료의 부과·징수에 관한 본질적인 요소로서 법률에 직접 규정할 사항이 아니므로 이를 법률에서 직접 정하지 않았다고 하여 의회유보원칙에 위반된다고 볼 수 없다. 수신료의 징수를 규정하는 상위법의 시행을 위한 집행명령의 경우 법률의 구체적·개별적 위임 여부 등이 문제되지 않고, 다만 상위법의 집행과 무관한 독자적인 내용을 정할 수 없다는 한계가 있는데, 심판대상조항은 청구인 한국방송공사가 방송법에 따라 수신료 징수업무를 위탁하는 경우 그 구체적인 시행방법을 규정하고 있을 뿐이므로 집행명령의 한계를 일탈하였다고 볼 수 없다. 수신료와 전기요금의 통합 징수방식으로 인한 수신료 과오납 사례가 증가함에 따라 이를 시정할 필요가 있고, 청구인은 필요시 수신료 외에도 방송광고수입이나 방송프로그램 판매수익, 정부 보조금 등을 통하여 그 재정을 보충할 수 있는 점을 고려할 때, 공영방송의 기능을 위축시킬 만큼 청구인의 재정적 독립에 영향을 끼친다고 볼 수 없으므로 입법재량의 한계를 준수하였다. 그렇다면 심판대상조항은 방송운영의 자유를 침해하지 않는다.

판례 **대북 전단 등의 살포 금지** 남북합의서 위반행위로서 전단등 살포를 하여 국민의 생명·신체에 위해를 끼치거나 심각한 위험을 발생시키는 것을 금지하고 이에 위반한 경우 처벌하는 남북관계발전법 조항이 위헌인지 여부(적극) ▸ 2023.9.26. 2020헌마1724등 [위헌]

심판대상조항에 의한 표현의 자유 제한은 내용중립적 규제가 아니라 표현 내용의 규제인바, 국가가 표현 내용을 규제하는 것은 원칙적으로 중대한 공익의 실현을 위하여 불가피한 경우에 한하여 허용되고, 특히 정치적 표현의 내용 중에서도 특정한 견해, 이념, 관점에 기초한 제한은 보다 엄격한 과잉금지원칙이 적용되어야 한다. 심판대상조항은 남북합의서 위반행위를 억제하고 북한이 도발할 빌미를 차단하여 국민의 생명·신체의 안전을 보장하려는 것이나, 사전 신고를 요구하고 경찰관 직무집행법 등으로 적절하게 대응할 수 있음에도 전단등 살포를 금지하는 데서 더 나아가 이를 범죄로 규정하여 형벌을 부과한 것은 형벌의 보충성 및 최후수단성에 반한다는 점, 심판대상조항으로 북한의 적대적 조치가 유의미하게 감소함으로써 접경지역 주민의 안전이 확보될 것인지는 명백하지 못한 반면, 행위자가 받게 되는 표현의 자유에 대한 제약은 매우 크다는 점 등을 종합하면, 과잉금지원칙에 반하여 표현의 자유를 침해한다.

판례 **박근혜 정부의 문화예술계 블랙리스트**   피청구인 대통령의 지시로 대통령 비서실장, 문화체육관광부장관 등이 야당 소속 후보를 지지하였거나 정부에 비판적 활동을 한 문화예술인이나 단체를 정부의 문화예술 지원사업에서 배제할 목적으로 개인의 정치적 견해에 관한 정보를 수집하고 지원을 배제하도록 지시한 행위가 위헌인지 여부(적극)   ▶ 2020.12.23. 2017헌마416 [인용]

이 사건 정보수집 행위의 대상인 정치적 견해에 관한 정보는 그것이 지지 선언 등의 형식으로 공개된 정보라 하더라도 개인의 인격주체성을 특징짓는 것으로, 개인정보자기결정권의 보호 범위 내에 속하며,** 국가가 개인의 정치적 견해에 관한 정보를 수집하는 행위는 개인정보자기결정권에 대한 중대한 제한이 된다. 또한 이 사건 지원배제 지시는 특정한 정치적 견해를 표현한 자에 대하여 문화예술 지원 공모사업에서의 공정한 심사 기회를 박탈하여 사후적으로 제재를 가한 것으로, 개인 및 단체의 정치적 표현의 자유에 대한 제한조치에 해당한다. 그런데 이들에 관해서는 법령상의 명확한 근거가 없으며, 정부에 대한 비판적 견해를 가진 자들을 제재하기 위한 것으로 목적의 정당성을 인정할 수 없으므로,* 청구인들의 개인정보자기결정권과 표현의 자유를 침해한다.*

판례 **불건전정보규제**   방송통신심의위원회의 직무의 하나로 '건전한 통신윤리의 함양을 위하여 필요한 사항으로서 대통령령이 정하는 정보의 심의 및 시정요구'를 규정한 방통위법 조항이 위헌인지 여부(소극)   ▶ 2012.2.23. 2011헌가13 [합헌]

이 사건 법률조항 중 '건전한 통신윤리'라는 개념은 다소 추상적이기는 하나, 전기통신회선을 이용하여 정보를 전달함에 있어 우리 사회가 요구하는 최소한의 질서 또는 도덕률을 의미하고, '건전한 통신윤리의 함양을 위하여 필요한 사항으로서 대통령령이 정하는 정보(이하 '불건전정보'라 한다)'란 이러한 질서 또는 도덕률에 저해되는 정보로서 심의 및 시정요구가 필요한 정보를 의미한다고 할 것이며, 정보통신영역의 광범위성과 빠른 변화속도, 그리고 다양하고 가변적인 표현형태를 문자화하기에 어려운 점을 감안할 때, 위와 같은 함축적인 표현은 불가피하다고 할 것이어서, 이 사건 법률조항이 명확성의 원칙에 반한다고 할 수 없다.*

판례 **허위통신규제**   공익을 해할 목적으로 공연히 허위의 통신을 한 자를 형사처벌하는 전기통신기본법 조항이 위헌인지 여부(적극)   ▶ 2010.12.28. 2008헌바157등 [위헌]

이 사건 법률조항은 표현의 자유에 대한 제한입법이며, 동시에 형벌조항에 해당하므로, 엄격한 의미의 명확성원칙이 적용된다. 그런데 이 사건 법률조항은 "공익을 해할 목적"의 허위의 통신을 금지하는바, 여기서의 "공익"은 헌법 제37조 제2항의 기본권 제한에 필요한 최소한의 요건 또는 헌법 제21조 제4항의 언론·출판의 자유의 한계를 그대로 법률에 옮겨 놓은 것에 불과할 정도로 그 의미가 불명확하고 추상적이다. 따라서 어떠한 표현행위가 "공익"을 해하는 것인지, 아닌지에 관한 판단은 사람마다의 가치관, 윤리관에 따라 크게 달라질 수밖에 없다. 결국 이 사건 법률조항은 명확성의 원칙에 위배하여 헌법에 위반된다.*

판례 **불온통신규제**   공공의 안녕질서 또는 미풍양속을 해하는 내용의 통신을 금하는 전기통신사업법 조항이 위헌인지 여부(적극)   ▶ 2002.6.27. 99헌마480 [위헌]

표현의 자유를 규제하는 입법에 있어서 명확성의 원칙은 특별히 중요한 의미를 지닌다. 심판대상조항의 '공공의 안녕질서'는 헌법 제37조 제2항의 '국가의 안전보장·질서유지'와, '미풍양속'은 헌법 제21

조 제4항의 '공중도덕이나 사회윤리'와 비교하여 볼 때 동어반복이라 할 정도로 전혀 구체화되어 있지 아니하다. 이처럼 '공공의 안녕질서', '미풍양속'이라는 것은 매우 추상적인 개념이어서 법집행자의 통상적 해석을 통하여 그 의미내용을 객관적으로 확정하기도 어렵다. 결론적으로 전기통신사업법 제53조 제1항은 규제되는 표현의 내용이 명확하지 아니하여 명확성의 원칙에 위배된다.

| 제4항 | 집회·결사의 자유

옹기종기 모일 권리

> **크멘트**
> 세상이 내 말을 듣지 못한다면 볼륨을 더 키워보자. 여럿이 한 목소릴 내보자. 모이기 좋아하는 본성으로 민주국가 가즈아.

헌 법

제21조 ① 모든 국민은 언론·출판의 자유와 집회·결사의 자유를 가진다.
② 언론·출판에 대한 허가나 검열과 집회·결사에 대한 허가는 인정되지 아니한다.

I 집회의 자유

1. 집회의 자유의 의의

헌법 제21조 제1항의 집회[81)]의 자유란 **다수인**이 **공동의 목적**을 가지고 **평화적**으로 **회합**하는 자유를 말한다. 그 결과 **1인 집회**는 인정될 수 없고,[82)] 공동의 목적은 **내적인 유대관계**로 족하며(2009.5.28. 2007헌바22),[83)] ** **폭력**에 의한 의견의 강요는 보호대상이 아니고(2003.10.30. 2000헌바67등),[84)] ** **장소**와 무관하게 계속적인 결합을 의미하는 결사와 구별된다. 집회의 자유는 집단형성의 자유를 보호하는 것이므로 법인 등 **단체**도 집회의 주체가 된다. 집회의 자유는 인격발현의 요소이자 **민주주의의 근간**이라는 헌법적 의의를 가진다.

> **판례** 집회의 자유의 기능
> ▶ 2003.10.30. 2000헌바67등
>
> 헌법은 집회의 자유를 국민의 기본권으로 보장함으로써, 평화적 집회 그 자체는 공공의 안녕질서에 대한 위험이나 침해로서 평가되어서는 아니 되며, 개인이 집회의 자유를 집단적으로 행사함으로써 불가피하게 발생하는 일반대중에 대한 불편함이나 법익에 대한 위험은 보호법익과 조화를 이루는 범위 내에서 국가와 제3자에 의하여 수인되어야 한다는 것을 헌법 스스로 규정하고 있는 것이다. 집회의 자유는 개인의 인격발현의 요소이자 민주주의를 구성하는 요소라는 이중적 헌법적 기능을 가지고 있다.* 또한 집회의 자유는 사회·정치현상에 대한 불만과 비판을 공개적으로 표출케 함으로써 정치적 불만이 있는 자를 사회에 통합하고 정치적 안정에 기여하는 기능을 한다는 점에서, 소수의 보호를 위

---

81) 집회의 전형적인 현상인 '시위'는 행진하거나 위력·기세를 보여 불특정다수인의 의견에 영향을 주는 행위로서 시위의 자유 또한 헌법 제21조 제1항에 의하여 보호되는 기본권이다(1994.4.28. 91헌바14; 2014.4.24. 2011헌가29).★
82) 집회의 자유는 공동의 인격발현을 보장하는 것이므로(2003.10.30. 2000헌바67등), 집회에서의 '다수인'이란 2인 이상을 의미한다(2012.5.24. 2010도11381).** 따라서 1인 집회는 집회의 자유가 아닌 언론의 자유에서 보호될 수 있다.
83) 내적 유대감은 군중심리와 구별되므로 단순한 군중은 집회로 볼 수 없다. '공동의 목적'에 관해서는, 내적인 유대 관계로 족하다는 견해, 공동의 의사표현으로 한정하는 견해, 공적인 의사표현으로 한정하는 견해가 대립한다.
84) 집회의 자유는 민주국가에서 정신적 대립과 논의의 수단이기 때문이다(2003.10.30. 2000헌바67등).

한 중요한 기본권인 것이다.★ 헌법이 집회의 자유를 보장한 것은 관용과 다양한 견해가 공존하는 다원적인 '열린 사회'에 대한 헌법적 결단인 것이다.

2. 집회의 자유의 내용

집회의 자유는 집회의 개최와 진행, 집회참가 여부를 선택할 자유를 포함한다. 효과적인 집회의 보장을 위해서는 집회개최의 전과정이 보호되어야 하므로, 집회의 시간·장소를 선택할 자유가 인정되고, 집회참가행위를 방해하는 모든 행위가 금지된다(2003.10.30. 2000헌바67등).★★

> **판례** 집회의 자유의 보장내용　　　　▶ 2003.10.30. 2000헌바67등
>
> 집회의 자유는 집회의 시간, 장소, 방법과 목적을 스스로 결정할 권리를 보장한다. 집회의 자유에 의하여 구체적으로 보호되는 주요행위는 집회의 준비 및 조직, 지휘, 참가, 집회장소·시간의 선택이다. 그러나 집회를 방해할 의도로 집회에 참가하는 것은 보호되지 않는다.★★ 주최자는 집회의 대상, 목적, 장소 및 시간에 관하여, 참가자는 참가의 형태와 정도, 복장을 자유로이 결정할 수 있다. 따라서 집회의 자유는 개인이 집회에 참가하는 것을 방해하거나 또는 집회에 참가할 것을 강요하는 국가행위를 금지할 뿐만 아니라, 집회장소로의 여행을 방해하거나, 집회장소로부터 귀가하는 것을 방해하거나, 집회참가자에 대한 검문의 방법으로 시간을 지연시킴으로써 집회장소에 접근하는 것을 방해하는 등 집회의 자유행사에 영향을 미치는 모든 조치를 금지한다.★

> **판례** 집회 장소를 선택할 자유　　　　▶ 2022.12.22. 2018헌바48; 2023.3.23. 2021헌가1
>
> 집회 장소는 일반적으로 집회의 목적·내용과 밀접한 연관관계를 가진다. 집회는 특별한 상징적 의미 또는 집회와 특별한 연관성을 가지는 장소, 예를 들면 집회를 통해 반대하고자 하는 대상물이 위치하거나 집회의 계기를 제공한 사건이 발생한 장소 등에서 이루어져야 의견표명이 효과적으로 이루어질 수 있다. 집회 장소의 선택은 집회의 성과를 결정하는 주요 요인이 된다. 따라서 집회 장소를 선택할 자유는 집회의 자유의 실질적 부분을 형성한다.★★

3. 집회의 자유의 제한

(1) 집회의 자유의 제한법리

> **집회 및 시위에 관한 법률**
> 제10조(옥외집회와 시위의 금지 시간) 누구든지 해가 뜨기 전이나 해가 진 후에는 옥외집회 또는 시위를 하여서는 아니 된다. 다만, 집회의 성격상 부득이하여 주최자가 질서유지인을 두고 미리 신고한 경우에는 관할경찰관서장은 질서 유지를 위한 조건을 붙여 해가 뜨기 전이나 해가 진 후에도 옥외집회를 허용할 수 있다.

① 헌법 제21조 제2항에 따라 집회에 대한 허가제는 절대적으로 금지되나, 행정상의 참고를 위한 신고제는 무방하다.[85] 헌법재판소는 '집시법상의 사전신고제도'에 대하여 협력수단으로서의

---

85) 허가제는 집회에 대한 행정청의 사전적 동의를 구하는 절차로서 원칙적 금지·예외적 허용의 사고에 기초하나, 신고제는 집회에 관한 정보를 행정청에 제공하는 절차로서 원칙적 허용·예외적 금지의 사고에 기초한다.

신고에 불과하다며 합헌결정하였고(2014.1.28. 2011헌바174 등), **'야간옥외집회·시위의 규제조항'**에 대하여 **허가제에 해당하지는 않으나** '일몰시간 후부터 같은 날 24시까지의 옥외집회·시위'에 적용하는 한 **과잉금지원칙에 위반**된다며 한정위헌결정하였다(2014.4.24. 2011헌가29).[86]★★
② 집회의 자유도 <u>헌법 제37조 제2항</u>에 따라 제한할 수 있으나 그 헌법적 의의를 고려할 때 보다 **엄격한 한계를 준수**해야 한다(2012.4.26. 2011도6294; 2003.10.30. 2000헌바67등).★★

[판례] 옥외집회·시위의 사전신고제 ▶ 2014.1.28. 2011헌바174등 [합헌]

집회시위법의 사전신고는 경찰관청 등 행정관청으로 하여금 집회의 순조로운 개최와 공공의 안전보호를 위하여 필요한 준비를 할 수 있는 시간적 여유를 주기 위한 것으로서, 협력의무로서의 신고이다. 집회시위법 전체의 규정 체계에서 보면 집회시위법은 일정한 신고절차만 밟으면 일반적·원칙적으로 옥외집회 및 시위를 할 수 있도록 보장하고 있으므로, 집회에 대한 사전신고제도는 헌법 제21조 제2항의 사전허가금지에 위배되지 않는다.★ 헌법 제21조 제1항을 기초로 하여 심판대상조항을 보면, 미리 계획도 되었고 주최자도 있지만 집회시위법이 요구하는 시간 내어 신고를 할 수 없는 옥외집회인 이른바 '긴급집회'의 경우에는 신고가능성이 존재하는 즉시 신고하여야 하는 것으로 해석된다. 따라서 신고 가능한 즉시 신고한 긴급집회의 경우에까지 심판대상조항을 적용하여 처벌할 수는 없다. 따라서 심판대상조항이 과잉금지원칙에 위배하여 집회의 자유를 침해하지 아니한다.

[판례] 야간옥외집회·시위의 규제 일출시간 전, 일몰시간 후의 옥외집회·시위를 금지하고, 옥외집회의 경우 예외적으로 관할경찰관서장이 허용할 수 있도록 한 집시법 제10조가 위헌인지 여부(적극)
▶ 2014.4.24. 2011헌가29 [한정위헌]

(1) 헌법 제21조 제2항에 의하여 금지되는 '허가'는 '행정청이 주체가 되어 집회의 허용여부를 사전에 결정하는 것'으로, 법률적 제한이 실질적으로 행정청의 허가 없는 옥외집회를 불가능하게 하는 것에 이르지 아니하는 한 헌법 제21조 제2항에 반하는 것은 아니다.★ 이 사건 집회조항의 단서 부분은 본문에 의한 제한을 완화시키려는 것이므로 헌법이 금지하고 있는 '옥외집회에 대한 일반적인 사전허가'라고 볼 수 없다. 한편 이 사건 집회조항 중 단서 부분은 시위에 대하여 적용되지 않는바, 이 사건 시위조항은 해가 뜨기 전이나 해가 진 후의 시위를 예외없이 절대적으로 금지하는 것으로서 헌법상 '허가제 금지' 규정의 위반여부는 문제되지 아니한다.★

(2) 야간의 옥외집회와 시위를 금지하는 이 사건 법률조항은 사회의 안녕질서를 유지하고 시민들의 주거 및 사생활의 평온을 보호하기 위한 것으로 입법목적이 정당하고 수단도 적합하다. 그러나 '일출시간 전, 일몰시간 후'라는 광범위하고 가변적인 시간대의 옥외집회 또는 시위를 금지하는 것은 오늘날 직장인이나 학생들의 근무·학업 시간, 도시화·산업화가 진행된 현대사회의 생활형태 등을 고려하지 아니하고 목적 달성을 위해 필요한 정도를 넘는 지나친 제한을 가하는 것이어서 최소침해성 및 법익균형성 원칙에 반한다. 따라서 심판대상조항들은 '일몰시간 후부터 같은 날 24시까지의 옥외집회 또는 시위'에 적용되는 한 헌법에 위반된다.★★

---

86) 헌법재판소는 야간옥외집회·시위를 규제하는 집시법 제10조와 관련하여, '집회조항'이 문제된 사건에서는 본문·단서 일체로서 허가제에 해당한다거나 광범하고 가변적인 시간대를 설정하여 과잉금지원칙에 위반된다며 잠정적용 헌법불합치결정하였고(2009.9.24. 2008헌가25), '시위조항'이나 '전체조항'이 문제된 사건에서는 허가제에 해당하지는 않으나 '일몰시간 후부터 같은 날 24시까지의 옥외집회·시위'에 적용하는 한 과잉금지원칙에 위반된다며 한정위헌결정하였다(2014.3.27. 2010헌가2등; 2014.4.24. 2011헌가29).

| 판례 | 집회의 금지·해산의 최후수단성 | ▶ 2003.10.30. 2000헌바67등 |

집회의 자유에 대한 제한은 다른 중요한 법익의 보호를 위하여 반드시 필요한 경우에 한하여 정당화되는 것이며, 특히 **집회의 금지와 해산은 원칙적으로 공공의 안녕질서에 대한 직접적인 위협이 명백하게 존재하는 경우에 한하여 허용될 수 있다.** ★★ 집회의 금지와 해산은 집회의 자유를 보다 적게 제한하는 다른 수단, 즉 조건(예컨대 시위참가자수의 제한, 시위대상과의 거리제한, 시위방법, 시기, 소요시간의 제한 등)을 붙여 **집회를 허용하는 가능성을 모두 소진한 후에 비로소 고려될 수 있는 최종적인 수단**이다.★★

(2) 집시법에 의한 규제

(가) 집회·시위의 절대적 금지

집시법상 헌법재판소에 의해 **강제해산된 정당의 목적달성**을 위한 집회·시위, **공공의 안녕질서에 직접적인 위협을 끼칠 것이 명백**한 집회·시위, 그 **선전이나 선동**은 절대 금지되는데(제5조). 헌법재판소는 구 집시법상 현저히 사회적 불안을 야기하는 집회·시위의 금지조항에 대하여 "그 소정행위가 공공의 안녕질서에 직접적인 위협을 가할 것이 명백한 경우에 적용된다"며 한정합헌결정하였다(1992.1.28. 89헌가8).

| 판례 | 재판에 영향을 미치거나 민주적 질서에 위배되는 집회·시위의 금지 |
| ▶ 2016.9.29. 2014헌가3등 [위헌] |

구 집시법상 '재판에 영향을 미칠 염려가 있거나 미치게 하기 위한 집회·시위'를 금지하는 조항은 사법의 독립성을 확보하려는 것으로 목적이 정당하나, 국가의 사법권한 역시 국민의 의사에 정당성의 기초를 두고 행사되어야 한다는 점과 재판에 대한 정당한 비판은 오히려 사법작용의 공정성 제고에 기여할 수도 있는 점을 고려하면 적합한 수단이라 보기 어려우므로 과잉금지원칙에 반하여 집회의 자유를 침해한다.★★ '민주적 기본질서에 위배되는 집회·시위'를 금지하는 조항은 민주적 기본질서를 수호하려는 것으로 목적이 정당하고 수단도 적합하나, 기본권 제한의 한계를 설정할 수 있는 구체적 기준을 적시하지 않은 규율의 광범성으로 인하여 사실상 사회현실이나 정부정책에 비판적인 사람들의 집단적 의견표명 일체를 봉쇄하는 결과를 초래하므로, 과잉금지원칙에 반하여 집회의 자유를 침해한다.★★

(나) 옥외집회·시위의 규제

집회 및 시위에 관한 법률
제2조(정의) 이 법에서 사용하는 용어의 뜻은 다음과 같다.
1. "옥외집회"란 천장이 없거나 사방이 폐쇄되지 아니한 장소에서 여는 집회를 말한다.★
2. "시위"란 여러 사람이 공동의 목적을 가지고 도로, 광장, 공원 등 일반인이 자유로이 통행할 수 있는 장소를 행진하거나 위력 또는 기세를 보여, 불특정한 여러 사람의 의견에 영향을 주거나 제압을 가하는 행위를 말한다.

① 헌법재판소는 집시법 제2조 옥외집회·시위 정의규정에 대하여 "**천장이 없거나 사방이 폐쇄되지 아니한 장소에서의 집회도 경우에 따라 공공의 안녕질서에 해를 끼칠 우려가 있고, '공중이 자유로이 통행할 수 있는 장소'라는 장소적 제한개념**은 집시법상 옥외집회·시위개념의 필수

적인 요소가 아니다"라며 합헌결정하였다(1994.4.28. 91헌바14).★★ ② 한편 헌법재판소는 대통령 관저, 국회의장 공관, 국무총리 공관, 국회의사당, 각급법원, 외교기관 등 **주요청사·저택 인근 옥외집회·시위의 금지**조항에 대하여 기관의 기능보장에 필요한 최소한도의 범위를 넘어 규제가 불필요하거나 예외적으로 허용 가능한 경우까지 일률적·전면적으로 금지하는 것은 과잉금지원칙에 위배된다고 판시하였다(2023.3.23. 2021헌가1 등).★★

> **판례** **외교기관 인근 옥외집회·시위 규제** 외교기관의 경계 지점으로부터 100미터 이내의 장소에서 옥외집회·시위를 금지하면서도 외교기관의 기능·안녕을 침해할 우려가 없는 경우 예외를 허용하는 집시법 조항이 위헌인지 여부(소극) ▶ 2010.10.28. 2010헌마111 [기각]
>
> 심판대상조항은 외교기관의 기능보장과 안전보호를 달성하려는 것으로, 외교기관을 대상으로 하는 외교기관 인근에서의 옥외집회나 시위는 고도의 법익충돌 상황을 야기할 수 있기 때문에 집시법의 일반적인 규제조치 외에 외교기관 인근을 집회금지 구역으로 설정할 필요가 있다는 점, 외교기관 인근의 집회·시위를 원칙적으로 금지하되, 외교기관의 기능이나 안녕을 침해할 우려가 없다고 인정되는 세 가지의 예외적인 경우(다른 목적의 집회, 소규모 집회, 휴일 집회)에는 이를 허용하고 있는바, 이는 입법기술상 가능한 최대한의 예외적 허용 규정이며, 그 예외적 허용 범위는 적절하다는 점 등을 종합하면, 과잉금지원칙에 반하여 집회의 자유를 침해한다고 할 수 없다.★★

> **판례** **인천애뜰 잔디마당 사용 제한** 집회·시위를 하기 위하여 인천애(愛)뜰 중 잔디마당과 그 경계 내 부지에 대한 사용허가를 할 수 없도록 한 '인천애(愛)뜰의 사용 및 관리에 관한 조례' 조항이 위헌인지 여부(적극) ▶ 2023.9.26. 2019헌마1417 [위헌]
>
> (1) 심판대상조항은 잔디마당에서 집회·시위를 하려는 경우 시장이 그 사용허가를 할 수 없도록 전면적·일률적으로 불허하고, '허가제'의 핵심요소라 할 수 있는 '예외적 허용'의 가능성을 열어두고 있지 않으므로, 집회에 대한 허가제를 규정하였다고 보기 어렵다.
> (2) 조례에 대한 법률의 위임은 법규명령에 대한 법률의 위임과 같이 반드시 구체적으로 범위를 정할 필요가 없으며 포괄적으로도 할 수 있다.★★ 심판대상조항은 지방자치법에 근거하여 인천광역시가 소유한 공유재산이자 공공시설인 인천애뜰의 잔디마당과 그 경계 내 부지의 사용 기준을 정하고 있는바, 법률의 위임 내지는 법률에 근거하여 규정된 것이므로 법률유보원칙에 반하지 않는다.★
> (3) 심판대상조항은 시청사의 안전과 기능을 확보하려는 것이나, 잔디마당을 둘러싸고 행정사무의 중심적 역할을 수행하는 시청사 등이 있어 지방자치단체의 행정사무에 대한 의견을 표명하려는 집회의 경우 장소와의 관계가 매우 밀접하여 상징성이 크고, 시청사 보호를 위한 방호인력과 보안시설물을 확충하는 등의 대책을 통해 잔디마당에서의 집회·시위를 전면적으로 제한하지 않고도 입법목적을 달성할 수 있다는 점, 공공에 위험을 야기하지 않고 시청사의 안전과 기능에도 위협이 되지 않는 집회·시위까지도 예외 없이 금지되는 불이익이 발생한다는 점을 종합하면, 과잉금지원칙에 반하여 집회의 자유를 침해한다.

> **판례** **미신고시위 해산명령불응죄 처벌** 미신고 시위에 대한 해산명령에 불응하는 자를 처벌하는 집시법 조항이 위헌인지 여부(소극) ▶ 2016.9.29. 2014헌바492 [합헌]
>
> 집회의 자유의 헌법적 가치와 기능, 집회에 대한 허가를 금지한 헌법의 취지, 행정관청과 주최자가 상호 협력함으로써 집회·시위가 평화롭게 구현되도록 하는 신고제도의 취지 등을 종합하면, 신고는

행정관청에 집회에 관한 정보를 제공함으로써 공공질서의 유지에 협력하도록 하는 데 의의가 있는 것으로 집회의 허가를 구하는 신청으로 변질되어서는 아니 되므로, 신고를 하지 아니하였다는 이유만으로 그 옥외집회·시위를 헌법의 보호 범위를 벗어나 개최가 허용되지 않는 집회·시위라고 단정할 수 없다.★ 따라서 집시법에서 미신고 옥외집회·시위를 해산명령 대상으로 하면서 별도의 해산 요건을 정하고 있지 않더라도, 그 옥외집회·시위로 인하여 타인의 법익이나 공공의 질서에 대한 직접적인 위험이 명백하게 초래된 경우에 한하여 해산을 명할 수 있다.★ 심판대상조항은 해산명령 제도의 실효성을 확보하려는 것으로, 집시법상 해산명령은 미신고 시위라는 이유만으로 발할 수 있는 것이 아니라 미신고 시위로 인하여 타인의 법익이나 공공의 질서에 대한 위험이 명백하게 발생한 경우에만 발할 수 있고,★★ 먼저 자진 해산을 요청한 후 참가자들이 이에 따르지 않는 경우 해산명령을 내리도록 하고 이에 불응하는 경우에만 처벌하는 점 등을 고려하면, 과잉금지원칙에 반하여 집회의 자유를 침해한다고 볼 수 없다.★

> **판례** 중복집회의 금지통고   집시법상 먼저 신고된 집회가 허위·가장신고인 경우에도 뒤에 신고된 집회에 대하여 금지통고를 할 수 있는지 여부(소극) 및 이러한 금지통고에 위반한 집회개최행위를 같은 법 위반으로 처벌할 수 있는지 여부(소극)   ▶ 2014.12.11. 2011도13299
>
> 집회의 신고가 경합할 경우 특별한 사정이 없는 한 관할경찰관서장은 집시법 제8조 제2항에 의하여 뒤에 신고된 집회에 대하여 금지통고를 할 수 있지만, 먼저 신고된 집회가 다른 집회의 개최를 봉쇄하기 위한 허위 또는 가장 집회신고에 해당함이 객관적으로 분명해 보이는 경우에는, 뒤에 신고된 집회에 다른 집회금지사유가 있는 경우가 아닌 한, 단지 먼저 신고가 있었다는 이유만으로 뒤에 신고된 집회에 대하여 금지통고를 하여서는 아니되고, 설령 이러한 금지통고에 위반하여 집회를 개최하였다고 하더라도 이를 집시법에 위반한 집회개최행위에 해당한다고 보아서는 아니된다.★

II 결사의 자유

1. 결사의 자유의 의의

헌법 제21조 제1항의 결사의 자유란 **다수인**이 **공동의 목적**을 가지고 **자발적**으로 **결합**하는 자유를 말한다. 그 결과 **1인 결사**는 인정될 수 없고,[87] 공동의 목적의 내용은 **사실상 제한이 없으며**,[88] 공적책무수행을 위한 **공법상의 결사**(2000.11.30. 99헌마190)나 공공목적을 위한 **특수단체**(1994.2.24. 92헌바43)는 보호대상이 아니고, **특정한 장소에서의 일시적인 회합**을 의미하는 집회와 구별된다. ② 결사의 자유는 집단형성의 자유를 보호하는 것이므로 법인 등 **단체**도 결사의 주체가 된다(2000.6.1. 99헌마553).★★ 헌법재판소는 사법인인 **지역별·업종별 축협**(1996.4.25. 92헌바47)과 **상공회의소**(2006.5.25. 2004헌가1) 및 공법인성과 사법인성을 겸유하고 있는 **축협중앙회**(1996.4.25. 92헌바47)에 대해서는 사법인성을 이유로 그 주체성을 인정하였으나, 공법상 결사인 **농지개량조합**(2000.11.30. 99헌마190)과 특수단체인 **주택조합**(1994.2.24. 92헌바43)에 대해서는 그 주체성을 부인하였다.

---

87) 결사의 자유는 개인의 사회적 고립을 방지하고 공동의 인격발현을 보장하는 것이므로, 결사에서의 '다수인'이란 2인 이상을 의미하므로 1인 결사는 인정될 수 없다(1982.9.28. 82도2016).

88) 헌법재판소는 "공동목적의 범위를 비영리적인 것으로 제한하지 않기 때문에 구성원의 경제적 이익의 분배를 목적으로 하는 영리단체도 헌법상 결사의 자유에 의하여 보호된다"고 판시한 바 있다(2002.9.19. 2000헌바84).

> **판례 축협중앙회** 축협중앙회를 해산하여 신설되는 농협중앙회로 통합하는 농업협동조합법 조항이 위헌인지 여부(소극) ▶ 2000.6.1. 99헌마553 [기각]
>
> 축협중앙회는 지역별·업종별 축협과 비교할 때, 회원의 임의탈퇴나 임의해산이 불가능한 점 등 그 공법인성이 상대적으로 크다고 할 것이지만, 이로써 공법인이라고 단정할 수는 없을 것이고, 이 역시 그 존립목적 및 설립형식에서의 자주적 성격에 비추어 사법인적 성격을 부인할 수 없으므로, 축협중앙회는 공법인성과 사법인성을 겸유한 특수한 법인으로서 이 사건에서 기본권의 주체가 될 수 있다고는 할 것이지만, 위와 같이 두드러진 공법인적 특성이 축협중앙회가 가지는 기본권의 제약요소로 작용하는 것만은 이를 피할 수 없다고 할 것이다.★★ 기존의 축협중앙회를 해산하여 신설되는 농협중앙회에 통합하는 것은 일선 조합의 부실, 조직의 비대화, 신용사업의 경쟁력상실 등 축협중앙회의 어려운 상황을 극복하기 위한 효과적이고도 불가피한 선택으로서 입법재량권의 범위를 현저히 일탈한 것이라고 할 수 없다.

2. 결사의 자유의 내용

결사의 자유는 단체결성, 단체존속, 단체활동, 결사가입·잔류 여부를 선택할 자유를 포함한다(1996.4.25. 92헌바47).★ 공법상의 결사는 결사의 자유에 의해 보호되지 않으므로, **공법상의 결사에 가입하지 아니할 자유**의 근거는 결사의 자유가 아니라 **일반적 행동자유권**이다(2003.10.30. 2000헌마801).

3. 결사의 자유의 제한

결사의 자유는 개인의 인격발현과 민주적 의사형성에 불가결한 요소로서 헌법 제21조 제2항에 따라 결사에 대한 **허가제는 절대적으로 금지**되나 행정상의 참고를 위한 등록제나 신고제는 무방하며, 결사의 자유도 **헌법 제37조 제2항**에 따라 제한할 수 있으나 그 헌법적 의의를 고려할 때 보다 **엄격한 한계**를 준수해야 한다(1999.12.23. 99헌마135 등).

> **판례 노동조합 설립신고제** 노동조합 설립시 설립신고서의 제출을 강제하는 노동조합법 조항이 위헌인지 여부(소극) ▶ 2012.3.29. 2011헌바53 [합헌]
>
> 근로자의 단결권이 사용자와의 관계에서 특별한 보호를 받아야 할 경우가 아니라 통상의 결사 일반에 대한 문제일 경우에는 헌법 제21조 제2항이 적용되므로 노동조합에도 헌법 제21조 제2항의 결사에 대한 허가제금지원칙이 적용된다. 심판대상조항에 의하면 노동조합법상 요건만 충족되면 그 설립이 자유롭다는 점에서 일반적인 금지를 특정한 경우에 해제하는 허가와는 개념적으로 구분되므로, 이 사건 노동조합 설립신고제도가 헌법에서 금지하는 결사에 대한 허가제라고 볼 수 없다.★ 노동조합 설립신고에 대한 심사와 그 신고서 반려는 근로자들이 자주적이고 민주적인 단결권을 행사하도록 하기 위한 것으로 노동조합의 실체를 갖추지 못한 노동조합들이 난립하는 사태를 방지하기 위한 필요최소한의 적절한 조치이므로 근로자의 단결권을 침해한다고 볼 수 없다.★

> **판례** **조합장선거의 선거운동 제한** 조합장선거에서 후보자가 아닌 사람의 선거운동을 전면 금지하고, 예비후보자제도를 두지 아니하고, 합동연설회 등을 허용하지 아니하는 구 위탁선거법 조항이 위헌인지 여부(소극) ▶ 2017.6.29. 2016헌가1 ; 2017.7.27. 2016헌바372 [합헌]
>
> 수협·농협·축협은 어업인 등의 자주적 협동조직으로 기본적으로 사법인적 성격을 지니고 있으므로 결사의 자유의 보장대상이 되고, 조합장선거 후보자의 선거운동에 관한 사항은 결사의 자유의 보호범위에 속한다. 사법인적인 성격을 지니는 수협·농협·축협의 조합장선거에서 조합장을 선출하거나 선거운동을 하는 것은 헌법에 의하여 보호되는 선거권의 범위에 포함되지 아니한다.* 심판대상조항들은 조합장선거의 과열과 혼탁을 방지하여 선거의 공정성을 담보하기 위한 것으로, 조합장선거에 대한 조합원들의 높은 관심도, 다양한 매체를 활용한 선거운동방법의 허용 등을 종합할 때, 가족이나 선거사무원 등 후보자가 아닌 사람에게 선거운동을 허용하거나 예비후보자제도의 도입과 같은 사전선거운동을 허용하게 되면 선거의 과열·혼탁 등 부작용이 초래될 우려가 있고, 전국적으로 동시에 실시되는 조합장선거에서 선거관리위원회가 모든 조합의 합동연설회나 공개토론회를 관리하는 것은 현실적으로 불가능하다는 점 등을 고려하면, 조합장선거의 후보자 및 선거인인 조합원의 결사의 자유 등 기본권을 침해하지 아니한다.

| 제5항 | 학문과 예술의 자유
진리와 진미를 추구할 권리

> **코멘트** 인간의 힘으로 세상 만물을 이해하고 참된 아름다움을 추구하는 노력.

헌 법
제22조 ① 모든 국민은 학문과 예술의 자유를 가진다.
② 저작자·발명가·과학기술자와 예술가의 권리는 법률로써 보호한다.
제31조 ④ 교육의 자주성·전문성·정치적 중립성 및 대학의 자율성은 법률이 정하는 바에 의하여 보장된다.

I 학문의 자유

1. 학문의 자유의 의의

헌법 제22조 제1항의 학문의 자유란 공권력의 간섭 없이 학문적 활동을 할 수 있는 자유를 말한다. 학문의 자유는 제헌헌법(1948년)부터 규정하였으나, 대학의 자율성은 현행헌법(1987년)에서 규정되었다. 학문의 자유는 만인의 기본권이자 집단적 권리성을 가지므로, 내외국인 모두에게 인정되며, 대학이나 그 밖의 연구단체도 주체가 될 수 있다.

2. 학문의 자유의 내용

학문의 자유는 연구의 자유, 교수[89]의 자유, 연구결과발표의 자유, 학문적 집회·결사의 자유 등을 내용으로 한다. 연구의 자유도 연구의 내용이나 방법이 내심의 영역을 넘어 사회질서에

---
89) 교수(敎授)란 지식이나 기예를 가르치는 것을 의미한다.

위해를 가할 개연성이 큰 경우에는 제한이 가능하다. ① 헌법재판소는 헌법 제31조 제4항의 대학자치의 근거와 관련하여,90) "**대학의 자율성**은 헌법 제22조가 보장하는 **학문의 자유**의 불가결한 보장수단으로서 대학에게 부여된 헌법상의 **기본권**이며, 제31조 제4항은 이를 **재확인한** 것에 불과하다"고 판시하였고(1998.7.16. 96헌바33등),** ② 그 주체와 관련하여 "문제되는 사안에 따라 대학 자체 외에도 대학 **전구성원**이 자율성을 갖는 경우도 있으므로 **대학, 교수, 교수회 모두가 단독 혹은 중첩적**으로 주체가 될 수 있다"고 하였으며(2006.4.27. 2005헌마1047등),** "대학 본연의 임무인 연구·교수활동의 범위를 좁게 볼 이유가 없으므로 그 담당자인 **교수뿐만 아니라 학생, 직원 등도 포함**될 수 있다"고 하였다(2013.11.28. 2007헌마1189등).* ③ 한편 헌법재판소는 **대학의 존속은 대학의 자율성**에 포함되지 않으므로 세무대폐지법률은 대학자율권을 침해하지 않는다고 판시하였다(2001.2.22. 99헌마613).

ⅡⅡ 예술의 자유

1. 예술의 자유의 의의

헌법 제22조 제1항의 예술의 자유란 외부적 간섭 없이 예술적 활동을 할 수 있는 자유를 말한다.91) 예술의 자유는 인간의 권리로서 모든 자연인에게 인정된다. 법인 등 단체의 주체성과 관련하여, 헌법재판소는 예술품보급을 목적으로 하는 **예술출판자** 등도 예술의 자유의 보호를 받는다고 판시하였다(1993.5.13. 91헌바17).

2. 예술의 자유의 내용

예술의 자유는 예술창작의 자유, 예술표현의 자유, 예술적 집회·결사의 자유 등을 내용으로 한다. 예술창작의 자유도 창작의 내용이나 방법이 내심의 영역을 넘어 사회질서에 위해를 가할 개연성이 큰 경우에는 제한이 가능하다.

---

90) 헌법 제31조 제4항의 교육제도조항에서 창설된 제도보장이라는 '교육제도설', 학문의 자유의 당연한 내용으로서 교육제도조항은 이를 재확인한 것이라는 '학문의 자유설'이 대립한다.
91) '예술'의 개념에 관해서는 ① 하나의 작품을 음악, 미술, 시, 연극 등 특정한 작품유형에 귀속시킬 수 있는지로 결정하는 '형식설', ② 개인의 주관적·미적 체험을 소리, 그림 무용, 글 등 형태언어를 통하여 창조적·개성적으로 표현하는 활동이라는 '실질설'이 대립한다.

제4절 • 경제생활영역의 자유

재화의 획득과 보유 인간의 욕망 충족

코멘트: 재화 없는 인간다운 삶은 생각하기 어렵다. 자유 실현의 물질적 바탕인 재화를 가지려면 생업이 있어야 하고 획득한 재화를 누리는 걸 보장받아야 해.

| 제1항 | 재산권

개인 재산을 보호받을 권리

코멘트: 인간 욕망의 중심에 물욕이 있다. 그러나 사람이 누릴 수 있는 재화는 한정되어 있고 한 사람이 소유하면 다른 사람의 기회는 상실되는 이유로 늘 분란이 되니 이건 뭐 태풍의 눈이랄까.

헌 법
제23조 ① 모든 국민의 재산권은 보장된다. 그 내용과 한계는 법률로 정한다.★
② 재산권의 행사는 공공복리에 적합하도록 하여야 한다.★
③ 공공필요에 의한 재산권의 수용·사용 또는 제한 및 그에 대한 보상은 법률로써 하되, 정당한 보상을 지급하여야 한다.★★
제13조 ② 모든 국민은 소급입법에 의하여 참정권의 제한을 받거나 재산권을 박탈당하지 아니한다.★
제22조 ② 저작자·발명가·과학기술자와 예술가의 권리는 법률로써 보호한다.

Ⅰ 재산권의 보장

1. 재산권보장의 의의

(1) 재산권의 개념

헌법 제23조 제1항의 재산권이란 **사적유용성**[92] 및 **원칙적 처분권**을 내포하는 **재산가치 있는 구체적 권리**를 말한다(1996.8.29. 95헌바36).★ 여기서 '재산가치 있는 구체적 권리'란 경제적 가치가 있는 모든 공법상 및 사법상의 권리를 말하므로(1992.6.26. 90헌바26),★★ 단순한 법적 지위나 경제적 기회, **반사적 이익**,[93] 기대이익 등은 재산권에 속하지 않는다(1996.8.29. 95헌바36).★★ 헌법재판소도 **국가의 간섭 없이 자유로이 기부할 수 있는 기회**의 보장은 재산권보장의 대상이 아니라고 하였다(1998.5.28. 96헌가5).★ 자연인뿐만 아니라 법인 등 단체도 성질상 사회경제적 영리활동이 가능하므로 재산권의 주체가 된다.

> **판례** 감염병예방법상 집합제한 조치 손실보상 입법부작위   ▶ 2023.6.29. 2020헌마1669 [기각]
>
> (1) 구체적인 권리가 아닌 단순한 이익이나 재화의 획득에 관한 기회 또는 기업활동의 사실적·법적 여건 등은 재산권보장의 대상에 포함되지 아니한다. 감염병예방법에 근거한 집합제한 조치로 일반음식점 영업이 제한되어 영업이익이 감소되었다 하더라도, 청구인들이 소유하는 영업 시설·장비 등에 대한 구체적인 사용·수익 및 처분권한을 제한받는 것은 아니므로, 보상규정의 부재가 재산권을 제한한다고 볼 수 없다.

---

92) 사적유용성(私的有用性)은 개인의 이익을 위해 이용할 만한 특성 즉 개인적 용도에 따른 이용가치를 뜻한다.
93) 권리 등 법률상 이익은 법에 의해 의도된 이익을 말하고, 반사적 이익 등 사실상 이익은 법이 의도하지 않은 결과적 이익을 말한다.

> (2) 감염병 예방을 위한 '집합'제한 조치는 그 자체로 구체적인 재산상 손실을 초래하는 것이 아니고, 유례없이 높은 전파력과 치명률의 코로나19 유행으로 중대한 영업상 손실이 발생하리라는 것을 예상하기 어려웠으므로, 입법자가 미리 집합제한 조치로 인한 영업상 손실을 보상하는 규정을 마련하지 않았다고 하여 곧바로 평등권을 침해하는 것이라고 할 수 없다. 한편 정부는 집합제한 조치로 인한 부담을 완화하기 위하여 소상공인법상 손실보상 등 다양한 지원을 하였고, 그러한 매출 감소는 코로나19 감염을 피하기 위해 사람들이 자발적으로 음식점 방문을 자제한 것에 기인하는 측면도 있다. 따라서 심판대상조항이 감염병환자가 방문한 영업장의 폐쇄 등과 달리, 감염병의 예방을 위하여 집합게한 조치를 받은 영업장의 손실을 보상하는 규정을 두지 않았다고 하더라도, 평등권을 침해한다고 할 수 없다.

(2) 공법상의 권리의 보장요건

공법상의 권리도 사법상의 재산권과 비교될 정도로 강력한 법적 지위가 부여되는 경우 재산권의 보호대상이 된다(2000.6.29. 99헌마289).[94]** 공법상의 권리가 재산권으로 보호받기 위해서는, 권리주체인 개인의 이익을 위해 이용가능해야 하고(**사**적 유용성), 권리주체가 행한 급부의 등가물에 해당하여야 하며(수급자의 상당한 자**기**여), 수급자의 생존의 확보에 **기**여해야 하고, 수급에 관한 구체적인 사항이 **법**률에 규정됨으로써 주관적 공권의 형태를 갖추어야 한다(2000.6.29. 99헌마289). 따라서 의료보험수급권, 공무원의 퇴직급여청구권·퇴직연금수급권과 같이 그 재원의 형성에 기여금 납부를 통한 수급자의 자기기여를 요하는 권리는 재산권의 보호대상이 되지만(2003.12.18. 2002헌바1; 1995.7.21. 94헌바27; 2003.9.25. 2000헌바94등),** 의료급여수급권 등 사회부조청구권[95]과 같이 국가의 일방적인 급부에 대한 권리는 보호대상에서 제외된다(2009.9.24. 2007헌마1092 등).**

🔵 **두문자**
사 기 기 법

> **판례** 개인택시면허   개인택시면허의 양도 및 상속을 금지하는 여객자동차법시행령 조항이 위헌인지 여부(소극)   ▶ 2012.3.29. 2010헌마443등
>
> 개인택시운송사업자는 장기간의 모범적인 택시운전에 대한 보상의 차원에서 개인택시면허를 취득하였거나, 고액의 프리미엄을 지급하고 개인택시면허를 양수한 사람들이므로 개인택시면허는 자신의 노력으로 혹은 금전적 대가를 치르고 얻은 것으로서, 경제적 가치가 있는 공법상의 권리로서 헌법상 보장되는 재산권이다.** 개인택시면허는 행정청의 재량적 처분에 따라 부여된 여객운송사업을 영위할 지위로서 사법상의 재산권과 달리 공적 성격이 강하고, 재산권이 사회적 관련성과 기능을 가질수록 입법자의 폭넓은 형성권한을 가진다. 심판대상조항은 택시의 공급과잉을 해소하고 운행 대수의 적정량을 유지하기 위한 것으로, 개인택시의 공급과잉을 억제할 필요가 있고, 개인택시면허의 양도·상속에 따르는 프리미엄의 획득·유지는 면허처분에 의하여 직접적으로 부여된 이익이 아니므로, 재산권을 침해하는 것으로 볼 수 없다.

---

94) 재산권은 자유의 실현과 물질적 삶의 기초이고, 자유실현의 물질적 바탕을 보호하는 자유보장적 기능으로 말미암아 자유와 재산권은 불가분적인 보완관계에 있다. 자본주의 산업사회의 발전과 함께 개인의 경제적 생활기반이 더 이상 소유물이 아니라, 임금이나 그에서 파생하는 연금과 같이 사회보장적 성격의 권리 등이 되었고, 이로써 필연적으로 헌법 제23조의 재산권의 개념은 자유실현의 물질적 바탕이 될 수 있는 모든 권리로 점점 더 확대되었다(2000.6.29. 99헌마289).
95) 사회부조(社會扶助), 공적부조(公的扶助), 공공부조(公共扶助)란 국가가 생활능력이 부족한 사람에게 최저한도의 생활을 보장하기 위해 본인의 기여와 상관없이 원조하는 것을 말한다.

> **판례** 국외강제동원자지원금 ▶ 2015.12.23. 2010헌마620
>
> 국외강제동원자지원법은 국외강제동원 희생자와 그 유족 등에게 인도적 차원에서 위로금 등을 지원함으로써 이들의 고통을 치유하고 국민화합에 기여함을 목적으로 하고 있는바(제1조), 위 법률의 규정 취지에 비추어 보면, 국외강제동원자지원법상의 위로금은 국외강제동원 희생자와 그 유족이 받은 손해를 보상 내지 배상하는 것이라기보다는, 그들을 위로하고 그들이 입은 고통을 치유하기 위한 인도적 차원의 시혜적인 금전급부로 보는 것이 타당하다. 국외강제동원자지원법상의 위로금을 이와 같이 이해하는 이상, <u>그 위로금은 국외강제동원 희생자 유족의 재산권의 대상에 포함된다고 하기 어렵다.</u> 그 밖에 다른 기본권이 침해된다고 볼 만한 사정도 보이지 않으므로, 이 사건 심판청구는 기본권 침해 가능성의 요건을 갖추지 못하였다.

> **판례** 공무원의 일정 수준의 보수청구권 ▶ 2008.12.26. 2007헌마444
>
> 공무원의 보수청구권은, 법률 및 법률의 위임을 받은 하위법령에 의해 그 구체적 내용이 형성되면 재산적 가치가 있는 공법상의 권리가 되어 재산권의 내용에 포함되지만, 법령에 의하여 구체적 내용이 형성되기 전의 권리, 즉 <u>'공무원이 국가 또는 지방자치단체에 대하여 어느 수준의 보수를 청구할 수 있는 권리'는 단순한 기대이익에 불과하여 재산권의 내용에 포함된다고 볼 수 없다.</u>★★ 따라서 청구인이 주장하는 특정한 또는 구체적 보수수준에 관한 내용이 법령에서 형성된 바 없음에도, 이 사건 법령조항이 그 수준의 봉급월액보다 낮은 봉급월액을 규정하고 있어 청구인의 재산권을 침해한다는 주장은 이유 없다고 할 것이다.

(3) 재산권보장의 개념

헌법은 사회적 제약하의 배타적 지배권을 보호함으로써 **존속보장을 원칙**으로 하되(제23조 제1항·제2항), 공공필요에 의한 합법적 공용침해를 허용함으로써 **예외적인 가치보장**을 인정한다(동조 제3항). 96)★★

2. 재산권보장의 성격

헌법재판소는 "재산권보장은 <u>개인이 향유하는 재산권을 **기본권으로 보장**</u>하고 개인이 재산권을 향유할 법제도로서 **사유재산제도를 보장**한다는 **이중적 의미**를 가진다"고 판시하였다(1993.7.29. 92헌바20).★★

Ⅱ 재산권의 내용과 한계

1. 재산권의 내용 및 한계의 형성

헌법 제23조 제1항 후문은 다른 기본권 규정과는 달리 <u>재산권의 내용과 한계가 법률에 의해 구체적으로 형성되는 **기본권형성적 법률유보**</u>의 형태를 띠고 있으므로, 헌법상 재산권의 구체적 모습은 그 내용과 한계를 정하는 법률에 의하여 실현되게 된다(1993.7.29. 92헌바20).★ 재산권을 형

---

96) '존속보장'은 현존 재산 자체를 보장하는 것을 말하고, '가치보장'은 교환적 가치를 보장하는 것을 말한다.

성하는 법률은 동시에 구법상의 권리관계를 제한하는 효과를 가지므로, 재산권을 형성하는 법률은 헌법 제37조 제2항의 비례의 원칙을 기준으로 판단하였을 때 장래에 적용될 법률이 헌법에 합치해야 할 뿐만 아니라, 구법에 의거한 구체적 권리의 침해를 정당화하는 이유가 존재해야 한다(2005.5.26. 2004헌바90 등).★

2. 재산권의 사회적 제약

헌법 제23조 제2항은 재산권의 사회적 제약(사회기속성)을 규정하고 있는데, 재산권의 객체가 지닌 사회적 연관성과 사회적 기능이 클수록 입법자에 의한 더 광범위한 제한이 정당화된다(2010.2.25. 2010헌바39등).★★ 헌법재판소는 "토지는 공급이 제한되어 있고 모든 국민이 그 이용에 의존하고 있어 공공성이 강하게 요청되며, 농지의 경우 사회적 공공성이 일반적인 토지보다 더 강하다"고 하였고(2010.2.25. 2008헌바116),★★ "동물은 자연환경을 구성하는 생명체로서 환경유지를 위해 보존해야 할 공익이 있으므로, 일반적인 물건에 비하여 동물에 대한 재산권 행사는 사회적 공공성이 매우 크다"고 하였다(2013.10.24. 2012헌바431).★

3. 재산권의 사회적 제약과 공용침해의 구별

헌법 제23조는 보상규정 없는 사회제약과 보상규정 있는 공용침해를 명시하고 있는데, 동조 제2항의 '사회제약'이란 개인이 사회국가실현에 불가피한 일반적 재산권제약(일반희생)을 수인해야 한다는 것을 말하고, 동조 제3항의 '공용침해'란 국가가 공익사업에 필요한 특별한 재산권제약(특별희생)을 보상과 함께 행하는 것을 말한다. 헌법재판소는 개발제한구역제 사건(1998.12.24. 89헌마214등)에서 재산권제약의 일반적인 수인한도를 넘는 사회제약입법에 관하여 헌법 제23조 제3항이 아닌 동조 제1항 및 제2항에 근거한 보상을 요구함으로써 사회제약과 공용침해의 의미를 엄밀히 구분하고 있다.★

4. 재산권의 내용 관련 헌법재판소 판례

판례 **민법상 유류분제도** 유류분상실사유를 별도로 규정하지 아니한 민법 조항, 형제자매의 유류분을 규정한 민법 조항, 기여분에 관한 민법 제1008조의2를 유류분에 준용하지 아니한 민법 조항 등이 위헌인지 여부(일부 적극) ▶ 2024.4.25. 2020헌가4등 [위헌, 헌법불합치, 합헌]

유류분제도는 피상속인의 재산처분행위로부터 유족의 생존권을 보호하고, 법정상속분의 일정비율에 상당하는 부분을 유류분으로 산정하여 상속재산형성에 대한 기여, 상속재산에 대한 기대를 보장하려는 것인바, 입법목적이 정당하고 수단도 적합하다. 유류분권리자와 유류분을 개별적으로 적정하게 입법하는 것이 현실적으로 매우 어려운 점 등을 고려하면, 민법 제1112조가 유류분권리자와 유류분을 획일적으로 규정한 것이 매우 불합리하다고 단정하기 어렵다. 그러나 비록 민법 제1004조 소정의 상속인 결격사유에는 해당하지 않지만 피상속인을 장기간 유기하거나 정신적·신체적으로 학대하는 등의 패륜적인 행위를 일삼은 상속인의 유류분을 인정하는 것은 일반 국민의 법감정과 상식에 반하므로, 민법 제1112조 제1호부터 제3호가 유류분상실사유를 별도로 규정하지 아니한 것은 현저히 불합리하다. 오늘날 가족구조가 핵가족화되고 1인 가구도 증가한 상황에서, 상속재산형성에 대한 기여나 상속재산에 대한 기대 등이 거의 인정되지 않는 피상속인의 형제자매에게까지 유류분을 인정하는 민법

제1112조 제4호는 현저히 불합리하다. 기여분에 관한 제1008조의2를 유류분에 준용하지 않은 민법 제1118조 때문에 피상속인을 오랜 기간 부양하거나 상속재산형성에 기여한 기여상속인이 정당한 대가로 받은 기여분 성격의 증여까지도 유류분 산정 기초재산에 산입되어 비기여상속인에게 반환하여야 하는 부당한 상황이 발생하여, 기여상속인과 비기여상속인 간의 실질적 형평과 연대가 무너지고, 기여상속인에게 보상을 하려고 한 피상속인의 의사가 부정되는 현저히 불합리한 결과를 초래한다. 따라서 위 조항들에 관하여는 침해의 최소성과 법익의 균형성이 충족되지 않는다.

판례 **저작재산권자 등의 공연권 제한** 청중이나 관중으로부터 당해 공연에 대한 반대급부를 받지 아니하는 경우 상업용 음반 등을 재생하여 공중에게 공연할 수 있도록 한 저작권법 조항이 위헌인지 여부(소극) ▶ 2019.11.28. 2016헌마1115등 [기각]

심판대상조항은 공중이 저작물의 이용을 통한 문화적 혜택을 누릴 수 있도록 하기 위한 것으로, 심판대상조항이 적용되는 공연의 경우 저작재산권자 등은 해당 상업용 음반 등에 관한 권리를 행사할 수 없으나 저작권법상의 예외사유에 해당하는 경우에는 여전히 해당 상업용 음반 등에 관한 권리를 행사할 수 있다는 점, 위 조항들은 재산권의 원칙적 제한 및 예외적 보장의 형식을 취하고 있으나 이는 입법자가 구체적 사안에서 저작재산권자 등의 재산권 보장과 공중의 문화적 혜택 향수라는 공익이 조화롭게 달성되도록 하기 위하여 선택한 규율형식이라는 점, 심판대상조항에 의한 공연을 통해 해당 상업용 음반 등이 공중에 널리 알려짐으로써 판매량이 증가하는 등 저작재산권자 등이 간접적인 이익을 얻을 가능성도 있다는 점을 종합하면, 심판대상조항이 비례의 원칙에 반하여 저작재산권자 등의 재산권을 침해한다고 볼 수 없다.★

판례 **지방의원 취임 퇴직·퇴역연금 수급자 연금 전부 지급 정지** 퇴직·퇴역연금 수급자가 지방의회의원에 취임한 경우 그 재직기간 중 연금 전부의 지급을 정지하는 공무원연금법 및 군인연금법 조항이 위헌인지 여부(적극) ▶ 2022.1.27. 2019헌바161; 2024.4.25. 2022헌가33 [헌법불합치]

심판대상조항은 악화된 연금재정을 개선하여 연금제도의 건실한 유지·존속을 도모하고 연금과 보수의 이중수혜를 방지하려는 것이나, 퇴직공무원 및 퇴역군인의 적정한 생계 보장이라는 연금제도의 취지에 비추어, 연금 지급을 정지하기 위해서는 '연금을 대체할 만한 소득'이 전제되어야 한다는 점, 지방의회의원이 받는 의정비 중 의정활동비는 의정활동 경비 보전을 위한 것이므로 연금을 대체할 만한 소득이 있는지 여부는 월정수당을 기준으로 판단하여야 한다는 점, 퇴직·퇴역연금 수급자인 지방의회의원 중 약 4분의 3에 해당하는 의원이 연금보다 적은 액수의 월정수당을 받고 있다는 점. 월정수당은 지방자치단체에 따라 편차가 크고 안정성이 낮다는 점 등을 종합하면, 과잉금지원칙에 반하여 퇴직·퇴역연금 수급자의 재산권을 침해한다.★★

판례 **가축 살처분 보상금 수급권의 귀속주체** 살처분된 가축의 소유자가 축산계열화사업자인 경우 계약사육농가의 수급권 보호를 위해 보상금을 계약사육농가에 지급하도록 한 '가축전염병 예방법' 조항이 위헌인지 여부(적극) ▶ 2024.5.30. 2021헌가3 [헌법불합치]

가축의 살처분으로 인한 재산권의 제약은 가축의 소유자가 수인해야 하는 사회적 제약의 범위에 속하나, 권리자에게 수인의 한계를 넘어 가혹한 부담이 발생하는 예외적인 경우에는 이를 완화하는 보상 규정을 두어야 하고, 그 방법에 관하여는 입법자에게 광범위한 형성의 자유가 부여된다.★ 심판대상조항은 축산계열화사업자에 비해 열세에 놓인 계약사육농가가 갖는 교섭력의 불균형을 시정하기 위한 것인데, 축산계열화사업자는 가축의 소유권이 자신에게 있는 만큼 대세효 있는 담보권을 설정할 수

> 없으므로 그가 입은 경제적 가치의 손실을 회복하는 데에 한계가 있다는 점, 살처분 보상금을 가축의 소유자인 축산계열화사업자와 계약사육농가에게 개인별로 지급함으로써 대상 가축의 살처분으로 인한 각자의 경제적 가치의 손실에 비례한 보상을 실시하는 것은 입법기술상으로 불가능하지 않은 점 등을 고려하면, 재산권의 과도한 부담을 완화하기 위한 조정적 보상조치에 관하여 인정되는 입법재량의 한계를 벗어나 가축의 소유자인 축산계열화사업자의 재산권을 침해한다.

5. 특별부담금과 재산권의 침해

(1) 특별부담금의 의의

특별부담금이란 공적 급부와 관계없이 특정한 공익사업과 관련하여 특정집단에게 부과되는 조세 외의 인적 공용부담을 말한다(2003.7.24. 2001헌바96). 특별부담금은 성격에 따라 ① 순수하게 재정조달 목적만 가지는 '**재정조달목적 특별부담금**'과 ② 재정조달 목적뿐만 아니라 부담금의 부과 자체로 추구되는 특정한 사회·경제정책 실현 목적을 가지는 '**정책실현목적 특별부담금**'으로 양분된다(2007.5.31. 2005헌바47).[97]

> **판례** **개발부담금의 성격** • 2016.6.30. 2013헌바91등 [합헌]
>
> 어떤 공과금이 조세인지 아니면 부담금인지는 단순히 법률에서 그것을 무엇으로 성격 규정하고 있느냐를 기준으로 할 것이 아니라, 그 실질적인 내용을 결정적인 기준으로 삼아야 한다. ★ 그런데 개발이익을 환수하기 위하여 도입된 개발부담금과 토지초과이득세의 입법연혁에 비추어 양자는 그 목적과 기능에 있어서 본질적으로 다르지 아니하다. 그렇다면 개발이익환수법상의 개발부담금은 '국가 또는 지방자치단체가 재정수요 충족을 위해 반대급부 없이 법률상 요건에 해당하는 모든 자에 더하여 일반적 기준에 의하여 부과하는 금전급부'라는 조세로서의 특징을 지니고 있으므로, 실질적 조세로 보아야 한다. ★

(2) 특별부담금의 헌법적 허용한계

헌법은 **조세를 통하여 국가재정을 충당할 것을 예정**하고 있는바,[98] 입법자는 **재정조달의 형식을 자유롭게 선택할 수 없고**, 조세 외적인 재정충당은 예외적으로 허용되어야 한다(2004.7.15. 2002헌바42).★★ 헌법재판소는 "재정조달목적 부담금의 부과가 정당화되려면, 국가의 일반적 과제와 구별되는 특수한 **공**적 과제의 존재, 납부의무자의 특별히 밀접한 **관**련성, 징수의 적정성에 관한 입법자의 지속적인 **심**사가 요구되며, '특별히 밀접한 관련성'과 관련하여, 일반인과 구별되는 집단적 **동**질성, 특정 과제와의 객관적 **근**접성, 조세외

공 관 심 동 근
책 효

---

97) 정책실현목적의 부담금은 개별행위에 대한 명령·금지 등 직접적인 규제수단을 사용하는 대신 금전적 부담의 부과를 통하여 간접적으로 국민의 행위를 유도하고 조정함으로써 사회적·경제적 정책목적을 달성하고자 하는 것이다(2005.3.31. 2003헌가20). 재정조달목적 부담금의 경우에는 공적 과제가 부담금 수입의 지출 단계에서 비로소 실현되나, 정책실현목적 부담금의 경우에는 공적 과제의 전부 혹은 일부가 부담금의 부과 단계에서 이미 실현된다(2004.7.15. 2002헌바42).★
98) 헌법 제38조는 국민의 납세의무를 규정하여 조세의 납부를 국민의 기본의무로서 규정하고 있고, 헌법 제59조는 조세법률주의를 규정하여 행정의 자의적인 조세부과를 엄격히 통제하고 있다. 헌법이 여러 공과금 중 조세에 관하여 특별히 명시적 규정을 두고 있는 것은 국가 또는 지방자치단체의 공적 과제 수행에 필요한 재정의 조달이 일차적으로 조세에 의해 이루어질 것을 예정하였기 때문이다(2004.7.15. 2002헌바42).

적 부담에 관한 집단적 **책**임성의 존재와 부과의 정당성 제고를 위한 집단적 **효**용성의 고려가 요구된다"고 판시하였다(2008.11.27. 2007헌마860).★

(3) 특별부담금 관련 헌법재판소 판례
㈎ 재정조달목적 특별부담금

판례 물이용부담금 ▶ 2020.8.28. 2018헌바425 [합헌]

한강수계법상 한강수계관리기금을 조성하는 재원인 물이용부담금은 상수도의 직접적인 이용 대가로 볼 수 있는 수도요금과 구별되는 별개의 금전으로서, 한강을 취수원으로 한 수돗물의 최종수요자에게만 부과되고, 법에서 열거한 용도로 사용되며, 별도의 운용계획에 따라 관리되고, 납부의무자의 행위를 특정한 방향으로 유도하려는 목적이 없는 점을 종합하면, 재정조달목적 부담금에 해당한다.★★ 부담금 납부대상자는 공공재로서 한강에서 취수된 물을 공급받아 소비하고 수질개선을 통해 양질의 수자원을 제공받는 특별한 이익을 얻는 등 한강 수질개선 과제와 특별히 밀접한 관련성을 가지므로 물이용부담금의 부과는 공적과제 달성을 위한 적합한 수단에 해당하고, 한강 수질개선 사업은 해당 국민의 건강·생활환경과 밀접한 관련을 갖는 중대한 공적과제이므로 침해최소성과 법익균형성도 충족하는바, 부담금부과조항이 과잉금지원칙에 반하여 재산권을 침해한다고 볼 수 없다.

판례 회원제 골프장 부가금 ▶ 2019.12.27. 2017헌가21 [위헌]

국민체육진흥법상 국민체육진흥기금을 조성하는 재원인 회원제 골프장 입장료 부가금은, 특정 부류의 집단에만 부과되고, 법에서 열거한 용도로 사용되며, 독립된 회계로 관리되고, 납부의무자의 행위를 특정한 방향으로 유도하려는 목적이 없는 점을 종합하면, 재정조달목적 부담금에 해당한다. 골프장 부가금의 공적 과제인 '국민체육의 진흥'은 체육정책 전반에 관한 규율사항을 폭넓게 아우르는 것으로서 특별한 공적 과제로 보기에 무리가 있다. 부가금의 납부의무자는 여러 체육시설 중 회원제로 운영되는 골프장을 이용한다는 점에서 동질적인 특정 요소를 갖추고 있으나, 광범위한 목표를 바탕으로 다양한 규율을 수반하는 공적 과제에 국민 중 어느 집단이 특별히 더 근접한다고 보기 어렵고, 그 결과 납부의무자의 집단적 책임성을 인정하기 어려우며, 국민 모두를 대상으로 하는 효용성을 놓고 집단적 효용성을 인정하기도 어려우므로, 납부의무자가 공적과제에 대해 특별히 밀접한 관련성을 가진다고 볼 수 없다. 따라서 심판대상조항은 합리적 이유 없는 차별을 초래하므로 평등원칙에 위배된다.

판례 영화발전기금 ▶ 2008.11.27. 2007헌마860 [기각]

이 사건 부과금은 한국영화·비디오 산업의 진흥이라는 특정 공적 과제의 수행을 위한 것으로, 납부의무자의 행위를 특정한 방향으로 유도하려는 목적이 없는 재정조달목적 부담금에 해당한다.★ 영화진흥법상 영화관 관람객이 입장권 가액의 100분의 3을 부담하도록 강제하는 내용의 영화상영관 입장권 부과금 제도는, 특정 공적 과제의 수행을 위하여 영화라는 단일 장르의 예술의 향유자로서 집단적 동질성이 있는 영화상영관 관람객에게 과다하지 않은 부담액을 한시적으로 부과하고 있으므로, 영화관 관람객의 재산권 등을 침해하였다고 볼 수 없다.★

판례 문화예술진흥기금 ▶ 2003.12.18. 2002헌가2 [위헌]

이 사건 문화예술진흥법 조항은 문화시설 이용자들에게 문예진흥기금의 납입의무를 부과하고 있는바, 현대 문화국가에 있어서는 공연장 등의 이용이 선택된 문화적 향수자라고 구획될 만한 특정한 국민에게만 한정되는 것이 아니므로, 우연히 관람기회를 갖는다고 하여 특별한 집단으로 인정하는 것은 재정충당 특별부담금의 헌법적 허용한계를 일탈하여 헌법에 위반되고, 모금액, 모금방법은 모금에 관한 중요한 사항임에도 이에 관하여 아무런 제한 없이 대통령령에 위임하고 있으므로 포괄위임입법금지원칙에 위배된다.

판례 텔레비전방송수신료 ▶ 2008.2.28. 2006헌바70 [합헌]

텔레비전 수신료는 공영방송사업이라는 특정한 공익사업의 경비조달에 충당하기 위하여 수상기를 소지한 특정집단에 대하여 부과되는 특별부담금으로서 조세라고 할 수 없으므로 이에 관해서는 조세법률주의가 적용되지 아니한다.★★ 수신료의 납부의무자는 텔레비전 방송을 수신하기 위하여 수상기를 소지하고 있는 자들로서 일반인들과 구별되는 집단적 동질성을 가지고 있으며, 공영방송의 시청, 방송문화활동의 직·간접적인 수혜자라는 점에서 객관적으로 밀접한 관련성을 가지고, 또한 이러한 공적과제 실현에 있어 조세외적 부담을 져야 할 집단적 책임이 인정되고, 수신료 수입이 결국 수신료 납부의무자들의 집단적 이익을 위하여 사용된다 할 것이므로 수신료 납부의무자들과 수신료를 통해 달성하려는 특별한 공적 과제 사이에는 '특별히 밀접한 관련성'이 인정된다. 따라서 방송법 제64조는 수상기 소지자의 재산권을 침해하지 아니한다.

판례 수분양자 학교용지부담금 ▶ 2005.3.31. 2003헌가20 [위헌]

의무교육에 필요한 학교시설은 국가의 일반적 과제이고, 학교용지는 의무교육을 시행하기 위한 물적 기반으로서 필수조건임은 말할 필요도 없으므로 이를 달성하기 위한 비용은 국가의 일반재정으로 충당하여야 한다. 따라서 적어도 의무교육에 관한 한 일반재정이 아닌 부담금과 같은 별도의 재정수단을 동원하여 그 비용을 충당하는 것은 의무교육의 무상성을 선언한 헌법에 반한다. 학교용지의 확보는 가장 기본적이고 일반적인 공익사업이고, 수분양자들은 공동주택을 동시에 분양받았다는 사실 이외에 구체적인 이해관계가 서로 다르므로 일반 국민과 구별되는 집단적 동질성과 밀접한 관련성을 갖는다고 할 수 없다. 결국 신규 주택의 수분양자들에게 학교용지부담금을 부과하는 학교용지법 조항은 합리적인 이유가 없는 차별에 해당한다.★

판례 개발사업자 학교용지부담금 ▶ 2008.9.25. 2007헌가1 [합헌]

의무교육 무상에 관한 헌법규정은 교육을 받을 권리를 보다 실효성 있게 보장하기 위해 의무교육 비용을 학령아동 보호자의 부담으로부터 공동체 전체의 부담으로 이전하라는 명령일 뿐 의무교육의 모든 비용을 조세로 해결해야 함을 의미하는 것은 아니므로, 이 사건 학교용지법 조항은 의두교육의 무상원칙에 위배되지 아니한다.★★ 개발사업자는 개발사업을 통해 이익을 얻었다는 점에서 개발사업 지역에서의 학교시설 확보라는 특별한 공익사업에 대해 밀접한 관련성을 가지고 있을 뿐만 아니라 이에 대해 일정한 부담을 져야 할 책임도 가지고 있는바, 개발사업자에 대한 학교용지부담금 부과는 평등원칙에 위배되지 아니한다.

(나) 정책실현목적 특별부담금

판례 경유차 환경개선부담금 ▶ 2022.6.30. 2019헌바440 [합헌]

환경개선부담금은 경유차가 유발하는 대기오염으로 인해 발생하는 사회적 비용을 오염원인자인 경유차 소유자에게 부과함으로써 경유차 소비 및 사용 자제를 유도하고 환경개선을 위한 투자재원을 합리적으로 조달하기 위한 것이므로 정책실현목적의 유도적 부담금에 해당한다. 증가하는 경유차의 수 대비 제한된 행정력, 개별 경유차의 차량관리상태 측정 및 주행거리 확인을 위해 소요되는 시간적·경제적 비용 등을 고려할 때, 부담금 부과 시마다 개별 경유차의 차량관리 상태를 정확히 측정하고, 주행거리를 일일이 확인하여 그에 비례하는 부과금을 산정하는 것은 현실적으로 어렵다는 점 등을 종합하면, 심판대상조항이 과잉금지원칙에 반하여 재산권을 침해한다고 볼 수 없다.*

III 재산권의 공용침해

1. 공용침해의 목적

헌법 제23조 제3항의 '공공필요'란 국민의 재산권을 그 의사에 반하여 강제적으로라도 취득해야 할 공익적 필요성을 의미한다.* 즉 **"공공필요"**의 개념은 **'공익성'**과 **'필요성'**을 구성요소로 하는데(2014.10.30. 2011헌바172등),** 재산권의 존속보장이념에 비추어 '공익성'은 기본권 일반의 제한사유인 헌법 제37조 제2항의 **'공공복리'**보다 좁게 보아야 하고,** '필요성'은 공익과 사익의 비교형량에서 사익침해를 정당화 할 공익의 우월성이 인정되어야 한다(2014.10.30. 2011헌바172등).*

판례 민간개발자의 고급골프장수용   고급골프장 사업과 같이 공익성이 낮은 사업에 대해서까지 민간개발자에게 수용권한을 부여하는 구 지역균형개발법 조항이 위헌인지 여부(적극)
▶ 2014.10.30. 2011헌바172등 [헌법불합치]

이 사건에서 문제된 지구개발사업의 하나인 '관광휴양지 조성사업' 중에는 고급골프장, 고급리조트 등의 사업과 같이 입법목적에 대한 기여도가 낮을 뿐만 아니라, 대중의 이용·접근가능성이 작아 공익성이 낮은 사업도 있다. 또한 고급골프장 등 사업은 그 특성상 사업 운영 과정에서 발생하는 지방세수 확보와 지역경제 활성화는 부수적인 공익일 뿐이고, 이 정도의 공익이 그 사업으로 인하여 강제수용 당하는 주민들의 기본권침해를 정당화할 정도로 우월하다고 볼 수는 없다. 따라서 이 사건 법률조항은 공익적 필요성이 인정되기 어려운 민간개발자의 지구개발사업을 위해서까지 공공수용이 허용될 수 있는 가능성을 열어두고 있어 헌법 제23조 제3항에 위반된다.**

판례 민간기업의 토지수용   민간기업에게 산업단지개발사업에 필요한 토지 등을 수용할 수 있도록 한 산업입지법 조항이 위헌인지 여부(소극)   ▶ 2009.9.24. 2007헌바114 [합헌]

헌법 제23조 제3항은 정당한 보상을 전제로 하여 재산권의 수용 등에 관한 가능성을 규정하고 있지만, 재산권 수용의 주체를 한정하지 않고 있으므로 민간기업을 수용의 주체로 규정한 자체를 두고 위헌이라고 선언할 수 없으나,** 이윤의 추구라는 사익에 매몰되어 민간기업의 활동으로부터 획득될 수 있는 공익이 현저히 훼손된다거나 소실되는 경우라면, 그와 같은 입법은 헌법 제23조 제3

항에 위반될 소지가 있다 할 수 있다. 그러나 산업입지법상 여러 규정들의 내용에 비추어, 산업단지를 조성함으로써 달성, 견지하고자 한 공익목적이 해태되지 않도록 하는 제도적 규율이 결여되어 있다고 보기 어렵다. 그렇다면 이 사건 수용조항은 헌법 제23조 제3항의 '공공필요성'을 갖추고 있다고 보인다.★

2. 공용침해의 조건

헌법상 '정당한 보상'의 의미에 대해서99) 헌법재판소는 "동조항의 '**정당한 보상**'이란 원칙적으로 피수용재산의 객관적인 재산가치를 완전하게 보상하여야 한다는 **완전보상**을 의미하는 것으로서, 재산권의 객체가 갖는 객관적 가치란 그 물건의 성질에 정통한 사람들의 자유로운 거래에 의하여 도달할 수 있는 합리적인 매매가능가격, 즉 시가에 의하여 산정되는 것이 '보통이나, 객관적인 가치평가를 위해 '공시지가'를 기준으로 한 것이 헌법에 위배되는 것은 아니다"라고 판시하였다(1995.4.20. 93헌바20등; 2002.12.18. 2002헌가4).★

> **판례** **개성공단 전면중단 조치** 대통령이 2016. 2. 10.경 개성공단의 운영을 즉시 전면 중단하기로 결정하고 개성공단에 체류 중인 국민들 전원을 대한민국 영토 내로 귀환하도록 한 조치가 위헌인지 여부(소극) ▶ 2022.1.27. 2016헌마364 [기각, 각하]
>
> (1) 개성공단 투자기업 등과 거래하던 국내기업으로서 협력기업인 청구인들은 이 사건 중단조치의 직접적인 상대방이 아니고, 개성공단 투자기업 등이 받은 영향으로 인해 영업이익이 감소되는 피해를 보았더라도 이는 간접적·경제적 이해관계에 불과하므로, 이들의 심판청구는 자기관련성이 없어 부적법하다.
> (2) 이 사건 중단조치는 북한의 핵무기 개발로 인한 위기에 대처하기 위한 것으로 국가안보와 관련된 고도의 정치적 결단을 요하는 문제이기는 하나, 국민의 기본권 제한과 직접 관련된 공권력의 행사는 국민의 기본권 보장을 사명으로 하는 헌법재판소의 기능상 헌법소원심판의 대상이 될 수 있다.★★
> (3) 개성공단 협력사업이 전면 중단됨으로써 개성공단 내 생산설비, 생산물품 등을 처분하지 못하게 되었으므로, 투자기업의 영업의 자유와 재산권이 제한된다. 이 사건 중단 조치는 국가안보와 관련된 조치로서, 현지 체류 국민들의 신변안전을 위해 최대한 기밀로 유지하면서 신속하게 처리할 필요가 있었고, 국가안보에 관한 필수 기관이 참여하는 국가안보장회의 협의를 거쳤으므로, 국무회의의 심의 등을 거치지 않았더라도 적법절차원칙에 반하여 투자기업의 기본권을 침해하지 아니한다.★ 이 사건 중단조치는 국제평화와 국민의 신변안전을 위한 것으로 단계적 중단만으로는 일괄 중단과 동일한 경제제재의 목적을 달성하기 어렵다는 정치적 판단이 불합리해 보이지 않는다는 점, '개성공단의 정상화를 위한 합의서'에는 국내법과 동일한 법적 구속력을 인정하기 어렵고, 과거 사례에 비추어 개성공단의 중단가능성은 충분히 예상할 수 있었다는 점을 고려하면, 과잉금지원칙, 신뢰보호원칙에 반하여 투자기업의 기본권을 침해하지 아니한다. 이 사건 중단조치에 의해 개별적, 구체적으로 이미 형성된 구체적 재산권이 공익목적을 위해 제한되는 공용 제한이 발생한 것이 아니고, 그로 인해 발생한 영업손실이나 주식 등 권리의 가치 하락은 헌법 제23조의 재산권보장의 범위에 속한다고 보기 어려우므로, 정당한 보상이 지급되지 않았더라도 헌법 제23조 제3항에 반하여 투자기업의 재산권을 침해하지 아니한다.★★

---

99) 피침해재산의 객관적 가치를 완전하게 보상해야 한다는 '완전보상설', 사회통념에 비추어 공정하고 타당한 보상이면 된다는 '상당보상설', 완전보상이 원칙이나 특별한 경우에는 상당보상도 가능하다는 '절충설'이 대립한다.

| 제2항 | 직업의 자유

생계수단을 선택할 권리

> **코멘트**
> 국가가 우릴 먹여 살릴 순 없으니 굶어 죽지 않으려면 어떤 일거리라도 찾아서 돈을 벌어야 해. 그래서 직업에는 귀천이 없다고 하나봐. 하지만 돈벌이를 계속하려면 무한 경쟁에서 반드시 살아남아야 한다는 점 명심해.

헌 법
제15조 모든 국민은 직업선택의 자유를 가진다.

Ⅰ 직업의 자유의 의의

두문자
생 계 불 문

헌법 제15조의 직업의 자유란 자유롭게 자신의 직업을 선택·종사·변경할 수 있는 자유를 말한다. 직업의 자유는 제3공화국헌법(1962년)부터 규정되었다. ① 직업의 개념요소와 관련하여 헌법재판소는 "**생**활의 기본적 수요를 충족시키기 위한 **계**속적인 소득활동을 의미하며 그 종류나 성질은 **불문**한다"고 판시하면서(1992.5.13. 92헌마80),** "**성매매**는 그 사회적 유해성과는 별개로 성판매자의 입장에서 직업의 개념을 충족하므로, 성매매 처벌조항은 성판매자의 직업선택의 자유도 제한한다"고 하여 공공무해성을 요구하지 않는 입장이다(2016.3.31. 2013헌가2).**
② 직업의 자유는 기본적으로 경제적 자유권이지만 다른 한편 **사회적 시장경제질서라고 하는 객관적 법질서의 불가결한 구성요소**이기도 하다(1997.4.24. 95헌마273).*

> **판례 직업의 개념요소** ▶ 2003.9.25. 2002헌마519
>
> 직업의 자유에 의한 보호의 대상이 되는 '직업'은 '생활의 기본적 수요를 충족시키기 위한 계속적 소득활동'을 의미하며 그러한 내용의 활동인 한 그 종류나 성질을 묻지 아니한다.** 이러한 직업의 개념표지들은 개방적 성질을 지녀 엄격하게 해석할 필요는 없는바, '계속성'과 관련하여서는 주관적으로 활동의 주체가 어느 정도 계속적으로 해당 소득활동을 영위할 의사가 있고, 객관적으로도 그러한 활동이 계속성을 띨 수 있으면 족하다고 해석되므로 휴가기간 중에 하는 일, 수습직으로서의 활동 따위도 이에 포함된다고 볼 것이고,** 또 '생활수단성'과 관련하여서는 단순한 여가활동이나 취미활동은 직업의 개념에 포함되지 않으나 겸업이나 부업은 삶의 수요를 충족하기에 적합하므로 직업에 해당한다고 말할 수 있다. 이 사건에 있어 대학생이 방학기간을 이용하여 또는 휴학 중에 학비 등을 벌기 위해 학원강사로서 일하는 행위는 어느 정도 계속성을 띤 소득활동으로서 직업의 자유의 보호영역에 속한다고 봄이 상당하다.**

Ⅱ 직업의 자유의 주체

자연인인 국민과 법인 등 단체가 직업의 자유의 주체가 된다는 점에는 의문이 없으나,* 외국인도 주체가 되는지에 관해서는 견해가 대립한다. 헌법재판소는 "직업의 자유 중 직장선택의 자유는 인간의 존엄과 가치 및 행복추구권과도 밀접히 관련되는 만큼 단순히 국민의 권리가 아닌 인간의 권리로 보아야 할 것이므로 <u>외국인이 **적법하게 근로관계를 형성**한 경우 제한적으로 직장선택의 자유의 주체성이 인정될 수 있다</u>"고 판시하였고(2011.9.29. 2007헌마1083등),** "직업의 자유는 인류보편적인 성격을 지니고 있지 아니하여 원칙적으로 국민의 권리에 해당하므로 외국인의 직업의 자유는 법률 이전에 헌법에 의해서 부여된 기본권이라고 할 수 없고, **적법한 근로관계가 형성되기 전단계인 특정한 직업을 선택할 수 있는 권리는 헌법상 기본권에서 유래되는 것이 아니다**"라고 판시하였다(헌재 2014.8.28. 2013헌마359). 100) ★★

Ⅲ 직업의 자유의 내용

직업의 자유는 '직업결정의 자유(협의의 직업선택의 자유)', '직업행사(직업수행)의 자유'를 포함하고, 전자에는 직종 및 직업교육장선택의 자유, 직업이탈(전직)의 자유, 겸직의 자유가, 후자에는 영업의 자유, 기업의 자유, 경쟁의 자유, 직장선택의 자유가 포괄된다(2002.11.28. 96헌바101 등). ★★ 헌법재판소는 "직업의 자유에 '**해당 직업에 합당한 보수를 받을 권리**'까지 포함되어 있다고 보기 어렵다"고 판시하였다(2008.12.26. 2007헌마444). ★

> **판례 직장선택의 자유의 내용** ▶ 2002.11.28. 2001헌바50
>
> 직업의 자유는 독립적 형태의 직업활동 뿐만 아니라 고용된 형태의 종속적인 직업활동도 보장한다. 따라서 직업선택의 자유는 직장선택의 자유를 포함한다. 이러한 직장선택의 자유는 개인이 그 선택한 직업분야에서 구체적인 취업의 기회를 가지거나, 이미 형성된 근로관계를 계속 유지하거나 포기하는 데에 있어 국가의 방해를 받지 않는 자유로운 선택·결정을 보호하는 것을 내용으로 한다. 그러나 이 기본권은 원하는 직장을 제공하여 줄 것을 청구하거나 한번 선택한 직장의 존속보호를 청구할 권리를 보장하지 않으며, 또한 사용자의 처분에 따른 직장 상실로부터 직접 보호하여 줄 것을 청구할 수도 없다. 다만 국가는 이 기본권에서 나오는 객관적 보호의무, 즉 사용자에 의한 해고로부터 근로자를 보호할 의무를 질 뿐이다. ★★

> **판례 외국인근로자 사업장 변경사유 제한** 외국인근로자의 사업장 변경 사유를 '사용자의 근로계약 해지 또는 갱신거절, 사용자의 근로조건 위반 또는 부당한 처우 등 외국인근로자의 책임이 아닌 사유로 사회통념상 그 사업(장)에서 근로를 계속할 수 없게 되는 경우'로 제한한 외국인고용법 조항이 위헌인지 여부(소극) ▶ 2021.12.23. 2020헌마395 [기각]
>
> 이 사건 사유제한조항은 원칙적으로 외국인근로자의 의사에 따른 사업장 변경을 금지함으로써 중소기업 등이 안정적으로 노동력을 확보할 수 있도록 하고, 내국인근로자의 고용기회나 근로조건을 교란하는 것을 방지하려는 것으로, 외국인근로자가 근로계약을 해지하거나 갱신을 거절하고 자유롭게 사업장 변경을 신청할 수 있도록 한다면, 사용자로서는 인력의 안정적 확보와 원활한 사업장 운영에 큰 어려움을 겪을 수밖에 없다는 점에서 외국인근로자의 자유로운 사업장 변경 신청권을 인정하지 않는 것은 불가피한 제한으로 볼 수 있으므로, 청구인들의 직장선택의 자유를 침해하지 아니한다.

---

100) 이러한 논리에 따르면 불법체류 외국인의 경우 직업의 자유의 주체성이 부정된다.

Ⅳ 직업의 자유의 제한과 그 한계

1. 직업의 자유의 제한과 단계이론(단계적 한계)

두문자
행 주 객

독일연방헌법재판소가 직업의 자유의 제한에 관해 과잉금지원칙을 구체화한 단계이론은, 제한강도에 따라 1단계인 직업**행**사의 자유의 제한, 2단계인 **주**관적 사유에 의한 직업결정의 자유의 제한, 3단계인 **객**관적 사유에 의한 직업결정의 자유의 제한으로 세분하여 제한강도가 커질수록 보다 엄격한 심사를 요구하는 심사밀도 차등화 이론이며, 우리 헌법재판소도 이와 유사한 이론을 제시하고 있다(1993.5.13. 92헌마80 등).★★

> **판례** 복수면허 의료인의 택일적 의료기관 개설   의사 및 한의사의 복수면허 의료인도 양방 또는 한방 중 하나의 의료기관만을 개설할 수 있도록 한 의료법 조항이 위헌인지 여부(적극)
> ▶ 2007.12.27. 2004헌마1021 [헌법불합치]
>
> 복수면허 의료인은 양방 및 한방 의료행위 양쪽에 대하여 상대적으로 지식이 많거나 능력이 뛰어나고, 양방 및 한방 의료행위의 내용에 관하여 보다 적절하게 대처할 수 있다고 평가될 수 있다. 그런데 청구인들과 같이 상대적으로 쌍방 의료행위에 대한 지식과 능력이 우수한 사람들에 대하여 어느 한쪽의 의료기관의 개설만을 허용하고 나머지를 금지하는 이 사건 법률 조항은 그 제한의 목적과 수단이 정당하고 적절하다고 보기 어려우므로, 과잉금지원칙에 반하여 청구인들의 직업의 자유를 침해한다.★

2. 직업의 자유의 제한 관련 헌법재판소 판례

(1) 직업행사의 자유의 제한

> **판례** 응급환자이송업의 영업지 제한   허가받은 지역 밖에서의 이송업의 영업을 금지하고 처벌하는 응급의료법 조항이 위헌인지 여부(소극)
> ▶ 2018.2.22. 2016헌바100 [합헌]
>
> 심판대상조항은 이송업자의 영업범위를 허가받은 지역 안으로 한정하여 구급차등이 신속하게 출동할 수 있도록 하고, 차고지가 위치한 허가지역에서 상시 구급차등이 정비될 수 있도록 하는 한편, 지역사정에 밝은 이송업자가 해당 지역에서 이송을 담당하게 함으로써, 응급의료의 질을 높임과 동시에 응급이송자원이 지역간에 적절하게 분배·관리될 수 있도록 하여 국민건강을 증진하고 지역주민의 편의를 도모하기 위한 것으로, 여러 지역의 허가를 받아 영업을 하는 것도 가능하다는 점, 국민의 생명과 건강에 직결되는 응급이송체계를 적정하게 확립한다는 공익의 중요성에 비추어 침해되는 사익이 크다고 보기 어려운 점 등을 고려할 때, 과잉금지원칙을 위반하여 직업수행의 자유를 침해한다고 볼 수 없다.★★

> **판례** 학교정화구역 내 극장금지   ▶ 2004.5.27. 2003헌가1등 [위헌, 헌법불합치]
>
> 이 사건 법률조항은 대학 부근 정화구역 내의 극장을 일반적으로 금지하고 있는데, 대학생들은 신체적·정신적으로 성숙하여 자신의 판단에 따라 자율적으로 행동하고 책임을 질 수 있는 시기에 이르렀다고 할 것이므로, 대학의 정화구역 안에서 극장시설을 금지하는 것은 필요최소한의 정도를 넘어 극장운영자의 직업수행의 자유를 침해하는 것이다.★ 이 사건 법률조항은 유치원 및 초·중·고등학교의 정화구역 내의 극장시설도 금지하고 있는데, 국가·지방자치단체 또는 비영리단체가 운영하는 공연장 및 영화상영관, 순수예술이나 아동·청소년을 위한 전용공연장 및 전용영화상영관 등의 경우에

는 오히려 학생들의 문화적 성장을 위하여 유익한 시설로서의 성격을 가지고 있다는 점을 부인하기 어려우므로, 이와 같은 유형의 극장에 대한 예외를 전혀 인정하지 않고 일률적으로 금지하는 것은 필요최소한의 정도를 넘어 극장운영자의 직업수행의 자유를 침해하는 것이다.★

판례 **경비원의 비경비업무 수행 금지** 시설경비업을 허가받은 경비업자로 하여금 허가받은 경비업무 외의 업무에 경비원을 종사하게 하는 것을 금지하고 이를 위반한 경우 경비업의 허가를 취소하도록 한 경비업법 조항이 위헌인지 여부(적극) ▶ 2023.3.23. 2020헌가19 [헌법불합치]

심판대상조항은 시설경비업을 수행하는 경비업자에 대하여 직업을 수행하는 방법에 제한을 가하고 경비업자의 직업을 계속 유지하는 것을 불가능하게 하므로 직업의 자유를 제한한다. 한편 경비업자에게 비경비업무의 수행이 금지됨에 따라 영업의 기회가 박탈되었다고 하더라도 이는 재산권 보장의 대상이 아니므로 더 나아가 살펴보지 아니한다. 심판대상조항은 시설경비업무에 종사하는 경비원으로 하여금 경비업무에 전념하게 하여 국민의 생명·신체 또는 재산에 대한 위험을 방지하려는 것이나, 비경비업무의 수행이 경비업무의 전념성을 직접적으로 중대하게 훼손하지 않는 경우가 있음에도 불구하고 경비업무의 전념성이 훼손되는 정도를 고려하지 아니한 채 경비업자가 경비원으로 하여금 비경비업무에 종사하도록 하는 것을 일률적·전면적으로 금지하고, 이를 위반한 경우 필요적으로 허가받은 경비업 전체를 취소하도록 하고 있는 점을 고려하면, 과잉금지원칙에 반하여 시설경비업을 수행하는 경비업자의 직업의 자유를 침해한다.★★

판례 **소송대리 변호사와 수형자의 접견 제한** 소송사건의 대리인인 변호사가 수용자를 접견하고자 하는 경우 소송계속 사실을 소명할 수 있는 자료를 제출하도록 요구하고 있는 형집행법 시행규칙 조항이 위헌인지 여부(적극) ▶ 2021.10.28. 2018헌마60 [위헌]

소송사건의 대리인인 변호사가 수형자인 의뢰인을 접견하는 경우 변호사의 직업수행의 자유 제한에 대한 심사에 있어서는 접견의 상대방인 수형자의 재판청구권이 제한되는 효과도 함께 고려하여 일반적인 경우보다 엄격하게 심사한다. 심판대상조항은 접사 변호사가 접견권을 남용하는 것을 방지하고자 하나, 진지하게 소 제기 여부 및 변론 방향을 고민해야 하는 변호사라면 일반접견만으로는 수형자에게 충분한 조력을 제공하기가 어렵고, 수형자 역시 소송의 승패가 불확실한 상황에서 접견마저 충분하지 않다면 변호사를 신뢰하고 소송절차를 진행하기가 부담스러울 수밖에 없다는 점에서 수단의 적합성이 인정되지 않으므로, 과잉금지원칙에 위배되어 변호사인 청구인의 직업수행의 자유를 침해한다.★

판례 **국토부장관의 연락운송 운임수입 분쟁 결정** 연락운송 운임수입의 배분에 관한 협의가 성립하지 아니한 때에는 당사자의 신청을 받아 국토교통부장관이 결정하도록 한 도시철도법 조항이 위헌인지 여부(소극) ▶ 2019.6.28. 2017헌바135 [합헌]

일반적으로 직업수행의 자유에 대하여는 직업선택의 자유와는 달리 공익목적을 위하여 상대적으로 폭넓은 입법적 규제가 가능한 것이지만,★★ 그렇다고 하더라도 그 수단은 목적달성에 적합한 것이어야 하고, 또한 필요한 정도를 넘는 지나친 것이어서는 아니 된다. 심판대상조항은 도시철도운영자 등 사이에 연락운송 운임수입 분쟁을 조속히 해결하여 도시교통 이용의 편의 증진에 이바지하기 위한 것으로, 국토부장관은 도시철도운영자에 대한 감독 및 조정기능을 담당하는 주무관청으로서 전문성과 객관성을 갖추고 있고, 당사자들은 행정절차법에 따른 의견제출과 공청회를 통한 의견수렴도 가능하다는 점 등을 종합하면, 심판대상조항은 과잉금지원칙을 위반하여 도시철도운영자 등의 직업수행의 자유를 침해한다고 볼 수 없다.

> **판례** **법인의 약국개설금지** 약사 또는 한약사가 아니면 약국을 개설할 수 없도록 한 약사법 조항 중 '법인'의 약국 개설을 금지한 부분이 위헌인지 여부(적극)
> ▶ 2002.9.19. 2000헌바84 [헌법불합치]
>
> 약사가 다른 전문직과 구별되어야 할 차이나 입법목적이라고 한다면, 약사가 국민의 건강에 직결되는 의약품을 취급하기 때문에 약사가 아닌 사람의 의약품 판매·조제를 막아야 한다는 점이라 하겠는데, 이러한 목적을 위하여 약국의 개설자를 자연인 약사로 한정하여 법인의 약국개설을 금지할 필요는 없는 것이므로, 심판대상조항은 약사들만으로 구성된 법인 및 그 구성원인 약사들의 평등권을 침해하고 있다. 법인의 설립은 그 자체가 간접적인 직업선택의 한 방법으로서 직업수행의 자유의 본질적 부분의 하나이므로, 정당한 이유 없이 본래 약국개설권이 있는 약사들만으로 구성된 법인에게도 약국개설을 금지하는 것은 입법목적 달성에 필요한 범위를 넘어 과도한 제한을 가하는 것으로서, 약사들만으로 구성된 법인 및 약사들의 직업선택(직업수행)의 자유와 결사의 자유를 침해하는 것이다.★★

(2) 주관적 사유에 의한 직업결정의 자유의 제한

> **판례** **세무사 자격 보유 변호사의 세무대리 금지** 세무사 자격 보유 변호사로 하여금 세무조정업무를 할 수 없도록 하고(법인세법·소득세) 세무사로서 세무대리를 할 수 없도록 하는 것(세무사법)이 위헌인지 여부(적극)
> ▶ 2018.4.26. 2016헌마116; 2018.4.26. 2015헌가19 [헌법불합치]
>
> 직업의 선택은 그 자체가 목적이 아니라 선택한 직업을 수행하는 것이 궁극적인 목적이기 때문에 선택한 직업의 행사를 보장하지 않는 직업선택의 자유는 무의미하다는 점에 비추어, 심판대상조항들이 세무사의 핵심적 업무인 세무조정업무와 세무사로서의 세무대리를 금지하는 것은 세무사라는 직업을 선택할 수 있는 자유를 제한하는 것이다.★ 심판대상조항들은 세무대리의 전문성을 확보하고 납세자의 권익을 보호하려는 것이나, 세법 및 관련 법령에 대한 해석·적용에 있어서는 세무사보다 변호사에게 오히려 전문성과 능력이 인정됨에도 불구하고 세무사 자격 보유 변호사를 세무조정 및 세무대리 업무에서 전면적으로 배제시키는 것은 수단의 적합성을 인정할 수 없고, 세무사 자격 부여의 의미를 상실시키는 것으로서 침해의 최소성과 법익의 균형성에도 반한다. 그렇다면 심판대상조항들은 과잉금지원칙을 위반하여 직업선택의 자유를 침해한다.★★

> **판례** **변호사 자격자 세무사 자격 부여 폐지** 변호사의 자격이 있는 자에게 더 이상 세무사 자격을 부여하지 않는 세무사법 조항이 위헌인지 여부(소극)
> ▶ 2021.7.15. 2018헌마279등 [기각]
>
> 심판대상조항은 세무사 자격 자동부여와 관련된 특혜시비를 없애고 세무사시험에 응시하는 일반국민과의 형평을 도모하려는 것으로, 변호사가 세무나 회계 등에 관한 법률사무를 처리할 수 있다고 하여 변호사에게 반드시 세무사 자격이 부여되어야 하는 것은 아니고 이는 국가가 입법 정책적으로 결정할 사안이라는 점, 변호사의 자격을 가진 사람은 세무사 자격이 없더라도 변호사의 직무로서 할 수 있는 세무대리를 수행할 수 있고 현행법상 조세소송대리는 변호사만이 독점적으로 수행할 수 있는 점 등을 종합하면, 과잉금지원칙에 반하여 직업선택의 자유를 침해한다고 볼 수 없다.★

판례 **아동학대관련범죄자 일률적 취업제한** 아동학대관련범죄로 벌금형이 확정된 날부터 10년이 지나지 아니한 사람은 어린이집을 설치·운영하거나 어린이집에 근무할 수 없고, 같은 이유로 보육교사 자격이 취소되면 그 취소된 날부터 10년간 자격을 재교부받지 못하도록 한, 영유아보육법 조항이 위헌인지 여부(적극) ▶ 2022.9.29. 2019헌마813 [위헌]

심판대상조항은 6세 미만의 취학 전 아동인 영유아에 대한 학대를 예방함으로써 영유아를 건강하고 안전하게 보육하기 위한 것이나, 아동학대관련범죄전력만으로 장래에 동일한 유형의 범죄를 다시 저지를 것이라고 단정하고 일률적으로 10년의 취업제한을 부과하는 점, 이 기간 내에는 취업제한 대상자가 그러한 제재로부터 벗어날 수 있는 어떠한 기회도 존재하지 않는 점, 개별 범죄행위의 태양을 고려한 위험의 경중에 대한 판단이 없는 점 등을 종합하면, 과잉금지원칙에 위반되어 직업선택의 자유를 침해한다. ★★

판례 **성인 대상 성범죄자 차등적 취업제한** 헌법재판소가 성인대상 성범죄자에게 10년 동안 일률적으로 의료기관에의 취업 등을 제한하는 규정에 대하여 위헌결정을 한 뒤, 개정법 시행일 전까지 성인대상 성범죄로 형이 확정된 사람에 대해서 형의 종류 또는 형량에 따라 기간에 차등을 두어 의료기관에의 취업 등을 제한하는 청소년성보호법 부칙 조항이 위헌인지 여부(소극) ▶ 2023.5.25. 2020헌바45 [합헌]

이 사건 부칙조항은 개정법 시행일부터 의료기관을 운영하거나 의료기관에 취업 등을 하는 행위를 금지할 뿐 개정법 시행 전에 이루어진 의료기관 운영 행위에 대해 소급적으로 불이익을 가하고 있지 아니하므로, 헌법상 원칙적으로 금지되는 진정소급입법에 해당하지 아니한다. 이처럼 이 사건 부칙조항에 대해서는 소급입법금지원칙이 문제될 여지는 없고, 다만 헌법재판소의 위헌 결정(헌재 2016.3.31. 2013헌마585등) 이후 개정법 시행일까지 취업제한 관련 입법공백 상쇄에 대한 신뢰가 헌법적으로 보호해 주어야 할 것인지 여부가 문제될 뿐이다. 성인대상 성범죄자에게 일률적으로 10년 등안 의료기관에의 취업제한을 하도록 한 조항에 대한 헌법재판소의 2016.3.31. 2013헌마585등 위헌결정에 따르더라도 재범의 위험성 및 필요성에 상응하는 취업제한 기간을 정하여 부과하는 의료기관 취업제한이 가능함은 예상할 수 있었다고 보아야 하고, 취업제한은 장래의 위험을 방지하기 위한 것으로서, 향후 성인대상 성범죄자에게 의료기관 취업제한이 없을 것이라는 기대는 정당한 신뢰 또는 헌법상 보호가치 있는 신뢰로 보기 어렵다. 이 사건 부칙조항의 입법취지는 헌법재판소의 위헌결정으로 발생한 법적 공백을 메우고, 아동·청소년을 성범죄로부터 보호하며, 아동·청소년 및 그 보호자가 의료기관을 믿고 이용할 수 있도록 하는 것이므로, 그 공익적 가치가 크다. 따라서 이 사건 부칙조항은 신뢰보호원칙에 위배되지 아니한다.

판례 **강제추행죄 벌금형 확정시 체육지도자 필요적 자격 취소** 강제추행죄로 벌금형이 확정된 체육지도자의 자격을 필요적으로 취소하도록 한 구 국민체육진흥법 조항이 위헌인지 여부(소극) ▶ 2024.8.29. 2023헌가10 [합헌]

직업분야의 자격제도에 관해서는 국가에 폭넓은 입법재량권이 인정되므로, 자격취소로 인한 직업선택의 자유의 제한이 과잉금지원칙에 반하는지 여부를 판단함에 있어서는 보다 유연하고 탄력적인 심사가 필요하다. 심판대상조항은 체육지도자 자격제도에 대한 공공의 신뢰를 보호하고 국민을 잠재적 성범죄로부터 보호하는 한편 건전한 스포츠 환경을 조성하려는 것으로, 강제추행죄는 상대방의 성적 자기결정권을 직접적으로 침해하는 범죄로 비난가능성이 높고, 범행의 내용이나 정도를 개별적으로 검토하여 임의적으로 자격을 취소하는 방법으로는 제도 운영의 투명성과 공정성을 기하기 어렵다는 점, 일반 국민을 잠재적 성범죄로부터 보호할 필요성, 피해자의 효과적 대응이 어려운 전문체육분야의 특성 등을 고려할 때 입법자의 판단이 현저히 불합리하다고 보기 어렵다는 점, 심판대상조항으로 인한 필요적 자격 취소의 불이익보다 공익이 훨씬 더 중요하다는 점 등을 종합하면, 과잉금지원칙에 위반하여 직업선택의 자유를 침해한다고 볼 수 없다.

판례 마약류사범 택시운송사업제한 마약류관리법 위반죄로 금고 이상의 실형을 선고받고 그 집행이 종료된 날부터 20년이 지나지 아니한 사람은 택시운송사업의 운전업무에 종사할 수 없도록 한 여객자동차법 조항이 위헌인지 여부(적극) ▶ 2015.12.23. 2014헌바446등 [헌법불합치]

심판대상조항은 도로교통에 관한 공공의 안전을 확보하려는 것이나, 20년이라는 기간은 택시운송사업 운전업무 종사자의 일반적인 취업연령이나 취업실태에 비추어볼 때 실질적으로 해당 직업의 진입 자체를 거의 영구적으로 막는 것에 가까운 효과를 나타내며, 구체적 사안의 개별성과 특수성을 고려할 수 있는 여지를 일체 배제하고 그 위법의 정도나 비난가능성의 정도가 미약한 경우까지도 획일적으로 20년이라는 장기간 동안 택시운송사업의 운전업무 종사자격을 제한하는 것이라는 점 등을 종합하면, 과잉금지원칙에 반하여 직업선택의 자유를 침해한다.*

(3) 객관적 사유에 의한 직업결정의 자유의 제한

판례 자동차등을 훔친 경우 필요적 운전면허취소 운전면허를 받은 사람이 다른 사람의 자동차등을 훔친 경우 운전면허를 필요적으로 취소하도록 한 구 도로교통법 조항이 위헌인지 여부(적극)
▶ 2017.5.25. 2016헌가6 [위헌]

심판대상조항은 자동차등의 운행과정에서 야기될 수 있는 교통상의 위험을 방지함으로써 안전하고 원활한 교통을 확보하기 위한 것이나, 임의적 운전면허 취소 또는 정지사유로 규정하여도 충분히 그 목적을 달성할 수 있음에도, 자동차 절취행위에 이르게 된 경위, 행위의 태양 등 제반사정을 고려할 여지를 전혀 두지 아니한 채 다른 사람의 자동차등을 훔친 모든 경우에 필요적으로 운전면허를 취소하는 것은, 운전면허 소지자의 직업의 자유 내지 일반적 행동의 자유를 과도하게 제한하는 것이므로 직업의 자유 내지 일반적 행동의 자유를 침해한다.*

판례 자동차이용 중범죄시 필요적 운전면허취소 운전면허를 받은 사람이 자동차등을 이용하여 살인 또는 강간 등 행정안전부령이 정하는 범죄행위를 한 때 운전면허를 취소하도록 하는 구 도로교통법 조항이 위헌인지 여부(적극) ▶ 2015.5.28. 2013헌가6 [위헌]

자동차등을 이용한 범죄행위의 모든 유형이 기본권 제한의 본질적인 사항으로서 입법자가 반드시 법률로써 규율해야 할 사항이라고 볼 수 없고, 법률에서 운전면허의 필요적 취소사유인 살인, 강간 등 자동차등을 이용한 범죄행위에 대한 예측가능한 기준을 제시한 이상, 심판대상조항은 법률유보원칙에 위배되지 아니한다. 관련 법조항을 유기적·체계적으로 종합하면, 하위법령에 규정될 범죄행위의 유형은 '범죄의 실행행위 수단으로 자동차등을 이용하여 살인 또는 강간 등과 같이 고의로 국민의 생명과 재산에 큰 위협을 초래할 수 있는 중대한 범죄'가 될 것임을 충분히 예측할 수 있으므로, 심판대상조항은 포괄위임금지원칙에 위배되지 아니한다.* 그러나 자동차등을 이용한 범죄를 근절하기 위한 수단으로 임의적 운전면허 취소 또는 정지사유를 규정하는 것이 가능함에도, 필요적 운전면허 취소를 규정하여 구체적 사안의 개별성과 특수성을 고려할 수 있는 여지를 일체 배제하고 있으므로, 심판대상조항은 과잉금지원칙에 위배되어 직업의 자유 및 일반적 행동의 자유를 침해한다.

| 제3항 | **소비자의 권리**

소비자 주권

> 코멘트
> 자유경쟁의 자본주의 체제에서 수요가 있는 곳에 권리가 있다고 보는 게 당연해. 근데 독과점기업이 등장하면서 소비자들의 권리가 너무 위축해졌어. 되찾아야 해! 호갱짓 그만.

헌 법
제24조 국가는 건전한 소비행위를 계도하고 생산품의 품질향상을 촉구하기 위한 소비자보호운동을 법률이 정하는 바에 의하여 보장한다.**

I 소비자의 권리의 의의

소비자권리(소비자기본권)란 소비자가 소비생활을 영위하기 위하여 공정한 가격으로 양질의 상품 또는 용역을 적절한 유통구조를 통하여 적기에 구입하거나 사용할 수 있는 권리를 말한다. 우리 헌법은 소비자의 권리를 소비자보호운동의 보장 차원에서 규정하고 있을 뿐 직접 기본권으로 명시하고 있지는 않지만, 헌법재판소는 소비자권리를 기본권으로 인정하고 있다(2005.3.31. 2003헌바92 등). 소비자보호운동권 규정은 제5공화국헌법(1980년)부터 채택되었다.*

II 소비자의 권리의 근거 및 내용

① 소비자권리의 헌법적 근거에 관해서는 '제124조설', 헌법 제124조 등 다수규정 '종합설' 등이 대립한다. ② 소비자권리의 내용은 소비자기본법 제4조가 구체화하고 있는데, 소비자는 스스로의 안전과 권익을 위하여 안전의 권리, 알 권리, 선택할 권리, 의견을 반영시킬 권리, 피해보상을 받을 권리, 교육을 받을 권리, 단체를 조직하고 활동할 권리, 안전하고 쾌적한 소비생활 환경에서 소비할 권리 등을 향유한다.

> **판례** 조중동(조선·중앙·동아일보) 광고중단압박운동 소비자들이 집단적으로 벌이는 소비자불매운동에 형법 제314조의 업무방해죄, 제324조의 강요죄, 제350조의 공갈죄를 적용하는 것이 헌법이 소비자보호운동을 보장하는 취지에 반하는지 여부(소극) ▸ 2011.12.29. 2010헌바54등 [합헌]
>
> 헌법이 보장하는 소비자보호운동이란 '소비자의 제반 권익을 증진할 목적으로 이루어지는 구체적 활동'을 의미하고, 단체를 조직하고 이를 통하여 활동하는 형태뿐만 아니라, 하나 또는 그 이상의 소비자가 동일한 목표로 함께 의사를 합치하여 벌이는 운동을 포함한다.* 헌법상 보장되는 소비자보호운동의 일환으로 행해지는 소비자불매운동은 모든 경우에 있어서 그 정당성이 인정될 수는 없고, 헌법이나 법률의 규정에 비추어 정당하다고 평가되는 범위에 해당하는 경우에만 형사책임이나 민사책임이 면제된다고 할 수 있다.** 소비자불매운동은 물품등을 공급하는 사업자뿐만 아니라 그 거래상대방인 제3자(광고주, 거래처 또는 후원·협력업체)를 대상으로 실행할 수도 있으나, 이 경우 불매운동의 경위 내지 과정에서 제3자의 영업의 자유 등 권리를 부당하게 침해하지 않을 것이 요구되므로,* 정당한 헌법적 허용한계를 벗어난 소비자불매운동행위를 처벌하는 이 사건 법률조항들은 헌법의 취지에 반하지 않는다.

CHAPTER 04 정치적 기본권

> **코멘트**
> 국가를 다스리는 과정에 국민의 주체적 관여가 보장되는 것이 곧 민주국가.

제1절 · 정치적 기본권 일반론

국민의 정치 · 사회생활을 보호받을 권리

정치적 기본권이란 좁은 의미에서 전통적인 의미의 참정권을 말하고, 넓은 의미에서 정치적 표현의 자유, 정치적 활동권을 총칭한다. ① 헌법재판소도 "오늘날 정치적 기본권은 헌법 제24조, 제25조, 제72조·제130조가 규정하는 이른바 참정권뿐만 아니라 국민이 정치적 의사를 자유롭게 표현하고, 국가의 정치적 의사형성에 참여하는 정치적 활동을 총칭하는 것으로 넓게 인식하고 있다"고 판시하였다(2004.3.25. 2001헌마710). ② 한편 헌법재판소는 "헌법 제8조 제1항은 정당을 설립할 권리를 **국민의 기본권으로 보장**하고 있는바, 정당설립의 자유만 명시하고 있지만, 속성상 정당명칭의 자유, 정당존속 및 활동의 자유를 **포괄하는 정당의 자유**를 보장하는 것이며, 이는 **개인인 국민뿐만 아니라 단체로서의 정당이 가지는 기본권**이다"라고 판시하였다(2014.1.28. 2012헌마431 등). ★★

> **판례 | 정당금지의 요건** ▶ 1999.12.23. 99헌마135
>
> 헌법은 오로지 제8조 제4항의 엄격한 요건 하에서만 정당설립의 자유에 대한 예외를 허용하고 있다. 이에 따라 자유민주적 기본질서를 부정하고 이를 적극적으로 제거하려는 조직도, 국민의 정치적 의사형성에 참여하는 한, '정당의 자유'의 보호를 받는 정당에 해당하며, 오로지 헌법재판소가 그의 위헌성을 확인한 경우에만 정당은 정치생활의 영역으로부터 축출될 수 있다.★ 민주적 의사형성과정의 개방성을 보장하기 위하여 정당설립의 자유를 최대한 보호하려는 헌법 제8조의 정신에 비추어, 정당의 설립 및 가입을 금지하는 법률조항은 이를 정당화하는 사유의 중대성에 있어서 적어도 '민주적 기본질서에 대한 위반'에 버금가는 것이어야 한다.★★ 다시 말하면, 오늘날의 의회민주주의가 정당의 존재없이는 기능할 수 없다는 점에서 심지어 '위헌적인 정당을 금지해야 할 공익'도 정당설립의 자유에 대한 입법적 제한을 정당화하지 못하도록 규정한 것이 헌법의 객관적인 의사라면, 입법자가 그 외의 공익적 고려에 의하여 정당설립금지조항을 도입하는 것은 원칙적으로 헌법에 위반된다.

제2절 • 참정권

국가의 정치에 참여할 수 있는 권리

> **코멘트**
> 국민은 나라의 주인이므로 국가 정책결정에 능동적으로 참여할 권리가 있다.

I 참정권의 의의

참정권이란 국민이 국가의사의 형성과정에 직접 또는 간접으로 참여할 수 있는 권리를 말한다. **'직접참정권'**으로 국민발안권, 국민투표권, 국민소환권이 있고, **'간접참정권'**으로 선거권, 공무담임권이 있는데, 우리 헌법은 선거권(제24조), 공무담임권(제25조), 국민투표권(제72조와 제130조 제2항)을 규정하고 있다. 참정권은 국민주권의 원리에 기초한 민주시민의 정치적 기본권으로서 **국민의 권리**이므로 **외국인은 주체**가 될 수 없으며(2014.6.26. 2011헌마502 등 참고).★ 중복보장의 부당성에 비추어 **법인 등 단체는 주체가 될 수 없다**(2014.7.24. 2009헌마256등).

II 참정권의 내용

1. 직접참정권

(1) 국민발안권

국민발안권이란 국민이 특정한 국정안건을 직접 제시할 수 있는 권리를 말한다. 우리 헌정사상 제**2**차 개정헌법(1954년)에서 중요정책 국민발안제와 헌법개정 국민발안제가 최초로 도입되었고, 중요정책 국민발안제는 제5차 개정헌법(1962년)에서 폐지되었으며, 헌법개정 국민발안제는 제**7**차 개정헌법(1972년)에서 폐지되었다.★

> **두문자**
> 이 칠 리 요
> (국민발안
> +국민투표)

(2) 국민투표권

> **헌 법**
> 제72조 대통령은 필요하다고 인정할 때에는 외교·국방·통일 기타 국가안위에 관한 중요정책을 국민투표에 붙일 수 있다.★
> 제130조 ② 헌법개정안은 국회가 의결한 후 30일 이내에 국민투표에 붙여 국회의원선거권자 과반수의 투표와 투표자 과반수의 찬성을 얻어야 한다.★★

⑺ 국민투표권의 의의 및 성격

국민투표권이란 국민이 특정한 국가의사를 직접 확정할 수 있는 권리를 말한다. 우리 헌정사상 국민투표제를 최초로 도입한 것은 제**2**차 개정헌법(1954년)이지만, **헌법개정 국민투표제를 최초로 도입한 것은 제5차 개정헌법(1962년)이다.**★★ 헌법 제130조 제2항의 **헌법개정국민투표는 필수적 국민투표제도**이고, 헌법 제72조의 **중요정책국민투표**는 대통령에게 부의재량권이 있는 **임의적 국민투표제도**이다. 헌법재판소는 중요정책국민투표의 성격에 관해 **부의**

재량의 한계 및 **신임투표가능성**을 부정하였고(2005.11.24. 2005헌마579 등), 특히 신임투표 '제안'에 관해서는 ① 탄핵사건에서 "신임국민투표는 헌법 제72조의 정책국민투표에 포함되지 않으므로, 헌법상 허용되지 않는 **신임국민투표를 제안**하는 대통령의 행위는 그 자체로서 **위헌적인 행위**이다"라고 판시하였고(2004.5.14. 2004헌나1),★★ ② **헌법소원사건**에서 "대통령의 **신임국민투표 제안**에 대한 헌법소원심판청구는 대상적격을 갖추지 못해 **부적법**하다"고 판시하였다(2003.11.27. 2003헌마694등).101)★

판례 중요정책 국민투표권의 성격 ▶ 2005.11.24. 2005헌마579등 [각하]

헌법 제72조는 국민투표에 부쳐질 중요정책인지 여부를 대통령이 재량에 의하여 결정하도록 명문으로 규정하고 있는바, 위 규정은 대통령에게 임의적인 국민투표발의권을 독점적으로 부여한 것이다. 따라서 특정의 국가정책에 대하여 다수의 국민들이 국민투표를 원하고 있음에도 불구하고 대통령이 국민투표에 회부하지 않는다고 하여 이를 헌법에 위반된다고 할 수 없고 국민에게 특정의 국가정책에 관하여 국민투표에 회부할 것을 요구할 권리가 인정된다고 할 수도 없다.★★ 결국 헌법 제72조의 국민투표권은 대통령이 어떠한 정책을 국민투표에 부의한 경우에 비로소 행사가 가능한 기본권이다.★

판례 재신임국민투표제안의 위헌성 ▶ 2004.5.14. 2004헌나1 [기각]

대통령의 부의권을 부여하는 헌법 제72조는 가능하면 대통령에 의한 국민투표의 정치적 남용을 방지할 수 있도록 엄격하고 축소적으로 해석되어야 한다.★ 이러한 관점에서 볼 때, 대통령은 헌법상 국민에게 자신에 대한 신임을 국민투표의 형식으로 물을 수 없을 뿐만 아니라, 특정 정책을 국민투표에 붙이면서 이에 자신의 신임을 결부시키는 대통령의 행위도 위헌적인 행위로서 헌법적으로 허용되지 않는다.★★ 국민투표의 가능성은 국민주권주의나 민주주의원칙과 같은 일반적인 헌법원칙에 근거하여 인정될 수 없으며, 헌법에 명문으로 규정되지 않는 한 허용되지 않는다. 결론적으로, 대통령이 자신에 대한 재신임을 국민투표의 형태로 묻고자 하는 것은 국민투표부의권을 위헌적으로 행사하는 경우에 해당하므로, 헌법상 허용되지 않는 재신임 국민투표를 국민들에게 제안한 것은 그 자체로서 헌법 제72조에 반하는 것으로 헌법을 실현하고 수호해야 할 대통령의 의무를 위반한 것이다.★★

판례 재신임국민투표제안의 공권력성 ▶ 2003.11.27. 2003헌마694등 [각하]

무릇 국민투표라는 것은 대통령이 그 대상을 특정하여 투표안을 공고함으로써 법적인 절차가 개시되므로, 공고와 같이 국민투표절차의 법적 개시로 볼 수 있는 행위가 있을 때에 비로소 법적인 효력을 지닌 공권력의 행사가 있게 된다. 이 사건에서 피청구인 대통령의 발언만으로는 국민투표의 실시에 관하여 법적 구속력 있는 조치가 취해진 것이라 할 수 없으며, 그로 인해 국민들의 법적 지위에 어떠한 영향을 미친다고 볼 수 없다. 그렇다면 피청구인이 국회 본회의 시정연설에서 자신에 대한 신임국민투표를 실시하고자 한다고 밝혔다 하더라도 그것이 공고와 같이 법적인 효력이 있는 행위가 아니라 단순한 정치적 제안의 피력에 불과하다고 인정되는 이상 이를 두고 헌법소원의 대상이 되는 "공권력의 행사"라고 할 수는 없으므로 이에 대한 청구인들의 심판청구는 모두 부적법하다.★

---

101) 다 같이 대통령의 신임투표 '제안 또는 발언'이 문제된 사건이지만 탄핵사건에서는 위헌판단이 나오고 헌법소원사건에서는 부적법판단이 나온 이유는 두 심판유형 간에 요구되는 적법요건이 서로 다르기 때문이다. 즉 헌법 제65조 제1항에 의한 탄핵소추는 고위공직자의 직무상 위법행위가 상정되면 적법하나, 헌법재판소법 제68조 제1항에 의한 헌법소원청구는 기본권침해의 공권력작용이 상정되어야 적법하다는 점에서 다르다.

(나) 헌법 제72조의 중요정책국민투표의 대상

헌법 제72조는 중요정책국민투표의 대상을 "외교·국방·통일 기타 국가안위에 관한 중요정책"이라고 하여 **예시적**으로 규정하고 있다. **제4공화국** 헌법(1972년)은 국민투표의 대상을 "국가의 중요정책"이라고 하여 포괄적으로 규정하였으나, **제5공화국** 헌법(1980년)에서는 "외교, 국방, 통일 기타 국가안위에 관한 중요정책"이라고 하여 한정적으로 규정하였고, 현행헌법(1987년)은 제5공화국 헌법의 내용을 계승하였다.

(다) 국민투표의 절차

> **국민투표법**
> 제7조(투표권) 19세 이상의 국민은 투표권이 있다.★
> 제9조(투표권이 없는 자) 투표일 현재 「공직선거법」 제18조의 규정에 따라 선거권이 없는 자는 투표권이 없다.
> 제28조(운동을 할 수 없는 자) ① 정당법상의 당원의 자격이 없는 자는 운동을 할 수 없다.★
> 제93조(국민투표무효의 판결) 대법원은 제92조의 규정에 의한 소송에 있어서 국민투표에 관하여 이 법 또는 이 법에 의하여 발하는 명령에 위반하는 사실이 있는 경우라도 국민투표의 결과에 영향이 미쳤다고 인정하는 때에 한하여 국민투표의 전부 또는 일부의 무효를 판결한다.★

헌법재판소는 주권자인 국민의 지위와 무관한 주민등록을 기준으로 법령상 **주민등록이 곤란한 재외국민의 국민투표권을 부정**한 구 국민투표법 조항에 대하여 과도한 제한이라며 헌법불합치결정하였고(2007. 6. 28. 2004헌마644등),★★ 공직선거법상 주민등록이나 국내거소신고를 하지 않은 '**재외선거인**'의 국민투표권을 부정한 개정 국민투표법 조항에 대해서도 헌법이 부여한 참정권을 사실상 박탈한 것과 다름없다며 헌법불합치결정하였다(2014. 7. 24. 2009헌마256등).★★

> **판례** 공직선거법상 '재외선거인'의 국민투표권제한 공직선거법상 주민등록이 되어 있지 않고 국내거소신고도 하지 않은 재외국민('재외선거인')의 국민투표권을 제한한 국민투표법 조항이 위헌인지 여부(적극)
> ▶ 2014.7.24. 2009헌마256등 [헌법불합치]
>
> 국민투표는 대의기관인 국회와 대통령의 의사결정에 대한 국민의 승인절차에 해당한다. 대의기관의 선출주체가 곧 대의기관의 의사결정에 대한 승인주체가 되는 것은 당연한 논리적 귀결이므로, 국민투표권자의 범위는 대통령선거권자·국회의원선거권자와 일치되어야 한다.★ 공직선거법상 재외선거인에게도 위와 같은 선거권이 인정되므로 재외선거인은 대의기관을 선출할 권리가 있는 국민으로서 대의기관의 의사결정에 대해 승인할 권리가 있고, 국민투표권자에는 재외선거인이 포함되어야 한다.★ 또한 국민투표는 국민이 직접 국가의 정치에 참여하는 절차이므로 대한민국 국민의 자격이 있는 사람에게 반드시 인정되어야 하는 권리이다.★ 이처럼 국민의 본질적 지위에서 도출되는 국민투표권을 추상적 위험 내지 선거기술상의 사유로 배제하는 것은 재외선거인의 국민투표권을 침해한다.

(3) 국민소환권

국민소환권(국민파면권)이란 국민이 공직자를 임기만료 전에 해직시킬 수 있는 권리를 말하는데, 우리 헌정사상 국민소환제는 도입된 적이 없다.★

2. 간접참정권

> **헌 법**
> 제24조 모든 국민은 법률이 정하는 바에 의하여 선거권을 가진다.
> 제25조 모든 국민은 법률이 정하는 바에 의하여 공무담임권을 가진다.

(1) 선거권

헌법 제24조의 선거권이란 국민이 대표기관을 선임하는 권리를 말한다. 헌법 제24조는 선거권에 관하여 법률유보의 형식을 취하고 있으나(**선거권형성적 법률유보**), 이는 국민의 선거권이 **포괄적인 입법권의 유보** 하에 있음을 의미하는 것이 아니라 선거권을 **법률을 통해 구체적으로 실현**하라는 뜻이므로 입법자의 형성권은 헌법상의 국민주권원리, 선거원칙 등에 의하여 구속을 받는다(2014.1.28. 2012헌마409 등).★

(2) 공무담임권

헌법 제25조의 공무담임권이란 국가 및 공공단체의 공직에 취임하여 공적 업무를 담당할 수 있는 권리로서 피선거권과 공직취임권을 포괄하며(1996.6.26. 96헌마200),★ 현실적인 권리가 아니라 공무담임의 **기회균등보장적** 성격을 가진다(1999.5.27. 98헌마214). ① 공무담임권의 보호영역에는 공직**취임**의 기회균등뿐만 아니라 **승진**의 기회균등, 공무원 **신분** 및 권한(직무)의 부당한 제약금지까지 포함된다고 볼 수 있으나(2018.7.26. 2017헌마1183 등),★★ 더 나아가 승진시험의 응시제한이나 이를 통한 승진기회의 보장 등 법적 지위와 무관한 단순한 '**승진기대권**'(2013.11.28. 2011헌마565 등), 특정의 장소 또는 특정의 보직에서 근무하는 것을 포함하는 일종의 '**공무수행자유**'(2014.1.28. 2011헌마239), 재임 중 충실한 공무수행의 담보를 위한 '**퇴직급여·재해보상 보장권**'(2014.6.26. 2012헌마459)까지 포함된다고 보기는 어렵다.★★ ② 한편 국민의 신임에 의거하는 선거직공직과는 달리 **비선거직공직자의 선발**에 있어서는 **능력주의**가 그 바탕이 되어야 하나(2006.7.27. 2005헌마821), 헌법의 기본원리(사회국가원리 등)나 특정조항(제32조 제6항 국가유공자 우선취업권 등)에 비추어 **능력주의에도 예외가 인정**될 수 있다(2006.5.25. 2005헌마362 등).★

III 참정권의 제한

참정권도 헌법 제37조 제2항에 따라 법률로써 제한할 수 있다. 헌법재판소는 참정권제한입법의 심사기준과 관련하여, **선거권의 제한**에 있어서는 선거권과 보통선거원칙의 의미를 고려하여 **엄격한 기준과 완화된 기준을 혼용**하고 있고(2014.1.28. 2012헌마409; 2013.7.25. 2012헌마815등; 2013.7.25. 2012헌마174), **공무담임권의 제한**에 있어서는 공직의 특수성을 고려하여 **다소 완화된 기준을 적용**하되(2005.9.29. 2003헌마127), 임용제한(임용결격사유)과 신분박탈(퇴직사유)의 침익성 차이를 구별하고 있다(2002.8.29. 2001헌마788등).

판례 피성년후견인 국가공무원 당연퇴직   국가공무원이 피성년후견인이 된 경우 당연퇴직되도록 한 구 국가공무원법 조항이 위헌인지 여부(적극)   ▶ 2022.12.22. 2020헌가8 [헌법불합치]

심판대상조항은 직무수행의 하자를 방지하고 국가공무원제도에 대한 국민의 신뢰를 보호하려는 것이나, 현행 국가공무원법은 정신상의 장애로 직무를 감당할 수 없는 국가공무원에 대하여 임용권자가 최대 2년(공무상 질병 또는 부상은 최대 3년)의 범위 내에서 휴직을 명하도록 하고(제71조 제1항 제1호, 제72조 제1호), 휴직 기간이 끝났음에도 직무에 복귀하지 못하거나 직무를 감당할 수 없게 된 때에 비로소 직권면직 절차를 통하여 직을 박탈하도록 하고 있는바(제70조 제1항 제4호), 심판대상조항과 같은 정도로 입법목적을 달성하면서도 공무담임권의 침해를 최소화할 수 있는 대안이 있다는 점, 성년후견이 개시되었어도 정신적 제약을 회복하면 후견이 종료될 수 있다는 사실에 비추어 보아도 사익의 제한 정도가 지나치게 가혹하다는 점 등을 종합하면, 과잉금지원칙에 반하여 공무담임권을 침해한다. ★★

판례 '과거 3년 이내 당원 경력'과 법관 임용결격   과거 3년 이내의 당원 경력을 법관 임용 결격사유로 정한 법원조직법 조항이 위헌인지 여부(적극)   ▶ 2024.7.18. 2021헌마460 [위헌]

심판대상조항은 당파적 이해관계로 재판의 독립이 훼손되는 것을 방지(헌법 제103조)함과 동시에 법관의 정치적 중립성을 보장(헌법 제7조 제2항)함으로써 국민의 공정한 재판을 받을 권리를 보장하려는 것이나, 법관의 정당가입 및 정치운동 관여 금지, 임기 보장, 탄핵제도, 제척·기피·회피제도, 심급제 등 현행법상 공무담임권을 지나치게 제한하지 않으면서 법관(대법원장·대법관·판사)의 정치적 중립성과 재판의 독립을 지킬 수 있는 제도적 장치는 이미 존재한다는 점, 가사 과거에 당원 신분을 취득한 경력을 규제할 필요성이 있더라도, 적극적으로 정치적 활동을 하였던 경우에 한하여 법관 임용을 제한할 수 있고, 이에 법원조직법은 관련 규정을 별도로 두고 있다는 점, 입법목적 달성을 위해 합리적인 범위를 넘어 정치적 중립성과 재판 독립에 긴밀한 연관성이 없는 경우까지 과도하게 공직취임의 기회를 제한한다는 점 등을 종합하면, 과잉금지원칙에 반하여 공무담임권을 침해한다. ★

판례 아동·청소년 대상 성범죄자 일반직 공무원 임용결격   아동 대상 성적 학대행위, 아동·청소년이용음란물소지죄로 형이 확정된 자는 일반직공무원 및 부사관에 임용될 수 없도록 한 국가공무원법 등 조항이 위헌인지 여부(적극)   ▶ 2022.11.24. 2020헌마1181 ; 2023.6.29. 2020헌마1605 [헌법불합치]

심판대상조항들은 공직자에 대한 고도의 윤리성과 도덕성을 확보하고 아동의 건강과 안전을 보호하기 위한 것이나, 아동·청소년과 관련이 없는 직무를 포함하여 모든 일반직공무원 및 부사관에 임용될 수 없도록 하므로 제한의 범위가 지나치게 넓고 포괄적인 점, 영구적으로 임용을 제한하고 결격사유가 해소될 수 있는 어떠한 가능성도 인정하지 않는 점, 아동에 대한 성적 학대행위, 아동·청소년이용음란물소지의 종류, 죄질 등은 다양하므로 개별 범죄의 비난가능성 및 재범 위험성 등을 고려하여 상당한 기간 동안 임용을 제한하는 덜 침해적인 방법으로도 입법목적을 충분히 달성할 수 있는 점 등을 종합하면, 과잉금지원칙에 위배되어 공무담임권을 침해한다. ★

판례 성범죄자 초·중등교원 임용결격   미성년자 대상 성범죄로 형이 확정된 자, 성인 대상 성폭력범죄로 벌금 100만 원 이상의 형이 확정된 자는 초·중등교육법상의 교원에 임용될 수 없도록 한 교육공무원법 조항이 위헌인지 여부(소극)   ▶ 2019.7.25. 2016헌마754 [기각]

심판대상조항은 학생의 정신적·육체적 건강과 안전 및 자유로운 인격발현을 보호하려는 것으로, 아동·청소년과 상시적으로 접촉하고 밀접한 생활관계를 형성하여 이를 바탕으로 교육과 상담이 이루어지고 인성발달의 기초를 형성하는 데 지대한 영향을 미치는 초·중등학교 교원의 업무적인 특수성과 중요성을 고려할 때, 최소한 초·중등학교 교육현장에서 성범죄를 범한 자를 배제할 필요성은 어느 공직에서보다 높다고 할 것이고, 아동·청소년 대상 성범죄의 재범률까지 고려해 보면 미성년자에 대하여 성범죄를 범한 자는 교육현장에서 원천적으로 차단할 필요성이 매우 크다는 점, 성인에 대한 성폭력범죄의 경우 성폭력범죄 행위로 인하여 형을 선고받기만 하면 곧바로 교원임용이 제한되는 것이 아니며, 법원이 범죄의 모든 정황을 고려한 다음 벌금 100만 원 이상의 형을 선고하여 그 판결이 확정되었다면 이는 결코 가벼운 성폭력범죄 행위라고 볼 수는 없다는 점 등을 종합하면, 과잉금지원칙에 반하여 공무담임권을 침해하지 아니한다.★

판례 성범죄자 대학교원 임용결격 성폭력범죄 행위로 벌금 100만 원 이상의 형이 확정된 자는 고등교육법상의 교원에 임용될 수 없도록 한 교육공무원법 조항이 위헌인지 여부(소극)
▶ 2020.12.23. 2019헌마502 [기각]

고등교육법상의 교원은 학생의 입학, 수업, 시험출제, 성적평가에서 졸업 후 사회진출에 이르기까지 학생에 대하여 폭넓게 영향력을 행사할 수 있는 지위에 있는 점, 대학생활 전반에 관하여 지도와 상담을 하는 고등교육법상 교원이 학생을 상대로 성폭력범죄를 저지르는 경우 학생으로서는 이러한 교원의 부당한 행위에 저항하기 힘든 취약한 지위에 있게 되고, 따라서 일단 고등교육법상의 교원으로 임용되고 나면 성폭력범죄의 의도를 가진 행위를 차단하기가 극히 어려워지는 점 등을 종합하면, 과잉금지원칙에 반하여 공무담임권을 침해한다고 할 수 없다.

판례 국립대 총장후보자 간접선거 기탁금납부조항 간선제방식의 국립대 총장임용후보자선거에서 입후보자에게 1,000만 원의 기탁금을 납부하도록 한 '전북대학교 총장임용후보자 선정에 관한 규정' 조항이 위헌인지 여부(적극)
▶ 2018.4.26. 2014헌마274 [위헌]

국립대학교 총장은 교육공무원으로서 국가공무원의 신분을 가지므로 이 사건 기탁금조항은 기탁금을 납입할 수 없거나 그 납입을 거부하는 사람들의 공무담임권을 제한한다.★ 심판대상조항은 후보자난립으로 인한 선거의 과열을 예방하기 위한 것이나, 전북대학교 총장임용후보자선거는 간선제 방식으로서 후보자에게 허용되는 선거운동방법이 합동연설회로 제한되는 등 선거 과열의 우려가 적다는 점을 고려하면 1,000만 원이라는 기탁금액은 입후보 의사를 단념케 할 정도로 과다한 액수라고 할 것이므로, 과잉금지원칙에 반하여 공무담임권을 침해한다.★

판례 국립대 총장후보자 직접선거 기탁금납부조항 및 귀속조항 직선제방식의 국립대 총장임용후보자선거에서 입후보자에게 3,000만 원의 기탁금을 납부하도록 하고, 제1차 투표에서 유효투표수의 100분의 15 이상을 득표한 경우에는 기탁금 전액을, 100분의 10 이상 100분의 15 미만을 득표한 경우에는 기탁금 반액을 반환하고, 나머지 기탁금은 학교발전기금에 귀속하도록 한 '경북대학교 총장임용후보자 선정 규정' 조항이 위헌인지 여부(소극)
▶ 2022.5.26. 2020헌마1219 [기각]

이 사건 기탁금납부조항은 후보자 난립에 따른 선거의 과열을 방지하려는 것으로, 경북대학교는 총장임용후보자 선정 방식으로 직선제를 채택하고, 전화, 정보통신망을 이용한 지지 호소 등 다양한 방식의 선거운동을 허용하고 있으므로, 선거가 과열되거나 혼탁해질 위험이 인정되는 점을 고려하면, 3,000만 원의 기탁금액이 입후보 의사를 단념케 할 정도로 과다하다고 할 수 없으므로 공무담임권을 침해하지 아니한다. 기탁금 반환 요건을 완화하면 기탁금 납부 부담 또한 줄게 되어 후보자 난립 방지 및 후보자의 성실성 확보라는 목적은 달성하기 어려울 수 있는바, 이 사건 기탁금귀속조항은 반환 요건을 완화할 경우 우려되는 폐해를 막기 위한 불가피한 선택이자 후보자의 진지성과 성실성을 담보하기 위한 최소한의 제한이므로, 과잉금지원칙에 반하여 재산권을 침해하지 않는다.★★

판례 금고형선고유예시 임용결격 ▶ 2016.7.28. 2014헌바437 [합헌]

이 사건 법률조항은 금고 이상의 형의 선고유예기간 중에 있는 자를 임용결격사유로 삼고 이러한 자가 임용되더라도 이를 당연무효로 하는 것으로서, 공직에 대한 국민의 신뢰를 보장하고 공무원의 원활한 직무수행을 도모하기 위하여 마련된 조항이다. 임용결격공무원은 상당한 기간 동안 근무한 경우라도 적법한 공무원의 신분을 취득한 것이 아니라는 이유로 불이익을 받기는 하지만, 재직기간 중 사실상 제공한 근로의 대가에 상응하는 금액의 반환을 부당이득으로 추구하는 등 민사적 구제수단이 있는 점을 고려하면, 공익과 비교하여 사익 침해가 현저하다고 보기 어렵다. 따라서 이 사건 법률조항은 공무담임권을 침해한 것이라고 볼 수 없다. ★★

판례 금고형선고유예시 당연퇴직 ▶ 2002.8.29. 2001헌마788등 [위헌]

이 사건 지방공무원법 조항은 금고 이상의 선고유예의 판결을 받은 모든 범죄를 포괄하여 규정하고 있을 뿐 아니라, 심지어 오늘날 누구에게나 위험이 상존하는 교통사고 관련 범죄 등 과실범의 경우마저 당연퇴직의 사유에서 제외하지 않고 있으며, 오늘날 사회구조의 변화로 인하여 '모든 범죄로부터 순결한 공직자 집단'이라는 신뢰를 요구하는 것은 지나치게 공익만을 우선한 것이 되므로, 최소침해성원칙과 법익균형성원칙에 반하여 청구인들의 공무담임권을 침해하고 있다. ★

판례 수뢰죄위반의 금고형선고유예시 당연퇴직 ▶ 2013.7.25. 2012헌바409 [합헌]

이 사건 국가공무원법 조항은 공무원 직무수행에 대한 국민의 신뢰 및 직무의 정상적 운영의 확보, 공무원범죄의 예방, 공직사회의 질서 유지를 위한 것으로서 목적이 정당하고 수단이 적절하다. 수뢰죄는 수수액의 다과에 관계없이 공무원 직무의 불가매수성과 염결성을 치명적으로 손상시키고, 직무의 공정성을 해치며 국민의 불신을 초래하므로 일반 형법상 범죄와 달리 엄격하게 취급할 필요가 있으며, 당연퇴직의 사유가 직무 관련 범죄로 한정되므로, 심판대상조항은 과잉금지원칙에 반하여 청구인의 공무담임권을 침해하지 아니한다. ★

판례 금고형집행유예시 당연퇴직 ▶ 1997.11.27. 95헌바14등 [합헌]

공무원에 부과되는 신분상 불이익과 보호하려고 하는 공익이 합리적 균형을 이루는 한 법원이 범죄의 모든 정황을 고려한 나머지 금고 이상의 형에 대한 집행유예의 판결을 하였다면 그 범죄행위가 직무와 직접적 관련이 없거나 과실에 의한 것이라 하더라도 공무원의 품위를 손상하는 것으로 당해 공무원에 대한 사회적 비난가능성이 결코 적지 아니할 것이므로 이를 공무원 임용결격 및 당연퇴직사유로 규정한 것을 위헌의 법률조항이라고 볼 수 없다. ★

판례 경찰·소방공채 응시연령상한제 ▶ 2012.5.31. 2010헌마278 [헌법불합치]

획일적으로 30세까지는 순경과 소방사·지방소방사 및 소방간부후보생의 직무수행에 필요한 최소한도의 자격요건을 갖추고, 30세가 넘으면 그러한 자격요건을 상실한다고 보기 어렵다. 따라서 이 사건 경찰공무원임용령, 소방공무원임용령 조항들이 순경 공채시험, 소방사 등 채용시험, 그리고 소방간부 선발시험의 응시연령의 상한을 '30세 이하'로 규정하고 있는 것은 합리적이라고 볼 수 없으므로 침해의 최소성 원칙에 위배되어 청구인들의 공무담임권을 침해한다. ★

CHAPTER 05 청구권적 기본권

제1절 • 청구권적 기본권 일반론

권리의 실현 절차를 보장받을 권리

> **코멘트**
> 인간으로 살 권리가 있다지만 경쟁과 다툼으로 가득 찬 세상에선 한낱 꿈일지도 모를 일이다. 그러나 두드리는 자 꿈이 이루어진다.

청구권적 기본권이란 국민이 자신의 권익을 확보하기 위해 국가에 일정한 행위를 요구할 수 있는 권리를 말한다. 헌법은 청구권적 기본권으로 청원권(제26조), 재판청구권(제27조), 국가배상청구권(제29조), 형사보상청구권(제28조), 범죄피해자구조청구권(제30조) 등을 규정하고 있다. 청구권은 **실정법상 권리**로서 법률에 의해 행사절차가 구체화되어야 하므로 **입법자의 형성권**이 인정되며, 기본권보장을 위한 **절차적 기본권**이므로 외국인이나 단체도 그들에게 인정되는 기본권영역에서 주체성이 인정될 수 있다.★

제2절 • 청원권

국가기관에 하소연 할 권리

> **코멘트**
> 치열한 일상 속에서 국민의 가슴은 수심으로 가득차고 말았다. 심장통을 막으려면 허심탄회하게 털어놓을 기회가 있어야 한다.

헌 법
제26조 ① 모든 국민은 법률이 정하는 바에 의하여 국가기관에 문서로 청원할 권리를 가진다.
② 국가는 청원에 대하여 심사할 의무를 진다.

I. 청원권의 의의

헌법 제26조의 청원권이란 국가기관에 대해 일정한 사항에 관한 의견이나 희망을 진술할 **대중적 권리**를 말한다. 청원권은 청원의 자유와 국가적 행위를 요구할 권리를 보장하므로, 자유권과 청구권, 참정권의 성격을 아울러 가진 **복합적 성격**의 권리라고 할 것이다.

II. 청원권의 내용

1. 청원사항

청원법
제16조(반복청원 및 이중청원) ① 청원기관의 장은 동일인이 같은 내용의 청원서를 같은 청원기관에 2건 이상 제출한 반복청원의 경우에는 나중에 제출된 청원서를 반려하거나 종결처리할 수 있고, 종결처리하는 경우 이를 청원인에게 알려야 한다.★

② 동일인이 같은 내용의 청원서를 2개 이상의 청원기관에 제출한 경우 소관이 아닌 청원기관의 장은 청원서를 소관 청원기관의 장에게 이송하여야 한다. 이 경우 반복청원의 처리에 관하여는 제1항을 준용한다.★

① 헌법의 위임에 따라 청원법 제5조 제5호는 청원사항을 "그 밖에 청원기관의 권한에 속하는 사항"으로 명시하여 **예시적으로 규정**하고 있으므로,★ 공공기관의 권한에 속하는 모든 사항을 대상으로, **자신의 이해관계와 무관한 사항**에 대해서도 청원할 수 있다. ② 타인을 **모해할 목적**[102]으로 **허위의 사실**을 적시한 청원은 **금지**되며(청원법 제25조),★ 허위의 사실로 타인으로 하여금 형사처분 등을 받게 하는 사항,★★ **청원인의 성명·주소 등이 불분명**하거나 **청원내용이 불명확**한 사항 등의 청원은 **처리하지 않을 수 있다**(동법 제6조).

2. 청원의 절차

> **헌 법**
> 제26조 ① 모든 국민은 법률이 정하는 바에 의하여 국가기관에 문서로 청원할 권리를 가진다.★★

① 청원대상기관에 관하여 헌법은 **국가기관이라고만 규정**하고 있는데(제26조), 청원법은 청원의 실효성 제고를 위해 국가기관뿐만 아니라 지방자치단체 등 **공공단체와 그 기관, 공무수탁사인까지 청원대상기관을 확장**하고 있다(제4조).★★ ② 청원은 청원인이 **서명한 문서**(전자문서 포함)로 하여야 하므로 익명의 청원은 부적법하고(헌법 제26조 제1항 및 청원법 제9조),★★ '국회에 청원'을 하려는 자는 **국회의원의 소개**를 받거나 국회규칙으로 정하는 기간 동안 국회규칙으로 정하는 **일정한 수 이상의 국민의 동의**를 받아 청원서를 제출하여야 하며(국회법 제123조 제1항),★★ '지방의회에 청원'을 하려는 자는 **지방의원의 소개**를 받아 청원서를 제출하여야 한다(지방자치법 제85조 제1항). 헌법재판소는 의회청원의 의원소개절차 및 국회청원의 국민동의절차에 대하여 부적절한 청원의 남발을 방지하기 위한 것이라며 합헌결정하였다(2023.3.23. 2018헌마460등).★★ ③ 청원권의 행사는 자신이 직접 하든 **제3자인 중개인이나 대리인을 통해서 하든 청원권으로서 보호**된다(2005.11.24. 2003헌바10).★★

3. 청원의 효과

> **헌 법**
> 제26조 ② 국가는 청원에 대하여 심사할 의무를 진다.★★
> 제89조 다음 사항은 국무회의 심의를 거쳐야 한다.
> 　15. 정부에 제출 또는 회부된 정부의 정책에 관계되는 청원의 심사★★

헌법은 "국가는 청원에 대하여 심사할 의무를 진다"고 하여 청원의 **수리**와 **심사의무**만을 규정하고 있지만(제26조 제2항), 청원법은 **결과통지의무**까지 규정하고 있다(제21조 제2항).★★ 헌법재판소는 "청원권은 청원의 주관관서가 청원을 수리·심사하여 결과를 통지할 것을 요구할 권리

수 심 통

---
102) 모해(謀害)란 나쁜 꾀를 써서 남을 해롭게 하는 것을 말한다.

를 말하므로, 주관관서는 청원서를 수리·심사하여 결과를 통지해야 할 **헌법에서 유래**하는 작위의무를 진다"고 판시하였다(2023.3.23. 2018헌마460 등).★★ 그러나 청원의 처리결과에 **심판서나 재결서에 준하는 이유를 명시**할 의무는 없고(1997.7.16. 93헌마239),103)★★ 청원인이 **기대한 결과를 통지**할 의무도 없으므로(1994.2.24. 93헌마213등), 그 내용이 청원인의 기대에 어긋나더라도 원칙적으로 **행정소송이나 헌법소원을 제기할 수 없다**(1990.5.25. 90누1458; 2004.10.28. 2003헌마898).★★ 다만 청원법 제6조는 **청원의 불처리**시에는 그 **사유를 명시**하여 통지할 것을 요구하고 있다.

> **판례** 청원결과통지에 대한 헌법소원 　　　　　　　　▶ 2004.10.28. 2003헌마898 [각하]
>
> 구체적인 권리행사로서의 성질을 갖는 청원의 경우 그에 대한 거부행위는 청구인의 법적 지위에 영향을 미치는 것으로서 당연히 헌법소원의 대상이 되는 공권력의 행사라고 할 수 있을 것이나, 단순한 호소나 요청에 불과한 청원인 경우 이에 대한 거부행위가 헌법소원의 대상이 되는 공권력의 행사 또는 불행사라고 할 수 있는지가 문제된다.★★ 적법한 청원에 대하여 국가기관이 수리·심사하여 그 결과를 청원인에게 통지하였다면 이로써 당해 국가기관은 헌법 및 청원법상의 의무이행을 필한 것이라 할 것이고, 비록 그 처리내용이 청원인이 기대한 바에 미치지 않는다고 하더라도 헌법소원의 대상이 되는 공권력의 행사 또는 불행사가 있다고 볼 수 없다.★★

---

103) 재결(裁決)이란 행정기관이 행하는 재판 유사의 결정 작용을 말한다. 따라서 법원의 재판처럼 재결의 내용은 주문과 이유에 해당하는 부분으로 구성된다.

제3절 · 재판청구권

사법기관에 하소연 할 권리

일상 속 다툼, 원만하게 해결될 수 없다면 법원에 가서 법대로 처리해야지. 그치단 대화와 양보로 해결될 문제까지 소송을 통하는 '일상의 사법화', '사법만능국가'는 경계해야 해. 우리 스스로가 만든 법에 의해 '법의 노예'가 될 수도 있으니.

헌 법
제27조 ① 모든 국민은 헌법과 법률이 정한 법관에 의하여 법률에 의한 재판을 받을 권리를 가진다. ★
② 군인 또는 군무원이 아닌 국민은 대한민국의 영역안에서는 중대한 군사상 기밀·초병·초소·유독음식물공급·포로·군용물에 관한 죄 중 법률이 정한 경우와 비상계엄이 선포된 경우를 제외하고는 군사법원의 재판을 받지 아니한다. ★★
③ 모든 국민은 신속한 재판을 받을 권리를 가진다. 형사피고인은 상당한 이유가 없는 한 지체없이 공개재판을 받을 권리를 가진다. ★★
⑤ 형사피해자는 법률이 정하는 바에 의하여 당해 사건의 재판절차에서 진술할 수 있다.
제107조 ② 명령·규칙 또는 처분이 헌법이나 법률에 위반되는 여부가 재판의 전제가 된 경우에는 대법원은 이를 최종적으로 심사할 권한을 가진다. ★★
③ 재판의 전심절차로서 행정심판을 할 수 있다. 행정심판의 절차는 법률로 정하되, 사법절차가 준용되어야 한다. ★★
제110조 ① 군사재판을 관할하기 위하여 특별법원으로서 군사법원을 둘 수 있다. ★★
② 군사법원의 상고심은 대법원에서 관할한다. ★★
④ 비상계엄하의 군사재판은 군인·군무원의 범죄나 군사에 관한 간첩죄의 경우와 초병·초소·유독음식물공급·포로에 관한 죄 중 법률이 정한 경우에 한하여 단심으로 할 수 있다. 다만, 사형을 선고한 경우에는 그러하지 아니하다. ★★

I 재판청구권의 의의

헌법 제27조 제1항의 재판청구권이란 인권의 보장과 법적 정의의 실현을 위해 사법절차의 제공을 요구할 수 있는 권리를 말한다. ① 여기서 '재판'이란 사법관청이 사실의 확정 및 법의 적용을 통해 분쟁을 해결하는 작용을 뜻하며, ② 재판청구권은 기본권침해의 구제를 위한 권리이므로, 기본권의 주체가 될 수 있는 자는 누구나 주체가 된다.

> **판례** 범죄인인도심사의 전속관할 범죄인인도심사를 서울고등법원의 전속관할로 하고 불복절차를 인정하지 않는 범죄인인도법 조항이 위헌인지 여부(소극) ▶ 2003.1.30. 2001헌바95 [합헌]
>
> 범죄인인도 여부에 관한 법원의 결정은 법원이 범죄인을 해당 국가에 인도하여야 할 것인지 아닌지를 판단하는 것일 뿐 그 자체가 형사처벌이라거나 그에 준하는 처벌로 보기 어렵다. ★★ 그렇다면 애초에 재판청구권의 보호대상이 되지 않는 사항에 대하여 법원의 심사를 인정한 경우, 이에 대하여 상소할 수 없다고 해서 재판청구권이 새로이 제한될 수 있다고는 통상 보기 어려울 것이다. ★★

> **판례** 치료감호 청구 제한 검사만 치료감호를 청구할 수 있고 법원은 검사에게 치료감호청구를 요구할 수 있다고만 규정한 치료감호법 조항이 위헌인지 여부(소극)
> ▶ 2010.4.29. 2008헌마622 [기각] 2021.1.28. 2019헌가24등 [합헌]
>
> 실형만을 선고받는 것에 비해 치료감호와 실형을 함께 선고받는 것이 피고인에게 더 유리하다고 단정할 수 없고, 법원이 직권으로 치료감호를 선고할 수 있는지 여부는 재판청구권의 내용에 해당하지 않

> 으므로 '피고인 스스로 치료감호를 청구할 수 있는 권리'뿐만 아니라 '법원으로부터 직권으로 치료감호를 선고받을 수 있는 권리'도 헌법상 재판청구권의 보호범위에 포함된다고 보기 어렵다.★★ 공익의 대표자로서 그 직무수행에 있어 공익적 지위와 객관적 의무를 부여받고 있는 검사로 하여금 치료감호 청구를 하게 하는 것은 국가 형벌권을 객관적으로 행사하도록 하여 재판의 적정성 및 합리성을 기하고자 하는 것이므로, 과잉금지원칙에 반하여 재판청구권을 침해하거나 적법절차원칙에 반한다고 볼 수 없다.

❚❚ 재판청구권의 내용

1. '헌법과 법률이 정한 법관에 의한' 재판을 받을 권리

(1) 군사재판

현행 군사법원법상의 군사재판은 임용자격, 임명절차 면에서 헌법 및 법원조직법상의 법관과 구별되는 **군판사**에 의한 재판이나, 헌법 제110조 제1항은 일반법원과 조직·권한 등을 달리할 수 있는 **특별법원으로서 군사법원을 인정**하고 있으므로 위헌이 아니다(1996.10.31. 93헌바25 참조).★★

(2) 즉결심판·약식절차 및 통고처분

① '즉결심판 및 약식절차'104)는 모두 헌법과 법률이 정한 **법관에 의한 재판**일 뿐만 아니라 불복시 7일 이내에 **정식재판**절차가 보장되어 있으므로 위헌이라 볼 수 없고, ② '통고처분'105)은 행정기관이 행하지만 당사자의 **임의승복**을 발효요건으로 하며 불응시 고발되거나 즉결심판에 회부되는 조건으로 **정식재판**절차가 보장되어 있으므로 위헌이 아니다(2003.10.30. 2002헌마275 등).

(3) 행정심판

행정심판106)은 **행정기관**에 의한 사법적 처분으로서 '헌법과 법률이 정한 법관'에 의한 재판이 아니다. 그러나 헌법 제107조 제3항은 "**재판의 전심절차**로서 행정심판을 할 수 있다. 행정심판의 절차는 법률로 정하되, **사법절차가 준용**되어야 한다"고 하여 준사법적 전심절차로서 행정심판을 명시하고 있는바,★★ 행정심판을 **필요적** 전치절차로 규정한 것 자체는 위헌이 아니나, 필요적 전치주의를 채택하면서 예외 없이 **무조건적**으로 전심절차를 강요하거나(2001.6.28. 2000헌바30), 사실상 **최종심**으로 기능하거나(1995.9.28. 92헌가11 등), 심판기관의 독립성, 대심적(對審的) 심리구조,107) 당사자의 절차적 권리보장 등 **사법절차의 본질적 요소를 결여**하는 경우(2001.6.28. 2000헌바30)에는 헌법에 위반된다.★ 다만 행정심판을 **임의**

---

104) 경미한 형사사건의 신속한 처리를 위한 간이한 재판절차로서 '즉결심판에 관한 절차법'에 의한 즉결심판과 형사소송법에 의한 약식절차가 있다.
105) 통고처분(通告處分)이란 법원의 과벌제도에 대신하여 행정관청이 법규위반자에게 부과하는 금전적 제재조치로서, 통고처분이 행시 위반행위에 대해 소추를 면하게 해주는 제도를 말한다.
106) 행정심판이란 행정상의 법률관계에 관련된 분쟁에 대하여 행정기관이 심리하고 판정하는 절차를 말한다.
107) '대심구조' 또는 '대면구조'란 분쟁의 양 당사자가 대면적으로 공격과 방어를 취하는 대결심판구조로서 전형적인 분쟁해결방식을 말한다. 법관이 심리를 주도하는 편면적 구조의 비송사건과 구별된다.

적 전치절차로 규정한 경우에는 **선택권**이 보장되어 있으므로 **사법절차가 준용되지 않더라도 위헌이라 볼 수 없다**(2001.6.28. 2000헌바30). ★

> **판례** 특허심판의 대법원상고제 특허청의 심판에 대하여는 곧바로 법률심인 대법원에 상고하도록 한 특허법 조항이 위헌인지 여부(적극) ▶ 1995.9.28. 92헌가11등 [헌법불합치]
>
> 특허청의 심판절차에 의한 결정은 특허청의 행정공무원에 의한 것으로서 이를 헌법과 법률이 정한 법관에 의한 재판이라고 볼 수 없으므로, 이 사건 특허법 조항은 법관에 의한 사실확정 및 법률적용의 기회를 박탈한 것으로서 "법관에 의한" 재판을 받을 권리의 본질적 내용을 침해하는 위헌규정이다. 한편 위 조항이 재판의 전심절차로서만 기능해야 할 특허청의 항고심판을 사실확정에 관한 한 사실상 최종심으로 기능하게 하고 있는 것은, 일체의 법률적 쟁송에 대한 재판기능을 법원에 속하도록 규정하고 있는 헌법 제101조 제1항 및 제107조 제3항에 위반된다. ★★

(4) 국가배상심의회의 배상결정

헌법재판소는 구 국가배상법상 '**동의된 배상결정의 재판상화해효**'108)에 대하여 독립성이 희박한 심의회의 성격에 부적합하다며 위헌결정하였고(1995.5.25. 91헌가7), '**국가배상결정의 필요적 전치주의**'에 대해서는 전치요건이 간소하여 재판 기회의 접근에 장애가 되지 않는다며 합헌결정하였으나(2000.2.24. 99헌바17), 개정 국가배상법은 임의적 전치주의로 전환하였다(제9조). ★

> **판례** 세월호피해자 재판상 화해 간주 및 이의제기금지 심의위원회의 배상금 지급결정에 신청인이 동의한 경우 재판상 화해가 성립된 것으로 보고, 신청인에게 일체의 이의제기 금지를 서약하는 내용의 배상금 동의 및 청구서를 제출하도록 한 세월호피해지원법령이 위헌인지 여부(일부 적극)
> ▶ 2017.6.29. 2015헌마654 [기각, 위헌]
>
> (1) 세월호피해지원법 제16조는 신청인이 배상금 등 지급결정에 동의한 경우 재판상 화해와 같은 효력을 부여함으로써, 지급절차를 신속히 종결하여 세월호 참사로 인한 피해를 신속하게 구제하기 위한 것으로 목적의 정당성과 수단의 적절성이 인정된다. 세월호피해지원법 규정에 의하면, 심의위원회의 제3자성 및 독립성이 보장되어 있고, 그 심의절차에 공정성과 신중성을 제고하기 위한 장치가 마련되어 있는 점, 분쟁의 조속한 종결과 피해구제의 신속성 등의 공익은 신청인의 불이익에 비하여 작다고 볼 수 없다는 점 등에 비추어 침해의 최소성과 법익의 균형성도 인정된다. 따라서 심판대상조항은 청구인들의 재판청구권을 침해하지 않는다. ★
> (2) 세월호피해지원법은 배상금 등의 지급 이후 효과나 의무에 관한 일반규정을 두거나 이에 관하여 하위 법규에 위임한 바가 전혀 없다. 따라서 세월호피해지원법 제15조 제2항의 위임에 따른 시행령으로 규정할 수 있는 사항은 지급신청이나 지급에 관한 기술적이고 절차적인 사항일 뿐이다. 그렇다면 세월호피해지원법 제16조에서 규정하는 동의의 효력 범위를 초과하여 세월호 참사 전반에 관한 일체의 이의제기를 금지시킬 수 있는 권한을 부여받았다고 볼 수는 없으므로, 이의제기금지조항은 법률유보원칙을 위반하여 청구인들에게 세월호 참사와 관련된 일체의 이의제기금지의무를 부담시킴으로써 일반적 행동의 자유를 침해한다. ★

---

108) 민사소송법상의 재판상 화해란 법관 앞에서 소송의 당사자가 그 주장을 서로 양보하고 다툼을 해결하는 재판상의 합의를 말한다. 재판상 화해가 이루어지면 법원은 화해조서를 작성하며 이 조서는 확정판결과 같은 효력을 가지게 되어 화해의 범위 내에서 소송은 당연히 종료된다.

(5) 배심제·참심제109)

(가) 국민참여재판법의 제정

'국민의 형사재판 참여에 관한 법률'은 사법의 민주적 정당성 강화를 위해 국민이 형사재판에 참여하는 제도를 도입하고 있다. 우리의 국민참여재판은 **배심제·참심제의 혼합형** 제도를 채택하고 있는데, 국민참여재판의 배심원은 **판사와 독립하여 평결**하지만 **전원의 의견이 일치**하지 않으면 판사의 의견을 들어야 하고,★ 판사와 함께 양형에도 참여하지만 **양형에 관한 의견만을 제시**하며, 배심원의 평결과 의견은 **법원을 기속하지 않는다**.

(나) 국민참여재판법의 내용

① 국민참여재판은 법원조직법상의 **합의부**110) **관할** 형사사건 및 그 관련 형사사건을 대상으로 하는데(국민참여재판법 제5조 제1항), **피고인이 원하지 않거나 법원이 배제결정을 하면 이를 할 수 없다**(동조 제2항). 헌법재판소는 대상사건 제한에 대하여 "한정된 인적·물적자원으로 형사사건의 다수를 차지하는 단독판사 사건까지 담당하기는 어렵다"며 합헌결정하였고(2015.7.30. 2014헌바447 등), 배제결정 조항에 대하여 "범죄사실 인정을 전제로 불이익을 과하는 것이 아니므로 무죄추정원칙에 반하지 않는다"며 합헌결정하였다(2014.1.28. 2012헌바298). ② 국민참여재판의 배심원은 **만 20세 이상의 대한민국 국민** 중에서 선정되는데(동법 제16조), 배심원 또는 예비배심원은 **법원의 증거능력에 관한 심리**에는 관여할 수 없다(동법 제44조).★ 헌법재판소는 배심원 자격 20세 제한에 대하여 "**배심원은 중죄를 다루는 형사재판에서 직접 공무를 담당하는 직책**이므로 그 책무수행을 위해 필요한 최소한의 경험이 요청된다"며 합헌결정하였다(2021.5.27. 2019헌가19).★★

(6) 사법보좌관제도

법원조직법 제54조 제1항에 근거한 사법보좌관제도는 법원의 사법업무 중 실질적 쟁송이 아닌 부수적 업무를 일정한 법원행정직공무원들이 담당케 하여 **법관을 재판에 전념시키는** 제도이다. 헌법재판소는 "**사법인력을 실질적 쟁송에 집중**하도록 하면서 이의 절차를 통해 **법관에 의한 판단기회를 보장**하고 있다"며 합헌결정하였다(2009.2.26. 2007헌바8등).★★

---

109) '배심제'(陪審制)란 일반시민으로 구성된 배심원단이 직업법관과 독립하여 사실문제를 판단하고 직업법관은 그 평결의 결과에 구속되어 재판하는 제도를 말하고, '참심제'(參審制)란 일반시민인 참심원과 직업법관으로 구성된 재판부가 사실문제와 법률문제를 함께 판단하는 제도를 말한다(권영성, 헌법학원론 개정판, 611면·856·1109면 / 김학성, 헌법학원론 제3판, 673·1004면 / 정종섭, 헌법학원론 제7판, 796면 / 한수웅, 헌법학 제4판, 1333면).

110) 법원조직법상 법원의 심판사건은 사건의 비중에 따라 판사 1명이 1심 법원의 비교적 경미한 사건을 심판하는 단독판사 사건, 그 외 판사 3명의 합의로 심판하는 합의부 사건으로 구분된다.

2. '재판'을 받을 권리

(1) 대법원의 재판을 받을 권리

헌법상 제110조 제2항과 제107조 제2항을 제외하고는 대법원의 재판을 받을 권리에 관한 명시적인 규정이 없는데,111) 헌법재판소는 "헌법 제102조 제3항(법원조직 법정주의)에 따라 법원의 관할 및 심급은 입법형성 사항이므로, 재판청구권이 사건의 경중을 가리지 아니하고 <u>모든 사건에 대하여 대법원의 재판을 받을 권리를 의미한다고 할 수는 없다</u>"고 판시하였다 (1997.10.30. 97헌바37등).112)★★

(2) 헌법재판을 받을 권리

헌법재판소는 "헌법상 재판청구권에는 민사재판, 형사재판, 행정재판뿐만 아니라 **헌법재판을 받을 권리도 포함**되지만, 재판청구권은 법관에 의한 사실적·법적 판단의 기회가 제공될 것을 보장할 뿐이므로 기본권침해의 구제절차가 반드시 <u>헌법소원의 형태로 독립된 재판기관에 의하여 이루어질 것을 요구하지는 않는다</u>"고 판시하였다(2014.4.24. 2012헌마2 등; 1997.12.24. 96헌마172등).★★

(3) 재심재판을 받을 권리

헌법재판소는 "재심은 법적 안정성의 요청이 훨씬 강한 확정판결에 대한 특별한 불복방법이므로 <u>재심청구권은 헌법상 재판청구권에 **당연히 포함된다고 할 수 없다**</u>"(2004.12.16. 2003헌바105 등)고 하거나, "<u>재심청구권은 **당연히 재판청구권의 내용**에 포함된다</u>"(2020.2.27. 2017헌바420 등)고 하여 일관되지 않고 있다.★★

(4) 배심재판을 받을 권리

헌법재판소는 "우리 헌법상 헌법과 법률이 정한 법관에 의한 재판을 받을 권리란 직업법관에 의한 재판을 주된 내용으로 하므로, **국민참여재판을 받을 권리**는 재판청구권에 **포함된다고 볼 수 없다**"고 판시하였다(2015.7.30. 2014헌바447 등).★★

(5) 군사법원의 재판을 받지 아니할 권리

헌법 제27조 제2항에 따라 군인·군무원과 달리 일반국민은 원칙적으로 군사법원의 재판을 받지 아니할 권리를 가진다.★★

---

111) 헌법 제110조 제2항은 "군사법원의 상고심은 대법원에서 관할한다"고 규정하고, 제107조 제2항은 "명령·규칙 또는 처분이 헌법이나 법률에 위반되는 여부가 재판의 전제가 된 경우에는 대법원은 이를 최종적으로 심사할 권한을 가진다"고 규정하고 있다.

112) 헌법재판소는 항소심 등 상소심재판을 받을 권리 전반에 관해서 동일한 취지로 판시하고 있다(2004.12.16. 2003헌바105; 2005.3.31. 2003헌바34 참조).

판례 군사시설손괴죄의 군사재판관할 '전투용에 공하는 시설'을 손괴한 일반 국민이 군사법원에서 재판받도록 한 군사법원법 조항이 위헌인지 여부(적극) ▶ 2013.11.28. 2012헌가10 [위헌]

군용물·군사시설에 관한 죄를 병렬적으로 규정하고 있었던 구 헌법 제26조 제2항에서 '군용물'은 명백히 '군사시설'을 포함하지 않는 개념으로 사용된 점, 군사시설에 관한 죄를 범한 민간인에 대한 군사법원의 재판권을 제외하는 것을 명백히 의도한 헌법 개정 경과 등을 종합하면, 군인 또는 군무원이 아닌 국민에 대한 군사법원의 예외적인 재판권을 정한 현행 헌법 제27조 제2항에 규정된 '군용물'에는 '군사시설'이 포함되지 않는다.★ 그렇다면 '군사시설' 중 '전투용에 공하는 시설'을 손괴한 일반 국민이 항상 군사법원에서 재판받도록 하는 이 사건 법률조항은, 비상계엄이 선포된 경우를 제외하고는 '군사시설'에 관한 죄를 범한 일반 국민은 군사법원의 재판을 받지 아니하도록 규정한 헌법 제27조 제2항에 위반되고, 국민이 헌법과 법률이 정한 법관에 의한 재판을 받을 권리를 침해한다.★

3. 신속한 공개재판 및 공정한 재판을 받을 권리

① 헌법 제27조 제3항 전문은 실효적인 권리구제를 위해 신속한 재판 받을 권리를 규정하고 있는데, 헌법재판소는 "신속한 재판을 받을 권리는 폭넓은 입법재량이 허용되는바, **법률에 의한 구체적 형성없이는** 신속한 재판을 위한 어떤 직접적이고 구체적인 청구권이 발생하지 아니한다"고 판시하였다(1999.9.16. 98헌마75).★★ ② 또한 헌법은 사법의 공정성과 객관성을 확보하기 위해 제27조 제3항 후문에서 형사피고인의 공개재판 받을 권리를, 제109조 본문에서 재판공개주의를 규정하고 있다.★★ ③ 한편 "헌법에 '공정한 재판'에 관한 **명문의 규정은 없지만**, 사법의 공정성은 본질상 당연하므로, '공정한 재판을 받을 권리'를 국민의 **기본권**으로 보장하고 있음이 명백하다고 할 것이다(2001.8.30. 99헌마496 등).★★

판례 미성년 성폭력 피해자 진술 영상 증거능력 특례 19세 미만 성폭력범죄 피해자의 진술이 수록된 영상물에 관하여 조사 과정에 동석하였던 신뢰관계인 등이 그 성립의 진정함을 인정한 경우 이를 증거로 할 수 있도록 한 성폭력처벌법 조항이 위헌인지 여부(적극) ▶ 2021.12.23. 2018헌바524 [위헌]

심판대상조항은 미성년 피해자가 증언과정에서 받을 수 있는 2차 피해를 막기 위한 것이나, 사건의 핵심 증거가 될 진술증거에 관하여 왜곡이나 오류를 효과적으로 탄핵할 수 있는 피고인의 반대신문권을 보장하지 않고 있다는 점, 영상물이 제공할 수 있는 제한적인 정보 및 피고인의 참여 없이 이루어진 형성과정을 고려할 때, 위 영상물의 내용을 바탕으로 한 탄핵만으로 피고인의 반대신문권의 역할을 대체하기 어렵다는 점, 성폭력범죄 사건 수사의 초기단계에서부터 증거보전절차를 적극적으로 실시하거나, 비디오 등 중계장치에 의한 증인신문 등 미성년 피해자가 증언과정에서 받을 수 있는 2차 피해를 방지할 수 있는 여러 조화적인 제도를 적극 활용함으로써 위 조항의 목적을 달성할 수 있다는 점 등을 종합하면, 과잉금지원칙을 위반하여 청구인의 공정한 재판을 받을 권리를 침해한다.★★

4. 형사피해자의 재판절차진술권

헌법 제27조 제5항의 형사피해자 재판절차진술권은 범죄로 인한 피해자가 당해 사건의 재판절차에 출석하여 의견을 진술할 권리를 말하는데, 사인소추를 배제하는 현행 기소독점주의 형사소송체계 하에서 형사피해자에게 **청문의 기회**113)를 부여함으로써 형사사법의 **절차적 적정성**114)을 확보하는 데에 의의가 있다(2003.9.25. 2002헌마533). 여기의 '형사피해자'는 헌법적 보장의 취지상 형사실체법상의 보호법익과 상관없이 문제되는 범죄로 인해 법률상 불이익을 받게 되는 자로 **넓게 해석**해야 한다(1995.7.21. 94헌마136).115)★

> **판례** 형사피해자의 약식명령고지 및 정식재판청구 배제   약식명령의 고지대상자 및 정식재판청구권자에서 형사피해자를 제외한 형사소송법 조항이 위헌인지 여부(소극)
> ▶ 2019.9.26. 2018헌마1015 [기각]
>
> 약식명령은 경미하고 간이한 사건을 대상으로 하기 때문에, 대부분 범죄사실에 다툼이 없는 경우가 많고, 형사피해자도 이미 범죄사실을 충분히 인지하고 있어 범죄사실에 대한 별도의 확인 없이도 얼마든지 법원이나 수사기관에 의견을 제출할 수 있으므로, 형사피해자가 약식명령을 고지받지 못하더라도 참여기회가 봉쇄된다고 볼 수 없는 점, 형사피해자에게 정식재판청구권을 인정하게 되면 남소로 인한 법원의 업무량 폭증으로 약식절차의 도입 목적을 저해할 위험이 있다는 점 등을 종합하면, 이 사건 고지조항 및 정식재판청구조항은 형사피해자의 재판절차진술권을 침해하지 않는다.★★

> **판례** 상속분가액지급청구권 10년 제척기간   상속개시 후 인지 또는 재판확정에 의하여 공동상속인이 된 자가 다른 공동상속인에 대해 그 상속분에 상당한 가액의 지급에 관한 청구권(상속분가액지급청구권)을 행사하는 경우에도 상속회복청구권에 관한 10년의 제척기간을 적용하도록 한 민법 조항이 위헌인지 여부(적극)
> ▶ 2024.6.27. 2021헌마1588 [위헌]
>
> 민법 제1014조의 상속분가액지급청구권은 인지 또는 재판확정으로 공동상속인이 추가되기 전에 기존 공동상속인이 상속재산을 분할·처분한 경우 기존 공동상속인, 제3취득자, 추가된 공동상속인 사이의 이해관계를 조정한다. 그런데 '침해를 안 날'은 인지 또는 재판이 확정된 날을 의미하므로, 그로부터 3년의 제척기간은 공동상속인의 권리구제를 실효성 있게 보장하는 것으로 합리적 이유가 있다. 그러나 '침해행위가 있은 날'(상속재산의 분할 또는 처분일)부터 10년 후에 인지 또는 재판이 확정된 경우에도 추가된 공동상속인이 상속분가액지급청구권을 원천적으로 행사할 수 없도록 하는 것은 '가액반환의 방식'이라는 우회적·절충적 형태를 통해서라도 인지된 자의 상속권을 뒤늦게나마 보상해 주겠다는 입법취지에 반하며, 추가된 공동상속인의 권리구제 실효성을 완전히 박탈하는 결과를 초래한다. 결국 심판대상조항은 입법형성의 한계를 일탈하여 청구인의 재산권 및 재판청구권을 침해한다.

> **판례** 형법상 친족상도례(형 면제)   '직계혈족, 배우자, 동거친족, 동거가족 또는 그 배우자'간의 권리행사방해죄는 그 형을 면제하도록 한 형법 제328조 제1항이 위헌인지 여부(적극)
> ▶ 2024.6.27. 2020헌마468등 [헌법불합치]
>
> 형사피해자의 재판절차진술권에 관한 헌법 제27조 제5항이 정한 법률유보는 이른바 기본권 형성적 법률유보에 해당하고, 형사피해자의 재판절차진술권을 어떠한 내용으로 구체화할 것인가에 관하여는

---

113) '청문(聽聞)'이란 이해관계자나 제3자의 의견을 청취하는 절차를 말한다.
114) '절차적 정의'란 과정상의 정의, '실체적 정의'란 결과의 정의를 말한다.
115) 그렇다면 위증죄가 직접적으로는 개인적 법익에 관한 범죄가 아니고 그 보호법익은 원칙적으로 국가의 심판작용의 공정이라 하여도 이에 불구하고 위증으로 인하여 불이익한 재판을 받게 되는 사건 당사자는 재판절차진술권의 주체인 형사피해자가 된다고 보아야 할 것이다(1992.2.25. 90헌마91).

입법자에게 입법형성의 자유가 부여되고 있으므로, 그것이 재량의 범위를 넘어 명백히 불합리한 경우에 비로소 위헌의 문제가 생길 수 있다. 친족상도례의 규정 취지는, 가정 내부의 문제는 국가형벌권이 간섭하지 않는 것이 바람직하다는 정책적 고려와 함께 가정의 평온이 형사처벌로 인해 깨지는 것을 막으려는 데에 있다. 가족·친족 관계에 관한 우리나라의 역사적·문화적 특징이나 재산범죄의 특성, 형벌의 보충성에 비추어, 친족상도례의 필요성은 수긍할 수 있다. 그런데 심판대상조항은 재산범죄의 가해자와 피해자 사이의 일정한 친족관계를 요건으로 하여 일률적으로 형을 면제하도록 규정하고 있는바, 적용대상 친족의 범위가 지나치게 넓고, 심판대상조항이 준용되는 재산범죄들 가운데 불법성이 경미하다고 보기 어려운 경우가 있다는 점에서 제도적 취지에 부합하지 않는 결과를 초래할 우려가 있다. 그럼에도 법관으로 하여금 이러한 사정을 전혀 고려할 수 없도록 하고 획일적으로 형면제 판결을 선고하도록 한 심판대상조항은 형사피해자가 법관에게 적절한 형벌권을 행사하여줄 것을 청구할 수 없도록 하는 것으로서 입법재량을 일탈하여 현저히 불합리하거나 불공정하므로 형사피해자의 재판절차진술권을 침해한다.

판례 형법상 친족상도례(친고죄) '직계혈족, 배우자, 동거친족, 동거가족 또는 그 배우자' 이외의 친족 사이의 재산범죄를 친고죄로 규정한 형법 제328조 제2항이 위헌인지 여부(소극)

▶ 2024.6.27. 2023헌바449 [합헌]

심판대상조항은 친족 사이에 발생한 재산범죄의 경우 친족관계의 특성상 친족 사회 내부에서 피해의 회복 등 자율적으로 문제를 해결할 가능성이 크고 재산범죄는 피해의 회복이나 손해의 전보가 비교적 용이한 경우가 많은 점 등을 고려하여 피해자의 가해자에 대한 처벌의 의사표시를 요건으로 가해자를 기소할 수 있도록 한 것으로, 가족의 가치를 중시하는 우리나라의 역사적·문화적 특징이나 형벌의 보충성을 고려하여 일정한 친족 사이에서 발생한 재산범죄의 경우 피해자의 고소를 소추조건으로 정하여 피해자의 의사에 따라 국가형벌권 행사가 가능하도록 한 것은 합리적 이유가 있으므로 평등원칙에 위배된다고 보기 어렵다.

III 재판청구권의 제한

재판청구권도 헌법 제37조 제2항에 따라 제한할 수 있으나, **최소 한 번의 법관에 의한 사실적·법적 판단의 기회**가 보장되어야 하고, **실효적인 권리보호 절차**를 갖추어야 한다(2006.4.27. 2005헌마1119 등).* 제소사유, 제소기간 등의 제한은 공법관계의 조속한 확정을 요구하는 법적 안정성의 관점에서 인정되지만, <u>인신보호법·형사소송법상 단기즉시항고기간</u>(2015.9.24. 2013헌가21; 2018.12.27. 2015헌바77등), <u>군사법원법상 비용보상청구 단기제척기간</u>(2023.8.31. 2020헌바252)처럼 실효성이 결여된 경우 정당성이 부인된다.

판례 수형자의 변호사접견 시간·횟수제한 수형자와 소송대리인인 변호사와의 접견을 일반 접견에 포함시켜 시간은 30분 이내로, 횟수는 월 4회로 제한한 형집행법시행령 조항이 위헌인지 여부(적극)

▶ 2015.11.26. 2012헌마858 [헌법불합치]

심판대상조항은 교정시설 내의 수용질서 및 규율을 유지하기 위한 것이나, <u>서신, 전화통화는 검열, 청취 등을 통해 그 내용이 교정시설 측에 노출될 수 있는 등 소송준비의 주된 수단으로 사용하기에는 한계가 있고, 변호사접견의 시간 및 횟수의 최소한을 정하지 않으면 수형자가 필요한 시기에 변호사의 조력을 받지 못할 가능성도 높아진다는 점, 법률전문가인 변호사와의 소송상담의 특수성을 고려하</u>

지 않고 소송대리인인 변호사와의 접견을 그 성격이 전혀 다른 일반 접견에 포함시켜 접견 시간 및 횟수를 제한함으로써 달성되는 공익보다 침해되는 사익이 훨씬 크다는 점 등을 종합하면, 과잉금지원칙에 반하여 재판청구권을 침해한다.★★

판례 군사법원법상 비용보상청구 단기제척기간   비용보상청구권의 제척기간을 무죄판결이 확정된 날부터 6개월 이내로 규정한 구 군사법원법 조항이 위헌인지 여부(적극)
▶ 2023.8.31. 2020헌바252 [위헌]

(1) 형사소송법 및 군사법원법에서 규정한 무죄판결에 따른 비용보상청구권은 구금되었음을 전제로 하는 헌법 제28조의 형사보상청구권이나 국가의 귀책사유를 전제로 하는 헌법 제29조의 국가배상청구권과 달리, 입법자에 의해 비로소 형성된 권리이다. 심판대상조항의 비용보상 청구기간은 재판상 그 권리를 행사하여야 하는 기간으로서 제척기간(제소기간)에 해당한다.
(2) 재판관 4인의 위헌의견 : 심판대상조항은 비용보상에 관한 채무관계를 조기에 확정하여 국가재정을 합리적으로 운영하려는 것이나, 비용보상청구는 법률관계를 신속히 확정할 필요가 있는 경우 등 제척기간을 단기로 규정해야 할 사유에 해당하지 않는 점, 군사법원법상 피고인이 재정하지 않은 상태로 재판할 수 있는 예외가 상정되는 등 피고인이 무죄판결의 선고 사실을 모르는 경우가 발생할 수 있는 점 등을 종합하면, 과잉금지원칙에 반하여 재판청구권 및 재산권을 침해한다.
(3) 재판관 4인의 위헌의견 : 헌법재판소는 2014헌바408등 결정에서 심판대상조항과 동일한 내용의 구 형사소송법 조항에 대하여, 비용보상청구권의 특성, 입법형성의 재량권 등을 종합하면 재판청구권이나 재산권을 과도하게 침해하지 않는다고 보았는데, 선례의 이유는 이 사건에서도 그대로 타당하다. 하지만 비용보상청구는 군사재판의 특수성이 적용될 영역이 아니어서 군사법원법상 비용보상청구권자와 형사소송법상 비용보상청구권자는 본질적으로 동일한 집단이라 할 것인데, 심판대상조항의 제척기간이 개정된 형사소송법보다 짧은 것에는 합리적인 이유가 없으므로 평등원칙에 위반된다.

판례 형사소송법상 단기즉시항고기간   즉시항고 제기기간을 3일로 제한하고 있는 형사소송법 조항이 위헌인지 여부(적극)
▶ 2018.12.27. 2015헌바77등 [헌법불합치]

즉시항고는 당사자의 중대한 이익에 관련된 사항으로서 신속한 결론이 필요한 사항을 대상으로 한다는 점에서 그 제기기간을 단기로 정할 필요성이 인정된다. 그런데 근로기준법의 개정으로 주 40시간 근무가 정착됨에 따라 금요일 오후에 결정문을 송달받을 경우 주말동안 법률적 도움을 구하는 것이 어렵게 되었으며, 우편 접수를 통해 즉시항고를 하더라도 사실상 월요일 하루 안에 발송 및 도달을 완료해야 하는 점 등을 감안하면 심판대상조항은 변화된 사회 현실을 제대로 반영하지 못하여 부당한 결과를 초래한다. 따라서 심판대상조항은 입법재량의 한계를 일탈하여 재판청구권을 침해한다.★

> **코멘트**
> 자신의 사업장에서 종업원의 잘못으로 손님이 피해를 봤다면 그를 사용한 사업자도 일정한 책임을 지는 게 도리야.

제4절 · 국가배상청구권

국가 불법행위의 배상을 요구할 권리

헌 법
제29조 ① 공무원의 직무상 불법행위로 손해를 받은 국민은 법률이 정하는 바에 의하여 국가 또는 공공단체에 정당한 배상을 청구할 수 있다. 이 경우 공무원 자신의 책임은 면제되지 아니한다.★
② 군인·군무원·경찰공무원 기타 법률이 정하는 자가 전투·훈련 등 직무집행과 관련하여 받은 손해에 대하여는 법률이 정하는 보상 외에 국가 또는 공공단체에 공무원의 직무상 불법행위로 인한 배상은 청구할 수 없다.★

I 국가배상청구권의 의의

헌법 제29조 제1항의 국가배상청구권이란 공무원의 직무상 불법행위로 손해를 받은 국민이 국가 등에 그 배상을 청구할 수 있는 권리를 말한다(1997.2.20. 96헌바24).116) **외국인**은 해당 국가의 **상호보증**이 있을 때에만 주체가 된다(국가배상법 제7조).★ 헌법재판소는 "헌법은 국가배상청구권을 **청구권**으로 보장하며, 그 요건을 갖춘 국민에게는 금전청구권으로서의 **재산권**으로 보장된다"(2020.3.26. 2016헌바55 등)고 하여 양면적 성격의 권리로 본다.

II 국가배상청구권의 내용

1. 국가배상청구권의 성립요건

헌법상 국가배상이 성립하려면 공무원의 직무상 불법행위가 요구되는데, ① 여기의 '공무원'은 공무원법상 공무원뿐만 아니라 **사실상 공무를 위탁받아 실질적으로 공무를 수행하는 모든 자**를 말하고(국가배상법 제2조), ② 여기의 '직무상 행위'는 **사경제 활동(국고작용)을 제외한** 권력작용 및 관리작용에 한정되며(1970.11.24. 70다1148), 객관적으로 직무집행의 **외형**을 갖춘 모든 행위를 포함한다(1966.6.28. 66다781).117)★

> **판례** 국회의원의 입법행위 ▶ 1997.6.13. 96다56115
>
> 우리 헌법이 채택하고 있는 의회민주주의하에서 국회의원은 입법에 관하여 원칙적으로 국민 전체에 대한 관계에서 정치적 책임을 질 뿐 국민 개개인의 권리에 대응하여 법적 의무를 지는 것은 아니므로, 국회의원의 입법행위는 그 입법 내용이 헌법의 문언에 명백히 위반됨에도 불구하고 국회가 굳이 당해 입법을 한 것과 같은 특수한 경우가 아닌 한 국가배상법 제2조 제1항 소정의 위법행위에 해당된다고 볼 수 없다.★

---

116) '배상'(賠償)은 불법한 피해를 보충하는 제도를 말하고, '보상'(補償)은 특별한 희생을 보충하는 제도를 말한다.
117) 직무행위의 판단기준에 관해서는 주관설(실질설)과 객관설(외형설)이 대립한다.

판례 헌법재판관의 재판행위 ▶ 2003.7.11. 99다24218

법관의 재판에 법령의 규정을 따르지 아니한 잘못이 있다 하더라도 이로써 바로 그 재판상 직무행위가 국가배상법 제2조 제1항에서 말하는 위법한 행위로 되어 국가의 손해배상책임이 발생하는 것은 아니고, 그 국가배상책임이 인정되려면 당해 법관이 위법 또는 부당한 목적을 가지고 재판을 하였다거나 법이 법관의 직무수행상 준수할 것을 요구하고 있는 기준을 현저하게 위반하는 등 법관이 그에게 부여된 권한의 취지에 명백히 어긋나게 이를 행사하였다고 인정할 만한 특별한 사정이 있어야 한다. 재판에 대하여 따로 불복절차 또는 시정절차가 마련되어 있다면 그 절차에 따라 자신의 권익을 회복하도록 함이 법이 예정하는 바이므로 원칙적으로 국가배상에 의한 권리구제를 받을 수 없다고 봄이 상당하나, 재판에 대하여 불복절차 내지 시정절차 자체가 없는 경우에는 배상책임의 요건이 충족되는 한 국가배상책임을 인정하지 않을 수 없다. 헌법재판소 재판관이 청구기간 내에 제기된 헌법소원심판 청구 사건에서 청구기간을 오인하여 각하결정을 한 경우, 이에 대한 불복절차 내지 시정절차가 없는 때에는 국가배상책임(위법성)을 인정할 수 있다.

판례 공무원의 법령해석상 과실 ▶ 1981.8.25. 80다1598 ; 1997.5.28. 95다15735

법령에 대한 해석이 복잡·미묘하여 워낙 어렵고, 이에 대한 학설, 판례조차 귀일되어 있지 않는 등의 특별한 사정이 없는 한 일반적으로 공무원이 관계법규를 알지 못하거나 필요한 지식을 갖추지 못하고 법규의 해석을 그르쳐 행정처분을 하였다면 그가 법률전문가 아닌 행정공무원이라고 하여 과실이 없다고 할 수는 없으나, 상위법규에 대한 해석이 그 문언 자체만으로는 명백하지 아니하여 여러 견해가 있을 수 있는데다가 이에 대한 선례나 학설·판례 등도 하나로 통일된 바 없어 해석상 다툼의 여지가 있는 경우, 그 공무원이 나름대로 합리적인 근거를 찾아 어느 하나의 견해에 따라 상위법규를 해석한 다음 그에 따라 시행령 등을 적정하게 되었다면, 그와 같은 상위법규의 해석이 나중에 대법원이 내린 해석과 같지 아니하여 결과적으로 위법하거나 부당한 결과를 가져오게 되었다고 하더라도, 이러한 경우에까지 국가배상법상 공무원의 과실이 있다고 할 수는 없다.

판례 근거법의 위헌결정과 국가배상책임 행위의 근거가 된 법률조항에 대하여 위헌결정이 선고된 경우 위 법률조항에 따라 행위한 당해 공무원에게 고의 또는 과실이 인정되어 국가배상책임이 성립하는지 여부(소극) ▶ 2009.9.24. 2008헌바23

당해 사건에서 문제된 청구인의 전화번호 등 개인정보가 기재된 증거 서류의 제출 및 송달에 관한 근거규정인 행정심판법 제27조에 대하여 위헌결정이 선고된다 하더라도, 당시 위와 같은 서류의 제출 및 송달에 관여한 공무원들로서는 그 행위 당시에 위 법률조항이 헌법에 위반되는지 여부를 심사할 권한이 없이 오로지 위 법률조항에 따라 증거자료를 제출하고 이를 송달하였을 뿐이라 할 것이므로 당해 공무원들에게 고의 또는 과실이 있다 할 수 없어 대한민국의 청구인에 대한 손해배상책임은 성립되지 아니한다 할 것이다.

2. 배상책임의 본질과 구조

헌법 제29조 제1항 단서는 "공무원 자신의 책임은 면제되지 아니한다"고 규정하고, 국가배상법 제2조 제2항은 "공무원에게 고의·중과실이 있으면 구상[118]할 수 있다"고 규정하고 있는

---
118) 구상권(求償權)은 타인을 대신하여 의무를 이행한 자가 갖는 상환요구권을 말한다.

바, 국가 등이 배상책임을 지는 본질이 무엇인지, 가해공무원이 민사상 배상책임, 내부책임을 지는지와 관련하여, 대법원은 "헌법은 공무원의 법적 책임을 규정한 것이나 **배상책임의 범위까지 규정한 것은 아니고**, 국가배상법은 변제자력이 충분한 국가 등에게 과실을 불문하고 배상책임을 부담시키되, 공무원의 위법행위가 **경과실**에 기한 경우에는 기관의 행위로 보아 배상책임도 **전적으로** 국가 등에만 귀속시키고, **고의·중과실**에 기한 경우에는 피해자 보호를 위해 **중첩적으로** 배상책임을 부담하되 **구상할 수** 있도록 하여 그 책임을 공무원 개인에게 귀속시키려는 것이다"라고 하여 과실의 경중에 따라 책임의 성질을 구분하고 있다(1996.2.15. 95다38677).

대법원	책임의 성질	대외적 책임	대내적 책임
고의·중과실	개인책임	**선택적 청구권**	구상 가능
경과실	국가책임	**대국가적 청구권**	구상 불가

III 국가배상청구권의 제한

1. 헌법에 의한 제한[119]

헌법 제29조 제2항에 따라 군인·군무원·경찰공무원 등은 법률이 정하는 보상 외에 배상을 청구할 수 없다. ① 보충역에 편입된 '**공익근무요원**'(1997.3.28. 97다4036)과 군인과는 다른 신분을 취득한 '**경비교도대원**'(1998.2.10. 97다45914)은 이중배상금지의 대상이 아니나, 경찰조직의 구성원을 이루는 '**전투경찰순경**'은 그 대상에 포함된다(1996.6.13. 94헌마118 등). 그리고 법률이 정한 보상을 조건으로 배상청구가 금지되므로, 다른 법령에 의해 보상을 받을 수 없는 경우에는 국가배상청구가 인정된다(1997.2.14. 96다28066).★ ② 공무원과 민간인의 공동불법행위로 다른 공무원에게 손해를 입혀 민간인이 이를 전부배상한 경우 국가의 구상책임과 관련하여,[120] **헌**법재판소는 "이중배상금지효력은 **상**대적이므로 국가 등은 민간인에 대한 구상책임을 진다"고 하였고(1994.12.29. 93헌바21),★ **대**법원은 "이중배상금지효력은 **절**대적이므로 국가 등은 민간인에 대한 구상책임을 면하나, 민간인의 배상책임은 귀책 부분으로 한정된다"고 하였다(2001.2.15. 96다42420).[121]★

🔵 두문자

헌 상 대 절

---

119) 이중배상금지규정은 제3공화국헌법 당시 국가배상법에 도입되었다가 대법원의 위헌판결(1971.6.22. 70다1010; 1972.7.25. 72다986)이 내려지자 제4공화국헌법에서 동일한 내용으로 신설되었다. 위 규정은 1960년대에 월남전 등으로 국가배상소송이 급증하자 과중한 재정부담을 해소하고자 도입되었으나, 보상제도와 배상제도는 성격이 다를 뿐만 아니라 군인 등과 다른 공무원 간의 형평에도 문제가 있다는 비판이 제기되어 결국 대법원의 위헌판결을 받았는데, 박정희 정권은 위헌선고된 법규정과 동일한 규정을 1972년헌법에 신설하였다(정종섭, 헌법학원론 제7판, 828면 / 한수웅, 헌법학 제4판, 922면).
120) 이는 국가의 책임전가 방지와 우회적 탈법행위 방지라는 충돌하는 이익의 조정문제이다.
121) 공동불법행위는 민법상 가해자 각자가 피해 전액에 대해 연대배상책임을 지는데, 대법원은 민간인의 대국가적 구상권을 부정하면서도 배상책임을 각자의 책임비율에 따른 분할책임으로 수정함으로써 민간인을 보호하고 있다.

2. 법률에 의한 제한

헌법재판소는 ① 국가배상법이 국가배상청구권에도 소멸시효제도를 적용하게 한 것에 대해 합헌결정하였으나(1997.2.20. 96헌바24),* 과거사 국가배상청구 소멸시효와 관련하여 객관적 기산점을 적용하는 것에 대해서는 위헌결정하였고(2018.8.30. 2014헌바148등),* ② 민주화운동피해자 보상결정의 재판상화해효와 관련하여 보상금에 포함되지 않은 '정신적 손해'에 대한 국가배상청구까지 금지하는 것에 대하여 위헌결정하였다(2021.5.27. 2019헌가17 등).**

> **판례** **과거사 국가배상청구 소멸시효** 일반적인 공무원의 직무상 불법행위로 손해를 받은 국민의 손해배상청구에 관한 소멸시효 기산점과 시효기간을 정한 민법·국가재정법·예산회계법 조항이 위헌인지 여부(소극) 및 민법 조항 중 고거사정리법상 민간인 집단 희생사건 및 중대한 인권침해사건·조작의혹사건에 적용되는 부분이 위헌인지 여부(적극)   ▶ 2018.8.30. 2014헌바148등 [합헌, 위헌]
>
> 국가·지방자치단체의 손해 배상책임에 관해 국가배상법의 규정사항 외에는 민법 등 관련법의 규정에 의하도록 한 국가배상법 제3조에 따라, 심판대상조항들은 국가배상청구권의 소멸시효 기산점을 피해자나 법정대리인이 그 손해 및 가해자를 안 날(주관적 기산점) 및 불법행위를 한 날(객관적 기산점)로 정하되, 그 시효기간을 주관적 기산점으로부터 3년(단기소멸시효기간) 및 객관적 기산점으로부터 5년(장기소멸시효기간)으로 정하고 있다. 법적 안정성의 보호 등 민법상 소멸시효제도의 존재 이유는 국가배상청구권의 경우에도 일반적으로 타당하다.* 그러나 과거사정리법 제2조 제1항 제3호의 '민간인 집단희생사건'과 제4호의 '중대한 인권침해·조작의혹사건'은 국가가 소속 공무원들의 조직적 관여를 통해 불법적 행위를 자행하고 사후에도 조작·은폐를 통해 진상규명을 저해한 것이 명백한 사안으로서 사인간 불법행위 내지 일반적인 국가배상 사건과 근본적으로 다른 유형에 해당한다. 이러한 관점에서 구체적으로 살펴보면, 과거사정리법 제2조 제1항 제3, 4호에 규정된 사건에 '주관적 기산점'이 적용되도록 하는 것은 피해자와 가해자 보호의 균형을 도모하기 위한 것으로서 합리적 이유가 인정되나, '객관적 기산점'을 그대로 적용하여 그 불법행위 시점을 객관적 기산점으로 삼는 것은 입법형성의 한계를 일탈하여 청구인들의 국가배상청구권을 침해한다.*

> **판례** **민주화운동피해자 보상결정의 재판상화해효** 보상금 지급 결정에 동의하면 '정신적 손해'에 관해서도 재판상 화해가 성립된 것으로 보는 민주화보상법 및 5·18보상법 조항이 위헌인지 여부(적극)   ▶ 2018.8.30. 2014헌바180등; 2021.5.27. 2019헌가17 [위헌]
>
> (1) 재판상 화해에는 확정판결과 같은 효력이 있으므로 민주화보상법은 신청인의 법관에 의하여 재판을 받을 권리를 제한한다. 그런데 민주화보상법은 관련규정을 통해 위원회의 독립성과 전문성을 보장하고 있고, 신청인이 위원회의 지급결정에 대한 동의 여부를 자유롭게 선택하도록 정하고 있으므로, 입법형성권의 한계를 일탈하여 재판청구권을 침해한다고 볼 수 없다.**
>
> (2) 민주화보상법 및 5·18보상법은 민주화운동 관련자와 그 유족을 신속히 구제하고 보상금 등 지급결정에 안정성을 부여하기 위하여 도입된 것으로, 관련 법령의 규정에 의하면 법상 보상금은 손해 전보를 의미하는 '배상'의 성격을 가지고 있다. 불법행위로 인한 손해배상은 일반적으로 적극적·소극적·정신적 손해에 대한 배상으로 분류되는데, 보상법령의 관련조항을 살펴보면 정신적 손해 배상에 상응하는 항목은 존재하지 않는다. 그럼에도 불구하고 이 조항이 적극적·소극적 손해의 배상에 상응하는 보상금 등 지급결정에 동의하였다는 사정만으로 보상금의 성격과 중첩되지 않는 정신적 손해에 대한 국가배상청구권의 행사까지 금지하는 것은 과잉금지원칙에 반하여 정신적 손해에 대한 국가배상청구권을 침해한다.**

제5절 • 형사보상청구권

억울한 옥살이의 보상을 요구할 권리

코멘트
국가가 죄와 벌을 밝혀내는 과정에선 누구든 억울한 일을 겪을 수 있어. 하지만 억울한 사람을 가두었다면 국가는 인도주의적 사고로 국민의 아픔을 품어야 해.

헌 법
제28조 형사피의자 또는 형사피고인으로서 구금되었던 자가 법률이 정하는 불기소처분을 받거나 무죄판결을 받은 때에는 법률이 정하는 바에 의하여 국가에 정당한 보상을 청구할 수 있다.★★

I 형사보상청구권의 의의

헌법 제28조의 형사보상청구권이란 형사피의자 등으로 구금되었던 자가 불기소처분·무죄판결 등을 받은 경우 국가에 정당한 보상을 청구할 수 있는 권리를 말한다. 형사보상청구권은 제헌헌법(1948년)부터 규정되었고, 현행헌법(1987년)은 '형사피의자'를 추가하였다.★ 형사피의자 등으로 **구금되었던 자**가 주체이므로, 법인 등 **단체**는 성질상 주체가 될 수 없다. 국가배상청구권(국가배상법 제7조), 범죄피해자구조청구권(범죄피해자보호법 제23조)과 달리 상호주의 규정이 존재하지 않으므로 **외국인**은 **상호보증과 관계없이** 주체가 될 수 있다.

II 형사보상청구권의 내용

1. 요 건

① 헌법상 형사보상청구는 '구금'을 요하므로 **불구속**으로 재판·조사를 받은 자는 **헌법상** 형사보상을 청구할 수 없으나, 형사보상법은 원판결에 의하여 형의 집행을 받은 자에게도 법률상 권리로서 보상청구를 허용하고 있으며(제2조),122)★★ **면소나 공소기각**의 재판을 받았더라도 **무죄재판을 받을 만한 현저한 사유**가 있는 경우, 헌법재판소법에 따른 **재심 절차에서 원판결보다 가벼운 형이 확정**됨에 따라 형 집행을 초과한 경우 등 무죄재판에 준하는 실질을 갖는 때에는 구금에 대한 보상을 청구할 수 있다(형사보상법 제26조 제1항).123) 한편 청구권자가 보상청구를 하지 아니하고 사망한 때에는 **상속인**이 이를 청구할 수 있다(동법 제3조).★ ② **형사미성년** 또는 **심신상실**의 사유(형법상 책임무능력자)124)로 무죄재판을 받거나, **허위자백** 등으로 구금되거나, **경합범**125)으로 **일부유죄재판**을 받은 경우 등에는 보상이 제한된다(동법 제4조, 제27조 제2항).★★

---

122) 형사보상법에서는 무죄재판이 확정된 자에게 미결구금에 대한 보상, 원판결에 의한 구금 또는 형 집행에 대한 보상을 인정하고 있다(제2조).
123) 형사소송법상 '면소판결'이란 피고사건에 대해 실체적 소송조건이 결여된 경우(확정판결이 있는 때, 사면이 있는 때, 공소시효가 완성되었을 때, 범죄 후의 법령개폐로 형이 폐지되었을 때)에 선고되는 판결을 말하고(제326조), '공소기각의 재판'이란 피고사건에 대해 관할권 이외의 형식적 소송조건이 결여된 경우에 실체판단 없이 소송을 종결시키는 재판을 말한다(제327조·제328조).
124) 형법상 '형사미성년자'는 14세 미만의 미성년자를 말하고, '심신상실자'는 심신장애로 인하여 사물을 변별할 능력이나 의사를 결정할 능력이 없는 사람을 말한다.
125) 경합범이란 동일인이 저지른 두 개 이상의 범죄 또는 두 개 이상의 범죄를 저지른 동일인물을 말한다.

> **판례** **초과 구금 형사보상 미규정**   원판결의 근거가 된 가중처벌규정에 대해 헌법재판소의 위헌결정이 있음을 이유로 개시된 재심절차에서, 공소장의 교환적 변경을 통해 원판결보다 가벼운 형으로 유죄판결이 확정된 경우, 재심판결에서 선고된 형을 초과하여 집행된 구금에 대하여 보상요건을 규정하지 아니한 구 형사보상법 조항이 위헌인지 여부(적극)   ▶ 2022.2.24. 2018헌마998등 [헌법불합치]
>
> 헌법 제28조의 형사보상청구권은 국가의 형사사법작용에 의하여 신체의 자유가 침해된 국민에게 그 구제를 인정하여 기본권 보호를 강화하는 것이 목적이므로, 외형상·형식상으로 무죄재판이 없다고 하더라도 형사사법절차에 내재하는 불가피한 위험으로 인하여 국민의 신체의 자유에 관하여 피해가 발생하였다면 형사보상청구권을 인정하는 것이 타당하다.★ 이 사건에서 문제되는 경우는 심판대상조항이 형사보상 대상으로 규정하고 있는 경우들과 본질적으로 다르다고 보기 어렵고, 다만 무죄재판을 받을 수 없었던 사유가 '적용법조에 대한 공소장의 교환적 변경'이라는 점에 차이가 있다. 결과적으로 부당한 구금으로 이미 피고인의 신체의 자유에 관한 중대한 피해가 발생한 이상, 공소장의 교환적 변경을 통하여 무죄재판을 피하였다는 사정은 피고인에 대한 형사보상청구권 인정 여부를 달리할 합리적인 근거가 될 수 없다. 그럼에도 불구하고 심판대상조항이 이 사건에서 문제되는 경우를 형사보상 대상으로 규정하지 아니한 것은 현저히 자의적인 차별로서 청구인들의 평등권을 침해한다.

2. 절 차

① 형사피고인의 **보**상청구는 무죄재판이 확정된 사실을 안 날부터 **3**년, 무죄재판이 확정된 때부터 **5**년 이내에 무죄재판을 한 법원에 하여야 하고(형사보상법 제8조),★★ 형사피의자의 **보**상청구는 불기소처분 또는 불송치결정의 고지·통지를 받은 날부터 **3**년 이내에 불기소처분을 한 검사가 소속된 지방검찰청 또는 불송치결정을 한 사법경찰관이 소속된 경찰관서에 대응하는 지방검찰청의 피의자보상심의회에 하여야 한다(동법 제28조 제1항·제3항). 보상결정 및 청구기각 결정 모두에 대해 불복이 가능하며(동법 제20조, 제28조 제4항),★ 보상결정이 송달된 후 **2**년 이내에 보상금 지급청구를 하여야 한다(동법 제21조 제3항, 제28조 제5항). 보상청구권 및 보상금지급청구권은 양도하거나 압류할 수 없다(동법 제23조). ② 헌법재판소는 형사보상청구의 제척기간을 무죄재판이 확정된 때부터 1년으로 한정한 구 형사보상법 조항(2010.7.29. 2008헌가4) 및 형사보상의 결정에 대하여 불복을 금지한 구 형사보상법 조항(2010.10.28. 2008헌마514등)에 대하여 법적 안정만을 지나치게 강조하여 법적 정의를 해친 것이라며 위헌결정하였다.★★

> **두문자**
> 보 쌈 오 리
> (피고인보상)
> 보 리 삼
> (피의자보상)

3. 보상금의 내용

헌법 제28조의 '정당한 보상'은 손실에 대한 완전한 보상을 의미한다. 형사보상법은 **보상을 받을 자**가 같은 원인에 대하여 **다른 법률에 따른 손해배상을 청구**하는 것을 금지하지 아니하나, **이중지급은 금지**되고 있다(형사보상법 제6조).★★ 헌법재판소는 형사보상금 상한제에 대하여 "형사보상은 국가배상과는 취지 자체가 상이하고, 보상법령에서 정한 금액이 지나치게 낮다고 볼 사정도 없다"며 합헌결정하였다(2010.10.28. 2008헌마514등).★

제6절 · 범죄피해자구조청구권

억울한 범죄피해의 구조를 요구할 권리

> **코멘트**
> 국가가 저지른 범죄가 아닐지라도 범죄로 인한 피해가 심각해서 개인의 삶이 파괴될 지경에 이르렀다면 국가는 인간다운 생존의 보장을 위해 국민을 위기에서 구해줄 의무가 있어.

헌 법
제30조 타인의 범죄행위로 인하여 생명·신체에 대한 피해를 받은 국민은 법률이 정하는 바에 의하여 국가로부터 구조를 받을 수 있다.

I. 범죄피해자구조청구권의 의의

헌법 제30조의 범죄피해자구조청구권이란 타인의 범죄행위로 생명·신체의 피해를 입은 자나 그 유족이 국가에 재정적 구조를 청구할 수 있는 권리를 말한다. 국제적으로 범죄피해자 보호는 법률정책의 수준에서 고려되고 있는데, 우리나라는 **현행헌법**(1987년)에서 처음으로 채택하여 기본권으로 보장하고 있다.** '생명·신체의 피해'는 자연인을 전제로 하므로 법인 등 단체는 성질상 주체가 될 수 없으며, **외국인**은 해당 국가의 **상호보증**이 있는 경우, **한국민의 배우자**이거나 한국민과 혼인관계에서 출생한 **자녀의 양육자**로서 **체류자격**을 가지는 경우 주체가 될 수 있다(범죄피해자보호법 제23조).* 헌법재판소는 범죄피해자구조청구권을 **생존권**의 성격을 가지는 **청구권**이라고 본다(2011.12.29. 2009헌마354).

II. 범죄피해자구조청구권의 내용

1. 요 건

> **두문자**
> 정 실 아 내 생
> 신 사 장 중 상

① 범죄피해자구조청구의 요건인 '타인의 범죄행위'란 형법 제20조의 **정**당행위, 제21조의 **정**당방위, 과**실**에 의한 행위를 제외하고 대한민국 영역 **안에**서 또는 대한민국 영역 밖에 있는 대한민국의 선박·항공기 **안에**서[126]* 행하여진 사람의 **생**명·**신**체를 해치는 죄*에 해당하는 행위를 말하고, '피해'란 **사**망하거나 **장**해 또는 **중상**해[127]를 입은 것을 말한다(범죄피해자보호법 제3조). ② 범죄피해자구조청구권은 구조피해자가 피해의 전부 또는 일부를 배상받지 못하거나, 자기 또는 타인의 형사사건의 수사 또는 재판에 협조하다가 구조피해자가 된 경우에 인정된다(동법 제16조). ③ 적극적 요건이 충족된 경우에도 가해자와 **친족관계**가 있거나 구조피해자에게 **귀책사유**가 있거나 구조금지급이 **사회통념**에 반한다고 인정되는 경우에는 구조가 제한된다(동법 제19조).*

---

126) 범죄피해자보호법의 효력에 속지주의가 적용됨을 의미한다.
127) 장해(障害)란 부상 또는 질병이 치유된 후에도 영구적으로 남는 신체 등 능력의 상실을 말하고, 상해(傷害)란 사람의 생리적 기능 또는 건강에 훼손을 입은 것을 말한다.

2. 절차

구조금의 지급신청은 범죄피해발생을 안 날부터 **3**년, 범죄피해가 발생한 날부터 **10**년 이내에 관할 범죄피해구조심의회에 하여야 하며(범죄피해자보호법 제25조 제2항),* 구조결정이 송달된 후 2년 이내에(**두** 해 동안) 구조금 지급청구를 하여야 한다(동법 제31조).* 그리고 구조금 지급신청의 기각이나 각하결정에 대하여는 본부심의회에 재심을 신청할 수 있다(동법 제27조).

> **판례** 구조대상 범죄피해 및 구조청구 행사기간 구조청구의 대상인 범죄피해의 범위에서 해외에서 발생한 범죄피해를 배제하고, 범죄피해가 발생한 날부터 5년 이내로 구조금신청시기를 제한한 범죄피해자 보호법 조항이 위헌인지 여부(소극)   ▶ 2011.12.29. 2009헌마354 [기각]
>
> 국가의 주권이 미치지 못하고 국가의 경찰력 등을 행사할 수 없거나 행사하기 어려운 해외에서 발생한 범죄에 대하여는 국가에 그 방지책임이 있다고 보기 어렵고,* 국가의 재정에 기반을 두고 있는 구조금에 대한 청구권 행사대상을 우선적으로 대한민국의 영역 안의 범죄피해에 한정하는 것은 입법형성의 재량의 범위 내라고 할 것이므로, 구조청구의 대상인 범죄피해에 해외에서 발생한 범죄피해를 포함하고 있지 아니한 것은 평등원칙에 위반되지 아니한다. 현대사회에서 인터넷의 보급 등 교통·통신수단이 상대적으로 매우 발달하여 여러 정보에 대한 접근이 용이해진 점과 일반 국민의 권리의식이 신장된 점 등에 비추어 보면, 범죄피해가 발생한 날부터 5년이라는 청구기간이 지나치게 단기라든지 불합리하다고 볼 수 없으므로 평등원칙에 위반되지 아니한다.

3. 구조금의 내용

구조금은 유족구조금, 장해구조금, 중상해구조금으로 구분된다(범죄피해자보호법 제17조 제1항). 구조금은 **일시금**으로 지급하되, 구조피해자 등의 구조금 관리능력이 부족하다고 인정되는 경우 신청 또는 직권으로 **분할 지급**할 수 있다(동조 제4항). 구조피해자가 장해구조금·중상해구조금 신청 후 지급 전에 사망한 경우 유족에게 구조금이 지급된다(동조 제3항 단서). 한편 구조피해자나 유족이 해당 구조대상 범죄피해를 원인으로 하여 국가배상법 등 **다른 법령에 따른 급여 등을 받을 수 있는 경우**에는 원칙적으로 구조금을 지급하지 아니하며(동법 제20조),* **손해배상을 받았으면** 그 범위에서 구조금을 지급하지 아니하고, 지급한 구조금의 범위에서 손해배상청구권을 대위한다(동법 제21조).

CHAPTER 06 사회적 기본권

제1절 · 사회적 기본권 일반론

문명인으로 살아갈 권리

> 코멘트
> 인간은 수많은 전쟁을 치르며 빗나간 욕망의 끝에서 파멸의 순간을 경험했다. 이제 야만적인 의식에서 벗어나 우아하고 화사한 삶을 살 계획을 세우자.

사회적 기본권이란 국민이 인간다운 생활의 확보를 위하여 국가적 급부를 요구할 수 있는 권리를 말한다. ① 사회적 기본권의 성격과 관련하여,128) 헌법재판소는 "인간다운 생활권으로부터 **최소한의 물질적 생활유지에 필요한 급부**를 요구할 수 있는 권리가 상황에 따라 직접 도출될 수는 있어도, **그 이상의 급부**를 내용으로 하는 권리는 입법을 통해 비로소 인정되는 법률적 차원의 권리이다"라고 하여 **개별적으로 판단**하고 있다(1995.7.21. 93헌가14).★★ ② 한편 사회적 기본권의 기본적인 규범구조는, 국가의 급부를 요구하는 성격의 적극적 권리이고(적극적 요구권성), 그 실현에 입법자의 **구체적 형성**이 요구되며(형성적 법률유보), 그 심사에 **최소한 보장의 원칙**이 적용된다(과소보호금지원칙)는 점에 특색이 있다.★

제2절 · 인간다운 생활을 할 권리

문명인다운 삶의 조건을 요구할 권리

> 코멘트
> 영혼을 가지고 말과 도구를 사용하는 고등생물체, 국가는 이들의 우아한 삶을 위한 사회적 여건을 조성해야 한다.

헌 법
제34조 ① 모든 국민은 인간다운 생활을 할 권리를 가진다.
② 국가는 사회보장·사회복지의 증진에 노력할 의무를 진다.
③ 국가는 여자의 복지와 권익의 향상을 위하여 노력하여야 한다.
④ 국가는 노인과 청소년의 복지향상을 위한 정책을 실시할 의무를 진다.
⑤ 신체장애자 및 질병·노령 기타의 사유로 생활능력이 없는 국민은 법률이 정하는 바에 의하여 국가의 보호를 받는다.
⑥ 국가는 재해를 예방하고 그 위험으로부터 국민을 보호하기 위하여 노력하여야 한다.

---

128) 주관적 권리성을 부정하는 견해, 추상적 권리로 보는 견해, 구체적 권리로 보는 견해, 보장수준에 따라 개별화하는 견해가 대립한다.

I 인간다운 생활을 할 권리의 의의

헌법 제34조 제1항의 인간다운 생활권이란 인간의 존엄에 상응하는 최소한의 급부를 국가에 요구할 수 있는 권리를 말한다. 우리 헌법은 1962년 제3공화국헌법에서 명문화하였다. ① 이 권리는 공공의 복지를 목적으로 국가에게 인간다운 생존의 보장의무를 부과하는 것으로, 성질상 **자연인**의 권리이며, 원칙적으로 **국민**의 권리이다(2011.9.29. 2009헌마351 참고).★ ② 헌법재판소는 "인간다운 생활권으로부터 인간존엄에 상응하는 '**최소한의 물질적인 생활**'의 유지에 필요한 **급부**를 요구할 권리가 직접 도출될 수는 있어도, **직접 그 이상의 급부**를 내용으로 하는 권리를 발생케 한다고는 볼 수 없다"(1995.7.21. 93헌가14)고 하여 보장수준을 매우 낮게 보고 있다.★★ ③ 국가의 보장의무 준수 여부가 사법적 심사의 대상이 된 경우, 국가가 최저생활보장에 관한 입법을 전혀 하지 아니하였다든가 그 내용이 현저히 불합리하여 재량의 범위를 명백히 일탈한 경우에 한하여 헌법에 위반된다(1997.5.29. 94헌마33).129)★

II 인간다운 생활을 할 권리의 내용

인간다운 생활권의 내용과 관련하여 사회보장수급권(사회보장권) 즉 요보호상태에 있는 개인이 국가에 **사회보장급여를** 요구할 권리의 법적 성격이 문제된다. 헌법재판소는 ① 사회보장수급권을 **헌법적 차원의 권리**로 보면서, 그 수급요건 등에 관해 법률의 형성을 요한다고 판시한 바 있으나(2003.12.18. 2002헌바1),★ ② **산재보험수급권**에 관한 일부 사례에서는 사회보장수급권을 입법에 의하여 비로소 형성되는 **법률적 차원의 권리**에 불과하다고 판시하기도 하였다(2003.7.24. 2002헌바51).★★

> **판례** 사회보험의 성격 ▶ 2000.6.29. 99헌마289 [기각]
>
> 사보험에서는 상업적·경제적 관점이 보험재정운영의 결정적인 기준이 되지만, 사회보험에서는 사회정책적 관점이 우선하는바, 사보험의 보험료는 가입연령, 건강상태 등 피보험자 개인이 지니는 보험위험에 따라 정해지만, 사회보험의 보험료는 피보험자의 경제적 능력, 즉 소득에 비례하여 정해진다. 사회보험료를 형성하는 2가지 중요한 원리는 '보험의 원칙'과 '사회연대의 원칙'이다. 보험의 원칙 내지 등가성의 원칙이란 보험료와 보험급여간의 등가원칙을 달하며, 사회연대의 원칙이란 사회국가원리의 실현을 위한 사회보험의 형성원칙을 말한다. 보험료의 형성에 있어서 사회연대의 원칙은 보험료와 보험급여 사이의 개별적 등가성의 원칙에 수정을 가하는 원리일 뿐만 아니라, 사회보험체계 내에서의 소득의 재분배를 정당화하는 근거이며, 보험의 급여수혜자가 아닌 제3자인 사용자의 보험료 납부의무(소위 '이질부담')를 정당화하는 근거이기도 하다. 또한 사회연대의 원칙은 사회보험에의 강제가입의무를 정당화하며, 재정구조가 취약한 보험자와 재정구조가 건전한 보험자 사이의 재정조정을 가능하게 한다.★ 그러나 보험료부담의 평등이 보장되지 않는 상황에서의 재정통합은 사회보험의 중요한 형성원칙인 사회연대의 원

---

129) 인간다운 생활권에 관한 헌법규정은 모든 국가기관을 기속하지만, 그 기속의 의미는 달라서 입법부나 행정부에 대하여는 최대한의 문화적 생활을 누릴 수 있도록 하여야 한다는 행위규범으로서 작용하지만, 헌법재판소에 있어서는 인간다운 생활의 영위를 위해 필요한 최소한의 조치를 취할 의무를 다하였는지를 기준으로 합헌성을 심사하여야 한다는 통제규범으로 작용한다(1997.5.29. 94헌마33; 2004.10.28. 2002헌마328).★

칙에 의해서도 정당화하기 어렵다. 국민건강보험법상의 보험료부과체계는 형식적으로는 소득을 단일기준으로 하고 있으나, 실질적으로는 직장가입자의 경우에는 실소득에 대하여, 지역가입자의 경우에는 추정소득에 대하여 보험료를 부과하는 이원적인 부과체계로서 그 자체로는 평등원칙의 관점에서 헌법적으로 하자가 없으며, 아울러 직장·지역가입자 사이의 부담의 평등을 보장할 수 있는 법적 제도장치(법 제31조의 재정운영위원회를 통한 합헌적 운영가능성)를 두고 있으므로, 직장가입자와 지역가입자의 재정통합을 규정하는 법 제33조 제2항은 헌법에 위반되지 아니한다.＊

판례 공무원 휴업급여·상병보상연금 미도입 공무원에게 재해보상을 위하여 실시되는 급여의 종류로 휴업급여 또는 상병보상연금 규정을 두고 있지 않은 '공무원 재해보상법' 조항이 위헌인지 여부(소극) ▶ 2024.2.28. 2020헌마1587 [기각]

심판대상조항이 인간다운 생활을 할 권리를 침해하는지 여부는 국가가 생계보호에 관한 입법을 전혀 하지 아니하였거나 그 내용이 현저히 불합리하여 헌법상 용인될 수 있는 재량의 범위를 명백히 일탈하였는지 여부로 심사한다. 공무상 부상을 당하거나 질병에 걸린 공무원(이하 '공상 공무원'이라 약칭한다)에 대한 생활보장은 반드시 '공무원 재해보상법'의 급여에 의해서만 이루어져야 하는 것이 아니므로, 청구인에게 지급되는 재해보상의 실질을 가진 급여를 모두 포함하여도 공무상 부상 또는 질병으로 인해 발생한 소득 공백이 보전되고 있지 않은지 여부를 살펴보아야 한다. 재해보상으로서의 휴업급여 내지 상병보상연금과, 공무원연금법에서의 퇴직연금 내지 퇴직일시금은, 직무에 종사하지 못해 소득공백이 있는 경우 생계를 보장하기 위한 사회보장적 급여라는 점에서는 같은 기능을 수행한다는 점, 신분보장, 생계보장 면에서 공무원이 일반 근로자에 비해 대체로 유리하다는 점을 종합하면, 심판대상조항이 현저히 불합리하여 인간다운 생활을 할 권리를 침해한다고 볼 수 없다.

판례 미성년자 생활자금 대출상환의무 자동차사고 피해가족 중 유자녀에 대한 대출을 규정한 구 '자동차손해배상 보장법 시행령' 조항이 위헌인지 여부(소극) ▶ 2024.4.25. 2021헌마473 [기각]

국가는 헌법 제36조 제1항, 제34조 제4항에 따라 가족생활을 보장하고, 청소년의 복지향상을 위한 정책을 실시할 의무를 진다. 유자녀는 18세 미만의 자로서 우리나라가 비준한 '아동권리협약' 및 아동복지법에서 정의하는 '아동'에 속하는 집단이고, 국가가 아동에 관한 복지정책을 실시할 때에는 아동의 이익을 최우선적으로 고려하여야 한다는 입법형성권의 한계가 존재한다. 심판대상조항이 대출의 형태로 유자녀의 양육에 필요한 경제적 지원을 하는 것은 유자녀가 향후 소득활동을 할 수 있게 된 후에는 자금을 회수하여, 자동차 운전자들의 책임보험료로 마련된 기금을 가급적 많은 유자녀를 위해 사용할 수 있게 하기 위함이다. 심판대상조항에 따르면 대출을 신청한 법정대리인이 상환의무를 부담하지 않으므로 법정대리인과 유자녀 간의 이해충돌이라는 부작용이 일부 발생할 가능성이 있지만, 이를 이유로 생활자금 대출 사업 전체를 폐지하면, 대출로라도 생활자금의 조달이 필요한 유자녀에게 불이익이 돌아가게 될 수 있다. 유자녀에 대한 적기의 경제적 지원 및 자동차 피해지원사업의 지속가능성 확보는 중요하다는 점, 민법상 부당이득반환청구와 같은 일반적 구제수단이 있다는 점 등을 고려하면, 심판대상조항은 청구인의 아동으로서의 인간다운 생활을 할 권리를 아동의 최선의 이익이라는 입법재량의 한계를 일탈하여 침해하였다고 보기 어렵다.

판례 국민연금 분할연금 배우자의 국민연금 가입기간 중의 혼인 기간이 5년 이상인 자에게 분할연금수급권을 부여하면서 법률혼 기간의 산정에 있어 실질적인 혼인관계의 존재여부를 불문하는 국민연금법 조항이 위헌인지 여부(적극)
▶ 2016.12.29. 2015헌바182 [헌법불합치]

분할연금제도는 재산권적연 성격과 사회보장적 성격을 함께 가진다. 분할연금제도의 재산권적 성격은 노령연금 수급권도 혼인생활 중에 협력하여 이룬 부부의 공동재산이므로 이혼 후에는 그 기여분에 해당하는 몫을 분할하여야 한다는 것을 의미하므로, 분할연금은 국민연금 가입기간 중 실질적인 혼인 기간을 고려하여 산정하여야 한다. 그럼에도 불구하고 심판대상조항은 법률혼 관계에 있었지만 별거·가출 등으로 실질적인 혼인관계가 존재하지 않았던 기간을 일률적으로 혼인 기간에 포함시켜 분할연금을 산정하도록 하고 있는바, 이는 분할연금제도의 재산권적 성격을 몰각시키는 것으로서 입법형성권을 벗어난 것이므로 청구인의 재산권을 침해한다.★

판례 분할연금 개선조항 소급 배제 헌법불합치결정에 따라 실질적인 혼인관계가 존재하지 아니한 기간을 제외하고 분할연금을 산정하도록 개정된 국민연금법 조항을 개정법 시행 후 최초로 분할연금 지급사유가 발생한 경우부터 적용하도록 하는 국민연금법 부칙 조항이 위헌인지 여부(적극)
▶ 2024.5.30. 2019헌가29 [헌법불합치]

실질적인 혼인관계가 해소되어 분할연금의 기초가 되는 노령연금 수급권 형성에 아무런 기여가 없는 경우에는 노령연금 분할을 청구할 전제를 갖추지 못한 것으로 볼 수 있다는 점에서 분할연금 지급 사유 발생 시점이 신법 조항 시행일 전인 경우와 후인 경우 사이에 아무런 차이가 없으므로, 분할연금 지급 사유 발생시점과 같은 우연한 사정을 기준으로 달리 취급하는 것은 합리적인 이유를 찾기 어렵고, 종전 헌법불합치결정의 취지에도 어긋난다. 따라서 심판대상조항은 평등원칙에 위반된다.

판례 생계급여 근로조건 유예 배제 '대학원 재학생'과 '고아'를 생계급여 조건부수급 유예대상에서 배제한 기초생활보장법시행령 조항이 위헌인지 여부(소극)
▶ 2017.11.30. 2016헌마448 [기각]

심판대상조항은 '고등교육법에 따른 학교에 재학 중인 사람'을 근로조건 부과 유예자로 규정하면서도 '대학원에 재학 중인 사람'은 배제함으로써, '학교에 재학 중인 사람'이라는 점에서 본질적으로 동일한 집단을 차별하고 있으나, '대학원에 재학 중인 사람'은 이미 자활에 나아가기 위한 지식이나 기술을 익힌 자라는 점에서 근로조건의 부과를 유예할 필요성이 낮은 점을 고려하면 그 차별에 합리적인 이유가 있다. 한편 기초생활보장법은 조건 부과 유예 대상자에 해당하지 않더라도 수급자의 개인적 사정을 고려하여 근로조건의 제시를 유예할 수 있는 제도를 별도로 두고 있어 '대학원에 재학 중인 사람' 또는 '부모에게 버림받아 부모를 알 수 없는 사람'도 이러한 사유에 해당하면 자활사업 참여 없이 생계급여를 받을 수 있으므로 인간다운 생활을 할 권리도 침해하지 않는다.★★

판례 최저생계비 미달의 생계보호기준 보건복지부장관이 고시한 최저생계비에 미달하는 '94년 생계보호기준'이 위헌인지 여부(소극)
▶ 1997.5.29. 94헌마33 [기각]

인간다운 생활을 보장하기 위한 객관적 내용의 최소한을 보장하고 있는지의 여부는 생활보호법에 의한 생계보호급여만을 가지고 판단하여서는 아니되고 그외의 법령에 의거하여 국가가 생계보호를 위하여 지급하는 각종 급여나 각종 부담의 감면등을 총괄한 수준을 가지고 판단하여야 하는바,★★ 1994년도를 기준으로 생활보호대상자에 대한 생계보호급여와 그 밖의 각종 급여 및 각종 부담감면의 액수를 고려할 때, 이 사건 생계보호기준이 일반 최저생계비에 못미친다고 하더라도 그 사실만으로 곧 그것이 기본권을 침해한다고는 볼 수 없다.★

판례 가구별인원수 기준의 최저생계비고시   보건복지부장관이 2002년도 최저생계비를 고시함에 있어 장애로 인한 추가지출비용을 반영한 별도의 최저생계비를 결정하지 않은 채 가구별 인원수만을 기준으로 최저생계비를 결정한 것이 위헌인지 여부(소극)   ▶ 2004.10.28. 2002헌마328 [기각]

인간다운 생활을 보장하기 위한 객관적 내용의 최소한을 보장하고 있는지 여부는 보장법에 의한 생계급여만을 가지고 판단하여서는 아니되고, 그 외의 법령에 의거하여 국가가 최저생활보장을 위하여 지급하는 각종 급여나 각종 부담의 감면 등을 총괄한 수준으로 판단하여야 한다.★★ 2002년도를 기준으로 장애인가구는 각종 급여 및 부담감면으로 인하여 최저생계비의 비목을 추가적으로 보전 받고 있는 점을 고려할 때, 이 사건 최저생계비고시가 생활능력 없는 장애인가구 구성원의 기본권을 침해하였다고 할 수 없다.★

판례 저상버스도입의 작위의무   장애인을 위한 저상버스를 도입해야 할 국가의 구체적 의무가 헌법으로부터 도출되는지 여부(소극)   ▶ 2002.12.18. 2002헌마52 [각하]

장애인의 복지를 향상해야 할 국가의 의무가 다른 다양한 국가과제에 대하여 최우선적인 배려를 요청할 수 없을 뿐만 아니라, 나아가 헌법의 규범으로부터는 '장애인을 위한 저상버스의 도입'과 같은 구체적인 국가의 행위의무를 도출할 수 없는 것이다.★★ 국가에게 헌법 제34조에 의하여 장애인의 복지를 향상해야 할 국가의 의무가 있다는 것은, 장애인도 인간다운 생활을 누릴 수 있는 정의로운 사회질서를 형성해야 할 국가의 일반적인 의무를 뜻하는 것이지 장애인을 위하여 저상버스를 도입해야 한다는 구체적 내용의 의무가 헌법으로부터 나오는 것은 아니므로 이 사건 심판청구는 부적법하다.

제3절 • 교육을 받을 권리

문명인으로의 환골탈태를 요구할 권리

> **헌법**
> 제31조 ① 모든 국민은 능력에 따라 균등하게 교육을 받을 권리를 가진다.
> ② 모든 국민은 그 보호하는 자녀에게 적어도 초등교육과 법률이 정하는 교육을 받게 할 의무를 진다.★
> ③ 의무교육은 무상으로 한다.
> ④ 교육의 자주성·전문성·정치적 중립성 및 대학의 자율성은 법률이 정하는 바에 의하여 보장된다.
> ⑤ 국가는 평생교육을 진흥하여야 한다.
> ⑥ 학교교육 및 평생교육을 포함한 교육제도와 그 운영, 교육재정 및 교원의 지위에 관한 기본적인 사항은 법률로 정한다.

두문자

전 자 중 대

I 교육을 받을 권리의 의의

헌법 제31조 제1항의 교육을 받을 권리란 국가에 대하여 교육받을 기회의 제공을 요구할 수 있는 권리를 말한다. 교육을 받을 권리는 방해배제를 요구하는 자유권적 측면과 교육실현을 요구하는 사회권적 측면을 포괄한다(2008.4.24. 2007헌마1456). 교육을 받을 권리는 성질상 자연인에게만 보장되고 법인 등 단체의 주체성은 부정된다.

II 교육을 받을 권리의 내용

1. 능력에 따라 균등하게 교육을 받을 권리

교육을 받을 권리는 능력에 상응한 교육의 기회균등을 보장한다(1994.2.24. 93헌마192 참고). 헌법재판소는 "교육을 받을 권리는 국가에 대하여 직접 특정한 교육제도나 교육설비를 요구할 권리를 뜻하지 않으며, 헌법상 교육의 기회균등권으로부터 국민이 직접 실질적 평등교육을 위한 교육비를 청구할 권리가 도출되는 것은 아니다"라고 판시하였다(2003.11.27. 2003헌바39 등).★★

> **판례** 의무교육 취학연령제한　　　　　　　　　　▶ 1994.2.24. 93헌마192 [기각]
>
> 학령아동의 재능이나 지식 내지 수학능력을 기준으로 취학 여부를 정한다면 이는 단순한 지식전달 뿐 아니라, 단체생활능력·사회적응력 배양, 사회규범준수훈련, 예절·윤리교육, 국가관 내지 민족관과 역사의식 함양 등 오늘날의 민주국가·사회국가·문화국가를 살아가는 데 있어서 필수적인 교양과 상식과 덕목을 갖춘 전인간적인 교육을 내용으로 하는 의무교육기관으로서의 국민학교교육의 기능과 이념 및 본질에 부합된다고 보기 어렵다. 헌법 제31조 제1항에서 말하는 "능력에 따라 균등하게 교육을 받을 권리"란 법률이 정하는 일정한 교육을 받을 전제조건으로서의 능력을 갖추었을 경우 차별없이 균등하게 교육을 받을 기회가 보장된다는 것이지, 지능이나 수학능력 등 일정한 능력이 있다고 하여 제한 없이 다른 사람과 차별하여 어떠한 내용과 종류와 기간의 교육을 받을 권리가 보장된다는 것은 아니다.★ 따라서 만 6세가 되기 전에 앞당겨서 입학을 허용하지 않는다고 해서 헌법 제31조 제1항의 능력에 따라 균등하게 교육을 받을 권리를 침해한 것으로 볼 수 없다.★

판례 **검정고시 출신자 수시모집 지원제한** 검정고시로 고등학교 졸업학력을 취득한 사람들의 수시모집 지원을 제한하는 서울교육대학교 등 11개 대학교의 '2017학년도 신입생 수시모집 입시요강'이 위헌인지 여부(적극)   ▶ 2017.12.28. 2016헌마649 [인용]

수시모집의 비중이 확대되어 정시모집에 버금가는 입시전형의 형태로 자리 잡고 있는 현 상황에서는 수시모집의 경우라 하더라도 응시자들에게 동등한 입학 기회가 주어질 필요가 있다. 따라서 수시모집에서 검정고시 출신자의 지원을 일률적으로 제한하여 입학기회의 박탈하는 것은 수학능력에 따른 합리적인 차별이라고 보기 어렵다. 또한 대학은 학교생활기록부가 없더라도 자기의견서, 추천서, 교직적성·인성검사, 심층면접 등 대안을 개발함으로써 교사로서의 품성과 자질 등을 평가할 수 있는 것이므로, 정규 고등학교 학교생활기록부가 없다는 이유로 이들의 수시모집을 제한하는 것은 불합리하다. 결국 이 사건 수시모집요강은 검정고시 출신자인 청구인들을 불합리하게 차별하여 청구인들의 교육을 받을 권리를 침해한다.★★

판례 **타인의 교육시설참여기회 배제요구** 중등교사자격자들 중 교육대학교 3학년에 특별편입학시킬 대상자를 선발하기 위한 시험의 공고로 인해 당해 교육대학교 재학생들의 기본권이 침해될 가능성이 있는지 여부(소극)   ▶ 2003.9.25. 2001헌마814등 [각하]

직업선택의 자유는 특정인을 타인과의 경쟁으로부터 특별히 보호하기 위한 기본권이 아니므로 이 사건 공고들로 인해 장차 청구인들이 교사임용시험에서 상대적으로 치열한 경쟁을 예상해야 한다고 하더라도 그것은 사실상의 불이익에 불과할 뿐 직업선택의 자유의 침해 문제가 생길 여지는 없다. 나아가 교육을 받을 권리는 교육영역에서의 기회균등을 내용으로 하는 것이지, 자신의 교육환경을 최상 혹은 최적으로 만들기 위해 타인의 교육시설 참여 기회를 제한할 것을 청구할 수 있는 기본권은 아니므로, 기존 재학생들의 교육환경이 상대적으로 열악해질 수 있음을 이유로 새로운 편입학 자체를 하지 말도록 요구하는 것은 그 내용으로 포섭할 수 없다.★

2. 무상의 의무교육

헌법 제31조 제2항의 의무교육제도란 국민의 교육을 받을 권리를 뒷받침하기 위한 헌법상의 교육기본권에 부수되는 제도보장을 말한다(1991.2.11. 90헌가27). 무상의무교육의 연한에 관해 헌법은 '적어도 **초등교육**과 **법률이 정하는 교육**'이라고 규정하고 있으므로(제31조 제2항),★ **무상의 중등교육을 받을 권리**는 **법률에서 규정**하기 전에는 헌법상 권리로서 보장되는 것은 아니다(1991.2.11. 90헌가27).★ 무상의 범위130)에 관해 헌법재판소는 의무교육을 차별없이 수학하는 데 '필수적인 비용'에 한정하면서 '**학교급식**'은 무상의 범위에 포함되지 않는다고 판시하였다(2012.4.24. 2010헌바164).★★

판례 **의무교육경비의 지차체분담** 지방자치단체의 의무교육경비 부담가능성을 예정한 지방교육자치법 조항이 자치재정권을 침해하는지 여부(소극)   ▶ 2005.12.22. 2004헌라3 [기각]

헌법 제31조 제2항·제3항의 문언들로부터 직접 의무교육 경비를 중앙정부로서의 국가가 부담하여야 한다는 결론은 도출되지 않으며, 그렇다고 하여 의무교육의 성질상 중앙정부로서의 국가가 모든 비용을 부담하여야 하는 것도 아니다. 의무교육 무상에 관한 헌법규정은 의무교육의 비용에 관하여 학부

---

130) 이에 관해서는 '무상범위법정설', '수업료무상설', '취학필수비무상설'이 대립한다.

모의 직접적 부담으로부터 전체 공동체의 부담으로 이전하라는 명령일 뿐, 그 공적 부담을 어떻게 구성할 것인지에 관하여는 중립적이다.** 그렇다면 헌법규정에 위반되는 점이 없으므로 그로 인한 청구인의 권한침해는 인정되지 않는다

> **판례 중학교급식경비의 학부모분담**　의무교육 대상인 중학생의 학부모에게 급식관련비용 일부를 부담하도록 한 학교급식법 조항이 위헌인지 여부(소극)　▶ 2012.4.24. 2010헌바164 [합헌]
>
> (1) 균등한 교육을 받을 권리와 같은 사회적 기본권을 실현하는 데는 국가의 재정상황 역시 도외시할 수 없으므로, 의무교육 무상의 범위는 원칙적으로 헌법상 교육의 기회균등을 실현하기 위해 필수불가결한 비용, 즉 모든 학생이 의무교육을 받음에 있어서 경제적인 차별 없이 수학하는 데 반드시 필요한 비용에 한한다.* 따라서 의무교육에 있어서 무상의 범위에는 의무교육의 실질적인 균등보장을 위한 본질적 항목으로, 수업료나 입학금의 면제, 학교와 교사 등 인적·물적 시설 및 그 시설을 유지하기 위한 인건비와 시설유지비 등의 부담제외가 포함되고, 그 외에도 의무교육 이수과정에 수반하는 필수불가결한 비용은 무상의 범위에 포함된다.
>
> (2) 학교급식은 학생들에게 한 끼 식사를 제공하는 영양공급 차원을 넘어 교육적인 성격을 가지고 있지만, 이러한 교육적 측면은 기본적이고 필수적인 학교 교육 이외에 부가적으로 이루어지는 식생활 및 인성교육으로서의 보충적 성격을 가지므로 의무교육의 실질적인 균등보장을 위한 본질적이고 핵심적인 부분이라고까지는 할 수 없다 이 사건 법률조항들은 학교급식 실시의 기본적 인프라가 되는 부분은 급식경비의 분담대상에서 배제하고 있으며, 저소득층 학생들을 위한 지원방안이 마련되어 있다는 점 등을 고려해 보면, 입법형성권의 범위를 넘어 헌법상 의무교육의 무상원칙에 반하는 것으로 보기는 어렵다.*

Ⅲ 교육제도의 보장

헌법은 교육의 자주성·전문성·정치적 중립성 및 대학의 자율성보장(제31조 제4항), 교육제도·교육재정·교원지위 법정주의(동조 제6항)를 명시하고 있다. ① 여기서 '교원지위의 법정주의'는 **교원의 지위**에 관한 **기본적인 사항**을 법률로 정하여야 함을 말하는데, 헌법재판소는 '교원의 지위'를 정하는 법률은 교원의 권리뿐만 아니라 의무에 관한 사항도 규정할 수 있다고 하였고 (1991.7.22. 89헌가106),** 법률로 정해야 할 '기본적인 사항'에는 교원의 신분보장을 위한 **최소한의 보호의무** 사항이 포함되므로, 교수재임용제에 관하여 재임용 거부사유 및 그 구제절차를 전혀 규정하지 않으면 헌법에 위반된다고 하였다(2003.2.27. 2000헌바26).** ② 한편 헌법재판소는 자사고 규제와 관련하여, 자사고를 후기학교로 규정하여 **일반고와 동시선발**하게 한 것에 대하여는 합헌결정하였으나, 자사고 지원자에게 평준화지역 후기학교 **중복지원을 금지**한 것에 대하여는 위헌결정하였다(2019.4.11. 2018헌마221).**

> **판례 자사고·일반고 동시선발 및 중복지원금지**　자율형 사립고를 후기학교로 규정하여 일반고와 동시선발하게 하고, 자율형 사립고 지원자에게 평준화지역 후기학교 중복지원을 금지한 초·중등교육법 시행령 조항이 위헌인지 여부(일부 적극)　▶ 2019.4.11. 2018헌마221 [위헌, 기각]
>
> (1) 동시선발 조항에 대한 판단 : 심판대상조항은 동등하고 공정한 입학전형의 운영을 통해 고교서열화 및 입시경쟁을 완화하기 위한 것인바, 일반고와 차별화된 교육의 제공을 기대하여 전기학교로 규

정하였던 당초 취지와 달리 자사고는 일반고와 교육과정에서 큰 차이가 없이 운영되었고, 전기모집은 학업능력이 우수한 학생을 선점하기 위한 목적으로 이용되었으므로, 헌법 제37조 제2항에 반하여 사학운영의 자유를 침해한다고 볼 수 없다. 자사고가 전기학교로 유지되리라는 신뢰는 자사고 도입취지에 충실한 교육과정의 운영이라는 신뢰의 전제가 충족되지 않은 이상 보호할 필요성이 약한 데 반하여 고교서열화 및 입시경쟁의 완화라는 공익은 매우 중대하므로 심판대상조항은 신뢰보호원칙에 위배되지 아니한다. 과학분야 인재양성이라는 설립취지에 따라 전문적인 교육과정을 제공하고 있는 과학고와 달리 자사고의 경우 교육과정을 고려할 때 그 교육에 적합한 학생을 후기학교보다 먼저 선발할 필요성이 적으므로 심판대상조항은 청구인 학교법인의 평등권을 침해하지 아니한다.★★

(2) 중복지원금지 조항에 대한 판단 : 고등학교 교육이 매우 보편화된 일반교육임을 고려할 때 고등학교 진학 기회의 제한은 당사자에게 미치는 제한의 효과가 크므로 심판대상조항으로 인한 차별에 관해서는 차별 목적과 정도가 비례원칙을 준수하는지 여부를 살펴야 한다. 심판대상조항으로 인하여 자사고에 지원하였다가 불합격한 평준화지역 소재 학생들은 통학이 힘든 먼 거리의 비평준화지역의 학교에 진학하거나 정원미달이 발생할 경우 추가선발에 지원하여야 하고 그 조차 곤란한 경우 고등학교 진학 자체가 불투명하게 되기도 한다. 심판대상조항이 중복지원금지 원칙만을 규정하고 자사고 불합격자에 대하여 아무런 고등학교 진학 대책을 마련하지 않은 것은 차별 목적과 정도 간에 비례성을 갖추지 못한 것이므로 청구인 학생 및 학부모의 평등권을 침해한다.★

판례 수능시험의 EBS 교재 연계출제 '2018학년도 대학수학능력시험 시행기본계획' 중 대학수학능력시험의 문항 수 기준 70%를 한국교육방송공사(EBS) 교재와 연계하여 출제한다는 부분이 위헌인지 여부(소극) ▶ 2018.2.22. 2017헌마691 [기각]

심판대상계획은 자신의 교육에 관하여 스스로 결정할 권리, 즉 교육을 통한 자유로운 인격발현권을 제한하고 있을 뿐 헌법 제31조 제1항의 능력에 따라 균등하게 교육을 받을 권리를 직접 제한한다고 보기는 어렵다.★★ 대학 입학전형자료의 하나인 수능시험은 고등학교 교육과정에 대한 최종적이고 종합적인 평가로서 학교교육 제도와 밀접한 관계에 있으므로, 국가는 수능시험의 출제 방향이나 원칙을 어떻게 정할 것인지에 대해서도 폭넓은 재량권을 갖는다.★ 국가의 공권력행사가 학생의 자유로운 인격발현권을 제한하는 경우 헌법 제37조 제2항에 따른 한계를 준수하여야 하지만, 그 위헌성을 심사할 때 수능시험 출제에 관한 국가의 입법형성권을 감안하여야 한다.★ 심판대상계획은 학교교육 정상화와 사교육비 경감을 위한 것으로, 수능시험을 지상파방송국으로서 손쉽게 시청이 가능한 EBS의 교재와 높은 비율로 연계하는 경우 사교육을 어느 정도 진정시킬 수 있다는 점, 심판대상계획은 다른 학습방법이나 사교육을 금지한다거나 EBS 교재에 나온 문제를 그대로 출제하겠다는 것이 아니라는 점, 심판대상계획이 추구하는 공익은 매우 중요하다는 점을 종합하면, 수능시험을 준비하는 학생들의 교육을 통한 자유로운 인격발현권을 침해한다고 볼 수 없다.

Ⅳ 교육할 권리

1. 교육할 권리의 의의

교육할 권리는 헌법에 명시되지 않았지만, 자녀의 양육과 교육은 헌법 제36조 제1항이 보장하는 가족생활의 핵심 요소로서 **부모의 천부적인 권리**이자 부모에게 부과된 의무이며,★★ 교육은 헌법 제31조에 규정된 국가의 중요한 과제이다(2000.4.27. 98헌가16등). 교육권의 주체[131]에 관

---

[131] 교육권의 주체에 관해서는 국가교육권설, 국민교육권설, 공동교육권설이 나뉜다.

해 헌법재판소는 "자녀의 교육은 헌법상 **부모와 국가에게 공동으로 부과된 과제인바, 학교교육의 범주**내에서는 국가의 교육권한이 헌법상 독자적인 지위를 부여받음으로써 **부모의 교육권과 함께** 자녀의 교육을 담당하지만, **학교 밖의 교육영역**에서는 원칙적으로 **부모의 교육권이 우위를 차지한다**"(2000.4.27. 98헌가16등)고 하여 공동교육주체설의 입장을 취하고 있다**

2. 학부모의 자녀교육권

① 학부모가 자녀교육의 목표와 수단에 관하여 결정할 수 있는 권리는 헌법에 명시되지 않았지만 모든 인간이 누리는 **톱가침의 인권**으로서 혼인과 가족생활을 보장하는 헌법 제36조 제1항, 행복추구권을 보장하는 헌법 제10조 및 헌법에 열거되지 않은 권리를 보장하는 헌법 제37조 제1항에서 나오는 중요한 기본권이다(2000.4.27. 98헌가16등).** 부모의 자녀교육권은 **부모의 자기결정권이라는 의미에서 보장되는 자유가 아니라**, 자녀의 보호와 인격발현을 위하여 부여되는 기본권이다(2000.4.27. 98헌가16등).** ② 헌법재판소는 **학부모의 학교선택권**은 부모의 자녀교육권에 당연히 포함되는 내용이라고 판시하였으나(2009.4.30. 2005헌마514),** **학부모의 학교참여권**은 부모의 교육권으로부터 바로 도출될 수 없다고 하면서 사립학교 학교운영위원회 임의설치 및 의무설치 모두에 대하여 합헌결정하였다(1999.3.25. 97헌마130; 2001.11.29. 2000헌마278).**

3. 교사의 자유

① 교사의 자유의 헌법적 근거와 관련하여, 헌법재판소는 판단을 유보하거나(1992.11.12. 89헌마88),* 헌법 제22조에서 구하거나(2000.12.14. 99헌마112등), 헌법 제31조에서 구하는(2003.9.25. 2001헌마814등) 등 일관되지 않고 있다. ② 헌법재판소는 국정교과서 사건에서 "**교사의 수업권**은 자연법적으로는 **학부모의 자녀교육권을 신탁받은 것**이고, 실정법상으로는 **공교육책임이 있는 국가의 위임에 의한 것**인데,* 학생의 수학권 실현을 위하여 인정되는 것이므로 수업권을 내세워 수학권을 침해할 수는 없으며 국민의 수학권의 보장을 위하여 교사의 수업권은 일정범위 내에서 제약을 받을 수밖에 없다"며 합헌결정하였다(1992.11.12 89헌마88).

제4절 · 근로의 권리

인간답게 일할 자리를 요구할 권리

> **코멘트**
> 산업혁명기 농촌에서 도시로 쫓겨난 농민들 중 일자리를 못 구해 도시 빈민으로 전락하는 경우가 속출했고, 저임금·고강도 노동에 시달렸던 도시노동자의 삶 또한 비참했다. 노동자에게 일자리는 생존의 조건이었기에 노동자가 살아갈 권리는 곧 일자리를 뜻하였다.

I 근로기본권의 헌법적 보장

헌 법
제32조 ① 모든 국민은 근로의 권리를 가진다. 국가는 사회적·경제적 방법으로 근로자의 고용의 증진과 적정임금의 보장에 노력하여야 하며, 법률이 정하는 바에 의하여 최저임금제를 시행하여야 한다.★★
② 모든 국민은 근로의 의무를 진다. 국가는 근로의 의무의 내용과 조건을 민주주의원칙에 따라 법률로 정한다.
③ 근로조건의 기준은 인간의 존엄성을 보장하도록 법률로 정한다.
④ 여자의 근로는 특별한 보호를 받으며, 고용·임금 및 근로조건에 있어서 부당한 차별을 받지 아니한다.★
⑤ 연소자의 근로는 특별한 보호를 받는다.★
⑥ 국가유공자·상이군경 및 전몰군경의 유가족은 법률이 정하는 바에 의하여 우선적으로 근로의 기회를 부여받는다.★★

헌법은 경제적 약자인 근로자의 인간다운 생존을 보장하기 위하여 근로기본권을 규정하고 있다. '**근로기본권**'은 근로자를 **개인적 차원**에서 보호하는 **근로의 권리**(제32조)와 **집단적 차원**에서 보호하는 **근로3권**(제33조)을 총칭하는 개념이다(1991.7.22. 89헌가106).

II 근로의 권리의 의의

헌법 제32조의 근로의 권리란 근로자가 국가에 대하여 근로기회의 제공을 요구할 수 있는 권리를 말한다.★ 근로의 권리는 국가에 의하여 근로의 기회를 박탈당하지 않는다는 **자유권적 성격**과 근로를 통하여 인간다운 생활을 보장한다는 **사회권적 성격**을 아울러 가진다. 근로의 권리의 내용 중 '**일할 자리에 관한 권리**'는 사회권적 기본권으로서 **국민에 대하여만 인정**해야 하지만, '**일할 환경에 관한 권리**'는 자유권적 기본권의 성격을 아울러 가지므로 **외국인에게도 인정**된다(2007.8.30. 2004헌마670).★★ 법인 등 **단체**는 성질상 직업의 자유의 주체가 될 수는 있으나 근로의 권리의 주체가 될 수 없으므로, 노동조합은 근로의 권리의 주체가 될 수 없다(2009.2.26. 2007헌바27).★★

> **판례** **외국인산업연수생의 근로보호** 외국인산업연수생에 대하여 근로기준법상 일부사항에 한하여 보호대상으로 규정한 노동부예규 조항이 위헌인지 여부(적극) ▶ 2007.8.30. 2004헌마670 [위헌]
>
> 근로의 권리가 "일할 자리에 관한 권리"만이 아니라 "일할 환경에 관한 권리"도 함께 내포하고 있는 바, 후자는 인간의 존엄성에 대한 침해를 방어하기 위한 자유권적 기본권의 성격도 갖고 있어 건강한 작업환경, 일에 대한 정당한 보수, 합리적인 근로조건의 보장 등을 요구할 수 있는 권리 등을 포함한다고 할 것이므로 외국인 근로자라고 하여 이 부분까지 기본권 주체성을 부인할 수는 없다.★★ 즉

근로의 권리의 구체적인 내용에 따라, 국가에 대하여 고용증진을 위한 사회적·경제적 정책을 요구할 수 있는 권리는 사회권적 기본권으로서 국민에 대하여만 인정해야 하지만, 자본주의 경제질서하에서 근로자가 기본적 생활수단을 확보하고 인간의 존엄성을 보장받기 위하여 최소한의 근로조건을 요구할 수 있는 권리는 자유권적 기본권의 성격도 아울러 가지므로 이러한 경우 외국인 근로자에게도 그 기본권 주체성을 인정함이 타당하다.★★ 산업연수생이 연수라는 명목하에 사업주의 지시·감독을 받으면서 사실상 노무를 제공하고 수당 명목의 금품을 수령하는 등 실질적인 근로관계에 있는 경우에도, 근로기준법이 보장한 근로기준 중 주요사항을 외국인 산업연수생에 대하여만 적용되지 않도록 하는 것은 합리적인 근거를 찾기 어렵다. 그렇다면 이 사건 노동부 예규는 청구인의 평등권을 침해한다고 할 것이다.★★

> **판례** 외국인근로자 출국만기보험금 지급시기 제한   고용허가를 받아 입국한 외국인근로자의 출국만기보험금을 출국 후 14일 이내에 지급하도록 한 외국인고용법 조항이 위헌인지 여부(소극)
> ▶ 2016.3.31. 2014헌가367 [기각]
>
> 근로의 권리의 내용 중 '일할 자리에 관한 권리'와 달리 '일할 환경에 관한 권리'는 외국인에게도 인정되며, 합리적인 근로조건의 보장 등을 요구할 수 있는 권리 등을 포함한다. 여기서의 근로조건은 임금과 그 지불방법, 취업시간과 휴식시간 등 근로자가 근로를 제공하고 임금을 수령하는 데 관한 조건들이고, 이 사건 출국만기보험금은 퇴직금의 성질을 가지고 있어서 그 지급시기에 관한 것은 근로조건의 문제이므로 외국인에게도 기본권 주체성이 인정된다.★★ 이 사건 출국만기보험금이 근로자의 퇴직 후 생계 보호를 위한 퇴직금의 성격을 가진다고 하더라도 불법체류가 초래하는 여러 가지 문제를 고려할 때 불법체류 방지를 위해 그 지급시기를 출국과 연계시키는 것은 불가피하므로 심판대상조항이 청구인들의 근로의 권리를 침해한다고 보기 어렵다.★★

Ⅲ 근로의 권리의 내용

1. 기본적 내용

근로의 권리는 국가에 대해 **직접 일자리 또는 직장을 청구**하거나 그에 갈음하는 **생계비의 지급을 요구**하는 것이 아니라, 고용증진을 위한 사회적·경제적 정책을 요구할 수 있는 근로기회제공청구권을 의미한다(2002.11.23. 2001헌바50).★★ 또한 실업방지 및 **부당한 해고로부터 근로자를 보호**해야 할 국가의 의무를 도출할 수는 있으나, 국가에 대한 **직접적인 직장존속청구권**을 도출할 수는 없다(2002.11.28. 2001헌바50).★★ 헌법재판소는 "해고예고제도[132]는 근로자의 인간 존엄성 보장을 위한 최소한의 근로조건으로서, 합리적 이유 없이 '**근속기간 6월 미만의 월급근로자**'를 해고예고의 예외로 정한 것은 헌법에 위반되나, '**근속기간 3월 미만의 일용근로자**'를 그 예외로 정한 것은 헌법에 위반되지 않는다"고 판시하였다(2015.12.23. 2014헌바3; 2017.5.25. 2016헌마640).★★

> **판례** 근속기간 6월미만 월급근로자 해고예고적용배제   ▶ 2015.12.23. 2014헌바3 [위헌]
>
> 해고예고제도는 근로조건의 핵심적 부분인 해고와 관련된 사항일 뿐만 아니라, 근로자가 갑자기 직장을 잃어 생활이 곤란해지는 것을 막는 데 목적이 있으므로 근로자의 인간 존엄성을 보장하기 위한 최

---

132) 해고예고제도란 근로자의 구직기회 지원을 위한 제도로서 근로기준법상 사용자는 근로자를 해고할 경우 적어도 30일 전에 미리 알려주어야 하고, 이를 위반할 경우 30일분 이상의 임금을 지급해야 하는 의무를 진다(제26조).

소한의 근로조건으로서 근로의 권리의 내용에 포함된다.** 돌발적 실직의 위험으로부터 근로자를 보호하려는 해고예고제도의 입법취지를 종합하여 보면, 해고예고 적용배제사유로 허용될 수 있는 경우는 근로계약의 성질상 근로관계 계속에 대한 근로자의 기대가능성이 적은 경우로 한정되어야 한다. "월급근로자로서 6월이 되지 못한 자"는 대체로 기간의 정함이 없는 근로계약을 한 자들로서 근로관계의 계속성에 대한 기대가 크다고 할 것이므로, 전직을 위한 시간적·경제적 여유를 보호받을 필요성이 있다. 그럼에도 불구하고 합리적 이유 없이 이들을 해고예고제도의 적용대상에서 제외한 이 사건 근로기준법 조항은 헌법에 위배된다.* 심판대상조항과 실질적으로 동일한 내용을 규정한 구 근로기준법 조항이 헌법에 위반되지 아니한다고 판시하였던 종전의 선례는 이 결정과 저촉되는 범위에서 변경한다.*

> **판례** 근속기간 3월미만 일용근로자 해고예고적용배제　　▶ 2017.5.25. 2016헌마640 [기각]
>
> 해고예고제도는 근로조건을 이루는 중요한 사항으로 근로의 권리의 내용에 포함되나,** 근로조건의 결정은 국가의 적극적인 급부를 통해 이루어지는 것이어서, 해고예고제도의 구체적 내용에 대해서는 입법형성의 재량이 인정된다. 해고예고는 본질상 일정기간 이상 계속 고용되어 근로제공을 하는 것을 전제로 하는데, 일용근로자는 계약한 1일 단위의 근로기간이 종료되면 해고의 절차를 거칠 것도 없이 근로관계가 종료되는 것이 원칙이므로, 그 성질상 해고예고의 예외를 인정한 것에 상당한 이유가 있다. 다만 3개월 이상 근무하는 경우에는 임시로 고용관계를 유지하고 있다고 보기 어려우므로, 근로계약의 형식 여하에 불구하고 일용근로자를 상용근로자와 동일하게 취급하기 위한 최소한의 기간으로 3개월이라는 기준을 설정한 것이 입법재량을 현저히 일탈하였다고 볼 수 없다. 따라서 심판대상조항이 근로의 권리를 침해한다고 보기 어렵다.*

2. 보충적 내용

(1) 적정임금 및 최저임금의 보장

① 헌법 제32조 제1항 후문에 따라 국가는 **적정임금의 보장에 노력**하여야 하는바, '적정임금'이란 근로자 등이 건강하고 문화적인 생활을 영위하는 데 필요한 임금수준을 말한다. ② 한편 위 조항에 따라 국가는 **법률이 정하는 바**에 의하여 **최저임금제를 시행**하여야 하는바,** '최저임금제도'란 임금의 최저한도를 정함으로써 근로자의 최소한의 물질적 생활을 보장하기 위한 제도를 말한다. 헌법재판소는 "근로자가 최저임금을 청구할 수 있는 권리는 헌법상 **근로의 권리에 의하여 바로 보장되는 것이 아니라 최저임금법 등 관련 법률이 구체적으로 정하는 바에 따라 비로소 인정**될 수 있다"고 판시하였다(2012.10.25. 2011헌마307).

(2) 근로조건기준의 법정주의

헌법 제32조 제3항은 "근로조건의 기준은 인간의 존엄성을 보장하도록 법률로 정한다"고 하여 근로조건기준의 법정주의를 규정하고 있는데, 이는 인간의 존엄성에 관한 판단기준이 사회적·경제적 상황에 따라 변화하는 상대적 성격을 띠는 만큼 그에 상응하는 근로조건의 기준도 시대상황에 부합하게 탄력적으로 구체화하도록 법률에 유보한 것이다(1999.9.16. 98헌마310).

> **판례** **초단시간근로자 퇴직급여 배제** 4주간을 평균하여 1주간의 소정근로시간이 15시간 미만인 근로자를 퇴직급여제도의 적용대상에서 제외하는 퇴직급여법 조항이 위헌인지 여부(소극)
> ▶ 2021.11.25. 2015헌바334등 [합헌]
>
> 퇴직급여법상 퇴직급여제도는 사회보장적 급여로서의 성격과 근로자의 장기간 복무 및 충실한 근무를 유도하는 기능을 갖고 있으므로 근로자의 해당 사업 또는 사업장에의 전속성이나 기여도가 그 성립의 전제가 된다 할 것인바, '초단시간근로'는 일반적으로 임시적이고 일시적인 근로에 불과하여 초단시간 근로자에 대한 퇴직급여 지급이 퇴직급여제도의 본질에 부합한다고 보기 어렵다. 또한 입법자는 퇴직 후 생활보장 내지 노후보장을 위해 국민연금제도, 기초노령연금제도 등의 여러 가지 사회보장적 제도를 마련하고 있다. 따라서 심판대상조항은 헌법 제32조 제3항에 위배되는 것으로 볼 수 없다.

(3) 국가유공자 등의 근로기회우선보장

헌법 제32조 제6항은 국가유공자, 상이군경 및 전몰군경 유가족의 근로기회우선보장을 규정하고 있는데,[133] 이는 국가와 민족을 위하여 헌신한 공로에 대한 국가적 보상조치로서, **보훈의 한 방법을 예시**하여 **포괄적 예우의무**를 선언한 것이다(2001.6.28. 99헌마516).

---

[133] '국가유공자'(國家有功者)란 국가를 위해 공헌하거나 희생한 사람을 말하고, '상이군경(傷痍軍警)이란 전투나 공무 집행 중에 몸을 다친 군인·경찰관 등을 말하며, '전몰군경(戰歿軍警)이란 전투 과정에서 싸우다 죽은 군인·경찰관 등을 말한다.

제5절 · 근로3권

인간다운 근로조건을 요구할 권리

> **코멘트**
> 사람답게 노동할 권리를 위한 노동자들의 절규. 언제나 소리 없는 아우성으로 끝나기 마련. 여럿이 한 목소리로 외치면 누군가 듣고 손길을 뻗을 것이다.

헌 법
제33조 ① 근로자는 근로조건의 향상을 위하여 자주적인 단결권·단체교섭권 및 단체행동권을 가진다.
② 공무원인 근로자는 법률이 정하는 자에 한하여 단결권·단체교섭권 및 단체행동권을 가진다.★
③ 법률이 정하는 주요방위산업체에 종사하는 근로자의 단체행동권은 법률이 정하는 바에 의하여 이를 제한하거나 인정하지 아니할 수 있다.★★

I 근로3권의 의의

헌법 제33조의 근로3권이란 근로자들이 근로조건의 향상을 위해 자주적으로 단결하고, 단결체를 통해 교섭하며, 단체행동을 할 수 있는 권리, 즉 **단결권·단체교섭권·단체행동권**을 말한다. 헌법재판소는 "근로3권은 사회적 보호기능을 담당하는 자유권 또는 **사회권적 성격을 띤 자유권**이다"(1998.2.27. 94헌바13등)라고 하여 혼합권으로 보고 있다. 근로3권의 주체로서 근로자란 **노무제공의 대가인 수입으로 생활하는 사람**을 말하는바(노조법 제2조 제1호), 근로자 개인만이 아니라 근로자들의 집단인 **단결체도 주체**가 되고(1999.11.25. 95헌마154), **외국인도 주체**가 되며(2015.6.25. 2007두4995), 현재 실업 중에 있는 자라도 **노동력제공의 의사와 능력이 있**는 한 주체가 된다(1992.3.31. 91다14413 등).

> **판례** 노동조합법상 외국인의 근로자성   출입국관리 법령에 따른 취업자격을 받지 않은 외국인이 타인과의 사용종속관계하에서 근로를 제공하고 그 대가로 임금 등을 받아 생활하는 경우, 노동조합법상 근로자의 범위에 포함되는지 여부(적극)   ▶ 2015.6.25. 2007두4995
>
> 노동조합법, 구 출입국관리법의 내용 등을 종합하면, 노동조합법상 근로자란 타인과의 사용종속관계하에서 근로를 제공하고 그 대가를 받아 생활하는 사람을 의미하며, 특정한 사용자에게 고용되어 현실적으로 취업하고 있는 사람뿐만 아니라 일시적으로 실업 상태에 있거나 구직 중인 사람 등 노동3권을 보장할 필요성이 있는 사람도 여기에 포함된다. 그리고 출입국관리 법령에서 외국인고용제한규정을 두고 있는 것은 취업자격 없는 외국인의 고용이라는 사실적 행위 자체를 금지하려는 것뿐이지, 나아가 취업자격 없는 외국인이 사실상 제공한 근로에 따른 권리나 이미 형성된 근로관계에서 근로자로서의 신분에 따른 법률효과까지 금지하려는 것으로 보기는 어렵다. 따라서 노동조합법상의 근로자성이 인정되는 한, 그러한 근로자가 외국인인지 여부나 취업자격의 유무에 따라 노동조합법상 근로자의 범위에 포함되지 아니한다고 볼 수는 없다.★

II 근로3권의 내용

1. 단결권

단결권이란 근로자가 근로조건의 향상을 위하여 근로자단체를 자주적으로 결성하고 이에 가입하여 활동할 수 있는 권리를 말한다. 단결권은 **근로자개인**에게 보장되는 '**개인적 단결권**'과

근로자집단에게 보장되는 '**집단적 단결권**'을 포함한다(1999.11.25. 95헌마154; 2015.5.28. 2013헌마671등). 헌법재판소는 교원노조법의 적용을 받는 교원의 범위를 초·중등학교에 재직 중인 교원으로 한정한 구 교원노조법 조항과 관련하여, 조합원자격을 '**재직 중 교원**'으로 한정한 것에 대하여는 교원의 실질적 근로조건 향상을 위한 필요최소한의 제한이라며 **합헌결정**하였으나(2015.5.28. 2013헌마671등),** '**초·중등학교 교원**'으로 한정한 것에 대하여는 대학교원들에 대하여 근로3권의 핵심인 단결권조차 전면적으로 부정하는 것은 과도한 제한이라며 **헌법불합치결정**하였다(2018.8.30. 2015헌가38).**

> **판례 교수노조 법외노조** 교원노조법의 적용대상을 '초·중등학교'에 재직 중인 교원으로 한정하여 대학 교원의 단결권을 제한하는 것이 위헌인지 여부(적극) ▸ 2018.8.30. 2015헌가38 [헌법불합치]
>
> 헌법 제33조 제2항은 공무원인 근로자는 법률이 정하는 자에 한하여 근로3권을 가진다고 규정하고 있는바, 교육공무원 아닌 대학 교원에 대해서는 과잉금지원칙 위배 여부를 기준으로, 교육공무원인 대학 교원에 대해서는 입법형성범위 일탈 여부를 기준으로 심사한다.* 심판대상조항은 교원노조 결성의 주체를 한정함으로써 교원노조의 자주성과 주체성을 확보하려는 것인데, 교육공무원이 아닌 대학 교원의 경우 다층적 임용구조로 지위불안이 가중된 상황에서 단결권을 전면 부정한 것은 합리성을 상실하여 과잉금지원칙에 반하고,** 교육공무원인 대학 교원의 경우 교육공무원의 직무수행의 특성과 헌법 제33조 제1항·제2항의 정신에 비추어 근로3권의 핵심인 단결권조차 전면 부정한 것은 입법 한계를 벗어난 것이다.*

> **판례 전교조 법외노조** 교원노조법의 적용대상을 초·중등학교에 '재직 중'인 교원으로 한정하여 해직교원 등의 단결권을 제한하는 것이 위헌인지 여부(소극) ▸ 2015.5.28. 2013헌마671등 [기각]
>
> 심판대상조항은 대내외적으로 교원노조의 자주성과 주체성을 확보하여 교원의 실질적 근로조건 향상에 기여하려는 것으로, 교원의 근로조건과 직접 관련이 없는 교원이 아닌 사람을 교원노조의 조합원 자격에서 배제하는 것이 단결권의 지나친 제한이라고 볼 수 없는 점, 교원으로 취업하기를 희망하는 사람들이 노동조합법에 따라 노동조합을 결성하는 데에는 아무런 제한이 없어 이들의 단결권 자체가 박탈되는 것은 아니라는 점 등을 종합하면, 단결권을 과도하게 침해하지 않는다.**

2. 단체교섭권

단체교섭권이란 근로자가 근로조건의 향상을 위하여 단결체의 이름으로 사용자(단체)와 자주적으로 교섭하는 권리를 말한다. 헌법재판소는 단체교섭은 **근로조건의 향상을 목적**으로 하는 것이므로 **경영권·인사권 및 이윤취득권**에 속하는 사항은 원칙적으로 단체교섭의 대상이 될 수 없다고 판시하였고(2008.12.26. 2005헌마971등), **원활한 교섭권보장**의 관점에서 **단체교섭권에는 단체협약체결권이 당연히 포함되어 있**다고 판시하였다(1998.2.27. 94헌바13등).* 그리고 사용자가 **노동조합의 운영비를 원조**하는 행위를 부당노동행위로 금지하는 노동조합법 조항에 관하여 **노동조합의 자주성을 저해할 위험이 없는 경우까지 일체 금지**하는 것은 적합한 수단이 아니라며 헌법불합치결정하였다(2018.5.31. 2012헌바90).

3. 단체행동권

단체행동권이란 노동쟁의가 발생한 경우 쟁의행위 등을 할 수 있는 권리를 말한다. 근로자측의 쟁의행위로는 파업, 태업, 불매운동, 감시행위, 생산관리, 직장점거 등을 들 수 있고, 사용자측의 쟁의행위로는 직장폐쇄(lockout) 등을 들 수 있다. 대법원은 노동조합법상 인정되는 사용자측의 **직장폐쇄**는 근로자가 쟁의행위를 개시한 이후에 **수동적·방어적으로만 행해져야** 하고, 선제적·공격적으로 행해져서는 안된다고 판시하였다(2000.5.26. 98다34331 등).

III 근로3권의 제한

1. 헌법에 의한 제한

① 헌법 제33조 제2항은 **공무원**도 노무의 대가로 생활한다는 점에서 **근로자적 성격**을 지니고 있음을 규정하면서, 공법상 **근무관계의 특수성**을 고려해 조화를 도모하고 있는바(1992.4.28. 90헌바27등),** 공무원의 근로3권을 **전면적으로 부정**하는 입법은 허용되지 않는다.* 공무원법은 **사실상 노무에 종사하는 공무원의 근로3권을 전면적**으로 인정하고 있고, 공무원노조법에서는 그 외 **일정 범위의 공무원**에게도 업무의 정상적인 운영을 방해하는 **쟁의행위를 제외**하고 근로3권을 **제한적**으로 인정하고 있다(제6조, 제11조).134) 헌법재판소는 사실상 노무에 종사하는 공무원에 한해서만 근로3권을 인정하는 것에 대하여 합헌결정하였다(1992.4.28. 90헌바27등; 2005.10.27. 2003헌바50 등).* ② 헌법 제33조 제3항에 따라 **주**요방위산업체에 종사하는 근로자에 대해서는 '단체**행**동권'에 한해 이를 '제한하거나 **금지**'할 수 있다.135)**

2. 법률에 의한 제한

① 교원노조법에서는 **사립학교**뿐만 아니라 **국·공립학교**의 교원에게도 업무의 정상적인 운영을 방해하는 **쟁의행위를 제외**하고 근로3권을 **제한적**으로 인정하고 있다(제2조, 제4조의2, 제6조, 제8조).136) ② 헌법재판소는 구 노동쟁의조정법상 '공익사업장 강제중재제도'에 대하여 공익사업의 속성에 부합한다며 합헌결정하였고(1996.12.26. 90헌바19등; 2003.5.15. 2001헌가31), 이후 개정된 노동조합법상 '필수공익사업 중 필수유지업무의 쟁의행위를 금지'에 대하여 업무의 성격상 불가피한 조치라며 합헌결정하였다(2011.12.29. 2010헌바385등). ③ 한편 헌법재판소는 청원경찰법상 '청원경찰'의 근로3권제한에 대하여 "업무의 공공성이 군인·경찰과 비견될 수 없음에도 <u>모든 청원경찰의 근로3권을 전면적으로 제한</u>하는 것은 과도한 제한이다"라며

---

134) 2021. 1. 개정 공무원노조법 제6조는 공무원 노동조합의 가입 기준 중 공무원의 직급 제한(종래 6급 이하 공무원으로 한정)을 폐지하고, 퇴직공무원(공무원이었던 사람으로서 노동조합 규약으로 정하는 사람), 소방공무원 및 교육공무원(교원은 제외)의 공무원노조 가입을 허용하는 등 공무원의 단결권 보장범위를 확대하였다.
135) 방위산업체란 국가를 방위하는 데에 필요한 무기, 장비 등 각종 물품을 생산하는 산업을 경영하는 사업체를 말한다.
136) 2020. 6. 개정 교원노조법 제2조는 교원의 범위(종래 「초·중등교육법」에 따른 교원으로 한정)에 「유아교육법」에 따른 교원, 「고등교육법」에 따른 교원(강사는 제외)을 포함시켰고, 2021. 1. 개정 교원노조법 제4조의2는 퇴직교원(교원으로 임용되어 근무하였던 사람으로서 노동조합 규약으로 정하는 사람)의 교원 노동조합 가입을 허용하였다.

헌법불합치결정하였고(2017.9.28. 2015헌마653),** 경비업법상 '특수경비원'의 쟁의행위금지에 대하여 "무기를 휴대한 상태로 근무하는 업무의 특수성을 감안할 때 **단체행동권 중 '경비업무의 정상적인 운영을 저해하는 일체의 쟁위행위'만을 금지**하는 것은 필요최소한의 제한이다"라며 합헌결정하였다(2023.3.23. 2019헌마937 등).**

제6절 • 환경권

건전한 생활환경을 요구할 권리

헌 법
제35조 ① 모든 국민은 건강하고 쾌적한 환경에서 생활할 권리를 가지며, 국가와 국민은 환경보전을 위하여 노력하여야 한다.★
② 환경권의 내용과 행사에 관하여는 법률로 정한다.
③ 국가는 주택개발정책등을 통하여 모든 국민이 쾌적한 주거생활을 할 수 있도록 노력하여야 한다.

> 코멘트
> 지구는 숨을 쉰다. 수많은 생명이 살아있다. 그런 지구가 몸살을 앓고 있다. 작전명 녹색성장 국가전략으로 아픈 지구를 구하라!!

I 환경권의 의의

헌법 제35조의 환경권이란 건강하고 쾌적한 환경에서 생활할 수 있는 권리를 말한다. ① '환경'의 개념과 관련하여, 대법원은 광의설에 입각하여 **종교적 환경**(1997.7.22. 96다56153)과 **교육적 환경**(1995.9.15. 95다23378)을 보호대상에 포함시키고 있고, 헌법재판소도 "환경권의 보호대상이 되는 환경에는 자연환경뿐만 아니라 **인공적 환경과 같은 생활환경도 포함된다**"고 판시하였다(2008.7.31. 2006헌마711).★★ ② 환경권은 성질상 외국인을 포함한 자연인에게 인정된다. 법인 등 단체의 주체성여부는 환경개념의 논의로 귀속되는데, 협의설에 의하면 주체성이 부정되나, 광의설에 의하면 인정될 여지가 있다. ③ 환경권의 법적 성격과 관련하여, 대법원은 "**사법상의 권리로서의 환경권**이 인정되려면 그에 관한 명문의 **법률규정**이 있거나 관계 법령의 규정 취지나 조리에 비추어 그 내용이 구체적으로 정립될 수 있어야 한다"고 판시하였고(1995.5.23. 94마2218), 헌법재판소는 "환경권은 그 자체 **종합적 기본권**으로서의 성격을 지닌다"고 판시하였다(2008.7.31. 2006헌마711).★

II 환경권의 내용

환경권의 내용에는 '공해예방청구권', '공해배제청구권', '생활환경조성청구권', '쾌적한 주거생활권' 등이 포함된다. ① 대법원은 **사인의 환경침해**에 대한 중지청구의 법적 근거와 관련하여 "토지 등의 소유자가 향유해 온 경관, 조망 등에 **생활이익으로서의 객관적 가치가 인정된다면**, 수인한도를 넘는 침해에 대하여 민법상 **소유권**에 기하여 방해제거나 예방을 청구할 수 있다"고 판시하였다(1997.7.22. 96다56153). ② 한편 대법원은 환경분쟁의 **원고적격**과 관련하여 "**환경영향평가대상지역 안의 주민들**의 경우 주민 개개인의 직접적·구체적 환경이익이 존재하여 **원칙적으로** 원고적격이 인정되나, **환경영향평가대상지역 밖의 주민들**의 경우에는 수인한도를 넘는 피해를 **입증함으로써** 원고적격이 **인정**될 수 있다"고 하여 환경피해의 광역성을 고려하고 있다 (2006.3.16. 2006두330).

제7절 • 혼인과 가족생활의 보장

공동체 연속성 보장을 요구할 권리

> 코멘트
> 최소단위 사회공동체 가족과 그 시작점 혼인, 국가 구성의 기초인 가족이 파괴되면 결국 국가도 파괴된다.

헌 법
제36조 ① 혼인과 가족생활은 개인의 존엄과 양성[137]의 평등을 기초로 성립되고 유지되어야 하며, 국가는 이를 보장한다.

I 혼인과 가족생활보장의 의의

헌법 제36조 제1항은 민주적인 혼인·가족제도를 보장하고 있다. 현행헌법(1987년)은 모성보호규정을 신설하였다. 헌법재판소는 혼인·가족보장규정의 법적 성격에 관하여, 혼인·가족 형성 및 유지에 관한 **기본권보장** 및 **제도보장**의 성격, 국가의 보호지원·차별금지 의무를 포괄하는 **헌법원리(원칙규범)**의 성격을 모두 갖는 것으로 보며(2002.3.28. 2000헌바53 등).** 보장대상인 '혼인'의 의미에 대하여 "헌법상 혼인이란 법적으로 승인받은 것을 말하므로 **법적으로 승인되지 아니한 사실혼**은 헌법의 보호범위에 포함되지 않는다"고 본다(2014.8.28. 2013헌바119).**

> **판례** **사실혼 배우자 상속권 배제** ▶ 2014.8.28. 2013헌바119 [합헌]
>
> 이 사건 민법 조항은 상속인에 해당하는지 여부를 객관적인 기준으로 파악할 수 있도록 하여 상속에 관한 법률관계를 조속히 확정하려는 것으로, 사실혼 배우자는 혼인신고를 함으로써 상속권을 가질 수 있고, 증여나 유증을 받는 방법으로 그에 준하는 효과를 얻을 수 있으므로, 상속권을 침해한다고 할 수 없다.* 제3자에게 영향을 미쳐 명확성과 획일성이 요청되는 상속 등 법률관계에서는 사실혼을 법률혼과 동일하게 취급할 수 없으므로 평등권을 침해한다고 보기 어렵다. 법적으로 승인되지 아니한 사실혼은 헌법 제36조 제1항의 보호범위에 포함되지 않으므로, 동조항에 위반되지 않는다.

II 혼인과 가족생활보장의 내용

1. 혼인·가족의 기본권 보장 및 제도적 보장

헌법 제36조 제1항은 혼인·가족생활의 형성에 관한 기본권 및 개인의 존엄과 **양성의 평등**에 기초한 혼인제도를 보장한다. 헌법재판소는 구 민법상의 **동성동본금혼제** 및 **호주제**에 대하여 헌법 제36조 제1항에 위반된다며 헌법불합치결정하였고(1997.7.16. 95헌가6등; 2005.2.3. 2001헌가9등), 구 형법상의 **간통죄**에 대하여 성적 자기결정권 등을 과도하게 침해한다며 위헌결정하였다(2015.2.26. 2009헌바17등). 그리고 남성 단기복무장교 육아휴직 배제 사건에서 "자녀에 대한 **부모의 양육권**은 혼인·가족생활규정으로부터 나오는 중요한 **기본권**이지만, **육아휴직신청권**은 단순한 **법률상의 권리**에 불과하다"고 판시하였다(2008.10.30. 2005헌마1156).**

---

137) 양성(兩性)이란 남성과 여성을 아울러 이르는 말이다.

판례 **양육비 대지급제 입법의무** 양육비 대지급제 등 양육비의 이행을 실효적으로 담보하기 위한 구체적 제도에 대한 입법의무가 인정되는지 여부(소극) ▶ 2021.12.23. 2019헌마168 [각하]

헌법 제36조 제1항은 혼인과 가족을 보호해야 한다는 국가의 일반적 과제를 규정하였을 뿐, 양육비 채권의 집행권원을 얻었음에도 양육비 채무자가 이를 이행하지 아니하는 경우 그 이행을 용이하게 확보하도록 하는 내용의 구체적이고 명시적인 입법의무를 부여하였다고 볼 수 없고,★ 헌법 제34조 및 제36조가 가족생활을 보호하고 청소년의 복지향상을 위해 노력할 과제를 국가에게 부여하고 있다고 할지라도, 이러한 헌법조항의 해석만으로는 양육비 대지급제 등 양육비의 이행을 실효적으로 담보하기 위한 구체적 제도에 대한 입법의무가 곧바로 도출된다고 보기는 어려우므로, 이 사건 심판청구는 헌법소원의 대상이 될 수 없는 '진정입법부작위'를 심판대상으로 한 것으로서 부적법하다.

판례 **자녀양육권과 육아휴직신청권** 남성 단기복무장교를 육아휴직 허용대상에서 제외하고 있는 구 군인사법 조항이 위헌인지 여부(소극) ▶ 2008.10.30. 2005헌마1156 [기각]

자녀에 대한 부모의 양육권은 비록 헌법에 명문으로 규정되어 있지는 아니하지만, 이는 모든 인간이 누리는 불가침의 인권으로서 혼인·가족생활을 보장하는 헌법 제36조 제1항 등에서 나오는 중요한 기본권이다. 반면에 육아휴직신청권은 헌법 제36조 제1항 등으로부터 개인에게 직접 주어지는 헌법적 차원의 권리라고 볼 수는 없고, 입법자가 국가예산, 사회보장수준 등을 고려하여 제정하는 입법에 의해 비로소 형성되는 법률상의 권리에 불과하다.★★ 심판대상조항에 의한 차별은 의무복무군인과 직업군인이라는 복무형태에 따른 차별에 해당한다. 장교를 포함한 남성 단기복무군인은 병역의무 이행을 위하여 한정된 기간 동안만 복무하는 데 반하여, 단기복무중인 여자군인 등 직업군인은 상대적으로 장기간 복무한다는 점에서 중요한 차이가 있으므로, 입법자가 그와 같은 복무형태의 차이 및 의무복무군인 사이의 형평성, 국방력의 유지 등을 고려하여, 육아휴직의 적용대상으로부터 의무복무 중인 단기장교를 제외한 것이 재량의 범위를 명백히 일탈한다고 볼 수 없다.

2. 혼인·가족의 원칙규범적 보장

헌법 제36조 제1항의 원칙규범적 성격으로부터 혼인·가족의 차별금지가 도출되는데, 이는 **특별평등규정**으로서 그 위반심사에 보다 **엄격한 심사기준**이 적용된다. 헌법재판소는 **부부자산소득합산과세**제도는 불합리한 차별로서 헌법 제36조 제1항에 위반된다고 하였고(2002.8.29. 2001헌바82), **종합부동산세**제도의 경우 제도 자체는 위헌이 아니나, '**세대별 합산규정**'은 불합리한 차별로서 헌법 제36조 제1항에 위반된다고 하였다(2008.11.13. 2006헌바112등).

판례 **부부자산소득합산과세** 부부의 자산소득을 주된 소득자의 종합소득에 합산하여 과세하는 소득세법 조항이 위헌인지 여부(적극) ▶ 2002.8.29. 2001헌바82 [위헌]

헌법 제36조 제1항으로부터 도출되는 혼인·가족에 대한 차별금지명령은 헌법 제11조 제1항에서 보장되는 평등원칙을 혼인과 가족생활영역에서 더욱 더 구체화함으로써 혼인과 가족을 부당한 차별로부터 특별히 더 보호하려는 목적을 가진다. 이 때 특정한 법률조항이 혼인한 자를 불리하게 하는 차별취급은 중대한 합리적 근거가 존재하여 헌법상 정당화되는 경우에만 헌법 제36조 제1항에 위배되지 아니한다. 부부간의 인위적인 자산 명의의 분산과 같은 가장행위 등은 상속세및증여세법상 증여의제 규정 등을 통해서 방지할 수 있고, 자산소득이 있는 모든 납세의무자 중에서 부부가 혼인하였다는 이유만으로 혼인하지 않은 자산소득자보다 더 많은 조세부담을 강요받는 것은 부당하다는 점을 종합하면, 이 사건 소득세법 조항은 헌법 제36조 제1항에 위반된다.★

판례 공동사업합산과세 대통령령이 정하는 특수관계자의 소득금액을 주된 공동사업자의 종합소득에 합산하여 과세하는 소득세법 조항이 위헌인지 여부(적극) ▶ 2006.4.27. 2004헌가19 [위헌]

공동사업합산과세제도는 공동사업이라는 특정한 사업형태와 관련하여 조세회피방지라는 목적을 위해 특수한 관계에 있는 자들을 규율하는 것으로 혼인이나 가족관계를 결정적 근거로 한 차별취급이라고 볼 수 없으므로 심판대상조항은 헌법 제36조 제1항에 위반되지 않는다. 심판대상조항은 일률적으로 특수관계자의 사업소득을 지분이나 손익분배의 비율이 큰 공동사업자의 소득금액으로 의제함으로써 입법목적을 달성하는데 있어 필요 이상의 과도한 방법을 사용하였고, 공동사업을 가장한 소득의 위장 분산을 과세관청에서 실질적으로 파악하기 어렵다 하여도 추정의 형식을 통해 그 입증책임을 납세자에게 돌릴 수 있다는 점에서 비례관계가 적정하지 아니하므로 과잉금지원칙에 위배된다.

판례 종합부동산세의 세대별합산과세 종합부동산세의 과세방법을 '인별합산'이 아니라 '세대별 합산'으로 규정하고, 주택분 종합부동산세 및 종합토지분 종합부동산세의 과세근거를 규정한 구 종합부동산세법 조항이 위헌인지 여부(일부적극) ▶ 2008.11.13. 2006헌바112등 [위헌, 헌법불합치, 합헌]

특정한 조세 법률조항이 혼인이나 가족생활을 근거로 차별 취급하는 것이라면 비례의 원칙에 의한 심사에 의하여 정당화되지 않는 한 헌법 제36조 제1항에 위반된다 할 것인데, 이 사건 '세대별 합산규정'은 조세회피를 방지하고자 하는 것으로 목적의 정당성은 수긍할 수 있으나, 가족 간의 증여를 통하여 재산의 소유 형태를 형성하였다고 하여 모두 조세회피의 의도가 있었다고 단정할 수 없다는 점에서 적절한 차별취급이라 할 수 없으므로 헌법 제36조 제1항에 위반된다. 종합부동산세는 부동산 가격을 안정시키려는 것으로 그 목적의 정당성과 방법의 적절성을 수긍할 수 있으나, 이 사건 '주택분 종합부동산세 부과규정'은, 그 보유의 동기나 기간, 조세 지불능력 등 정책적 과세의 필요성 및 주거생활에 영향을 미치는 정황 등을 고려하지 않고 일률적으로 고율의 누진세율을 적용한다는 점에서 과잉금지원칙에 위반된다. 이와 달리, 이 사건 '종합토지분 종합부동산세 부과규정'은, 주택과는 또 다른 토지의 특수성 등을 종합하면 부동산에 대한 과도한 보유 및 투기적 수요 등을 억제하여 부동산의 가격안정을 꾀함으로써 얻을 수 있는 공익이 보다 크다고 할 것이므로 과잉금지원칙에 위반된다고 볼 수 없다. 그 외 종합부동산세를 국세로 규정한 것이 평등권, 거주·이전의 자유, 인간다운 생활권, 개발제한구역 내 토지와 관련한 재산권 등을 침해한다고 볼 수 없다.★

III 혼인과 가족생활보장 관련 헌법재판소 판례

판례 8촌 이내 혈족 간 혼인 금지 및 무효 8촌 이내의 혈족 사이에서는 혼인할 수 없도록 하고 금혼조항을 위반한 혼인을 무효로 하는 민법 조항이 위헌인지 여부(일부 적극)
▶ 2022.10.27. 2018헌바115 [헌법불합치, 합헌]

(1) 이 사건 금혼조항은 근친혼으로 인하여 가까운 혈족 사이의 상호관계에 발생할 수 있는 혼란을 방지하려는 것으로, 촌수를 불문하고 부계혈족 간의 혼인을 금지한 구 민법상 동성동본금혼 조항에 대한 헌법재판소의 헌법불합치 결정의 취지를 존중하는 한편, 우리 사회에서 통용되는 친족의 범위 및

양성평등에 기초한 가족관계 형성에 관한 인식과 합의에 기초하여 혼인이 금지되는 근친의 범위를 한정함으로써 그 합리성이 인정되므로, 과잉금지원칙에 위배하여 혼인의 자유를 침해하지 않는다.★★
(2) 이 사건 무효조항은 이 사건 금혼조항의 실효성을 보장하기 위한 것이나, 이미 근친혼이 이루어져 당사자 사이에 부부간의 권리와 의무의 이행이 이루어지고 있고, 자녀를 출산하거나 가족 내 신뢰와 협력에 대한 기대가 발생하였다고 볼 사정이 있는 때에 일률적으로 그 효력을 소급하여 상실시킨다면, 이는 가족제도의 기능 유지라는 본래의 입법목적에 반하는 결과를 초래할 가능성이 있다는 점, 이 사건 무효조항의 입법목적은 근친혼이 가까운 혈족 사이의 신분관계 등에 현저한 혼란을 초래하고 가족제도의 기능을 심각하게 훼손하는 경우에 한정하여 무효로 하더라도 충분히 달성 가능하다는 점 등을 종합하면, 과잉금지원칙에 위배하여 혼인의 자유를 침해한다.★★

판례 부성제도 ▶ 2005.12.22. 2003헌가5등 [헌법불합치]

양계 혈통을 모두 성으로 반영하기 곤란한 점, 부성(父姓)의 사용에 관한 사회 일반의 의식, 성의 사용이 개인의 구체적인 권리의무에 영향을 미치지 않는 점 등을 고려할 때 이 사건 민법 조항이 성의 사용 기준에 대해 부성주의를 원칙으로 규정한 것은 입법형성의 한계를 벗어난 것으로 볼 수 없다. 그러나 가족관계의 변동 등으로 구체적인 상황 하에서는 부성의 사용을 강요하는 것이 개인의 가족생활에 대한 심각한 불이익을 초래하는 것으로 인정될 수 있는 경우(입양가정, 재혼가정, 편모가정 등)에도 부성주의에 대한 예외를 규정하지 않은 것은 인격권을 침해하고 개인의 존엄과 양성의 평등에 반하는 것이어서 헌법 제10조, 제36조 제1항에 위반된다.★

판례 일률적인 친생추정기준 혼인 종료 후 300일 이내에 출생한 자녀를 전남편의 친생자로 추정하는 민법 조항이 위헌인지 여부(적극) ▶ 2015.4.30. 2013헌마623 [헌법불합치]

출생과 동시에 자에게 안정된 법적 지위를 부여함으로써 자의 출생시 법적 보호의 공백을 없앴다는 측면에서 친생추정은 여전히 자의 복리를 위하여 매우 중요하며, 친자관계에 대하여 다툼이 없는 대다수의 경우 친자관계를 형성하기 위하여 특별한 절차를 밟을 필요가 없다는 점을 고려하면 친생추정제도는 계속 유지될 필요성이 있다. 그러나 오늘날 이혼 및 재혼이 크게 증가하였고, 여성의 재혼금지기간이 삭제되었으며, 이혼숙려기간 및 조정전치주의가 도입됨으로써 법률상 이혼까지의 시간간격이 크게 늘어남에 따라, 여성이 전남편 아닌 생부의 자를 포태하여 혼인 종료일로부터 300일 이내에 그 자를 출산할 가능성이 과거에 비하여 크게 증가하게 되었으며, 유전자검사 기술의 발달로 부자관계를 의학적으로 확인하는 것이 쉽게 되었다. 결국 민법 제정 이후의 사회적·법률적·의학적 사정변경을 전혀 반영하지 아니한 채, 아무런 예외 없이 일률적으로 300일의 기준만 강요함으로써 친생부인의 소를 거치도록 하는 심판대상조항은 입법형성의 한계를 벗어나 모가 가정생활과 신분관계에서 누려야 할 인격권, 혼인과 가족생활에 관한 기본권을 침해한다.★

제8절 • 모성의 보호와 보건권

공동체 연속성 보장을 요구할 권리

> **헌 법**
> 제36조 ② 국가는 모성의 보호를 위하여 노력하여야 한다.
> ③ 모든 국민은 보건에 관하여 국가의 보호를 받는다.★

[코멘트] 국가와 사회를 유지하려면 생명의 근원인 어머니의 본성을 특별히 보호해야 한다. 임신, 출산, 육아로 인한 사회적 불이익이 없도록 나라가 배려해야 할 것이다.

I. 모성의 보호

헌법 제36조 제2항은 국가의 '모성보호의무'를 규정하여 **모체(母體)로서의 여성**을 보호하는 있는데, 헌법은 국가의 모성보호의무만을 규정하고 있지만, 이에 대응하여 모성은 국가적 보호를 요구할 수 있는 권리를 가진다

II. 보건권

헌법 제36조 제3항은 '보건권'을 규정하여 국민이 자신과 가족의 건강보호를 위해 국가적 배려와 급부를 요구할 수 있는 권리를 보장하고 있는바, 국가는 국민의 건강을 소극적으로 침해하여서는 아니 될 의무와 함께 **적극적**으로 국민의 보건을 위한 정책을 수립하고 시행하여야 할 의무를 부담한다(2009.2.26. 2007헌마1285 등).★

> **판례** 비의료인 문신시술 금지 ▶ 2022.3.31. 2017헌마1343등 [기각, 각하]
>
> 의료인이 아닌 사람도 문신시술을 업으로 행할 수 있도록 그 자격 및 요건을 법률로 제정하도록 하는 내용의 명시적인 입법위임은 헌법에 존재하지 않으며, 문신시술을 위한 별도의 자격제도를 마련할지 여부는 사회적·경제적 사정을 참작하여 입법부가 결정할 사항으로, 그에 관한 입법의무가 헌법해석상 도출된다고 보기 어렵다. 따라서 이 사건 입법부작위에 대한 심판청구는 입법자의 입법의무를 인정할 수 없다.★ 문신시술은, 바늘을 이용하여 피부의 완전성을 침해하는 방식으로 색소를 주입하는 것으로, 감염과 염료 주입으로 인한 부작용 등 위험을 수반한다. 문신시술에 한정된 의학적 지식과 기술만으로는, 현재 의료인과 동일한 정도의 안전성과 사전적·사후적인 의료조치의 완전한 수행을 보장할 수 없으므로, 문신시술 자격제도와 같은 대안의 채택은 사회적으로 보건위생상 위협의 감수를 요한다. 따라서 입법부가 문신시술 자격제도와 같은 대안을 선택하지 않고 의료인만이 문신시술을 하도록 허용하였다고 하여 헌법에 위반된다고 볼 수 없으므로, 심판대상조항은 과잉금지원칙에 반하여 직업선택의 자유를 침해하지 않는다.

CHAPTER 07 국민의 기본적 의무

> **코멘트**
> 한 푼 없는 나라가 국민의 삶을 돌볼 수 없을 것이고 삶을 돌보지 않는 나라를 지키려는 국민도 없을 것이므로 권리와 의무는 공존한다. 따라서 의무 없는 권리 없고 권리 없는 의무도 없다.

국민이 사회생활 유지를 위해 마땅히 해야 할 일

헌 법
제31조 ② 모든 국민은 그 보호하는 자녀에게 적어도 초등교육과 법률이 정하는 교육을 받게 할 의무를 진다.
제32조 ② 모든 국민은 근로의 의무를 진다. 국가는 근로의 의무의 내용과 조건을 민주주의원칙에 따라 법률로 정한다.
제35조 ① 모든 국민은 건강하고 쾌적한 환경에서 생활할 권리를 가지며, 국가와 국민은 환경보전을 위하여 노력하여야 한다.
제38조 모든 국민은 법률이 정하는 바에 의하여 <u>납세의 의무</u>를 진다.
제39조 ① 모든 국민은 법률이 정하는 바에 의하여 <u>국방의 의무</u>를 진다.
② 누구든지 병역의무의 이행으로 인하여 불이익한 처우를 받지 아니한다.

I 기본적 의무의 의의[138]

국민의 기본적 의무란 국민이 국가구성원으로서 부담하는 의무 중에서 헌법이 규정하는 의무를 말하는데, 고전적 의무로서 **납세의 의무와 국방의 의무**가 있고,[139] 현대적 의무로서 교육을 받게 할 의무, 근로의 의무,[140] 환경보전의 의무 등이 포괄된다. 기본적 의무의 법적 성격에 관해 일반적인 견해는 국가공동체의 형성·유지를 위한 국민의 **실정법상 의무**로서 헌법과 법률로 규정된 것만이 법적 의무라고 한다.[141] 기본의무는 정치적 공동체의 유지를 위한 의무로서 일차적으로 국민의 의무이며, 성질상 허용되는 범위에서 법인 등 단체, 외국인도 주체가 될 수 있다.

II 기본적 의무의 내용

1. 납세의 의무

국민의 2대의무로서 '납세의 의무'란 국민이 국가재정의 확보를 위해 반대급부 없이 부담하는 조세납부의 의무를 말한다. 헌법상 조세의 효율성과 타당한 사용에 대한 감시는 국회의 주요 책무이자 권한으로 규정되어 있으므로(제54조 예산의결권, 제61조 국정감사·조사권) **재정사용의 합법성과 타당성을 감시하는 납세자의 권리**는 헌법상 기본권으로 볼 수 없다(2005.11.24. 2005헌마579등). ★

---

138) '기본적 의무'는 헌법에 의해 부담하는 국가구성원의 책무를 뜻한다.
139) '납세'는 세금을 납부한다는 뜻이고, '국방'은 국가를 방위한다는 뜻이다.
140) 무위도식(無爲徒食)을 금지한다는 것일 뿐 강제노역이 일반적으로 허용됨을 의미하는 것은 아니다.
141) 자연권 및 실정권으로 존재하는 기본권과 달리 기본의무는 실정의무만 존재하므로 입법자의 형성권이 강조된다.

2. 국방의 의무

국민의 2대의무로서 '국방의 의무'란 국민이 국가의 독립과 영토의 보전을 위해 부담하는 국가방위의 의무를 말한다. **국방의 의무는 납세의 의무와 달리 타인에 의한 대체이행이 불가능**하다는 점에서 일신전속적142) 성질을 가진다. 국방의 의무는 병력형성의무와 불이익처우금지를 내용으로 하는데(헌법 제39조), ① **'병력형성의무'**는 현대적 총력전143)의 속성상 직·간접적 병력형성의무와 병력형성이후 복종협력의무를 포함하는 **넓은 의미**로 이해해야 하며(1995.12.28. 91헌마80),* ② **'불이익처우금지'**는 국방의무이행의 속성상 병역의무이행의 일환으로 **병역의무 이행 중에 입는 불이익**까지 포함하는 것이 아니라 병역의무이행이 직접적·간접적 원인이 되는 차별적 불이익을 금지하는 의미로(1999.2.25. 97헌바3), **단순한 사실상·경제상의 불이익**까지 포함하는 것이 아니라 법적인 불이익을 금지하는 의미로,* **보상조치나 특혜를 부여할 국가의 의무를 지우는 것이 아니라 법문 그대로 불이익한 처우를 금지하는 의미**로 이해해야 한다(1999.12.23. 98헌마363).

---

142) 일신전속성 또는 전속성이란 권리, 의무 등이 오직 특정한 사람이나 기관에 소속하는 성격을 말한다.
143) 총력전(總力戰)은 국가 또는 국가 구성원들이 총체적인 힘을 기울여서 하는 전쟁을 뜻한다.

PART 03

색인

- ▶ 판례색인
- ▶ 용어색인

[헌법재판소 판례 색인]

1989년
- 1989.1.25. 88헌가7 — 118, 124
- 1989.7.14. 88헌가5 — 135
- 1989.9.8. 88헌가6 — 26, 28, 56
- 1989.12.18. 89헌마32 — 67
- 1989.12.22. 88헌가13 — 94

1990년
- 1990.4.2. 89헌가113 — 4, 6, 274, 355
- 1990.6.25. 89헌마107 — 118, 178, 302
- 1990.9.10. 89헌마82 — 112, 159, 168, 169
- 1990.11.19. 90헌가48 — 210, 211, 219, 220

1991년
- 1991.2.11. 90헌가27 — 242
- 1991.3.11. 91헌마21 — 46, 56
- 1991.4.1. 89헌마160 — 83, 107, 164
- 1991.4.1. 89헌마17 — 137
- 1991.5.13. 90헌마133 — 173
- 1991.6.3. 90헌마56 — 83
- 1991.7.8. 89헌마181 — 149
- 1991.7.22. 89헌가106 — 43, 243, 246

1992년
- 1992.1.28. 89헌가8 — 184
- 1992.1.28. 91헌마111 — 145
- 1992.2.25. 89헌가104 — 97
- 1992.2.25. 90헌마91 — 225
- 1992.3.31. 91다14413 — 250
- 1992.4.14. 90헌바24 — 119
- 1992.4.28. 90헌바24 — 30, 118
- 1992.4.28. 90헌바27 — 67, 252
- 1992.5.13. 92헌마80 — 200
- 1992.6.26. 90헌바26 — 190
- 1992.7.28. 92추31 — 76
- 1992.10.1. 92헌마68 — 84
- 1992.11.12. 89헌마88 — 92, 245
- 1992.11.12. 90헌마160 — 85
- 1992.12.24. 90헌마182 — 85
- 1992.12.24. 92헌가8 — 97, 131, 138, 141

1993년
- 1993.5.13. 91헌바17 — 189
- 1993.5.13. 92헌마80 — 202
- 1993.7.29. 92헌마262 — 46, 83
- 1993.7.29. 92헌바20 — 192
- 1993.7.29. 92헌바48 — 24, 25
- 1993.12.23. 89헌마189 — 23

1994년
- 1994.2.24. 92헌바43 — 186
- 1994.2.24. 93헌마192 — 241
- 1994.2.24. 93헌마213 — 218
- 1994.4.28. 91헌바14 — 181, 185
- 1994.6.30. 92헌바38 — 136, 137
- 1994.7.29. 93헌가4 — 59, 61
- 1994.12.29. 93헌마120 — 83, 84
- 1994.12.29. 93헌바21 — 230
- 1994.12.29. 94헌마201 — 69

1995년
- 1995.2.23. 91헌마204 — 160
- 1995.2.23. 93헌바43 — 119
- 1995.3.23. 93헌바18 — 33
- 1995.3.23. 94헌마175 — 69, 70
- 1995.4.20. 92헌바264 — 77
- 1995.4.20. 93헌바20 — 199
- 1995.5.25. 91헌가7 — 221
- 1995.5.25. 92헌마269 — 56
- 1995.6.29. 93헌마45 — 80
- 1995.6.29. 94헌바39 — 32
- 1995.7.21. 93헌가14 — 105, 236, 237
- 1995.7.21. 94헌마136 — 225
- 1995.7.21. 94헌바27 — 191
- 1995.9.28. 92헌가11 — 220, 221
- 1995.10.26. 94헌바12 — 30
- 1995.12.27. 95헌마224 — 58
- 1995.12.28. 91헌마80 — 261
- 1995.12.28. 95헌마196 — 134
- 1995.12.28. 95헌바3 — 6, 7

1996년
- 1996.2.16. 96헌가2 — 31, 32, 134
- 1996.2.29. 93헌마186 — 41
- 1996.4.25. 92헌바47 — 26, 35, 186, 187
- 1996.4.25. 95헌바25 — 175
- 1996.6.13. 94헌마118 — 230
- 1996.6.13. 94헌마20 — 7
- 1996.6.26. 96헌마200 — 159, 212
- 1996.8.29. 94헌마113 — 80
- 1996.8.29. 95헌바36 — 190
- 1996.10.4. 93헌가13 — 176, 177
- 1996.10.4. 95헌가2 — 25
- 1996.10.31. 93헌바25 — 220
- 1996.11.28. 95헌바1 — 102
- 1996.12.26. 90헌마19 — 252
- 1996.12.26. 96헌가18 — 37, 98, 112

1997년
- 1997.1.16. 90헌마110 — 87, 88, 120
- 1997.1.16. 92헌바6 — 25
- 1997.2.20. 96헌바24 — 228, 231
- 1997.3.27. 95헌가17 — 97
- 1997.3.27. 96헌가11 — 117, 145, 146
- 1997.3.27. 96헌가28 — 140
- 1997.4.24. 95헌마273 — 200
- 1997.4.24. 95헌바48 — 80, 81
- 1997.5.29. 94헌마33 — 87, 237, 239
- 1997.6.26. 96헌마89 — 54
- 1997.7.16. 93헌마239 — 218
- 1997.7.16. 95헌가6 — 38, 105, 255
- 1997.7.16. 97헌마38 — 32
- 1997.9.25. 96헌가16 — 133
- 1997.9.25. 97헌가4 — 10
- 1997.10.30. 97헌바37 — 223

	1997.11.27. 95헌바14	215
	1997.12.24. 96헌마172	223
1998년	1998.2.27. 94헌바13	250, 251
	1998.2.27. 97헌바79	159
	1998.3.26. 96헌가20	133
	1998.4.30. 95헌가16	135, 173
	1998.5.28. 96헌가4	34
	1998.5.28. 96헌가5	190
	1998.5.28. 96헌마44	44
	1998.5.28. 96헌바83	133
	1998.5.28. 97헌마282	23
	1998.7.16. 96헌바33	189
	1998.7.16. 97헌바23	43
	1998.9.30. 97헌바38	31
	1998.11.26. 96헌마54	57
	1998.11.26. 97헌바58	33
	1998.11.26. 97헌바65	43, 133
	1998.12.24. 89헌마214	193
1999년	1999.2.25. 97헌바3	261
	1999.3.25. 97헌마130	245
	1999.4.29. 94헌바37	32
	1999.5.27. 97헌바137	112
	1999.5.27. 98헌마214	212
	1999.5.27. 98헌바70	29, 30, 84
	1999.7.22. 98헌가5	37
	1999.7.22. 98헌바14	118
	1999.9.16. 89헌마165	92
	1999.9.16. 98헌마310	248
	1999.9.16. 98헌마75	224
	1999.11.25. 95헌마154	49, 250, 251
	1999.11.25. 99헌바28	46
	1999.11.25. 98헌마55	36
	1999.12.23. 98헌마363	91, 120, 121, 261
	1999.12.23. 99헌마135	51, 208
2000년	2000.2.24. 99헌마17	221
	2000.3.30. 98헌마206	88
	2000.4.27. 98헌가16	39, 82, 244, 245
	2000.5.26. 98다34331	252
	2000.6.1. 99헌마553	186, 187
	2000.6.29. 99헌마289	191, 237
	2000.7.20. 98헌바63	25, 40
	2000.7.20. 99헌마452	33
	2000.8.31. 97헌가12	17, 18, 22, 25, 44
	2000.11.30. 99헌마190	186
	2000.12.14. 99헌마112	91, 245
	2000.12.14. 2000헌마659	95
2001년	2001.2.22. 99헌마613	84, 189
	2001.3.21. 2000헌바25	160
	2001.3.21. 99헌마139	24, 26, 41
	2001.5.31. 2000헌바43	176
	2001.5.31. 99헌가18	137

	2001.6.28. 2000헌마735	77, 78
	2001.6.28. 2000헌바30	220, 221
	2001.6.28. 99헌마516	249
	2001.6.28. 99헌바31	135
	2001.7.19. 2000헌마91	28, 53, 57, 58, 59
	2001.8.30. 2000헌가9	177
	2001.8.30. 2000헌마121	61
	2001.8.30. 2000헌마36	177
	2001.8.30. 99헌마496	224
	2001.8.30. 99헌바92	151
	2001.9.27. 2000헌마152	33
	2001.9.27. 2000헌마238	34
	2001.11.29. 2001헌바41	145, 146
	2001.11.29. 99헌마494	83
	2001.11.29. 2000헌마278	245
2002년	2002.1.31. 2001헌바43	165
	2002.2.28. 2000헌마69	31
	2002.3.28. 2000헌바53	255
	2002.4.25. 98헌마425	165
	2002.6.27. 99헌마480	180
	2002.8.29. 2000헌가5	5
	2002.8.29. 2001헌마788	212, 215
	2002.8.29. 2001헌바82	256
	2002.9.19. 2000헌바84	186, 204
	2002.10.31. 2001헌라1	77
	2002.10.31. 99헌바76	91, 98
	2002.10.31. 2000헌가12	142
	2002.11.28. 2001헌바50	201, 247
	2002.11.28. 2002헌바45	33
	2002.11.28. 96헌바101	201
	2002.12.18. 2000헌마764	98
	2002.12.18. 2002헌가4	199
	2002.12.18. 2002헌마52	34, 240
2003년	2003.1.30. 2001헌가4	120
	2003.1.30. 2001헌바64	39
	2003.1.30. 2001헌바95	219
	2003.1.30. 2002헌마358	87
	2003.2.27. 2000헌바26	243
	2003.3.27. 2000헌마474	149
	2003.4.24. 99헌바110	31
	2003.5.15. 2001헌가31	252
	2003.5.15. 2001헌바98	114
	2003.7.24. 2001헌가25	137
	2003.7.24. 2001헌마96	121, 195
	2003.7.24. 2002헌바51	237
	2003.8.21. 2001헌마687	56
	2003.9.25. 2000헌바94	191
	2003.9.25. 2001헌마814	242, 245
	2003.9.25. 2002헌마519	200
	2003.9.25. 2002헌바533	225
	2003.10.30. 2000헌바67	97, 181, 182

		183, 184
2003.10.30.	2002헌라1	45
2003.10.30.	2002헌마275	220
2003.10.30.	2002헌마518	113, 114, 117
2003.10.30.	2000헌마801	187
2003.11.27.	2001헌바35	36
2003.11.27.	2002헌마193	96, 114
2003.11.27.	2003헌마694	210
2003.11.27.	2003헌바39	241
2003.12.18.	2001헌바91	97
2003.12.18.	2002헌가2	197
2003.12.18.	2002헌바1	191, 237
2003.12.18.	2003헌마255	41

2004년
2004.1.29.	2002헌마788	103
2004.2.26.	2003헌바4	97
2004.3.25.	2001헌마710	208
2004.3.25.	2002헌바104	143
2004.4.29.	2003헌마814	41
2004.5.14.	2004헌나1	59, 61, 62, 138, 210
2004.5.27.	2003헌가1	38, 82, 202
2004.6.24.	2002헌가27	112, 137
2004.7.15.	2002헌바42	195
2004.8.26.	2002헌가1	164, 165
2004.8.26.	2002헌마302	104
2004.8.26.	2003헌마457	92, 93
2004.9.23.	2000헌라2	70
2004.9.23.	2000헌마138	146, 147, 148
2004.10.21.	2004헌마554	2, 3
2004.10.28.	2002헌마328	237, 240
2004.10.28.	2003헌가18	97, 159
2004.10.28.	2003헌마898	218
2004.10.28.	99헌바91	96
2004.11.25.	2002헌바8	67
2004.12.16.	2002헌마478	130, 131
2004.12.16.	2003헌바105	223
2004.12.16.	2004헌마456	47, 50

2005년
2005.2.3.	2001헌가9	38, 255
2005.2.24.	2003헌마289	96, 172
2005.2.24.	2003헌마31	145
2005.3.31.	2003헌가20	195, 197
2005.3.31.	2003헌바34	223
2005.3.31.	2003헌바92	207
2005.3.31.	2004헌바29	136
2005.5.26.	2004헌바90	193
2005.5.26.	99헌마513	151, 152
2005.6.30.	2004헌마859	27
2005.6.30.	2004헌바40	30, 31
2005.9.29.	2003헌마127	212
2005.9.29.	2004헌바52	62
2005.10.27.	2002헌마425	108
2005.10.27.	2003헌가3	36
2005.10.27.	2003헌바50	252
2005.11.24.	2002헌바95	92, 93
2005.11.24.	2003헌바108	217
2005.11.24.	2005헌마579	3, 210, 260
2005.12.22.	2003헌가5	108, 258
2005.12.22.	2004헌라3	242
2005.12.22.	2004헌바64	160
2005.12.22.	2005헌마19	137

2006년
2006.2.23.	2004헌마675	120
2006.2.23.	2005헌마268	111
2006.2.23.	2005헌마403	69, 72
2006.3.30.	2003헌라2	74
2006.3.30.	2003헌마806	19, 26, 159
2006.3.30.	2003헌마837	69
2006.3.30.	2004헌마246	45, 47, 83
2006.3.30.	2005헌마598	33
2006.4.27.	2004헌가19	257
2006.4.27.	2005헌마1047	189
2006.4.27.	2005헌마1119	226
2006.4.27.	2005헌마1190	70
2006.5.25.	2004헌가1	186
2006.5.25.	2005헌마362	212
2006.6.29.	2002헌바80	98
2006.6.29.	2005헌가13	120
2006.6.29.	2005헌마165	175, 175, 176
2006.7.27.	2004헌가13	98
2006.7.27.	2004헌마655	49
2006.7.27.	2005헌마277	141
2006.7.27.	2005헌마821	212
2006.12.28.	2004헌바67	105

2007년
2007.1.17.	2005헌마1111	116
2007.5.31.	2005헌마1139	157
2007.5.31.	2005헌바47	195
2007.6.28.	2004헌마644	54, 56, 65, 211
2007.6.28.	2005헌마772	65
2007.8.30.	2004헌마670	246
2007.10.4.	2004헌마36	177
2007.12.27.	2004헌마1021	202

2008년
2008.1.10.	2007헌마1468	96, 97, 141
2008.1.17.	2007헌마700	62, 84
2008.2.28.	2006헌바70	30, 197
2008.3.27.	2006헌라4	41, 42
2008.4.24.	2007헌마1456	241
2008.5.29.	2005헌라3	74, 75
2008.5.29.	2006헌마1096	62
2008.5.29.	2007헌마248	170
2008.5.29.	2007헌마712	95
2008.6.26.	2007헌마1366	168
2008.7.24.	2008어4	135
2008.7.31.	2004헌바81	82, 127
2008.7.31.	2006헌마711	254

	2008. 9. 25.	2007헌가1	197	2010. 11. 25. 2006헌마328	119
	2008. 9. 25.	2007헌마1126	148	2010. 11. 25. 2009헌마246	114
	2008. 10. 30.	2005헌마1156	255, 256	2010. 12. 28. 2008헌마157	180
	2008. 11. 13.	2006헌바112	256, 257	2010. 12. 28. 2009헌가30	91, 161
	2008. 11. 27.	2005헌마161	96	2010. 12. 28. 2010헌마79	56
	2008. 11. 27.	2007헌마1024	56	2011년 2011. 3. 31. 2008헌바141	32, 119
	2008. 11. 27.	2007헌마860	196	2011. 3. 31. 2010헌마314	62
	2008. 12. 26.	2005헌마971	251	2011. 4. 28. 2010헌마47	73
	2008. 12. 26.	2007헌마444	192, 201	2011. 6. 30. 2009헌마406	106, 160
	2008. 12. 26.	2007헌바124	97	2011. 8. 30. 2006헌바788	88
	2008. 12. 26.	2008헌마419	90	2011. 8. 30. 2008헌마648	88
2009년	2009. 2. 26.	2005헌마764	88, 89	2011. 8. 30. 2009헌바42	160
	2009. 2. 26.	2007헌마1285	259	2011. 8. 30. 2010헌마259	62
	2009. 2. 26.	2007헌바27	246	2011. 9. 29. 2007헌마1083	83, 200
	2009. 2. 26.	2007헌바41	3	2011. 9. 29. 2009헌마351	237
	2009. 2. 26.	2007헌바8	222	2011. 9. 29. 2010헌바188	132
	2009. 3. 26.	2007헌마843	28, 84	2011. 10. 25. 2009헌마691	138
	2009. 4. 30.	2005헌마514	245	2011. 12. 29. 2007헌마1001	63
	2009. 5. 28.	2005헌바20	34	2011. 12. 29. 2009헌마354	234, 235
	2009. 5. 28.	2006헌라6	74, 75	2011. 12. 29. 2009헌마527	168
	2009. 5. 28.	2006헌마618	107	2011. 12. 29. 2010헌마368	67, 78
	2009. 5. 28.	2006헌바109	170	2011. 12. 29. 2010헌마385	252
	2009. 5. 28.	2007헌마369	107	2011. 12. 29. 2010헌바54	207
	2009. 5. 28.	2007헌바22	181	2012년 2012. 2. 23. 2009헌마333	163
	2009. 6. 25.	2007헌바25	145	2012. 2. 23. 2010헌마601	65
	2009. 7. 30.	2007헌바75	78	2012. 2. 23. 2011헌가13	180
	2009. 9. 24.	2007헌마1092	191	2012. 2. 23. 2011헌바154	64
	2009. 9. 24.	2007헌마117	74	2012. 3. 29. 2010헌마443	191
	2009. 9. 24.	2007헌바114	198	2012. 3. 29. 2010헌바100	116
	2009. 9. 24.	2008헌가25	183	2012. 3. 29. 2011헌바53	187
	2009. 9. 24.	2008헌바23	229	2012. 4. 24. 2010헌바164	242, 243
	2009. 11. 26.	2008헌마385	112, 128, 129	2012. 5. 31. 2009헌마705	170
	2009. 11. 26.	2008헌바58	98, 112	2012. 5. 31. 2009헌바123	5
	2009. 12. 29.	2007헌마1412	49	2012. 5. 31. 2010헌마278	215
	2009. 12. 29.	2008헌바15	97	2012. 6. 27. 2011헌가36	140, 141
2010년	2010. 2. 25.	2008헌가23	102, 127, 128	2012. 7. 26. 2009헌마35	5
	2010. 2. 25.	2008헌마324	164, 170, 172	2012. 8. 23. 2008헌마430	83, 147
	2010. 2. 25.	2008헌바116	193	2012. 8. 23. 2009헌가27	108
	2010. 2. 25.	2010헌바39	193	2012. 8. 23. 2010헌마47	172
	2010. 4. 29.	2008헌마622	219	2012. 10. 25. 2011헌마307	248
	2010. 5. 27.	2005헌마346	82, 110	2012. 10. 25. 2011헌마598	147
	2010. 5. 27.	2008헌마663	152	2012. 11. 29. 2011헌마786	33
	2010. 7. 29.	2008헌가4	233	2012. 11. 29. 2011헌마827	82
	2010. 7. 29.	2009헌가8	125	2012. 12. 27. 2010헌가82	135
	2010. 7. 29.	2009헌바40	105	2012. 12. 27. 2011헌바225	139
	2010. 9. 2.	2010헌마418	73	2013년 2013. 2. 28. 2012헌마131	72
	2010. 10. 28.	2007헌가23	82	2013. 3. 21. 2010헌바132	142
	2010. 10. 28.	2008헌마514	233	2013. 7. 25. 2011헌바39	135
	2010. 10. 28.	2008헌마638	102	2013. 7. 25. 2012헌마174	53, 54, 212
	2010. 10. 28.	2010헌마111	185	2013. 7. 25. 2012헌마815	212
	2010. 10. 28.	2007헌라4	70	2013. 7. 25. 2012헌바409	215

	2013. 8. 29.	2010헌바354	32	2015. 7. 30. 2014헌바447	222, 223
	2013. 8. 29.	2011헌마122	147	2015. 9. 24. 2012헌마302	139, 140, 145
	2013. 8. 29.	2012헌마288	56	2015. 9. 24. 2013헌가21	144, 226
	2013. 9. 26.	2012헌마271	82, 84	2015. 9. 24. 2015헌마26	19
	2013. 10. 24.	2012헌바431	193	2015. 9. 24. 2015헌마35	135
	2013. 11. 28.	2011헌마267	62	2015. 11. 26. 2012헌마858	226
	2013. 11. 28.	2011헌마565	212	2015. 11. 26. 2012헌마940	112
	2013. 11. 28.	2012헌가10	224	2015. 11. 26. 2013헌바343	126
	2013. 11. 28.	2012헌마166	43	2015. 12. 23. 2010헌마620	192
	2013. 11. 28.	2007헌마1189	189	2015. 12. 23. 2013헌가9	132
	2013. 12. 26.	2009헌마747	157	2015. 12. 23. 2013헌마712	102
	2013. 12. 26.	2013헌마385	60	2015. 12. 23. 2013헌바168	48, 49
2014년	2014. 1. 28.	2011헌마239	212	2015. 12. 23. 2013헌바68	155
	2014. 1. 28.	2011헌바174	183	2015. 12. 23. 2014헌바3	247
	2014. 1. 28.	2012헌가19	51, 52	2015. 12. 23. 2014헌바446	206
	2014. 1. 28.	2012헌마409	54, 212	2015. 12. 23. 2015헌바75	170, 177
	2014. 1. 28.	2012헌마431	52, 208	2016년 2016. 2. 25. 2015헌가11	116
	2014. 1. 28.	2012헌바298	222	2016. 3. 31. 2013헌가2	200
	2014. 3. 27.	2010헌가2	183	2016. 3. 31. 2013헌가22	47
	2014. 3. 27.	2011헌바43	98	2016. 3. 31. 2013헌마585	205
	2014. 3. 27.	2012헌마652	98, 108, 109, 144	2016. 3. 31. 2013헌바190	142
	2014. 4. 24.	2011헌가29	181, 183	2016. 3. 31. 2014헌가2	30
	2014. 4. 24.	2011헌바254	49	2016. 3. 31. 2014헌마367	247
	2014. 4. 24.	2012헌마2	223	2016. 3. 31. 2015헌마688	154
	2014. 6. 26.	2011헌마502	18, 20, 22, 159, 209	2016. 4. 28. 2012헌마549	173
	2014. 6. 26.	2012헌마459	212	2016. 5. 26. 2013헌바98	163
	2014. 6. 26.	2013헌바122	69	2016. 5. 26. 2014헌마45	132
	2014. 7. 24.	2009헌마256	65, 209, 211	2016. 6. 30. 2013헌가1	62, 63
	2014. 7. 24.	2012헌바105	31	2016. 6. 30. 2013헌바191	195
	2014. 8. 28.	2011헌마28	135, 152	2016. 6. 30. 2015헌마924	155
	2014. 8. 28.	2011헌바32	68	2016. 7. 28. 2014헌바437	215
	2014. 8. 28.	2012헌마686	144	2016. 7. 28. 2015헌마964	106
	2014. 8. 28.	2013헌마359	201	2016. 9. 29. 2014헌가3	184
	2014. 8. 28.	2013헌마553	121	2016. 9. 29. 2014헌가9	101
	2014. 8. 28.	2013헌바119	255	2016. 9. 29. 2014헌바254	125
	2014. 10. 30.	2011헌바172	198	2016. 9. 29. 2014헌바492	185
	2014. 11. 27.	2013헌마814	60	2016. 9. 29. 2015헌마325	37
	2014. 12. 19.	2013헌다1	10, 11, 29, 50, 51	2016. 10. 27. 2014헌마797	66, 72
2015년	2015. 2. 26.	2009헌바17	112, 255	2016. 10. 27. 2015헌마1206	176
	2015. 2. 26.	2014헌가16	126	2016. 11. 24. 2016헌가3	135
	2015. 3. 26.	2013헌마517	82	2016. 12. 29. 2013헌마142	105
	2015. 4. 30.	2013헌마623	258	2016. 12. 29. 2015헌마1160	56
	2015. 5. 28.	2013헌가6	206	2016. 12. 29. 2015헌바182	239
	2015. 5. 28.	2013헌마671	251	2016. 12. 29. 2015헌바196	135
	2015. 5. 28.	2013헌바129	137	2017년 2017. 3. 10. 2016헌나1	67, 88, 138
	2015. 6. 25.	2007두4995	250	2017. 5. 25. 2014헌바459	101
	2015. 6. 25.	2011헌마769	174	2017. 5. 25. 2016헌가6	206
	2015. 7. 30.	2010헌라2	70	2017. 5. 25. 2016헌마292	55
	2015. 7. 30.	2012헌마402	56	2017. 5. 25. 2016헌마640	247, 248
	2015. 7. 30.	2014헌마340	154	2017. 6. 29. 2015헌마654	221
				2017. 6. 29. 2016헌가1	187

	날짜	사건번호	페이지
	2017. 7. 27.	2015헌바278	35
	2017. 7. 27.	2016헌바372	187
	2017. 9. 28.	2015헌마653	253
	2017. 10. 26.	2015헌바239	132, 134
	2017. 11. 30.	2016헌마503	149
	2017. 11. 30.	2016헌마448	239
	2017. 12. 28.	2015헌마632	148
	2017. 12. 28.	2016헌마649	242
2018년	2018. 1. 25.	2015헌마1047	124
	2018. 1. 25.	2015헌마821	54
	2018. 1. 25.	2016헌마541	57
	2018. 1. 25.	2017헌가7	124
	2018. 2. 22.	2016헌마780	110
	2018. 2. 22.	2016헌바100	202
	2018. 2. 22.	2017헌마691	244
	2018. 4. 26.	2014헌마274	214
	2018. 4. 26.	2015헌가19	204
	2018. 4. 26.	2015헌바370	158
	2018. 4. 26.	2016헌마116	204
	2018. 5. 31.	2012헌바90	251
	2018. 5. 31.	2014헌마346	147
	2018. 5. 31.	2015헌마476	95
	2018. 6. 28.	2011헌바379	164, 165, 163, 167
	2018. 6. 28.	2012헌마191	161, 162
	2018. 6. 28.	2012헌마538	161, 162
	2018. 6. 28.	2016헌가14	125
	2018. 6. 28.	2016헌가8	177, 178
	2018. 7. 26.	2017헌마1183	212
	2018. 8. 30.	2014헌마368	153
	2018. 8. 30.	2014헌마843	109
	2018. 8. 30.	2014헌바148	231
	2018. 8. 30.	2014헌바180	231
	2018. 8. 30.	2015헌가38	251
	2018. 8. 30.	2016헌마263	141, 161, 162
	2018. 8. 30.	2016헌마483	153
	2018. 12. 27.	2015헌바77	226, 227
2019년	2019. 2. 28.	2015헌마1204	147, 148, 149, 150
	2019. 4. 11.	2016헌라8	70
	2019. 4. 11.	2017헌바127	107, 111, 112, 128
	2019. 4. 11.	2018헌마221	243
	2019. 5. 30.	2019헌가4	178
	2019. 6. 28.	2017헌바135	203
	2019. 6. 28.	2018헌바128	135
	2019. 7. 25.	2016헌마754	213
	2019. 7. 25.	2017헌마1038	115
	2019. 7. 25.	2017헌마1329	174
	2019. 9. 26.	2016헌바381	142
	2019. 9. 26.	2017헌마1209	161
	2019. 9. 26.	2018헌마1015	225
	2019. 9. 26.	2018헌마128	56
	2019. 9. 26.	2018헌바218	125
	2019. 11. 28.	2016헌마1115	194
	2019. 11. 28.	2016헌바90	64
	2019. 12. 27.	2016헌마253	41
	2019. 12. 27.	2017헌가21	196
	2019. 12. 27.	2018헌마301	48
	2019. 12. 27.	2018헌마730	90
2020년	2020. 1. 21.	2020헌마60	46
	2020. 2. 27.	2017헌마1339	111
	2020. 2. 27.	2017헌바420	223
	2020. 2. 27.	2017헌바434	19
	2020. 2. 27.	2019헌마203	116
	2020. 3. 26.	2016헌바55	228
	2020. 3. 26.	2019헌바71	120
	2020. 4. 23.	2015헌마1149	129
	2020. 4. 23.	2018헌마550	68
	2020. 4. 23.	2018헌마551	67, 68
	2020. 4. 23.	2019헌가25	112
	2020. 5. 27.	2017헌마867	59
	2020. 6. 25.	2018헌바278	133
	2020. 6. 25.	2019헌가9	115
	2020. 7. 16.	2015헌라3	71
	2020. 8. 28.	2017헌가35	177
	2020. 8. 28.	2018헌마927	154
	2020. 8. 28.	2018헌바425	196
	2020. 9. 24.	2016헌마889	21
	2020. 9. 24.	2017헌바157	101, 142
	2020. 9. 24.	2018헌마15	57
	2020. 12. 23.	2019헌마502	214
	2020. 12. 23.	2017헌마416	180
2021년	2021. 1. 28.	2018헌마456	172
	2021. 1. 28.	2019헌가24·2019헌바404	219
	2021. 1. 28.	2020헌마264	140
	2021. 2. 25.	2015헌라7	70
	2021. 2. 25.	2017헌마1113	170, 171
	2021. 5. 27.	2018헌마1168	174
	2021. 5. 27.	2019헌가17	231
	2021. 5. 27.	2019헌가19	222
	2021. 6. 24.	2017헌바479	153
	2021. 6. 24.	2018헌가2	152
	2021. 6. 24.	2018헌바457	32, 134
	2021. 6. 24.	2019헌바5	114
	2021. 7. 15.	2018헌마279	204
	2021. 8. 31.	2020헌마12	146
	2021. 9. 30.	2019헌가3	124
	2021. 10. 28.	2019헌마973	163
	2021. 10. 28.	2018헌마60	203
	2021. 11. 25.	2015헌마334	249
	2021. 11. 25.	2019헌마534	68
	2021. 11. 25.	2019헌마542	116
	2021. 11. 25.	2019헌마446	100
	2021. 12. 23.	2018헌바524	224

2021.12.23.	2019헌마168	256
2021.12.23.	2020헌마395	201

2022년

2022.1.27.	2016헌마364	199
2022.1.27.	2019헌바161	194
2022.1.27.	2020헌마895	65
2022.2.24.	2018헌마1010	148
2022.2.24.	2018헌마998	233
2022.2.24.	2018헌바146	62
2022.2.24.	2020헌가12	124
2022.2.24.	2020헌가5	114
2022.3.31.	2017헌마1343	259
2022.3.31.	2019헌마986	54
2022.3.31.	2020헌마1729	46
2022.5.26.	2019헌가12	101
2022.5.26.	2020헌마1219	214
2022.5.26.	2021헌가30	100
2022.5.26.	2021헌가32	100
2022.5.26.	2021헌마619	170
2022.6.30.	2019헌가14	115
2022.6.30.	2019헌마356	149
2022.6.30.	2019헌바440	198
2022.7.21.	2016헌마388	138
2022.7.21.	2017헌바100	63
2022.7.21.	2018헌바164	63
2022.7.21.	2018헌바357	63
2022.8.31.	2022헌가10	100
2022.8.31.	2022헌가18	100
2022.9.29.	2019헌마813	205
2022.10.27.	2018헌바115	257
2022.10.27.	2019헌바454	123
2022.10.27.	2021헌가4	173
2022.11.24.	2019헌마528	47, 48
2022.11.24.	2019헌마941	167, 168
2022.11.24.	2020헌마1181	213
2022.11.24.	2021헌마130	154
2022.11.24.	2021헌마426	136
2022.12.22.	2018헌바48	182
2022.12.22.	2019헌마654	171
2022.12.22.	2020헌가8	213

2023년

2023.2.23.	2018헌바513	134
2023.2.23.	2019헌마1157	160
2023.2.23.	2019헌마1404	152
2023.2.23.	2019헌바43	123
2023.2.23.	2019헌바462	21
2023.2.23.	2019헌바93	108
2023.2.23.	2020헌마1271	123
2023.2.23.	2021헌가9	100
2023.2.23.	2022헌가2	100
2023.3.23.	2018헌마460	217, 218
2023.3.23.	2018헌바433	99
2023.3.23.	2019헌마937	253
2023.3.23.	2020헌가1	99
2023.3.23.	2020헌가19	203
2023.3.23.	2020헌라5	74, 75
2023.3.23.	2020헌바471	122
2023.3.23.	2021헌가1	182, 185
2023.3.23.	2021헌마975	109
2023.3.23.	2022헌바139	122
2023.5.25.	2019헌마1234	122
2023.5.25.	2020헌바309	134
2023.5.25.	2020헌바45	205
2023.6.29.	2020헌마1605	213
2023.6.29.	2020헌마1669	190
2023.8.31.	2020헌바252	226, 227
2023.9.26.	2019헌마1165	122
2023.9.26.	2019헌마1417	185
2023.9.26.	2019헌마423	119
2023.9.26.	2020헌마1724	179
2023.9.26.	2021헌가23	46, 47
2023.2.23.	2020헌바603	20

2024년

2024.1.25.	2020헌마65	156
2024.1.25.	2021헌가14	63
2024.1.25.	2021헌바233	63
2024.2.28.	2019헌마500	113
2024.2.28.	2020헌마1587	238
2024.2.28.	2022헌마356	111
2024.3.28.	2020헌마1079	121
2024.4.25.	2020헌가4	193
2024.4.25.	2020헌마1028	156
2024.4.25.	2020헌마107	89
2024.4.25.	2021헌마1258	178
2024.4.25.	2021헌마473	238
2024.4.25.	2022헌가33	194
2024.5.30.	2019헌가29	239
2024.5.30.	2021헌가3	194
2024.5.30.	2021헌마117	166
2024.5.30.	2023헌마820	179
2024.6.27.	2020헌마468	225
2024.6.27.	2021헌가19	99
2024.6.27.	2021헌마1588	225
2024.6.27.	2022헌바106	157
2024.6.27.	2023헌바449	226
2024.6.27.	2023헌바78	64
2024.7.18.	2021헌마460	213
2024.7.18.	2022헌가6	99
2024.8.29.	2020헌마389	88
2024.8.29.	2023헌가10	205

[대법원 판례 색인]

연도	판례	페이지
1966년	1966.6.28. 66다781	228
1970년	1970.11.24. 70다1148	85, 228
1971년	1971.6.22. 70다1010	230
1972년	1972.7.25. 72다986	230
1975년	1975.4.8. 74도3323	10
	1975.12.9. 73도3392	167
1980년	1980.5.20. 80도306	10
1981년	1981.7.8. 81수5	66
	1981.8.25. 80다1598	229
	1981.10.13. 80다2435	17
1982년	1982.9.28. 82도2016	186
1983년	1983.10.25. 83도2366	137
1989년	1989.9.26. 87도519	167
1990년	1990.5.25. 90누1458	218
1995년	1995.5.12. 94추28	77
	1995.5.23. 94마2218	254
	1995.9.15. 95다23378	254
1996년	1996.2.15. 95다38677	230
	1996.6.3. 96모18	146
	1996.11.12. 96누1221	25
1997년	1997.2.14. 96다28066	230
	1997.3.28. 97다4036	230
	1997.5.28. 95다15735	229
	1997.6.13. 96다56115	165, 228
	1997.6.13. 97도703	135
	1997.7.22. 96다56153	254
	1997.7.22. 95다6991	85
	1997.8.27. 97모21	143
1998년	1998.2.10. 97다45914	230
1999년	1999.7.23. 98두14525	25
	1999.9.17. 97도3349	134
	1999.12.24. 99도3354	17
2001년	2001.2.15. 96다42420	230
2002년	2002.10.8. 2002도123	161
2003년	2003.7.11. 99다24218	229
2004년	2004.8.30. 2004도3212	24
2006년	2006.3.16. 2006두330	254
	2006.10.12. 2006도4981	161
2007년	2007.4.26. 2006다87903	167
2009년	2009.5.21. 2009다17417	128
	2009.5.28. 2008두16933	169
2010년	2010.4.22. 2008다38288	86
	2010.10.28 2010두6496	19
	2010.12.16. 2010도5986	41
2011년	2011.1.27. 2009다19864	86
2012년	2012.2.9. 2011도7193	144
	2012.5.24. 2010도11381	181
2014년	2014.12.11. 2011도13299	186
2016년	2016.9.8. 2016수33	66
2020년	2020.6.8. 2020스575	110
2022년	2022.6.30. 2021도244	149

[사항별 색인]

1
- 1인 결사 186
- 1인1표방식의 비례대표제 59
- 1인2표제 57, 59

ㄱ
- 간접참정권 209
- 강제노역 131
- 강제중재제도 252
- 강제처분 131, 141
- 개발제한구역 193
- 개별적 법률 96
- 거주·이전의 자유 159
- 검열제의 금지 176
- 게리맨더링(gerrymandering) 57, 58
- 결과통지의무 217
- 경력직공무원 67
- 경비교도대원 230
- 경상(經常)보조금 49
- 경성헌법 2
- 계약자유권 114
- 고유사무(자치사무) 74
- 고정명부제 58, 59
- 공개재판을 받을 권리 224
- 공공필요 198
- 공무담임권 55, 212
- 공무원 67
- 공법상의 결사 186, 187
- 공소기각의 재판 232
- 공용침해 193
- 공익근무요원 230
- 공정한 재판을 받을 권리 224
- 공직취임권 212
- 공화국 16
- 과소금지의 원칙 87
- 과잉금지원칙의 적용밀도 98
- 교사의 자유 245
- 교원노조법 252
- 교육감 73
- 교육을 받을 권리 241
- 국가권력 17
- 국가긴급권 10
- 국가배상심의회의 배상결정 221
- 국가배상청구권 228
- 국가연합 16
- 국가유공자 등의 근로기회우선보장 249
- 국가인권위원회 103
- 국가행위의제이론 86
- 국고보조금 49
- 국고작용 85
- 국내거소신고 211
- 국민발안권 209
- 국민소환권(국민파면권) 211
- 국민의 기본적 의무 260
- 국민전체에 대한 봉사자 67
- 국민주권의 원리 28
- 국민투표권 209
- 국민투표법 211
- 국약헌법 2
- 국적 17
- 국적회복 19
- 군사법원의 재판을 받지 아니할 권리 223
- 군사재판 220
- 군소정당 46
- 군주국 16
- 귀화 18
- 규범조화적 해석에 의한 방법 92
- 근로기본권 246
- 근로조건기준의 법정주의 248
- 기관위임사무 74, 76
- 기본권 서열이론 92
- 기본권보호의무 87
- 기본권실효제 11
- 기본권의 갈등 91
- 기본권의 경합 91
- 기본권의 보호 103
- 기본권의 유사경합 91
- 기본권의 유사충돌 92
- 기본권의 이중적 성격론 86, 87
- 기본권의 충돌 92
- 기본권의 효력 85
- 기본적 사실관계의 동일성 136
- 기탁금 49, 56

ㄷ
- 다수대표제 59
- 단결권 250
- 단결체 250
- 단일국가 16
- 단체교섭권 251
- 단체위임사무 74
- 단체행동권 252
- 당비 47
- 당선소송 66
- 당선인의 결정 66
- 대법원의 재판을 받을 권리 223
- 대안식 해결방법 92
- 대중민주주의 45
- 대헌장 138
- 동성동본금혼제 255

ㅁ
- 면소판결 232
- 모성보호의무 259
- 무국적의 자유 159
- 무죄추정의 원칙 144
- 문화국가원리 38
- 미란다원칙(Miranda Rule) 144

	민정헌법	2
	민주주의원리	28
ㅂ	반론보도청구권	175
	배심재판을 받을 권리	223
	배심제	222
	범죄피해자구조청구권	234
	법내용평등	118
	법률에 의한 행정	29
	법률우위의 원칙	29
	법률유보	94
	법률유보의 원칙	29, 95
	법률의 명확성	97
	법률의 일반성	96
	법우선의 원칙	29
	법익의 균형성	98
	법적용평등	118
	법치주의원리	29
	변호인선임권	148
	변호인접견교통권	148
	변호인참여요구권	148
	보안처분	131, 135
	보충관계	91
	보통선거	53
	보호감호	137
	본질적 내용침해금지의 원칙	102
	봉쇄조항(저지조항)	59
	부재자투표	65
	부진정소급입법	31
	불기소처분	233
	불문헌법	2
	비례대표의원선거	59
	비례대표제	59
	비밀선거	58
ㅅ	사법보좌관제도	222
	사생활의 비밀과 자유	151
	사유재산제도	192
	사적 유용성	191
	사적 자치권	114
	사표	57
	사회국가원리	34
	사회봉사명령	135
	사회부조	191
	사회적 시장경제질서	35
	상위기본권우선의 원칙	92
	서울광장 통행저지(차벽봉쇄)	160
	선거	53
	선거공영제	61
	선거구획정	57
	선거권	53, 212
	선거권의 제한	53
	선거보조금	49

	선거소송	66
	선거소청	66
	선거운동의 자유	61
	선거제도의 기본원칙	53
	선관위의 형식심사	47
	성과가치의 평등	57
	성문헌법	2
	소비자권리(소비자기본권)	207
	수업권	245
	수용자	163
	수학권	245
	시민권제도	17
	시혜적 소급입법	31
	신고제	182
	신뢰보호의 원칙	32
	신문의 겸영금지	176
	신문의 복수소유를 금지	176
	신속한 재판을 받을 권리	224
	신임국민투표	210
	신체의 자유	131
	실제적 조화이론	92
ㅇ	알 권리	170, 173
	액세스권	170, 175
	야간시위	183
	야간옥외집회	183
	양심의 자유	164
	양육권	255
	언론·출판의 자유	170
	언론기관의 자유	170, 176
	연명치료중단에 관한 자기결정권	128
	연방국가	16
	연성헌법	2
	영공	24
	영역	24
	영장주의	140
	영주권제도	17
	영토	24
	영토고권	24
	영해	24
	예비후보자	61
	옥외집회·시위	184
	완전보상	199
	외형설	228
	위헌정당해산제도	50
	유니온 샵(Union Shop) 협정	92
	유추해석금지의 원칙	136
	육아휴직신청권	255
	의사표현의 자유	172
	이라크전쟁 파병결정	41
	이익형량에 의한 방법	92
	이중처벌금지의 원칙	136
	익명표현	170

인간다운 생활권	237	
인간존엄성조항	105	
인격적 가치판단	164	
인격적가치우선의 원칙	92	
인구편차한계	58	
인신보호제도	143	
인지	18	
일반적 행동자유권	111, 113	
일반적으로 승인된 국제법규	43	
일사부재리(一事不再理)의 원칙	136	
입법작용의 헌법기속	29	

ㅈ
자기결정권	111
자기부죄거부(自己負罪拒否)의 특권	145
자기책임의 원리	112
자백의 증거능력의 제한	150
자백의 증명력의 제한	150
자백존중의 사고	150
자위전쟁	41
자유선거	59
자유우선의 원칙	92
자유의	188
자치기능보장	69
자치단체보장	69
자치사무보장	69
잠정적 우대조치	103
재심재판을 받을 권리	223
재외국민	23
재판청구권	219
쟁의행위	252
저항권	10
적법절차의 원칙	138
적정임금	248
전투경찰순경	230
접견교통권	114
정교분리의 원칙	167
정당의 등록취소	51
정당제 민주주의	45
정당한 보상	233
정정보도청구권	175
정치적 기본권	208
제도적 보장	80
조례제정·개폐청구권	78
조약	41
종교의 자유	167
죄형법정주의	133
주거의 자유	158
주민감사청구권	78
주민소송권	78
주민소환권	78
주민투표권	77
중앙당의 등록	47
즉결심판	220

지방의회	71	
지방자치단체장의 권한대행	73	
지방자치의 본질	69	
지방자치제도	69	
지역정당	46	
직업공무원제도	67	
직업의 자유	200	
직장폐쇄(lockout)	252	
직접선거	58	
직접참정권	209	
진정소급입법	31	
집단적 자위권	41	
집행적 법률	96	
집회 및 시위에 관한 법률	182, 184	
집회의 자유	181	

ㅊ
참심제	222
참정권·재산권제약법규불소급	32
참정권	209
청원권	216
체계정당성의 원리	30
체포·구속이유 등의 고지·통지제도	144
최저임금	248
최후수단의 억제방법	92
추후보도청구권	175

ㅌ
통고처분	220
통신비밀보호법	161
특별관계	91
특별부담금	195

ㅍ
평등선거	57
평화국가원리	39
포괄위임금지의 원칙	29
표면가치의 평등	57
피선거권	212
피선거권의 제한	55

ㅎ
학문의 자유	188
합헌적 법률해석	4
행복추구권	105
행정심판	220
허가제	182, 187
헌법개정	7
헌법변천	9
헌법유보	94
헌법의 기본원리	26
헌법의 우위	29
헌법재판을 받을 권리	223
헌법전문	26
헌법제정권력	6
혁명권	10
협연권	92
협약헌법	2

협의의 비례의 원칙	98
형벌법규명확성의 원칙	135
형벌법규법률주의	133
형벌법규불소급	32
형벌법규불소급의 원칙	134
형사피고인	148
혼인과 가족생활보장	255
후보자등록	60
후보자추천	60
후원금	47
후원회지정권	47
흠정헌법	2
흡연권	92

편저자 선 동 주

● 약 력
- 평생교육진흥원 학점은행 헌법 전임교수
- 윌비스한림법학원 헌법 전임강사
- 윌비스고시학원 헌법 전임강사

다음카페
"LOVE LOVE 헌법" cafe.daum.net/lovelovesur

● 주요저서
- 헌법집중 (윌비스)
- 헌법집중 헌법조문정리 (윌비스)
- 헌법집중 헌법조문정리 기출지문분석 (윌비스)
- 헌법집중 핵심암기장 (윌비스)
- 헌법집중 Keynote (윌비스)
- 헌법집중 선택형 핵심지문총정리 [변시용] (윌비스)
- 헌법집중 선택형 핵심지문총정리 [법원행시용] (윌비스)
- 헌법집중 선택형 정지문 헌드북 (윌비스)
- 헌법집중 상·하반기 중요헌재판례 (윌비스)
- 헌법집중 핵심 선택형 120제 [진도별 출제 예상문제] (윌비스)
- 헌법집중 최근 3개년 판례정리 (윌비스)
- 헌법집중 7급공채 기출해설 (윌비스)
- 헌법집중 변호사시험 실전사례연습 [진도별 변시·사시 기출] (윌비스)
- 로스쿨 헌법 사례연습 (윌비스)
- 5급공채 헌법집중 (윌비스)
- 5급공채 헌법집중 핵심지문총정리 (윌비스)
- 5급공채 헌법집중 중요기출정(正)지문 (윌비스)
- 경찰 헌법집중 (윌비스)
- 경찰 헌법집중 기출해설 (윌비스)
- 경찰 헌법집중 동형모의고사 200제 (윌비스)

변호사 김 강 노

● 약 력
- 제43회 사법시험합격
- 제33회 사법연수원 수료
- 법무법인 정언(전 경기일원) 구성원변호사
- 경기북부지방변호사회 이사
- 연세대 법무대학원 석사
- 구리시 고문변호사
- 구리시 선거관리위원
- 경기도 시·군·구 선거구 확정위원
- 의정부지방검찰청 범죄예방위원
- 구리농수산물관리공사 비상임이사
- 구리농수산물관리공사 인사위원
- 구리시 건강 보험공단 등급판정위원
- 구리시 정신보건 심판위원

경찰 헌법집중集重 (제4판)

초 판 발행 2021년 01월 11일	**제2판 발행** 2022년 05월 04일
제3판 발행 2023년 09월 20일	
제4판 인쇄 2025년 07월 04일	
제4판 발행 2025년 07월 10일	

편저자 선 동 주 · 김 강 노
발행인 송 주 호
발행처 ㈜윌비스
등 록 119-85-23089
주 소 서울시 관악구 신림로 129-1
전 화 02)883-0202 / Fax 02)833-0208

저자와의 협의에 의해 인지를 생략합니다.

ISBN 979-11-6618-963-0 / 13360　　　　**정 가** 22,000원

이 책은 도서출판 윌비스가 저작권자와의 계약에 따라 발행하였습니다.
저작권법에 의해 보호를 받는 저작물이므로 본사의 허락 없는 무단 전재와 무단 복제를 금합니다.

憲法集重
경찰
헌법집중